SV

Wolfgang Koeppen
Ich ging Eulenspiegels Wege

Ein Lesebuch

Herausgegeben von Dagmar von Briel

Suhrkamp Verlag

Erste Auflage 1996

Quellenhinweise am Schluß des Bandes
Druck: Friedrich Pustet, Regensburg
Printed in Germany

Ich ging Eulenspiegels Wege

Inhalt

Jugend

Eine schöne Zeit der Not

Die Geschichte gehört mir

Auf der Suche nach dem verlorenen Roman

Nach Rußland und anderswohin

Nachwort

Jugend

Jugend

Meine Mutter fürchtete die Schlangen. An warmen Sommertagen gingen wir durch das Rosental, die bei Sturmfluten vom Meer überspülte Flur auf brackigem Grund, das Gut zu sehen, Ephraimshagen mit seiner abweisenden gekalkten Mauer, der junkerlichen Auffahrtsallee, dem Säulenportal von dorisch-preußischer Strenge, der bröckelnden traurigen Sandsteinheiterkeit der hier wie im Stundenglas des Sensenmannes sichtbar verrieselnden Zeit, der stolzen albernen Herrschsucht des Herrenhauses, dem ungestürzten Gesindekönigtum, der alten Reserverittmeisterherrlichkeit zwischen den Ställen, der schwarzweiß gestrichenen Fahnenstange und ihren auf Halbmast gesetzten alldeutschen Träumen, ein Hahn krähte auf dem Mist, aus prallen Eutern säuerte Milch, Zeugung drängte zur Schlachtung, Spiritus fuselte aus den Bottichen der Brennerei, leer gähnten die geöffneten Fenster im Mittagslicht, weiß blühten gesteifte Stores, es glänzten die fuchsrot polierten Möbel pommerschen Empires, die schweren blanken Schränke mit Säulen und goldenen Beschlägen, die Kommoden mit Lorbeer und Girlanden, die Bettstellen mit gedrechselten Schwanenhälsen, es schliefen die gebrochenen Brokate der Sessel im Salon, die speckigen Lederstühle der Bibliothek mit der Rangliste der Königlich Preußischen Armee, dem Jagdkalender, Bismarcks Erinnerungen, und irgendwie dahingeraten und vergessen das Buch der Lieder, die Bilder der Toten, ihre Säbel, ihre Pistolen, ihre Ehre an der Wand, ein Hund trottete durch den Sand, er kannte uns nicht, eine Pflugschar rostete, und meine Mutter sprach, es gehörte uns, schrie es, als wolle sie es mir einhämmern, in den Kopf pressen, ins Herz schlagen, daß auch ich teilhabe an Verlust und Leid, sie sollten mein Erbe sein, denn obwohl meine Mutter schon in der Stadt geboren war, in der engen Kammer der Armut, redete sie von Ephraimshagen mit der Bitterkeit, beraubt zu sein, und ich erkannte wieder in ihrem kleinen, von Müdigkeit verzehrten Gesicht der Großmutter verhärmte Züge, sah aber auch im jungen Gesicht meiner Mutter der Großmutter Brautbild erscheinen mit dem wie Spinnweb das Haupt deckenden Schleier, von einem wandernden Pinsler getuscht, einem verachteten Gesellen, der mit den Mägden gegessen und wohl auch die Decken und Wände des Hauses mit klassischen Ornamenten geziert hatte und den frivolen, fröstelnden Gestalten der Götter auf Wolken geschorener Wolle, der uralten Verführung, doch Zauber blieb es, wie er das im Kommenden Verborgene, die Liebesenttäuschung, den Trug der Leidenschaft, all den Verfall um das Brautlächeln und das geschmückte Haar der Achtzehnjährigen gelegt hatte, und ich schaute auch die Großmutter wie ich sie wahrgenommen hatte mit Säuglingssinnen, ihr zu Tränen bereites Gesicht mit dem nun schon gewollten und erstarrten Ausdruck vergeblichen Grübelns, so beugte sie sich über den Korb, in dem ich lag, schenkte mir Liebe und Haß, ich empfand ihre aus meinem Anblick sich nährende und tödlich wuchernde Verzweiflung, denn meine Geburt sah sie wie ein letztes und endgültiges Siegel auf der Sippe Untergang gepreßt, auf den Verlust der Ehrbarkeit, auf die Hingabe von Land und Ansehen, und meine Mutter blickte wie ins Paradies durch die Einfahrt aus verklumptem Lehm, geformt von den Hufen der müden Ackerpferde, durchfurcht von den eisenbereiften Rädern der Erntewagen, vertrieben aus eingebildeter Sicherheit und törichtem Stolz, doch ich fand nicht mehr den Garten Eden, nichts zog mich an, und auf dem Rückweg gegen Abend, Mücken hielten summend Ball über den verworfenen Tümpeln salziger Nässe, hörte meine Mutter es rascheln im verdorrten Gras, die Schlangen, erschrak sie, die tückischen Ottern des Rosentals, sie eilte fort, der Himmel finsterte über der Abdeckerei, Blitz und Donner drohten der Stadt, zogen gegen die berühmte Silhouette des romantischen Malers, da waren die spielenden Fohlen auf der Weide, die einsamen Männer, die traurig den Mond betrachten, die im Hafen ruhenden schlafenden Boote mit ihren Masten zu Afrikas Küsten in Knabenträumen, die Türme und Dächer von St. Nikolai, St. Jakobi und St. Marie drückten schwer die Gemeinde, glichen, aus rotem Backstein gegen den nie erreichten Himmel gebaut, Festungen tollkühner Planung, vergreist in Wüste, Wildnis und Sumpf, und in den Kirchen lagen verlassen die leeren Schiffe, gebetlose Hallen hinter verschlossenen Türen, der Gnade der Beichte und Lossprechung entzogen, lagen die ungeschmückten protestantischen Altäre, die Kanzeln schulmeisterlicher Prediger, der verlorene Aufstand begrabener Gewissen, während es in den Gassen ringsum behäbig nach Abendbrot roch, nach Spickaal, nach Bratkartoffel und Fisch, nach Speck und Kleiebrot, nach Buchweizengrütze und Klüttegrütt, nach bürgerlicher Bescheidung, tückischer Demut, familiärer Niedertracht in Furcht und Enge und blind in Dummheit, nach der verwelkenden Erinnerung an die armen Helden des Krieges, nach der konservierten schönen Leiche des Kaiserreichs, dem von hinten erdolchten pasewalker Kürassier im Köchinnenglanz der roten Biesen auf weißem Tuch, nach dem Mensurblut der Studenten über den stinkenden Schurz korporierten Mutes ins Sägemehl der Kneipen gelaufen, nach dem Blut der von tollwütiger Feme Erschlagenen, ins Torfmoor versenkt, zu den Hünengräbern getragen, nach Mädchenblut in versteckter Wäsche unter das Sofa der guten Stube gestopft, nach der Asepsis, dem Eiter, der Anatomie der Kliniken, dem Schweiß der Kranken, dem Entsetzen der Sterbenden, der Angst der Examinierten und der schuldig Unschuldigen im Gefängnis ausgeliefert den Wärtern, nach dem Wahn der Irren in der Heilanstalt hinter den Gleisen und nach den Witzen die man über sie macht, nach den verfaulten Blumen der Friedhöfe und dem Tod, den jeder in seiner Brust trägt, nach dem gasenden Schlick des Wallgrabens und der Abwässer, dem drängenden Atem der Liebenden unter dem Gebüsch in den Ruderbooten des Sommers, nach den Gespinsten der Professoren, den toten Herzen der Beamten, dem Staub der Gesetze, und dann die Armut der Langen Reihe und der grauen Schule verknöcherte Schmach, wie haßte ich die Stadt und wünschte die Schlangen herbei, eine gleitende Natter um jeden Pfosten, der ein Dach trug, ein Bett und den tiefen Schlaf all der Gerechten stützte.

Es war nicht schön, was man sprach, und wie man es sich erzählte, und am widerwärtigsten war, daß sie nun hinhören mußte, um etwas aufzuschnappen, das sie nicht wissen wollte, was zu wissen aber nun wichtig war, Welt verwandelte sich, kein neues Ufer wurde erreicht, ein altes Land, das Müttertal, eine Weiberhölle, Mutterkornräusche, Hexenbräu, ausweglose Wälder, und an den dunklen hohen Bäumen ein Schild, Juniperus Sabina, wie im Botanischen Garten von Professor Pryl, klebriges Getuschel, gemeinmachendes Gekicher, verhangene Fenster, ein Haushalten mit dem Entsetzen, ihr muß es vorgekommen sein, als hätte sie bis dahin nicht hören können, nicht sehen, nicht lesen, selbst nicht tasten, fühlen, riechen, denn überall waren die schrecklichen Geheimnisse, hinter ganz gewöhnlichen Dingen versteckt, oder allenfalls hinter Allegorien oder Symbolen, die sie nicht beachtet und nicht gedeutet hatte, bis sie alle beachten und deuten mußte, und die Freundin, die Tochter einer Klavierlehrerin, die munter springende Käte Kasch, von der ihr gesagt worden war, sie ist keine Freundin, nicht für dich, du darfst nicht mit ihr verkehren, sie hält nicht auf sich, man weiß, wohin das führt, und ja, man hatte es richtig gewußt, es führte wohin, Käte Kasch war unterrichteter und bestätigte die Angst, und dann kamen die alten Hausrezepte zu Ehren, Teeabkochungen, Tannennadelabsude, der Rotspon von Kaufmann Susemihl, mit Safran Nelken und Zimt erhitzt, Wechselbäder für Arme und Füße, die kalten und die warmen Handduschen und dann die dunstenden und auf eine schmutzige Art sauberen Stuben dieser Frauen, ihre roten Sodahände, ihre ausgelaugten Wäscherinnenhände, ihre schamlosen Schwesternhände und die Gewißheit, verloren zu sein, gebrandmarkt auf dem Altar der hämischen Göttin Sitte, untertan der einsichtslosen gebärsüchtigen Natur, und der Ekel vor diesen Händen, und der Ekel vor diesen kalten abschätzenden Augen, die Angst vor den runden und den spitzen Werkzeugen, der Widerwille am eigenen Leib, das Schlagen auf den Leib, die verzweifelten Tanzschritte und die Seilsprünge und die Treppen hinauf und hinab, wo allein ein Sprung vom hohen Nikolaiturm geholfen hätte und wohl von ihr erwogen war.

Sie hörte ihn, wie er die Treppe heraufstieg, sie hörte seinen gehemmten, seinen schuldbewußten Tritt, er war drüben gewesen, in Feetenbrinks Haus, und ihr war, als ob er als Mann da hinüber gegangen wäre, als ihr Mann oder auch als ihr Sohn, später, erwachsen und zu ihrem Kummer, ein Herumtreiber, unehrlich, ein Mädchenverderber, so wurde er angesehen, der Schande war nie ein Ende, und hatte sie sich bewährt, besonnen wie die Leute sagten, gebessert, nachdem sie Unglück gehabt hatte, so konnte doch für ihn noch das Gericht kommen, die Erziehungsanstalt, das Gefängnis, die vergitterten Fenster, die man vom Kastanienwall sah, beim Spazierengehen und mit geschwollenem Schauer, sein Vater hatte Tennis gespielt auf dem Platz unterm Kastanienwall vor der grauen hohen Mauer, und sie hatte zugesehen, von oben, vom Wall her, wie er, sein Vater, über den roten Sand des Tennisplatzes gesprungen war, in langen weißen Hosen, die mit einem breiten Gummiband über den Schuh gespannt waren, den weißen Panamahut auf dem Kopf, dem Netz zu, hinter dem Ball her, und sie hatte den Platz nicht betreten dürfen, der für die Mitglieder des Akademischen Tennisclubs reserviert war, und vielleicht hat ein Gefangener, ein Dieb, ein Mörder, über die Gefängnismauer hinweg, durch das kleine vergitterte Fenster der Zelle hindurch sie auf dem Wall unter den Kastanien gesehen und sie beneidet, wie sie dem Tennisspieler zusah, sie mußte streng sein mit ihm, ihrem Kind von ihm, es war ihre Christenpflicht, und sie ahnte, sah es durch die Tür hindurch, er hatte etwas geschenkt bekommen, hielt es fest umklammert in seiner kleinen schmutzigen Hand, er wartete, er zitterte schon, daß er es hergeben sollte, und er zögerte vor der Tür und wollte nicht hineinkommen und von dem Geschenk lassen, er klammerte sich an die Gabe einer dieser Sängerinnen, dieser reisenden heimatlosen aus dem Elternhaus geworfenen Tingeltangelteusen, die sie, wie alle Welt, verachtete und insgeheim auch beneidete, denn wer wußte es, vielleicht waren diese Geschöpfe frei, vielleicht lebten sie endlich glücklich jenseits dieser Grenze von Wohlanständigkeit und moralischem Hochmut, die für sie nur das Land der Armut war, während diese Animierdamen das gute Land der Anständigen hinter sich gelassen hatten und vielleicht auch die Armut und nun die knechteten mit Laune, Verweigerung, Betrug und Ausnützung, die sie knechteten, aber dies zu denken, war schrecklich gefährlich, sie durfte so nicht denken, diese Grenze, an die man sie schon gestellt hatte, mußte gezogen bleiben, sie wäre sonst verloren gewesen in ihrer Stadt. Sie hörte seinen Schritt, sie hörte sein stilles Warten vor der Tür, und während sie lauschte und er sie erzürnte und doch erfreute, dieser Schritt auf der alten knarrenden Treppe, dieses Warten auf den wippenden Bohlen des Treppenabsatzes, vernahm sie wieder die anderen Schritte, die geschäftigen gleichgültigen Tritte der Sargträger, die ihre Mutter hinuntergetragen hatten, ihre Mutter, die in allem das Unglück gesehen und es immer bejammert und niemals begriffen hatte oder es nicht hatte begreifen wollen, daß all dieses Abwärtsfallen von jenem ersten Fall herrührte, ihrem verwegenen Sprung in die Freiheit, den sie getan hatte, blindlings und ohne sich um Freiheit zu kümmern, sie gebrauchte das Wort Freiheit gar nicht, sie kannte es nicht in seiner absoluten Bedeutung, und wenn es ihr einer gesagt hätte, zugerufen in dem Moment, in dem sie aufbrach, aus ihrer Ehe, der Familie, dem Herkommen, Besitz eines Gutes mit all seinen Tieren, dem Acker und den Bäumen, springen wollte und auch sprang, hätte sie die Auflehnung, die in diesem Wort lag, nur erschreckt, und vielleicht hätte sie alles gelassen, das Weggehen, den Sprung, denn es war ihr gepredigt worden, und sie zweifelte an keines Predigers Wort, daß sich aufzulehnen Sünde sei, des Teufels Werk, und sie war noch immer des Pastors Meinung und untertan der Obrigkeit und konform mit der Sitte, die ihr zugesetzt hatte, aber es war niemand zu ihr gekommen, der ihr von Freiheit hätte sprechen und sie erschrecken können, blindlings lief sie, meinte aus einem Haus in ein lichteres umzuziehen, ein neues Heim, das sie aber nie erreicht hatte und das auf diesem Weg, auf den sie sich begeben hatte, blindlings, ununterrichtet, auch niemals zu finden gewesen wäre, oder jedenfalls nicht von ihr, und so sah sie sich dann ihr Leben lang als vom Unglück erwählte, vom Schicksal geschlagene, schließlich arme alte Frau, der die Sorge am Bett saß, eine andere arme alte Frau, fast ihr Spiegelbild, und sie vererbte diese Überzeugung von Unglück und Geschlagensein, von Hiobs Leiden, wieder ein Ausdruck, den sie aus der Predigt übernommen hatte, weil er so schön und voll nach Unglück klang, vererbte dies an sie, die Tochter, die nun ihren Sohn atmen hörte hinter der Tür, und nahm dies für ein Zeichen, das das vererbte und aufgenommene Unglück bestätigte und ihm das letzte endgültige Siegel der Ausstoßung aus der Gesellschaft der Guten aufdrückte. Und auch das Kind sah nicht die bloße geschlossene Tür, das braun angestrichene Holz, die schwarze, gußeiserne Klinke, zu der es die Hand nicht zu heben wagte, auch das Kind sah den Sarg, der hinausgetragen wurde, das Gesicht seiner Großmutter wie es über seine Wiege oder dem alten Korb oder die Kiste in der es gelegen gebeugt war, aufgegangen war, oft, für Stunden, für ewig, ein kleiner bleicher Mond mit Mondkrater, Mondseen, Mondschatten, Mondlicht von der Lampe oder vom Fenster, sehr deutlich, sehr klar, wie auf einer Mondkarte, lange bevor das Kind den großen Mond am Himmel erblickt hatte, ernst, verhärmt, freundlich auch, aber auf eine verhärmte Weise freundlich, manchmal in Mordgedanken geschattet und dann in Tränen gebadet, ihm die Schuld gebend, das Kind spürte es, schrie aber nicht, es blickte ernst, wehrte sich nicht, gab auch nicht nach, sie verstanden sich. Und der Mond sprach zu ihm und das Kind antwortete. Keine Worte.

Ich führte eine alte Frau durch die Stadt, sie hing schwach und schwer an meinem Arm, es hatte Mitternacht geschlagen, drei Türme wachten über uns, Sankt Nikolai, Sankt Jakob, Sankt Marien, ihre Uhren hatten den letzten Schlag getan und den Tag in jenes Nichtmehr gestoßen, über die

Grenze, die wir gerade noch zu erkennen glauben, unfaßbar nun unseren Sinnen und trostlos die Stunde nicht genutzt, den Tag nicht gelebt, die Prüfung nicht bestanden, ins Dunkel gesunken, unwiederbringlich und ewig verloren. Die Straßen waren leer, die Plätze waren leer, die Häuser waren Särge, nebeneinander gereiht. Der Schritt hallte, Echo kam, die Fischfrauen schliefen mit den Fischen, der Fischmarkt war ein Fischmund, stumm. Das Rathaus war ohne Rat, sein hoher Giebel bröckelte dahin. Gottes Mühlen, wenn einer fromm war. Schatten, wenn Mond war, Lichtblumen, wo eine Gaslaterne flackerte. Ich machte es für Geld. Die Greisin gab mir eine Million, oder sie schenkte mir eine Milliarde, sie überschüttete mich mit astronomischem Verdienst, und auf den nachlässig gedruckten, preßfrischen und doch schon schmutzigen Scheinen versicherten ehrbare Herren, daß sie irgendwo, irgendwann oder zu jeder Stunde, an irgendwelchen Schaltern eine Million oder eine Milliarde oder eine Billion gegen das Papier in Gold auszahlen wollten, ich weiß es nicht mehr, ich fand ihre Schalter nicht oder ich fand sie zur falschen Stunde, doch die ehrbaren Herren erschütterte es nicht, und sie bedrohten jedermann mit Zuchthaus, der töricht genug wäre, ihre großartigen Scheine zu fälschen oder nachzuahmen. Ich hätte das Geld in den Rinnstein werfen sollen. Die Greisin bebte, und sie klammerte sich an die Hoffnung, daß ich sie vor den Geistern der Nacht beschützen würde. Doch konnten Geister die verschlossenen vergitterten Säle des Irrenhauses öffnen, und konnte ich sie gegen die Geister wieder sperren? Und wollte ich es? Die Greisin täuschte sich in mir; aber vielleicht dachte sie nur, wenn ich mit ihm gehe, gehe ich nicht allein durch die Nacht. Doch ich wußte, daß sie es taten, oder daß sie es schon getan hatten, und ich glaubte, Macbeth, Hyperion, die Flußpiraten, Gottfried Benns kleine Aster in der Brust, Bechers Fanal auf den Lippen, die Alte am Arm, langsamen Schrittes, Fuß für Fuß, ich sei erschlagen worden, und es ist sicher, daß sie mich gemeint hatten, aber ich hätte auch der Täter sein können, der Bursche mit dem Spaten in der Hand. Du bist der Mörder, du bist das ausgewählte Opfer, ich hebe die Hand, schlage zu, oder ich lasse es geschehen, ich verstecke mich, ich bin Kain, aber ich bin auch Abel, und du bist Kain und Abel. Und wo ist Gott, der zusieht und es geschehen läßt, und das alles wegen eines lächerlichen Rauches? Immer sind wir Zeugen, unzuverlässige, feige Zeugen, wir haben nichts gesehen, wir wissen von nichts, du bist mein Zeitgenosse, es gibt Generale, die alles lenken, wir haben sie eingesetzt, nachdem uns Gott enttäuscht hat oder wir uns von ihm abgewandt haben, wir haben den Generalen ihre roten Kragen genäht, wir haben ihre roten Kragen mit unserem Blut gefärbt, die Generale sind so zahlreich wie der Sand am Meer, und die Feldherrnkunst ist die verbreitetste aller Begabungen, dazu eine begehrte sichere Karriere, wenn es darauf ankommt, gewinnt der General die Schlacht, verliert den Krieg, wird Präsident der geläuterten Nation, triumphiert am Ende über alle in seinen Memoiren, wird zum Mahnmal, bekommt sein Denkmal, ach, die Generale sind gute Rechner, sie verrechnen sich in den großen Chancen, aber nie in den kleinen Dingen, die nötig sind, einen Krieg zu beginnen. Die Generale zählen was heranwächst, sie bündeln es in Jahrgänge, und wenn sie genug Jahrgänge haben, geht ihre Spekulation mit dem Tod auf. Es empörte mich, als ich davon hörte. Der General rief den Jahrgang zur Musterung. Wie kam er dazu? Was fiel dem Kerl ein? Der General ist tot, nein, der General ist unsterblich, er bezieht seine Pension, am Morgen siehst du ihn durch den Park gehen, eine rüstige, eine ungebeugte Gestalt. Ich lebe, ich verdächtige dich, du bist mein Jahrgang, ich werde dich mustern. Wie widerlich du mir bist, wenn du dich nackt ausziehst und dich der Musterungskommission stellst, ihr deinen Hintern hinhältst, daß sie dich prügelt. Bist du sonst so geduldig? Ich will unsere Geschichte erzählen, meine Geschichte, deine Geschichte, sie geht dich nichts an, ich erzähle sie nur mir, ich werde dich bloßstellen, du bist noch nicht nackt genug! Es ist unangenehm, der Zeuge, es ist lästig, der Täter, es ist dumm, der Leichnam zu sein, nach so vielen Jahren. Du kannst dich nicht erinnern, du hast dein Gedächtnis verloren, du hattest nie ein Gewissen, du weißt von nichts. Am besten ist man der Ankläger. Seine Entrüstung kommt immer recht. Man glaubt sie ihm nicht, aber das macht nichts. Das Gericht braucht ihn. Dabei kennen ihn viele. Sie sahen ihn mit dem Spaten unter den Bäumen. Er ist der Schlimmste. Er reichte mir den Spaten, er rief: schlag zu. Jetzt klagt er dich an. Er meint es ernst. Er ist ein ernster Mann. Ich scherze und bin ihm unterlegen. Er fordert meinen Kopf. Er fordert immer einen Kopf, das ist seine ernste Art. Ich werde mich nicht verteidigen. Ich werde dich in den Zeugenstand rufen. Deine Aussage wird uns nicht retten. Wir sind von Anbeginn verurteilt.

Sie hatten ihn erschlagen, sie hatten ihn im Wald erschlagen, er hatte um Hilfe geschrien, vielleicht hatte er auch nicht um Hilfe geschrien, denn er wußte ja, daß alle Ohren taub waren und einer hatte einen Spaten, einen Feldspaten mit kurzem Stiel, die Waffe, die die Generale überrascht hatte, mit der die Generale nicht fertig geworden waren, die den Krieg entschieden verloren oder gewonnen hatten, sie konnten den Spaten am Koppel tragen, und sie trugen ihn gern am Koppel, auch als sie nicht mehr dazu gezwungen waren den Spaten am Koppel oder sonstwo zu tragen, und sie hätten gehen können, wohin sie gewollt hätten, auseinanderlaufen, von der Fahne fort, die es schon lange nicht mehr gab, aus der erzwungenen Gemeinschaft weg, vom Regiment des Todes, aber sie wollten nicht auseinanderlaufen, nicht von der Gemeinschaft weg, vom Tod und dem Befehl, sie fürchteten, ihre Körper könnten verlorengehen in der Freiheit, hinweggezaubert werden, plötzlich nicht mehr da sein, sie brauchten ein Koppel um den Leib und ein festes Schloß mit Gott für König und Vaterland oder nur mit Gott mit uns, und einer schlug mit dem Spaten auf ihn ein, von hinten, sie hatten ihn vorangehen lassen, sie trotteten durch den Wald, der eine traf seinen Hinterkopf gut und von hinten, dann fiel er, fiel auf den Waldboden, fiel in das Eichenlaub das Lindenlaub die Buchenblätter das Birkenholz, er schmeckte noch das Moos, bitter, und vielleicht hätte er Kresse gemocht zum Karpfen oder zum Heilbutt, wenn er Pastor geworden wäre wie er Pastor hatte werden wollen, am Karfreitag oder am Heiligen Abend nach dem heiligen Abendmahl nach der Predigt, und sie drehten ihn auf den Rücken und traten ihn mit ihren genagelten Marschstiefeln, die zurückmarschiert waren von Verdun, Brest-Litowsk und Gallipoli, sie marschierten vorwärts mit ihren genagelten Marschstiefeln in sein Gedärm hinein, zerquetschten seine Brust, stampften die Marschnägel der Knobelbecher auf seine Augen, bohrten die metallbeschlagenen Stiefelspitzen in seine gespaltene Stirn, sahen schließlich, was sie sehen wollten, sein Hirn, begriffen nichts, blickten stumpf auf graue Zellen, auf den Abfall eines Menschen, der gehabt hatte, womit sie nicht gesegnet waren, Einmaligkeit, Verstand, ein Herz, eine Zunge zu reden, den Glauben an die Unsterblichkeit seiner Seele, der mutig gewesen war, nicht nur vor Verdun, nicht nur auf Befehl, den der Tod geschmerzt hatte, wo er ihn erblickte, der Verwundungen erlitten hatte, sichtbare und unsichtbare, und der in sich gespeichert hatte die Schätze seines menschlichen Erbes, Bibliotheken von Ephesos, von Babylon, von Alexandria, die Bergpredigt, die Freiheit eines Christenmenschen im Pfarrhaus besprochen, die Menschenrechte aller Menschen, die lateinische die griechische die hebräische Sprache, Tolstoi im Wintersturm ein armer Bauer auf Jasnaja Poljana und der ferne Sturm der O-Mensch-Rufe an Berliner Kaffeehaustischen, und dann gruben sie ihn ein, wozu hatten sie den Spaten, sie mühten sich nicht sehr, sie höhlten das Loch mit dem blutbeschmierten Eisen, oberflächlich, sie hatten nichts zu fürchten, sie fluchten nur über die Wurzeln der Bäume, die sie hinderten, sie hackten mit dem Spaten in die weitverzweigten Wurzeln hinein, sie gaben seinem Leichnam den letzten Tritt in die Grube, sie scharrten ihn zu. Hier lag ein Hünengrab. Ein Fuchs fand sein Fleisch. Oder ein Eber. Er war ihnen zu mager.

Er lag im Wald verscharrt, bis sie ihn ausgruben und auf den Seziertisch der Anatomie legten, auf die ekle Gummidecke, auf die naßkalte feuchtschnauzige Haut eines Frosches, auf das algenglatte schneckenschleimige gänsefrostweckende geschundene Kleid einer Schlange oder eines anderen Reptils, vor dem ihm gegraust hatte, wenn sie die Kröte oder den Salamander oder die Blindschleiche in seine Schulmappe getan hatten, und das Gelächter dann als er nach dem Geschichtsbuch gegriffen, die Siege, die Niederlagen, die Könige und all die Erschlagenen, der Institutsdiener konnte das Tuch mit einem Strahl aus dem Wasserleitungsschlauch abspülen wie er die Hinrichtungsstätte in einem Zuchthaus abspritzte, seine Nebenbeschäftigung, nach dem Urteil, nach dem Gebet, nach der Exekution, die nach den wohl ausgedachten Regeln der kaiserlich-republikanischen Hinrichtungsordnung geschah, feierlich und unsagbar schäbig, nach einem Protokoll wie beim Besuch von Majestäten, nicht von Präsidenten, blank gebürstete Zylinderhüte waren der Gattinnen Stolz, belebten Erinnerungen an den Traualtar und das legitime Bett und die Hoffnung auf ein honoriges Begräbnis, Orden zeigten, daß man wer war und daß man nichts war, nur daß man oben saß und mächtig blieb und allen Feinden trotzte, den Vorgesetzten ein Diener, oder doch teilhatte an der Macht, zumindestens, sie trugen urgemeine erzverschlagene gründlich habgierige verlogene Gesichter, spritzt ab das Blut, spült fort die Leibesnot, hinweg mit dem schüchtern im Hals würgenden Mitleid und ins stinkende chlorende Abflußrohr das Gebot, du sollst nicht töten, auf das sie sich beriefen wenn sie das Beil fallen ließen, und sie öffneten diesen Leib, soweit er noch nicht geöffnet war, ihre Gummihände und ihre Skalpelle bastelten bohrten sich den Weg, sie wollten lernen, sie lernten zu, ihr Herz schlug, ich hoffe es, unter der Gummischürze, schlug es wirklich, es schlug versteckt, sie hörten es selber nicht, es war fest eingewickelt von erhebenden Gefühlen, es war gepanzert mit falscher Geschichte, es war, sie lobten es selbst, ein Herz aus Kanonen- und Granatenstahl und, wie sie und ihre Väter dachten, bewahrt vor Versuchungen, die vielleicht doch kommen mochten, eines Tages, zu unvorhergesehener Stunde, in der Nacht, nach dem ersten Schlaf, oder auch am Mittag, wenn man müde war vom Essen und vom Bier, dies Herz war isoliert vom immerhin kommunizierenden Strom der Welt, entzogen einer Brüderlichkeit die sein sollte, sie lernten von ihm, der nun kälter war als die froschige Unterlage als die wärmelose Gummihaut über ihren Händen als der feste Gummipanzer ihrer Schürzen, fühlloser nun war unter ihrem Messer als die kühlen Klingen, sie lernten schnell, daß man sich so nicht verhalten durfte wenn man vorankommen wollte im Leben, und sie wollten vorankommen, nicht so wie er, und sie billigten es, daß man es so wie er nicht durfte, sie waren sehr zufrieden, daß es so übel ausgegangen war, denn sie sympathisierten offen mit seinen Mördern, Beflissene der Medizin, Kandidaten der gerichtsmedizinischen der vereidigt sachverständigen Karriere, Nachwuchs, Schondavongekommene, die nicht wußten wie davonkommen und sich benachteiligt fühlten gegen die Toten, sie schätzten feldgraue Joppen über zu eng oder zu weit gewordenen Zivilhosen oder umgekehrt feldgraue ausgebuchtete Breeches, das Gesäß mit Leder besetzt, verschwitzt und blankgerieben, und das Pferd war tot, war zerfetzt auf dem Ausflug geblieben, oder das Pferd war immer nur ein Traum gewesen, zu bürgerlichen Jacken die im Schrank gehangen hatten oder vom Bruder, für den es keine Auferstehung gab, geerbt waren, Heimgekehrte aus dem Kriege, Überlebende von den Leichenfeldern fern hinter dem Horizont, Gespenster vom Toten Mann, ins Väterreich zurückgekrochen, in die Väterlüge eingelullt, in die Väterschuld aufgenommen, gemeinsam haftend, freiwillig wie eh und je, verhärtet, zornig, aber zornig gegen wen, sie blickten zurück auf so viele Tote, daß sie nicht sahen wie tot die geretteten oder die niemals gefährdeten, die wieder gewonnenhabenden Alten waren, die sie hinausgeschickt hatten zu sterben, und sie krochen zu Kreuz und waren sich ihrer Unterwerfung nicht bewußt, der Vergeblichkeit müde, des Lebens müde, nicht des Todes müde, allem aber nicht mehr der Wahrheit gewachsen, Geschlagene (doch nicht im Feld) und bis zum Lebensende Betäubte von den leeren Gesängen, von den dröhnenden hohlen Trompeten, von den dröhnenden aufgeblasenen Trommeln, von den dummstolzen Worten, den windeiernden Lehren, die sie hatten leiden lassen, es war gelungen, es war vollbracht, sie glaubten nun an diese Welt der Alten, die sie nicht verteidigt hatten und doch stützten, sie beugten sich gierig unter das Joch von dem sie ausgezogen waren in Wandervogeltracht und auf der Straße nach Langemark, Burschen der Burschenschaft, Brüder der Corps, dachten: das Schwein, dachten dies ist sein Leib, studierten was sie vor sich sahen, was von ihm übriggeblieben war, vorläufig, waren angewidert, wünschten sich ein Bier, tief in die Kanne gestiegen, und der Chef Alter Herr des Corps oder der Burschenschaft und seiner Bänder Jugend kahles Reis dachte wie sie: ihm ist Recht geschehen, und er erzog sie nach seinem großen Vorbild, kleine heranwachsende Chefs, wenn sie Glück hatten und sich brav verhielten und untertan blieben der wahren, der unzerstörbaren Macht, die wohl das Gesicht wechselte aber nicht die Gesinnung, und der Prosektor dachte: rechtgeschehen, und er dienerte, Chef zu werden, und sie waren voll Verachtung für den Toten und voll Eifer für die Lebenden, sie schrieben mißmutig den Befund, den der Staatsanwalt, einer Meinung mit ihnen, mißmutig empfing, sie taten sein Skelett nicht in das Glasspind ihrer Sammlungen, er hatte zu viele gebrochene Knochen, zu viele zerschossene verwachsene Knorpel, die das Eiserne Kreuz bedeckt hatte, es war auch zu viel der Ehre für ihn, wer ein Bein haben wollte oder den Arm oder den Kiefer nahm das Glied mit, legte es auf den Nußbaumschreibtisch im möblierten Zimmer unter die schwarzweißrote oder die Stahlhelm- oder die Hakenkreuzfahne, vergaß es abzustauben.

Der Gang war rötlich linoleumbedeckt feucht vom Aufwischen mit feuchten Tüchern roch nach Petroleum und Karbol entflammbare Luft durch die er lief in grüngelb blauroter Iris blühendes Gezücht es kribbelte die Beine hoch die Feuertür war nicht gesperrt führte in den Dachstuhl der Stadthalle Tanzabend Ballettabend Schlagernacht die Sterne von Film und Funk verehrliche Gastspieldirektion der berliner Hillermillerzillerrevue tausend süße Beinchenweibchen im großen Stadtsaal auf der Wahlrednerbühne der vaterländischen Gesänge im Giebel die Garderoben er beugte sich hinunter erniedrigte sich wie er wußte gab sich nach ergab sich Gottes Willen verstohlen schaute sich um guckte durchs Schlüsselloch der verschlossenen Tür sah die Reihe der Schminktische die Spiegel die Glühbirnen eingefangen hatten die Spiegel kleine Monde Leibteile Rißgesichter er roch die fallengelassenen Schlüpfer die über den Kopf gezogenen Spitzenhemden die Leibchen die Halter für Brust und Strumpf über die Lehnen der Brauereistühle gelegt auf den Boden geworfen saßen sie reckten sich strampelten verfingen sich mit bloßen Füßen in abgetanen Gewändern den anzuziehenden Tütüs und Flittern die berliner Mädchen nackt bis zu den Binden das Geschlecht hervorhebend in der Verpackung ihre Binden schnitten ihm in den Schritt er malte die unter Mull und Gaze gepreßten Haare er hatte sie noch nie in Natur gesehen befeuchtet von ihrem Blut und Saft und Lack auf der nassen Scheide in Döderleins Atlas der Gynäkologie in der Universitätsbibliothek aufgeschlagen im Lesesaal der Handbücherei entnommen dem Regal Medizin auf der grauen Eisengalerie gelochte Stufen schalltragende Platten über die er ging wie im Maschinenraum eines Dampfers und hielt den Döderlein in Händen die ein wenig zitterten errötete Döderlein wußte Bescheid kannte sich aus sah das weibliche Menschentier gesund und meist krank klammerte die Schamlippen auf ließ nichts verhüllt öffnete den strotzenden Bauch zeigte das Kind in der Höhle gekrümmten Homunkulus oder wie der Mensch schon in die Welt fiel den Kopf das kahle Greisenhaupt voraus greinend wohl oder mit dem entsetzten ersten Schrei oder gar in die Zange die der Arzt spreizte um den Schädel hakte zupackte und ein Bürger mehr kein Kretin kein Genie vielleicht ein Ärgernis ein Stotterer prenatal traumatisiert und vor dem Schlüsselloch in der Tür sein Auge und hinter der Tür und durch das Loch gesehen die berliner Girls ihre dicken kurzen Schenkel ihre dünnen mageren Hinterhausbeine rachitische Knollen an den Gelenken die englische Krankheit Krieg Hunger und Kellerjahre aber die Haut weiß von durchschnittlich zwanzig sie puderten ihr Fleisch die Quaste wischte über den vorgewölbten Leib ein Tupfer Rouge auf die Brustspitze oder sie rieben sie kreischten kicherten berührten sich sangen komm mein Lieschen Lieschen Lieschen Pagenköpfe Kätekrusepuppen dauergewellt schon brüchig das gebleichte Haar blieb im Kamm wurde ausgezuzzelt deckte den Boden haftete an den nackten Sohlen Wasser rauschte Spülung der Toilette näßte bohrte den Nacken auf das Rückgrat hinab Härte löste sich Schmerz ging wie ein scharfes Messer hinter die Stirn das Auge müd es schrillte die Glocke im Hennenhof Auftritt der tausend Beinchen Parademarsch die berliner Luft Luft Luft er lief über den Flur zurück durch die Feuertür den Notausgang erreichte den Stadttheatertrakt kam in die Garderobe der Anfänger der Kleindarsteller Spiegel Schweiß und Leichners Fettschminke Göbel stand da in langen Unterhosen er verachtete Göbel langer Fuß lange Zehen phallisch erregt du mußt dich jeden Tag waschen Tag für Tag und sei es in einem Blechkübel den ganzen Körper es ist das mindeste das ein Mädchen verlangen kann Göbel sah es hygienisch sein schwarzer Scheitel glänzte werbend ein hübsches trübes Lächeln er hatte Erfolg bei den Damen er schlief sich durch es war ihm egal ob sie sprechen konnten jung schön waren oder nicht

In meiner Stadt war ich allein. Ich war jung, aber ich war mir meiner Jugend nicht bewußt. Ich spielte sie nicht aus. Sie hatte keinen Wert. Es fragte auch niemand danach. Die Zeit stand still. Es war eher ein Leiden. Doch gab es keinen, der mir glich.

Ich trieb mich herum. Ich war unterwegs. Ich war auf den Straßen und Plätzen. Ich fiel überall auf. Ich hatte kein Ziel. Ich stellte mich mitten auf den Markt. Ich war unnütz; das gefiel mir. Ich genoß es, auf dem Markt zu stehen. Einfach nur so. Ich hatte nichts anzubieten. Nicht einmal mich selbst. Ich kaufte nichts. Ich wollte nicht teilhaben. Ich verachtete sie. Ich kannte die Kurse nicht. Ich fragte nicht nach dem Preis.

Ich ging absichtlich gebeugt. Ich wünschte mir einen Buckel. Ich wollte ausgestoßen sein. Sie sollten es sehen. Sie sahen es. Ich hörte sie und hörte sie nicht. Sie riefen hinter mir her. Sie höhnten, geh, hol dir den Krankenschein zum Haareschneiden. Ich war in keiner Krankenkasse; ich war stolz, in keiner Kasse zu sein. Es berührte mich nicht. Sie schrien Bubikopf, Bubikopf. Das schulterlange Haar stand mir für eine bessere Welt. Ich zog meine Schuhe aus, knüpfte sie zusammen, hängte sie über die Schulter, ging barfuß weiter.

So fühlte ich die Stadt. Sie war unter meinem Fuß. Sie war hart und kalt. Die anderen merkten es nicht. Viele liebten Stiefel. Sie marschierten gern. Sie hatten den Krieg verloren. Sie würgten an der Niederlage und haßten die Republik. Sie sagten, wenn wir die Wehrpflicht hätten. Sie riefen, die Hammelbeine langziehen. Sie kniffen die Augen zusammen. Sie hofften, mich zu zerschneiden. Sie hatten alle nur ein Gesicht.

Ich war nicht traurig. Ich amüsierte mich. Ich war der Ritter von der traurigen Gestalt. Das war lustig. Ich sehnte mich nach Freuden. Ich wollte es bunt. Ich fand sie komisch, wie sie die Augen zusammenkniffen, die Stirn in strenge Falten legten, die eiserne Zeit des Krieges beschworen und die Toten vergessen hatten. Ich versagte mir das Lachen. Ich dachte an die Leichenfelder, an die Siege, die wir gefeiert hatten.

Ich gab mich düster. Ich schlug den Krimmerkragen meines Mantels hoch. Der Mantel war ein Kaftan. Ich hatte lange nach ihm suchen müssen. Ich zog einen Russenkittel an, schloß ihn um den Hals. Ich preßte mir den breiten jenseitigen Hut eines Landpfarrers tief über die Augen. Wenn ich einen Hut aufsetzte.

Ein Kind auf dunkler Treppe; es nahm meine Hand, flüsterte Hochwürden. Ich war Raskolnikow. Ich war einer

aus den Dämonen. Der aus dem Kellerloch. Der aus dem Totenhaus. Ich hatte unterm Galgen gestanden. Der Bote war noch einmal gekommen. Begnadigt. Die Schlinge hing locker.
Ich zündete die Stadt an. Erdmanns Warenhaus brannte. Eine Fackel in der Nacht. Das Rathaus brannte. Meine Stammrolle verbrannte. Das war gut. In Flammen stand das Gericht. Ich öffnete das Gefängnis. Ich verteilte die Waren der Geschäfte an die Armen und die befreiten Gefangenen. Aus Buggenhagens Buchhandlung bekam jeder ein Buch. Das Geld der Sparkasse auf die Straße. Kinder spielten mit den Scheinen, formten Schiffchen, setzten sie in die Gosse.
Vielleicht liebte ich die Stadt. Ich stülpte sie um. Ich vernichtete ihre Ordnung. Ich störte die Feier.
Ein Russe sprach mich russisch an. Das salbte mich. Ich eiferte Kropotkin nach. Der Russe war bekümmert. Er war Emigrant. Er hatte Heimweh nach einem anderen Rußland. Im Sommer ging ich unter einem Sonnenschirm. Der Schirm war weiß wie der heiße Himmel. Der Schirm hatte resedagrüne Volants. Ich wanderte in Tropen. Der Schirm hatte eine silberne Krücke, zu einem Vogel geschmiedet. Kam ein Wetter auf, flog der Vogel mit dem Sturm. Ich war weiß gepudert; ich hatte mein Gesicht mit Reismehl betupft.
Ich ruhte, wo ich im Weg war. Ich legte mich auf die Straße, lang vor die Türen. Ich saß auf den Stufen zu den Denkmalen toter Männer. Ich streckte mich ins Gras der Verschönerungen, dem Schutz der Bürger empfohlen.
Die Bibliotheken zogen mich an. Ich suchte sie heim, gierig und süchtig. Zu ihren Verwaltern war ich wie ein Liebhaber, unwiderstehlich. Die Bibliothekare waren wehrlos. Sie wurden mir hörig. Sie öffneten ihre Schränke, trennten sich von ihren Schätzen. Ich breitete Schrift um mich aus. Ich verschlang, was gedruckt war. Ich vergaß mich. Auf belebtem Platz saß ich wie trunken. Das Alphabet trug mich fort.
Ich versuchte die Stadt. Ich war ein Ärgernis. Ich wollte ein

Ärgernis sein. Die Ordnung beobachtete mich. Die Bürger mikroskopierten mich in ihren Fensterspiegeln. Sie sahen ein Ungeheuer. Die Ordnung fühlte sich herausgefordert und wünschte ein Gesetz. Alle Ertüchtiger bliesen zur Jagd. Sie pirschten sich ran. Sie umstellten mich. Sie bauten Fallen, in die ich nicht fiel. Ich tat nichts. Ich tat keinem etwas. Das war verdächtig. Das war böse.
Ich wollte ich sein, für mich allein. Da drängten sie sich auf. Die Stadt entblößte sich vor mir. Sie war nicht ehrbar. Sie hatte einen Untergrund. Die Polizei schlug. Die Richter waren parteiisch. Der Amtmann mißbrauchte sein Amt. Der Pfarrer glaubte nicht. Der Ertüchtiger war ein Sadist. Die Trinker kamen und entkorkten die Flaschen. Die Geilen machten ihre Offerten. Morphinisten und Kokser zeigten ihre Wunden und boten den Schnee. Dirnen gaben sich zu erkennen. Diebe luden ein. Der Anthroposoph stieg mit mir auf den Turm von Sankt Nikolai und schrie, Sie sind der Teufel. Als er mich würgte, sah ich die See. Sie schwankte grau unter einem grauen Himmel.
Lenz kam von den Kommunisten. Das verirrte Schaf war in die Herde zu führen. Lenz wollte der Herde entfliehen. Er war zerrissen. Er lief durch den Winter mit kurzen Hosen und nackten Knien. Das verband mich mit ihm. Wir badeten noch im November im Meer. Unsere Fahrräder lehnten beieinander und zitterten. An seinem Rad hing der rote Wimpel mit dem Emblem von Hammer und Sichel. Die Völker hörten die Signale. Die Völker hörten nichts. Die Sirenen schwiegen. Damals schwiegen sie noch. An meine Lenkstange hatte ich, um Lenz zu ehren, einen schwarzen Lappen gebunden, die stolze schwarze Fahne der Anarchie. Lenz wurde erschlagen. Das taten die mit dem verkniffenen Gesicht. Es gab da irgendwo ein Hünengrab; dort töteten sie ihn und verscharrten ihn gleich.

Ich schrieb, meine Mutter fürchtete die Schlangen. Sie sah sie im brackigen Grund, wenn wir am Meer entlang zum alten Gut gingen. Gras krankte in salziger Lauge. Das Rad der Saline stand still. Aus der Abdeckerei faulte Verwesung. Ich haßte die Stadt hinter den Wiesen, die berühmte Silhouette, die der Maler gemalt hatte. Ich sah sie von Ottern gefressen. Aber wird man mich verstehen? Ich darf nicht zugeben, daß es gleichgültig wäre, ob mich keiner versteht oder einer, der natürlich wichtig würde und meine Bemühung nicht ganz vergeblich sein ließe, wenn ich auch selber nicht weiß, ob ich etwas verstanden habe oder überhaupt etwas zu verstehen war. Es ereignete sich etwas, und es ereignet sich ja immer etwas und unendlich viel, es war einmal und wird sein, das ist unübersehbar, aber dies betraf mich, nicht andere, obwohl was andere zerschmettert auch mich vernichtet, oder ich beobachtete etwas, es ging vor, ich habe es erlebt, ich war Zeuge, es war ein Augenblick, eine Sekunde, ich könnte annehmen, möchte hoffen, es war ein bestimmter wenn auch winziger Punkt in der Zeit, ein immerhin zu lokalisierendes Ereignis im All, und schon weggewischt und wäre nie gewesen, ruhte es nicht gespeichert in mir, in dem Gedächtnis irgendeiner Zelle, die ermüden, krank, ausgemerzt, veröden, sterben kann, doch solange ich bin und denke, die furchtbaren Gefahren überstehe, nicht den Verstand verliere, sind Aufzeichnungen da, Daten, wie sie es nennen, die hervorgezogen, herbeigerufen werden können wie auf den jetzt modernen und unheimlichen Maschinen, die man elektrische Gehirne heißt, da liegt die Erinnerung in einem unordentlichen verwirrenden Netz, griffbereit, nur wehe, wenn ich den Schlüssel verloren habe, die Fähigkeit, den Mechanismus zu bedienen, wenn ich die Taste nicht mehr finde, die Vergangenheit herbeiruft, sie zur Gegenwart und gar zur Zukunft in unentrinnbare Beziehung setzt, vielleicht konnte ich nie mit dem umgehen, mit dem mich die Schöpfung ausstattete, und nur noch zufällig löst irgendeine ungewollte Erregung ein Bild aus dem Vorrat bewahrter doch vergessener gleichgültiger Eindrücke und macht es bedeutsam, wiederholt den längst vergangenen Augenblick, schafft ihn neu oder täuscht mich darin. Es ist, als betrachte ich eine alte Photographie. Ich habe sie aufgenommen; vielleicht bin ich auch aufgenommen worden. Es ist Mittag. Ein hoher lichtloser Himmel im Januar. Meine oder ihre Augen von der unsichtbaren Sonne gequält. Ich marterte sie oder mich. Oder was wollte ich? Ein Gesicht einwecken wie Obst für den Winter, Fleisch für karge Jahre, und am Ende, in den jüngsten Tagen, der penetrante Geschmack der eisernen Ration und doch die Erdbeeren von einst, der Geruch des Gartens, das Beet an einem Sommermorgen nach dem Gewitterregen der Nacht, dieser Urwald kleiner Pflanzen, grüne überlappende Blätter der Stauden die rauhgraue Gewölbe bildeten, in denen die Erdkröte saß, und das Kind, dieser Riese, beugt sich über die Welt, ein Gottvater, der vertreiben konnte oder gnädig gewähren lassen, doch das eingelegte Fleisch erinnert besser nicht an das Kalb, an seinen sanften Blick, das warme staubtrockene Fell, dies ist die Hand, die dich streichelte, meine Hand, die das Messer nahm, die Kehle aufreißt, den Leib zerhackt, den Braten wendet, das Fleisch zum Munde führt, eine alte Schuld, vom Naturrecht gebilligt, schließlich schon nicht mehr organisch, ein Vorgang, wie er grauenvoll in den Gesetzbüchern steht. Sie geht über die kleine Brücke aus morschem Holz, will zum Kastanienwall, es ist ihr letzter Spaziergang, sie kann das nicht wissen, zum letzten Mal ist sie von ihrem Bett aufgestanden, ein milder Tag wie er manchmal zwischen den Frösten kommt, der Himmel ist reingefegt von Nebel und Schnee und bebt Unendlichkeit, und sie erwartet das von mir, die Hilfe zum Sterben, eine Sinngebung nur, ihr Leben, das am Ende ist, soll einen Sinn bekommen, den sie verstehen könnte, oder ich soll ihr Leben rechtfertigen, so wie ich dastand auf jener Brücke, in einem Mantel reif für den Müll, mit lange nicht geschnittenem Haar, existenzlos, jeder sagte: ohne Zukunft, doch es ist ein Wort nur, ein Blick vielleicht, selbst eine kleine zurückhaltende Gebärde meiner Hand in den zerrissenen Handschuhen, auf die sie hofft, und ich sage nichts, kein Wort, ich blicke sie an und blicke sie nicht an, ich bewege mich nicht und bewege mich, nicht auf sie zu, mehr von ihr weg, ich weiß das alles, ich unterdrücke sogar mühsam ein Weinen, und doch ist die Begegnung mir hinderlich, hält mich auf, lenkt mich ab, von was, von nichts, ich weiß es nicht und merke, dies prägt sich mir ein, und vielleicht redete ich dann, viel, unsinnig, blickte umher wie in die Enge getrieben, auf zum Himmel, mir ähnlich, er schwieg, von der Brücke hinunter zum schmutzigen Eis des Ryckgrabens, stellte mit erregten Gesten etwas dar, was meiner Empfindung völlig widersprach. Der Reif ist um die Brust gelegt, es brennen die Augen, die feucht werden, es brennt die Hand, die erstarrt, wie sehr das schmerzt, denn ich spürte nichts, es war nicht mein Tod, der sich im Eishaus der Sträucher unter den kahlen Kastanien entkleidete, ich verließ sie schon, oder ließ sie mich verlassen, Iphigenie, wie üblich, auch wenn ich ihr den Arm reichte, sie heimführte oder so tat und an das Geschäft dachte, das ich nicht habe.

Vom Tisch I

Sie kam, mich abzuholen, sie kam unverhofft, vielleicht hatten die Männer sie benachrichtigt, bevor sie geflohen waren, und der Wind der Zeit hatte sie hergetragen auf beschwerlicher Fahrt, die Tür öffnete sich, meine Mutter trat durch die Tür in den Saal, der nun wie ein Feldlazarett wirkte, die Decke wölbte sich wie ein Zelt in den November, und es war als stehe der Raum auf freiem Feld und unter einem Himmel mit den Wattebäuschen zerplatzter Schrappnels, sie schloß hinter sich die Tür, der feldgraue militärische Anstrich war vom Holz abgesprungen, die Sprünge bildeten das Delta eines Flusses, und die Frau, die gekommen war, mich zu holen, stand wie vor einer Landkarte, vor einem Meßtischblatt großen Maßstabes, sie verweilte dort, sie kam nicht auf mich zu, sie blickte mich an, ich sah sie wieder jung wie auf der Photographie, ein junges Mädchen, sie wirkte schüchtern und war ein graues Wesen, das von der grauen Tür eingefangen war, ich erschrak, sie war verhungert, aus ihrem Gesicht und aus Hals und Brust und Leib hatte der Hunger gefressen, sie erschrak wie ich, und ich war es, vor dem sie zu erschrecken schien, mein Anblick, ich merkte es, sie erstarrte vor der Front der Betten, sie blickte weg von mir, schaute auf die Betten, in die ich mich plötzlich werfen wollte, von Schwäche und Wut übermannt, von der Schwäche und Wut der Krankheit, der Schwäche und Wut eines entsetzlichen verlorenen Jahres, der Schwäche und Wut des verlorenen und gewonnenen Krieges, ich verhedderte mich in dem langen blauweißgestreiften preußischen Krankenhemd.

Er verkaufte Seide und andere Kleiderstoffe in Brüggemanns Kaufhaus. Er wohnte möbliert in einer Mansarde an der Langen Straße. Er empfand Zuneigung für die Mutter des Knaben. Wahrscheinlich aber hatte er pädophile Neigungen, und es war der Knabe, der ihn anzog. Er geht mit ihm in die Deutschen Lichtspiele, in die Abendvorstellung, sie sitzen in einer Loge ganz hinten im dunklen Raum. Man sieht einen Film, in dem eine Hand den Kaiser zeichnet, wie er über seine Feinde triumphiert, man sieht geschlagene Russen in Scharen auf Feldern und in Seen getrieben, wo sie als Leichen schwimmen, man sieht Hindenburg den Feldherrn sich über das Feld erheben, ein guter Vater, ein Fels, aus Stein. Man sieht zum Schluß ein Drama, in dem gemordet wird, ein hinkender Teufel schleicht durch das Haus, dringt in die Kammer der Schlafenden, würgt sie oder saugt ihnen das Blut aus der Kehle. Der Knabe träumt es. Er schreit in der Nacht, spürt den Biß des Vampirs, den Griff des Würgers. Der Würger greift aber nach dem sanften Verkäufer der Seide. Er bekommt am nächsten Morgen seine Einberufung, zieht ins Feld. Er schickt einen Gruß aus Frankreich, steht in einer Grabenstellung, beugt sich über den Grabenrand. Bald ist er tot.

Tante Martha: er ist eine stadtbekannte Persönlichkeit, man hat sich an ihn gewöhnt, er wird toleriert, er ist Amtsgerichtsrat, leitet das Vormundschaftsgericht. Die Studenten haben ihn Tante Martha genannt, und die Stadt hat den Namen übernommen. Er ist groß und hager, hat eine sehr große vorspringende Nase. Er versucht, sich klein zu machen, geht immer gebückt wie um sich zu verneigen, sich zu entschuldigen, zu demütigen. Ein Lächeln aus echter Liebenswürdigkeit und furchtbarer Verlegenheit. Viele Verwundungen, die zu keiner Vernarbung geführt haben. Er trippelt mit schnellen Damenschritten über die Straße. Die rechte Hand als höbe sie einen Rock. Zuhause trägt er Damenkleidung. Verschlossene Tür. Eine strenge fromme Haushälterin, keine sexuelle Betätigung. Wäre in der Stadt unmöglich. In Berlin hat er Angst, schleicht um die Lokale, traut sich nicht hinein. Er steht ganz auf Seiten der geltenden Moral, findet seine Träume abscheulich, gibt den Leuten recht, die ihn verspotten. Einsamkeit, in der allmählich Weisheit die Bitterkeit mildert. Seine Stellung als Vormundschaftsrichter: der Knabe rebelliert gegen das Sittengesetz, der Richter muß das Gesetz durchsetzen, ist aber gutmütig und irgendwie angesprochen, er schwankt zwischen Freundlichkeit und Strenge, einer Verführung ausgesetzt. Der Knabe wieder sieht Tante Martha als einen Außenseiter der Gesellschaft, und das gefällt ihm. Da alle Tante Martha verspotten, spottet er nicht. Den Richter verwirrt das.

Neuenkirchen

Neuenkirchen war der kleine Sonntagsausflug. Die Familien gingen nach dem Mittagbrot vor das Steinbecker Tor, um im Dorf, das durch den Tannenwald vor dem scharfen Wind von der nahen See geschützt war, den Nachmittagskaffee zu trinken. Es war eine Sache der Gemächlichkeit. Die Bürger schritten behäbig, von ihren Kindern umspielt. Man kannte sich und grüßte. Die Damen trugen die altmodische Spitzenhaube und den Schal. Ein offener Reifrock französischer Herkunft fiel auf. Man schrieb das Jahr 1780.

Im Grunde war der Weg langweilig und für einen Jungen

eine Qual. Die Landschaft war allzubekannt und bot keinen Reiz. Äcker, ein paar Wiesen, flach ausgebreitet bis zum Wald oder dem bei heller Luft sehr fernen Horizont. Der Junge wäre viel lieber am Fluß geblieben bei den Schiffen im Hafen. Sie waren das immer Neue, die Ferne auch und die Romantik. Schon ihr Geruch von Teer, Gewürz und fremden Hölzern war erregend und in ihren höchsten Rahen, über den gerefften Segeln, da zitterten noch die Stürme, war der Hauch von heißen, grünen Inseln, Piratenschrei und Hanseatensage –, wenn man den Blick hatte für die wahre Existenz der Dinge.

Was konnte dagegen der Weg nach Neuenkirchen sein? Ein Anlaß zu Karikaturen, während am Fluß die Bilder waren. Im Dorf verschleierte alles der Staub vom Pfad der Kuhherden in der Gegend des großen Gutes. Zwar war die alte Kirche schön, aber ihr kalkweißer Anstrich brannte im grauen Bild. Und der Tanz im Krug, der von ferne gesehen in den Bewegungen des Reigens malerisch war, wurde zur lähmenden Eintönigkeit der abendlichen Promenade in der Langen Straße, wenn man die Gesichter sah und sie als Träger von Namen in einer kleinen Stadt erkannte. Warum gab es Sonntage und die Pflicht, mit den Eltern zu spazieren?

An einem dieser Sonntage aber ging, während die Gesellschaft im Dorfgasthaus saß, ein Gewitter nieder, und auf dem Heimweg stand gegen Abend über der Stadt, die man mit ihren drei Türmen nun vor sich hatte, und der vom Regen erfrischten Landschaft ein Regenbogen. Und unter der Herrschaft dieses Bogens, der im Schieferrot der Dächer und im glatten Fluß sich widerspiegelte, wie er auch im Nebel, der schon den Wiesen entstieg, wieder vorkam, wandelte sich die Gegend. In ihr lebte auf einmal das Gesetz eines Gemäldes. Nicht mehr gleichgültig und flach lagen die Äcker, sondern geteilt und geordnet durch kleine Bäche, in Streifen und Flächen von immer neuer Farbe und Art. Es war plötzlich eine Landschaft von unerhörter, nie geahnter Großartigkeit, Vielfalt und Weite, die vor dem Hintergrund der alten Stadt sich ausbreitete. Sie war deutsch und war romantisch, und in der friedlichen Ruhe des Abends und verklärt von dem Schein des Regenbogens nach dem weitergezogenen Gewitter war sie doch erfüllt von allen Möglichkeiten der Leidenschaft, des Abenteuers und des Dramas. Eine Ahnung, die bestätigt wurde von den Pferden, die dem Fluß zu weideten und in kurzen Wendungen unruhig trabten. Dem jungen Caspar David Friedrich, der dann das Bild »Pferde vor Greifswald« malte (das ein Begriff der Kunstgeschichte wurde), war das Gesicht einer noch gänzlich unbesungenen Natur aufgegangen.

Als ich in Würzburg am Theater war

Ein Brief des Stadttheaters hatte mir eine Stellung als Dramaturg und Gehilfe der Regie versprochen. Auch wollte ich die Universität besuchen, und bald beeindruckte mich wahrlich der Juliusbau der Jesuiten. In seiner Bibliothek roch es nach Schätzen großer Geister und alles durchdringend nach Wein. Ich besuchte das Grab des Herrn Walther von der Vogelweide. Ein kleines Mädchen legte Blumen nieder. Ich dachte es mir schön, in dieser Stadt begraben zu sein. An einem Sonntag erinnerte ich in einer mir anvertrauten Matinee des Theaters vor leeren Stühlen an Max Dauthendey, der 1918 auf der fernen, heißen Insel Java gestorben, 1867 in Würzburg als Sohn eines Photographen geboren war. Die ganze Stadt erschien mir nach einem Titel des Schonvergessenen ultraviolett, ein glänzender Ort aus Schmerz und Lust, Vergänglichkeit und Ewigkeit, Anziehung und Bedrängnis, des Geselligen und der Einsamkeit zu sein.
Ich kam aus der Norddeutschen Tiefebene, wie man mich in der Schule belehrt hatte, überquerte zum ersten Mal den Main, der eine Linie im politischen Reich sein sollte, ich dachte an ein anderes Klima für den Kopf, erreichte Süddeutschland, das man dort, wo ich geboren war, immer verlangend sah, schon als den Süden an sich, sonnenbeschienen und warm, weinselig, geschichtsträchtig, die

Häuser gar italienisch, das Vaterland der Kultur mit der ausschweifenden Frömmigkeit des Barock oder voll der Sinnlichkeit des Mittelalters mit seinen Madonnen und Märtyrern. Ich dachte an die gefesselten Hände des heiligen Sebastian. Ich war erwartungsvoll, ich war bereit, war neugierig und lüstern.

Ich traf Eva, wie verabredet, auf dem Markt. Es war im September, dem Erntemonat. Gemüse, Früchte und Trauben zuhauf. Blumen darübergelegt. Das glitt in das Gotteshaus hinein und quoll aus ihm raus. Der tägliche Handel und Wandel war in die Marienkapelle wie hineingeschlagen. Ein Kaffeehaus in der Grundmauer. Es roch nach Hefe und nach Backofen. Zu Rohrnudeln gab es Wein. Noch kannte ich ihn nicht. Noch war ich schüchtern, ihn zu kosten.

Die Kirche über uns war wie ein geschnitzter, kostbarer Schrein. Eva steht, hängt, klammert sich fest im Portal. Im Profil lieblich, die schmale Schulter, die kleine Brust, das lange Mädchenhaar. Sie blickt auf ihren Markt. Sie gehört dem Markt. Tilman Riemenschneider verlieh ihr Trauer, Melancholie, Resignation. Das rührt. Von vorn betrachtet eine junge Frau, dem Frauenschicksal ausgeliefert. Das Gesicht bekommt mehr Fläche, Trotz und Ergebung prägten sich ein, fast ein leichter Ekel, der aufsteigt und nicht zu verdrängen ist, berührt von Menschenlos und künftigem Unglück, Schönheit, um die man bangt, die junge Haut des linken Arms, des noch jungfräulichen Leibes, in der rechten Hand den Apfel der Verführung, wie aufgedrängt, zögernd genommen, wahrscheinlich wissend, von nachtwandelndem Charme, Adam schläft und träumt, für Eva fern, auch er wird gefällig sein, lässig tun, was ihm so angekreidet werden sollte.

Auf dem Bahnhof in Würzburg angekommen, aus dem Zug gestiegen, meinen Koffer, von Büchern schwer, an der Hand, Berlin hinter mir, adieu Romanisches Café, auf Wiedersehen großer Lesesaal der Staatsbibliothek, wie würden sie mir fehlen, die Theaterkämpfe, die Zeitungen, die Dachbodenplätze bei Jeßner und Reinhardt, die Kritiker

Ihering und Kerr, die Uraufführungen der Jungen Bühne, die Erregung, daß die Welt unterging oder ein Paradies würde für jedermann, fühlte ich mich auf dem Bahnsteig von Bergen umstellt. Der Main, den die Dichter gepriesen, war fern; es war kein liebliches Tal, es war eine Grube, die ich mir gegraben hatte, in die ich gefallen war. Die Weinberge, des Weingotts Gärten, vielleicht von schönen, trokkenen Tagen staubbedeckt, drückten wie grauer Fels auf die Schienen. Die Kirche Stift Haug, in deren weiten Erzengelsaal ich später gern ging, die Orgel, das lateinische Wort, das mich faszinierte, zu hören, mit ihrer mächtigen Kuppel, die Würzburg mit Rom und Florenz eint im Blick von den Höhen ringsum, kam mir in der ersten Stunde, am Wege zum Theater plump, schwer, bedrückend wie der Kerkerbau des Fidelio vor. In einem Gespräch mit dem Bühnenbildner, einem bald berühmten Erneuerer der Opernszene, schlug ich die Kulisse für unseren Fidelio vor, gesehen in der Dämmerung und der Perspektive des Straßenpflasters, doch bestätigte sich der Künstler an dem Vorbild Piranesi, dem Gefängnis als Traum und dekorativen Schrecken.
Das möblierte Zimmer, mir vom Theaterbüro vermittelt, lag im Stadtteil Grombühl, vom Stadtkern, der alt und ehrwürdig war, den ich erkunden wollte, durch die Eisenbahn getrennt, mit ihm durch eine Industriebrücke verbunden, die Leute anzog, die sich hinabstürzen wollten. Auch in Würzburg, der frommen Stadt, gab es Verzweifelte, wie immer und überall. Ich hauste unter ihnen. Ich war enttäuscht und ausgestoßen. Ich wohnte bei der Witwe eines Eisenbahners, der unter die Räder gekommen war. Die Witwe war drall, fleischig, gutmütig, sie lachte gern, wenn ich sie zum Lachen brachte. Der Verunglückte aber sah auf der gerahmten Photographie über meinem Schreibtisch, der seltsam verschnörkelt war und unendlich viele, winzig kleine und gänzlich unbrauchbare Schubladen hatte (es sei denn, man wollte Entwürfe von Theaterstücken in ihnen verstecken), abgezehrt, arbeitsmüde aus, und sein Gesicht unter der Dienstmütze schien sich vorwurfsvoll gegen das Auge der Kamera gewandt zu haben. (...)

Dem Theater war ich verpflichtet, Theater zu spielen. Ich wollte es nicht. Ich konnte es nicht. Ich übte am frühen Morgen vor dem dunklen Zuschauerraum. Ich genügte mir nicht. Ich wollte etwas leisten, etwas hinstellen, ich wollte ein Drama inszenieren, jedoch nicht mich. Mein Verhältnis zu den Zuschauern war gestört. Ich wollte sie nicht unterhalten. Ich dachte, sie zu provozieren. Man gab mir die Rolle des jungen Grafen in den »Soldaten« von Lenz. Ich schrieb als Dramaturg einen Artikel über Lenz und das Stück für eine Würzburger Zeitung und stand steif und unwillig auf der Bühne. Ich ging in die Trainingsstunden der Ballettmeisterin, einer Schülerin der Mary Wigman, ich vollbrachte große Sprünge und seltsame Verrenkungen an der Stange zu ihrem Spaß, fügte mich aber nicht in die Gruppe zum Tanz. Ich korrespondierte aus dem Theaterbüro mit Dichtern wie Hans Henny Jahnn, die ich, aber nicht der Intendant aufführen wollte. Ich gab jungen Poeten Hoffnungen, die ich nicht erfüllen konnte. Ich schrieb im Programmheft einen Nachruf auf Siegfried Jacobsohn, den ersten Herausgeber der »Weltbühne«, und einen Artikel gegen das »Schund- und Schmutzgesetz«, einen Versuch der Zensur, und beides wurde auf Betreiben des Stadtrats aus dem Verkehr gezogen und eingestampft. Es war eine schöne Zeit. Ich dachte, nach dem Ende der Spielzeit zu Piscator nach Berlin zu gehen, der Brecht und Toller aufführte, aber Hans Henny Jahnn spielte er nicht. Auch mich tröstete da über so viel Mißerfolge der vermummte Herr. Er verkehrte im Theaterkaffee, kannte uns alle, lieh fünf oder zehn Mark, wenn wir sie brauchten. Ihm gehörte ein uraltes schönes Haus mit viel Holz in einer engen Gasse. Er hatte die Regale voll von Büchern, viel Theologisches und Urdeutsches. Ich versuchte, das Mönchslatein zu lernen. Er half mir. Er hatte eine Haushälterin, die vorzüglich kochte. Er hielt alle Zeitschriften, die mich interessierten. Er war wohlhabend, ein Frontoffizier von 1914. Sein Stahlhelm lag zerbeult auf einem Ehrenplatz. Er schätzte Ernst Jünger und das Buch »In Stahlgewittern«. Er stellte Geschichte vor und deutete sie auf seine Weise. Er war für Herrschaft. Er führte mich durch die Residenz. Ich hatte an ein großes Pfarrhaus gedacht, und er zeigte mir eine Hofhaltung. Dörfer waren von den Fürstbischöfen dienstverpflichtet worden, den stolzen Bau zu errichten. Sie wurden mit Wein entlohnt. Der Wein in den Kellern des Marienbergs, der Universität, dann der Residenz war die eigentliche Währung des Landes. Es gab wenig Geld. Alle waren arm. Bis auf die Reichen. Er billigte das. Fast zerstritten wir uns. Ich sah ihn wieder im ersten Jahr des Nationalsozialismus, bei einem zufälligen Aufenthalt. Er schritt über den weiten leeren Platz vor der Residenz, kam vorsichtig auf mich zu, hob den Arm ganz steif gestreckt, schmetterte ein markiges Heil Hitler, sah sich ängstlich um, zog den Kopf, der den Stahlhelm getragen hatte, ein und flüsterte, verschwand.

Ein Anfang ein Ende

Am Tag von Potsdam erlaubte mir mein Vater, Schauspieler zu werden.

Diesen jour de gloire, den 21. März des Jahres der Machtergreifung hielten allzuviele für einen wunderbaren, schon bei Sonnenaufgang historisch legitimierten, begnadeten Tag, den zu erleben Lebensglück genug war, und schritten wie Kostümierte auf den beliebten Gemälden volkstümlicher Schlachten- und Ballhausmaler gravitätisch taumelnd, angebiedert einem Siegesrausch, der nicht der ihre war, den allgemein nähergerückten Gräbern zu. Im Wetter wäre Frühling gewesen, selbst wenn es geschneit hätte. Vielleicht hatte es geschneit, ich erinnere mich nicht, aber ich glaube, es schien wirklich die Sonne, das Gestirn Alexanders, Cäsars, Friedrichs, Napoleons, die kurzlebende Flamme von Tannenberg, die Sonne, die Fürsten und Tyrannen liebt und Präsidenten nicht leuchtet, die gute Sonne würde morgen in allen Zeitungen stehen und blenden, Kaiserwetter, die Tradition war gewahrt, sie war auf Hochglanz gebracht, und die Lautsprecher des Rundfunks verkündeten prophetisch alle Herrlichkeit, die wir sehen sollten. Diese Lautsprecher waren mir, wenn ich zurückdenke, schon bei ihrem ersten Auftauchen unheimlich geworden. Über Nacht hatte man sie an Wegen und Plätzen montiert, dem wuchernden Wald der Neuen Fahnen gesellt, die Lautsprecher schmetterten Märsche, brüllten Befehle, sie säumten die Straßen und Landwege, beschäumten Haus und Ohr, in Potsdam ein Ruf wie Donnerhall, der Patriotismus hatte die Technik in Dienst genommen und das Jahrtausend der Propaganda begonnen, wenn man davon absah, was schon in Jericho geschehen war. Eine eifernde Stimme aus klirrendem Blechmund forderte vom Kirchgarten Tausende und Abertausende auf, sich zu erheben. Der Pastor stand vor dem Gotteshaus, die Bibel unter dem Arm, trutzig, ganz Luther, ergeben, ein deutsches Mannsbild, das Eiserne Kreuz von 1914, von Tannenberg, von Langemark oder von Verdun an der Brust. Allein meine Mutter fühlte sich beim Frühstück gestört und wollte die Köchin hinüberschicken, den Lärm zu verbieten. Eine frohe Botschaft lief über das Land. Der Erlöser war gekommen. Meine Mutter erkannte ihn nicht. Sie wollte ihn nicht erkennen. Der Erlöser war falsch gekleidet. Unsere Großmutter war verwirrt. Sie hatte diese Leute, seine Jünger, die jetzt Heil auf Heil riefen, unterstützt. Sie hatte ihnen geholfen, hatte sie für würdig befunden, Obdach und Arbeit und das tägliche Brot auf dem Gut zu empfangen. Für meine Großmutter waren unsere Knechte nationalgesinnte, vaterländische, hohenzollerntreue, wehrwillige Deutsche gewesen, Helden und Opfer, Verstrickte, hinterrücks vom Mob erdolchte, verratene und verleumdete Soldaten des großen Krieges. Man braucht sie, wir benötigten sie, die freveltlich gestörte, blessierte Ordnung wieder aufzurichten. Sie, unsere Deputanten, schienen noch selbstverständlich zu gehorchen, von altem Korn und Schrot zu sein, wo ringsum der Ungehorsam, Verwilderung, die Sünde sich ausbreitete. Sie sollten den Kaiser zurückholen. Sie setzten aber einen der ihren, einen Mannschaftsgrad auf den Thron. Der Verführer war feldgrau erschienen, nicht rot, wie wir es gefürchtet hatten, und dann verfärbte er sich, schmutzigbraun und sehr ordinär.

Auf dem roten Sand vor dem Clubhaus, dem alten Kavalierspavillon, wo so viele logiert hatten, die von Potsdam geritten waren, zur Maibowle, zum Mittsommertanz, zum Erntedank, der Weihnachtsgans, zur Verlobung, Hochzeit, Inzucht, Geburt und Begräbnis, Leutnante, von altersher ausgewählt dem frühen Tod in vielen Kriegen, spielte meine Schwester Tennis. Sie trug, dickköpfig, den kurzen Rock, der die Großmutter schamrot machte. Als wir aus dem Haus gingen, schwieg der Lautsprecher vor der Kirche. Ich hörte den harten Ballaufschlag meiner Schwester und sah ihre nackten Beine von der Kälte gerötet. In Brandenburg ist der März ein Wintermonat. Mein Großvater sprach gern von dem Großreich des sibirischen Winters. Schwesterchen und ich nannten ihn unter uns Großväterchen Frost und sahen ihn in seinem geopolitischen Eispalast Soldaten schinden. Doch erinnerte sich mein Großvater nur in Selbstqual der Schlacht von Mukden, an der er, im russisch-japanischen Krieg, als deutscher Militärbeobachter teilgenommen und die Niederlage der Russen als persönliche Demütigung empfunden hatte. Ein im weiten Horizont verrinnendes weißes Feld in der Manschurai im Januar 1905, ein Leintuch mit vergossenem, gefrorenen Blut. Eine unbewohnte Ebene, allein ein paar kahlästige Bäume zeigten den Sturm, der sie beugte. Ein Menschenzug, verloren als er aus dem Feldstecher, einem Zeissprodukt, Made in Germany, entschwand, im Schnee verging, keine Garde mehr, kein Zar mehr, Gefangene oder Tote schon, da sie zum Sieg marschierten. Nur ein zottiges, kleines Pferd kam zurück, verrückt geworden; es wieherte ohne Unterlaß, schweißte aus einer Wunde am Hals, stampfte ohnmächtig mit den Hufen. Kein Reiter. Der Reiter hatte etwas in der Brust gefühlt, eine innere Verwundung, eine tödliche Krankheit, noch namenlos. Mein Großvater glaubte vieles. Er glaubte, hinter Sibirien Preußen, am Rande der Erde seinen König und Kaiser zu vertreten und natürlich zu verteidigen. Über dem Schlachtfeld von Mukden erschien meinem Großvater ein Affengesicht, eine Schmähzeichnung aus dem »Berliner Lokalanzeiger«, zu unterstreichen das Kaiserwort von der Gelben Gefahr. Zeichnungen dieser Art sollten bald das Jahrhundert beherrschen, Haßschürer ihren Lohn finden in seiner sorgsam aufgebauten Welt voll Feinden und wechselnden Fronten. Mein Großvater umarmte einen russischen Stabsoffizier, der sich ihm mit ordenbedeckter Brust, breiten goldumfransten Epauletten und verrutschter Pelzmütze an den Leib geworfen hatte und weinte. Mein Großvater erzählte, er habe damals nicht gewußt, ob er den fremden Offizier zurückstoßen oder streicheln sollte. Er hatte ihn nach strammer Kadettenart ermahnt, Haltung anzunehmen. Haltung, Haltung, Kamerad, wir werden Revanche fordern. Der deutsche Zuruf ließ den Russen an Berlin und den Bahnhof Friedrichstraße denken und an das renommierte Hotel Continental hinter dem Bahnhof, wo er am Morgen nach seiner Ankunft nicht erwachte, sondern im hochlehnigen Ehebett eines unübersichtlichen, unwohlriechenden Zimmers neben einer mißgelaunten Dame, die Mark haben und keine Rubel annehmen wollte. Die Erinnerungen an diese Szene gab dem in Mukden geschlagenen Offizier frischen Lebensmut, sein Blut zirkulierte schneller und wärmer unter dem schneesteifen Pelz, und er umarmte zum zweiten Mal, nun fast leidenschaftlich, den Deutschen, der wieder Kamerad, Kamerad rief. Später, als Kommandierender General in Königsberg, fühlte sich der Großvater in der alten Krönungsstadt im Zentrum eines Weltreichs von Sachalin bis Potsdam, wo berühmte und wohltuende Städte wie Hamburg, Köln, Frankfurt, Heidelberg und Straßburg nur Vorwerke der Festung Preußen waren. Pensioniert und ehrenüberhäuft nach nicht gewonnenem Weltkrieg, nicht gelungenem Aufstand gegen die Republik in Berlin, wie General Wrangel, den sie Papa nannten, 1848, war er eingeritten durchs Brandenburger Tor, doch nicht in seine Stadt gekommen. Etwas sehr Unfaires, eine neue unbegriffene Macht hatte sich ihm entgegengestellt, ein Streik spülte ihn weg. Verurteilt und begnadigt von einer Demokratie, die ohnmächtig war in ihrer Kraft, schlug er auf dem Familiensitz der Selbstbewunderung, einer Schenkung des Soldatenkönigs, von dem meine Schwester und ich im Vorschulalter das Spießrutenspiel mit den Dorfkindern übernahmen, noch immer eine aufrechte Gestalt zur Parade und vor Gericht, in grauen Flanellhosen, einer Militärjoppe ohne Rangabzeichen, so eitel wie verachtungsvoll, einen gnadenlosen Match gegen seine Enkelin, meine stolze Schwester Ulrike, die er weit mehr liebte und noch mehr haßte als mich.

Wir besaßen, die einzigen im Dorf, ein Automobil, das ich, selbst als es neu war, sehr komisch fand. Es war breit wie eine Mähmaschine und eisenreich wie die Panzer des kommenden Zweiten Weltkrieges. In einem solchen Panzer zu sitzen und zu sterben, wäre mein Los in der Ordnung geworden, von der unsere Familie träumte. Meine Schwester hatte den Wagen Wilhelm getauft und nicht an den Kaiser gedacht, nur an des Kaisers Knecht, an die vielen Dienstleute, die damals Wilhelm gerufen wurden und verläßlich kamen. Wir hätten, ich schlug es vor, Wilhelm zur Kartoffelernte benutzen können, seine breiten und hohen Räder wären über den Acker gelaufen und hätten ein Dutzend Pflüge geschleppt, tiefe Furchen in den schweren Boden der Mark gerissen, aus denen dann die Sammler die Knollen klaubten. Unsere Pferde zogen nur einen Dreischarenpflug, wir waren noch weit von einer landwirtschaftlichen Produktionsgesellschaft entfernt, das Bild der Ernte, Männer und Frauen in der Natur bei fröhlichem Schaffen, verklärte die mühselige Arbeit und machte sie schulbuchreif. Meine Schwester glaubte es besser zu wissen, sie sah Not, Schweiß, Armut und Ausbeutung auf unseren Feldern, es war ein Aufstand gegen das für selbstverständlich Gehaltene, die uns nützliche Überlieferung und brachte mir meine Schwester sehr nahe. Mein Vater hatte eine Dienstwohnung in Berlin, doch in einem Haus, das uns gehörte, wie das Gut ein Geschenk des Königs, an der Straße Unter den Linden, in grader Schußlinie vom Schloß. Wir verbrachten den größten Teil des Jahres in Berlin in dem geräumigen, Ehrfurcht gebietenden Haus, das mich, nach meinem Geschmack, wie in einem Theater aufwachsen ließ, in Dekorationen zur preußischen Geschichte. Ulrike und ich spielten die Historie nach in Szenen, mit überraschenden Schlüssen, welche die Wirklichkeit der Geschichte radikal und ridikül veränderten. Meine Mutter mochte das Haus und unser Spiel mit ihm nicht. Sie hatte sich bald nach dem verlorenen, sie sagte verratenen Krieg, nach dem niedergeschlagenen Aufstand der Juden und Matrosen, in der Republik, die sie an nichts gehindert hätte, vom gesellschaftlichen Leben zurückgezogen und präsidierte allein noch und der Pflicht gehorchend der wöchentlichen Herrengesellschaft des Vaters, zu der mehr Zivilisten als Militärpersonen kamen. Dennoch standen diese recht offenen Zusammenkünfte im Ruf, eine Junta vorzubereiten. Ich las es in den Zeitungen. Meine Mutter kränkte die Hauptstadt ohne Herrscher. In den Ferien und am Wochenende erholten wir uns auf dem Gut. Wir fuhren mit der Lokalbahn, reiste mein Vater mit, in einem reservierten Abteil erster Klasse. Die Sitze waren mit rotem Stoff gepolstert und gaben dem Unternehmen luxuriösen, kaiserlichen Anstrich; ich träumte, in einer Sänfte zu schweben. Doch blieb mein Vater gern unter irgendwelchen Vorwänden allein in Berlin. Meine Mutter saß dann traurig am Tisch der Großeltern. Ich vermutete, daß sie über den Vater grübelte. Einmal spielten wir in ihrem Salon, was Vater wohl tut. Meine Mutter maß dieser Beschäftigung einen erziehenden Wert bei und begann, er sitzt im Oberkommando, hat Akten vor sich, noch am späten Abend, die Papiere sind geheim und gefährlich, ein Hauptmann bringt sie und verschließt sie wieder im Panzerschrank, der Hauptmann steht stramm vor dem Rang und dem Adel des Vaters. Ich jedoch ließ den Vater durch die Nacht der großen Stadt wandern, ziellos eigentlich, er fuhr U-Bahn, kam unterirdisch an ferne Plätze, tauchte bei geheimnisvollen, selbst unheimlichen, fremden Menschen auf, Sozialdemokraten, ja Kommunisten auch, und einmal phantasierte ich in die wachsende Unruhe meiner Mutter, jetzt geht Vater in eine Halle und mordet. Ich wurde auf mein Zimmer geschickt als verdorbenes Kind. Erst viel später wurde mir klar, wie sehr ich meine Mutter entsetzt hatte. Ulrike vermutete, unser Vater habe in der Stadt eine Geliebte, eine lustige Person. Wir mochten sie schon ganz gern. Aber dieser Gedanke hat mich nie ernstlich beschäftigt, und ich glaube, er führte in die Irre. Aus Berlin wußten wir, daß es Arbeitslose gab, die hungerten und dadurch den Staat gefährdeten. Ich hatte die Arbeitslosen auf dem Schulweg gesehen, wo sie in traurigen Gruppen herumstanden, manche mit Schildern auf Brust und Rücken, ihre besondere Sorge um Weib und Kind offenbarend. Meine Schwester beobachtete sie aus dem Fenster, wo sie in der berühmten Straße der Paraden demonstrierten, unter roten Fahnen, bis Polizei sie auseinandertrieb. Meine Mutter schimpfte dann, das Gesindel sei wieder unterwegs, und hatte das Mädchen gerufen, die Rolläden zu schließen. Vergebliche Mühe! Meine Schwester lief vor das Haus, beobachtete den Zug der Proleten, ein Wort, das sie aufgenommen, nachplapperte und kaum verstanden hatte, damals, später suchte sie es zu ergründen, aus Büchern und in Gesprächen, und jetzt hielt sie sich staunend fest, um vom Strom einer fremden Welt, der vor den Knüppeln der Ordnungshüter fliehenden Menge nicht mitgerissen zu werden, klammerte sich an die Eisenringe in den Grundfesten des Hauses, an die früher die Pferde gebunden wurden; die nun eigentlich nutzlosen, doch weiterhin schmückenden Ringe bezeugten noch, daß Kavaliere das Haus besucht hatten. Meine Mutter machte für alles, was ihr nicht paßte und sie ängstigte, die Regierung verantwortlich, die Erben der Verbrecher des November 1918. Sie sprach aber ohne Verstand von undankbaren Erben, Konkursverwalter eines Zusammenbruchs, Totengräbern einer erstickten Revolution, von der Legislative, der unser Vater, widerständig zwar, doch in der Verpflichtung der Uniform, diente, verachtete eine Demokratie, die uns und unsere Standesgenossen als notleidende Landwirte großherzig unterstützte. Das Stadthaus trug noch in anderer Weise zu meiner Erziehung und Bildung bei. Mein Vater erhielt täglich die deutschen und die wichtigsten ausländischen Zeitungen. Er mußte, versicherte er, die Blätter vor Dienstbeginn gelesen haben, und es war ihm bequem, die Qual im Bett zu erdulden. Wie jeder, der ein Gift, und sei es ein eingebildetes, regelmäßig zu sich nimmt, war er süchtig geworden, und wenn ihm anfangs die Flut der Nachrichten und Kommentare, der kontroversen Meinungen, der Verleumdung, der Lügen und des Hasses lästig, ja widerwärtig gewesen war, stand er alsbald schon im Morgengrauen auf und raffte das Neue zusammen, das vor die Haustür geworfen war. Ich beobachtete meinen Vater einmal in der Dämmerung des Tages. Er war gehüllt in einen langen, nachschleppenden Bademantel und ging, seiner Rangzeichen entkleidet, wie in Gefangenschaft durch den Flur. Die Zeitungen hatten ihn um den Schlaf gebracht, und nur an Sonn- und Feiertagen überkam ihn noch ein später Morgenschlummer, wenn böse Ahnungen sich im Gedruckten bestätigt fanden. Seiner Natur nach hätte mein Vater auf Kassandra nicht gehört, aber da sie im Schlafzimmer mit tausend Stimmen sprach, verwandelte sie seine Gedanken, schulte seine Denkfähigkeit und ließ ihn vor anstehenden Gefahren nicht länger töricht bleiben. Was mich betraf, sollte der Großvater recht behalten mit seinem Satz: die Stadt wird ihn endgültig verderben. Ich nahm mir aus den bedruckten Blättern, die wild verstreut um das Bett meines Vaters lagen, die Feuilletonseiten Berliner Provenienz und war gut über die Ereignisse unterrichtet, die der Dichter Gottfried Benn die abendlichen Kulissenverschiebungen nannte. Auf dem Elitegymnasium von Bismarcks Ruhm, das ich besuchte, waren, neben Zöglingen aus meiner Welt, auch ausländische Diplomatenkinder und einige Juden aus wahrscheinlich wohlhabenden Familien, einem erträglichen Zwang unterworfen. Ihr Judentum, ihr vorgebliches Anderssein, wurde uns erst bewußt, als sie verfolgt waren. Doch in meiner Klasse war keiner gemein genug, den Antisemiten zu spielen. Ich hatte grade mit ihnen, den also jüdischen Freunden, viele gemeinsame Interessen und Gespräche, und sie folgten mir, obwohl sie Taschengeld für

Logenplätze hatten oder sogar das Abonnement ihrer Eltern benutzen durften, auf die Galerie der Berliner Theater. Erst als ich einen, der Katzenellenbogen hieß, über das Wochenende auf das Gut einladen, im Kavalierhaus unterbringen und mit ihm zum nahen Schlachtfeld von Fehrbellin reiten wollte, fragte meine Mutter: muß das sein? Ich hätte ja gesagt; doch etwas um ihren Mund warnte mich. Ich fürchtete nicht ihre Schelte; aber ich wollte nicht hören, was sie vorbringen würde. Sie fühlte sich gefährdet, von unheimlichen Gewalten in Besitz und Stand bedroht, die sie vererben wollte an ihre Kinder, Ulrike und mich. Da geschah es, daß wir über die eigenen Felder gingen, meine Schwester und ich, neben dem Kartoffelacker verweilten und zusahen, wie die Sammler die Rücken beugten, Männer, Frauen und Kinder, Arbeitslose aus Berlin, und wie sie sich eifrig mühten, die Knollen, vom Pflug aus der Erde gerissen, in den Korb zu tun, den jeder bekommen hatte. Sie wurden im Akkord entlohnt, Kiepe für Kiepe, und wer das meiste zur Waage brachte, reiste mit ein paar Mark in die Stadt, in die Enge der Mietskasernen, zu den durch Zeugung und Geburt verdammten Kindern. Mein Großvater kam mit dem Jagdwagen gefahren, zwei schöne Füchse vorgespannt, und hielt neben uns. Er stand im Wagen aufrecht, die Peitsche in der Hand, und ich dachte, welch ein Bild bietet er, nein, ein Plakat vor der Schar der in der Erde Knienden und erinnerte mich an Aufnahmen der »Arbeiterillustrierten«, die mein Vater auch las, morgens im Empirebett in Berlin und des Dienstes wegen, und der Großvater rief den Inspektor herbei, einen Reitstiefelmann mit militärischer Mütze, und rügte alles, und der Inspektor stand stramm und war betroffen und erwiderte nichts, nur ein gedrücktes Herr General, bis er losbrüllte, zu den Kartoffelsammlern hin, und mein Großvater sagte, sie sind faul. Faules Pack. Meine Schwester widersprach ihm, dem man nicht widersprechen durfte, hob das Gesicht ihm zu, stellte sich auf die Zehen, wahrscheinlich mit sinnlosen Argumenten, denen er nicht zuhörte, denn er trieb uns fast mit der Peitsche auf den Jagdwagen und die stolzen Füchse an und fuhr uns zum Herrenhaus oder zum Schloß, wie wir manchmal sagten, und schrie, schert euch zu euren Schularbeiten, Bagage, Bagage, und zu mir als Trumpf: als ich in deinem Alter Kadett war! Plön oder Lichterfelde. Das waren unsere Klöster. Mich grauste vor beiden. Aber ich wußte, diese Orte sind ja nicht mehr, sind gestorben, verdorben, allenfalls irgendwo aufbewahrt, ein Denkmal, ein Bau, eine Ruine, vielleicht von Schinkel oder von Knobelsdorff, der Sanssouci gebaut hatte und das Opernhaus in Berlin. Und ich setzte mich hin und schrieb im Herrenhaus einen Bericht, eine Reportage »Kartoffelbuddeln« und kniete mich, an einer hübschen Schreibkommode mit Intarsien, in den Acker, hockte unter den Arbeitslosen, windete mich am Boden unter den Augen des Gutsherrn, über mir im Jagdwagen, mit den blankgestriegelten Füchsen, von gutem Hafer ernährt, und unterschrieb es und sandte vier engbeschriebene Seiten an die Redaktion der »Roten Fahne« in Berlin, an die Feuilletonredaktion, denn ich wollte ein Schriftsteller sein. Schon lags im Briefkasten am Park. Eiligen Schrittes war ich gerannt. Ich hatte eine Rolle gespielt. Vergaß sie. Vergaß auch die »Rote Fahne«. Bis der Brief kam, auf dem Frühstückstisch lag: Lieber Genosse, dein Beitrag hat uns gefallen. Schick wieder was. Ich versteckte die Botschaft, schob sie ins Hemd. Aber mein Großvater hatte schon das Streifband von der fremden Zeitung gelöst, ahnungsvoll, daß etwas über uns drinstehen würde, im Zentralorgan der Kommunistischen Partei Deutschlands, falsche Anklagen, Verleumdungen wie üblich, was sonst. Der Name des Gutes war genannt, kein Zweifel, mein Großvater erkannte sich, ich hatte ihn getroffen, ein Heckenschütze schmarotzte an seinem Tisch, und unter dem Geschmier dann mein Name, sein Name, bürgerlich verkürzt. Eine Mystifikation? Nein. Ein Pfeil ins Herz.

Sie riefen telefonisch meinen Vater herbei, und mein Vater kam, was selten geschah, mit seinem Dienstwagen gefahren, einen Feldwebel am Steuer und irgendeiner kleinen Flagge neben dem Mercedesstern, die informierte, daß ein General transportiert wurde. Mein Vater hatte die »Rote

Fahne« noch nicht gelesen oder wieder nur die Schlagzeilen überflogen, nicht ins Feuilleton geguckt, wobei er nichts versäumte, bis auf diesen Tag. Als er den Aufsatz und die Unterschrift des Verfassers verstanden hatte, rötete sich sein Gesicht purpurn, er öffnete den steifen, hinderlichen Kragen der Uniform, ich fürchtete mich, meine Schwester wurde blaß und Mutter schrie auf, mein Großvater saß wie das Denkmal da, das er nicht bekam, aus Stein gehauen, in Finsterwalde, und mein Vater lachte, lachte, lachte und barst fast vor Lachen. Ich frage mich heute, wer damals im Zimmer wohl gewußt hat, warum mein Vater so kräftig, dröhnend, anhaltend, so erschütternd lachte. Ich ahnte es nicht. Aber meine Mutter und ihre Eltern hätten den Grund seines unnatürlichen Gelächters erraten können, und meine Schwester erfuhr, was da herausdrückte, erst später, als mein Vater gütig und zärtlich zu ihr war, was keiner glauben wollte. Mir wurde vorerst nur befohlen, die Ferien abzubrechen und in die Stadtwohnung zu ziehen. Ich durfte aber nicht mit im Wagen des Generals fahren. Dem standen strenge Bestimmungen entgegen. Mir war es recht. Ich reiste langsam mit dem Zug, allein nicht in den roten Polstern der ersten Klasse, ich saß auf Holz, und fühlte mich, wenn ich in die fallende Nacht, über die Landschaft Fontanes blickte, als Schriftsteller und freute mich auf Berlin, einen Ort meiner Zeit.

Wir waren allein im Haus. Wir hatten die Schule geschwänzt oder schulfrei bekommen, und wir langweilten uns, da wir einander nicht streichelten. Das Haus war ein klassizistisches Museum, innen und außen, alles war so blank, das Parkett, die Scheiben der hohen, schmalen Fenster, die verzierten Gesimse, die Wand- und Deckengemälde, die Möbel, die Teppiche, wie nie begangen, wir hätten nicht verstecken spielen können, kein dunkler Winkel, Kuckuck zu rufen, such mich, fang mich, und blickten wir hinaus, hätten wir wieder preußische Geschichte repetieren können, vor dem Fenster hatte sie sich abgespielt, in Potsdam und auf dem Schlachtfeld, wo wir sterbend unserem König meldeten, wir sind hier, preußische Thermopylen, wir gähnten, ich geh wieder ins Bett, sagte Ulrike, die Köchin hatte einen Zettel hinterlassen, sie sei zum Arzt, das Essen für die jungen Herrschaften in der Kochkiste, wir möchten uns bedienen, und ich schlug vor, wir speisen im Adlon, meine Schwester war entzückt, es waren nur ein paar Schritte zum Hotel. Der Chef des Restaurants vermutete oder wußte, daß wir die Kinder von irgendwem waren und wies uns an einen Tisch und zögerte nicht, als Ulrike Reis Trautmannsdorf verlangte. Mit dreizehn hätte sie ein Wildschwein gefordert, einen Eber mit einer Ananas im Maul. Mit sechzehn war der Reis provozierender. Ich stimmte zu, obwohl ich gern ein Steak bestellt hätte, englisch gebraten. Da Gäste uns beobachteten, leckten wir die Teller ab. Es schmeckte süß und sahnig. Ulrike zahlte die Rechnung. Sie fragte aber dann mich, ob ich mein Honorar erhalten hätte, dann wärs an mir, sie einzuladen. Ich verstand sie nicht, und sie lachte, du mußt doch Geld von der »Roten Fahne« bekommen haben. Paß auf, rief sie, die wollen sich drücken. Du bist Schriftsteller und handelst unsolidarisch, wenn du auf deinen Lohn verzichtest. Sie drängte mich, zur »Roten Fahne« zu gehen. Jetzt, gleich, sofort. Wir stiegen vor dem Adlon in ein Taxi, doch am Alexanderplatz meinte Ulrike, wir gehen bis zum Bülowplatz zu Fuß, die Droschke könnte die Genossen verstimmen. Sie war auf einmal ernst, doch ich wußte nicht, ob sie sich über die Genossen lustig machen wollte. Für dich ist es eine klare Sache, trieb sie mich an, du forderst dein Honorar. Ich kannte die Gegend von Besuchen der Volksbühne. Das Theater stand mitten auf einem etwas wilden, nicht fertig gewordenen, noch in der Gestaltung oder schon dem Abbruch überantworteten Platz, stets von einem Wind umweht, der Sand hochwirbelte, durchsetzt mit kleinen Federn, Daunen, als würden aus allen Himmelsrichtungen Frau Holles Betten geschüttelt, deren Inlett morsch oder gar zerrissen war. Noch lebte das Federvieh in Verschlägen und Käfigen. Aufgeregtes Geschnatter, gellende Schreie der Angst, das Messer an die Kehle gesetzt, nicht nur gesetzt, der letzte Flügelschlag. Es war die Straße der frommen Israeliten. Sie trugen den Kaftan, den runden Hut aus Pelz, sie hatten Schaftstiefel an von Wanderungen durch Schnee, Schlamm und Morast, Bärte, schwarz, flammend oder weiß, die sie mit langen Fingern strichen. Augen, die trauerten. Die Frommen waren arm. Mich zogen sie an. Warum lebten sie hier? Mitten in Berlin, hinter dem Alexanderplatz, nahe der Polizei, in der Arena der politischen Krawalle? Ich sah sie durch den Winter wandern auf Bildern von Chagall, der lange nachschleppende Kaftan ließ sie mit Schnee und Eis verwachsen, vielleicht hatte Jehova dies so gewollt. Aber hatte er den Bülowplatz gewollt und das Messer für all das Kleinvieh, gefangen hinter Draht und Gittern? Verrat geschrien! Schon würde der Sohn Dr. jur. sein und Dr. med. und Dr. med. dent. und würde wie alle sein, ohne Locken und Bart, vielleicht noch mit schwarzem Hut, doch den nach der Mode der Diplomaten, angeglichen uns allen und ohne Gott. Was überkam mich? Wieder eine Rolle. Ich sagte zu Ulrike, ich heiße Osirias Sterngucker, ich nenne mich Dr. Warschauer, ich bin Rabbiner, Sohn eines Wunderrabbi, ein Chassid, streng orthodox. Ulrike riet, mir Schläfenlocken wachsen zu lassen; sie fand das jiddische Wort nicht. Das Haus der Kommunistischen Partei lag gegenüber dem Geflügelmarkt. Es kam mir vor wie ein Rundbau, ließ mich an das Colosseum in Rom denken; aber das kannte ich nur aus Büchern. Thälmann mit der Mütze der Hafenarbeiter. Lenin kahl. Ihre Großphotographien sprangen von der Fassade die Besucher an. Unten eine Buchhandlung. Rote Umschläge. Wenn sie das alles gelesen hatten, mußten sie ihren Kampf gewinnen. Ulrike sagte, ich warte. Auch ich mußte warten. Es ging recht bürokratisch zu im Haus der Kommunisten. Anmeldezettel, Begehr, Vorzimmer. Andererseits Burschen in Marschstiefeln, die Thälmannmütze mit Sturmriemen fest, pfeifend, türenschlagend, die Brust oft nackt. Schon der Kugel im Straßenkampf angeboten? Es verwirrte mich. Ich lief wieder zu Ulrike, und Ulrike ging mit mir zurück und verlangte, den Redakteur der »Roten Fahne« zu sprechen. Sie trat auf wie eine unzufriedene, reiche Kundin in einem teuren Geschäft. Das brachte uns in einen Raum mit einem Geldschrank, wie ihn unser Kohlenhändler hatte, draußen in Brandenburg. Ein Angestellter, der wie ein normaler sparsamer Buchhalter angezogen war mit Schlips und Kragen, sagte, den Schlüssel zum Geld habe ein Abgeordneter und der sei im Reichstag. Auch sei mir kein Honorar angewiesen. Ulrike, die junge, verwöhnte Kundin, hob die Stimme, schilderte mich, der ich dabeistand, ein begossener Pudel, als ärmsten Literaten, der zu Fuß durch Berlin gewandert sei, hungrig und müde, um endlich den Lohn für seine ehrliche Arbeit zu empfangen. So lernten wir Herbert kennen. Er war nicht viel älter als wir, vielleicht zehn entscheidende Jahre. Er führte uns in sein kleines Büro, dessen Boden mit Zeitungen bedeckt war, wie das Schlafzimmer unseres Vaters. Das wirkte vertraut, warm, nach den anderen sehr kahlen Räumen des Liebknechthauses. Herbert duzte uns nicht, wie es üblich war. Er sagte auch nicht Genosse. Er sprach, schämen Sie sich. Er sagte es so leise, daß wir glauben konnten, uns verhört oder die eigene innere Stimme vernommen zu haben. Er schrieb eine Honoraranweisung über fünfzehn Reichsmark aus und reichte sie mir. Sie werden enttäuscht sein, das ist unser üblicher Satz, sagte er. Für Schriftsteller. Wir dachten, Sie seien Amateur, ein Genosse. Er war eingebildet. Ich schlich verlegen zur Kasse. Der Schlüssel zum Geldschrank steckte im Schloß. War der Abgeordnete gekommen, der Reichstag aufgelöst? Ich bekam meine fünfzehn Mark und beschloß, nicht Schriftsteller zu werden. In dem kleinen Büro mit den vielen Zeitungen am Boden duzte Herbert Ulrike nun doch. Hatte sie die Sperre seines Hochmuts durchbrochen? Vor dem Liebknechthaus war Polizei aufgefahren. Eine kriegsmäßige Kolonne. Die Tschakos der Mannschaften glänzten schwarz im beginnenden Regen. Die Scheinwerfer der Bereitschaftswagen spiegelten sich in Pfützen. Meine Schwester spannte einen Schirm auf und hielt ihn über mich.

Wir gingen zum Wagen, der vorgefahren war, kamen aus unserem kleinen Schloß, dem Herrenhaus, das Ereignis in Potsdam zu sehen, das große Schauspiel, die Auferstehung der Toten, den Wundertäter, der die Helden rufen und in ihre Mumien schlüpfen würde, brutal und hemdsärmlig, wenn auch einige meinten, der Geist von Sanssouci würde über ihn kommen, aber Voltaire war schon aus dem Land getrieben oder wurde zu Tode gebracht in Orten neuen Namens. Ohne Hoffnung stand unsichtbar über dem Tor, und Stacheldraht, elektrisch geladen, schloß die Lager ein, das schimpfierte, lockte sie, nicht das Reich und nicht den historischen Tag und nicht die Große Zeit, die kommen sollte, sie glaubten schlicht an die Vorsehung, an das Flötenkonzert, an Wagner und Bayreuth, doch aus dem Lautsprecher auf dem Dorfplatz vor unserer Kirche hörte ich nur den Paukenschlag und die Fanfaren zum Avancieren, was würde Homburg tun, wir zögerten, meine Großmutter, meine Mutter und ich vor unserm breiten komischen gemütlichen Landauto, vor Wilhelm, wie es Ulrike getauft hatte, denn am Schlag stand, ihn aufhaltend, uns einladend ein uns fremder Mann in brauner Uniform, nicht im Hemd der SA, er hatte eine Joppe an, eine Armbinde um, er stellte etwas vor, ich dachte, er wird die Tür hinter uns zuschlagen und wir sitzen in der Falle, seine Gefangenen, es war unser Schofför, der uns mit erhobenem Arm begrüßte, einem kräftigen, freudigen Heil Hitler, uns, und ich rede da von meiner Schwester und mir, war er schon immer schrecklich gewesen, doch sonst von allen geschätzt, stets in einer ordentlichen Uniform, wenn auch bisher in einer feldgrauen, war er von der Schwarzen Reichswehr, die bei uns kampiert hatte, übriggeblieben, in eine Affäre und Strafverfolgung verwickelt, eine Hetze der Presse, die auch Großvater und Vater verfolgt hatte, man sprach schon lange nicht mehr darüber, irgendwo lag jemand begraben, im Wald verscharrt, man konnte morden auf guter oder auf schlechter Seite, das war ein Unterschied, und man konnte im Gefängnis sitzen mit oder ohne nationale Ehrenrechte, auch das war ein Unterschied, und nur die einen wurden begnadigt, der Schofför stand nun braungekleidet da und mußte schon Rang haben im braunen Geschäft, aufgestiegen ganz heimlich hinter unserem Rücken, Großmutter war pikiert.

Ich grinste. Gab unserm Fahrer die Hand. Zum ersten Mal. Volksgemeinschaft vollzog sich. Meine Schwester rief vom Tennisplatz, laß dich nicht verführen. Großvater schien aufzustampfen. Ein Ball war verloren. Ich setzte mich neben den Braunen. Ich fragte, was sind Sie? Er sagte, Untersturmführer. Im gepolsterten Fonds, durch dickes Glas vom Fahrer und mir getrennt, saßen Mutter und Großmutter wie Bilder aus der Vergangenheit. Sie hatten sich, obwohl der schwere plumpe Wagen zugdicht geschlossen war, in lange Autoschleier gehüllt. Die Großmutter sah aus wie die verstorbene letzte Kaiserin in der »Berliner Illustrierten«. Potsdam jubelte. Wer war nicht auf den Beinen! Sie hatten alle so etwas Verzücktes. Kinderreiche Familien hatten sich einheitlich in braune Hemden gesteckt und schwenkten Fähnchen mit dem Hakenkreuz. In ihrem Verführtsein waren sie Deutschlands Zukunft. Aus dem Fenster eines der hübschen, alten, maßvollen Häuser der Residenz klang von einer Grammophonplatte das Glockenspiel von Treu und Redlichkeit. Es war ein alter, verschrammter Klang. Kaum zu hören, und vielleicht bildete ich mir ihn nur ein. Wir wurden weit vor der Garnisonkirche angehalten, erreichten sie nicht, wir mußten Einladungen vorweisen, die Damen fanden sie nicht, verhedderten sich in den Schleiern, unnötige Sorge, der Schofför und Untersturmführer hatte die Papiere, das war alles organisiert, Polizei, Militär, Partei regelte das Chaos vorbildlich, nie gesehene Uniformen, nie geahnte Gewalten, Konkurrenzen, Keime von Tod, Reichswehr schießt nicht auf Reichswehr und nicht auf SA, es hatte ein Gerücht gegeben in Berlin, die Potsdamer Garnison würde marschieren, ich hatte den Großvater befragt, gegen wen, und der alte Putschist war zum Greis geworden, unsicher, stammelnd, mein Vater hatte abgewinkt, da stand er nun, da sahen wir ihn, mitten unter all den Generälen im Portal der Kirche, sie hielten sich für sich, ein grauer, mit roten Hosenstreifen aufgemunterter Fleck und hatten kein Heer mehr, der Ungehorsam, den sie immer gefürchtet, war durch eine andere, eine unbedacht geöffnete Tür gekommen und begann zu kommandieren. Wie sie sich da versammelt hatten in dümmlicher und schon mit einander verfeindeter Kameradschaft, im alten Rom hätten sie den Dolch im Gewande gehabt, waren sie ratlos, freudig erregt, von tiefer Sorge erfüllt, einige witterten Morgenluft für die Karriere, an Schlachtenruhm glaubte niemand, der Heldentod war nicht im Gespräch, die Wehrpflicht erwünscht mit vielen Planstellen und sicherem Aufstieg in die höhere Gehaltsklasse, ein Ding an sich, nur zum Hausgebrauch. Wir hielten uns an den Händen, um beisammen zu bleiben, in der Kirche war das Gedränge atemraubend, wir waren auf die Empore geschoben, fast nur Frauen, wir kannten sie nicht, eine neue, eine andere Klasse, was Mutter und Großmutter wunderte, doch unsere Sitze waren reserviert, irgendeine Uniform schob uns hin, es war ein erstklassiger Platz im Theater, wir konnten die ganze Inszenierung sehen. Die Kirche, die Bänke, das Kirchenschiff waren schlicht, preußisch schlicht, protestantisch schlicht, dem König zu dienen, hieß Gott zu dienen, dem hehren Verbündeten, der das Strammstehen der Gläubigen und Untertanen forderte, das Ausrichten in Reih und Glied, das gute und betrügende Mehr sein als scheinen, bis das Dienen, das unter der Obrigkeit stehen zum entgotteten Hochamt, zum heiseren Hurra geworden war. Unter uns das Regiment der Gehröcke, gut erhalten, die Zylinderhüte frisch gebürstet auf das vom Pfarramt gelieferte Gesangbuch gestülpt, wußten sie, was sie taten, Vertreter der Grünen Front und der Osthilfe, die Herren der patriotischen Lokalanzeiger, die Freunde des Stahlhelms, die besseren im Cut, englisch angedeutet, die Industrie und der Handel, sie hattens sich was kosten lassen. Und auf dem Teppich nun die Generalität, fremd hier die Orientpracht, ein Hauch Byzanz, aber den Griff am Säbel, in alter Weise, wenn auch nur als Dekoration gedacht, ebenso die mit den an Kettchen klimpernden Dolchen, braun und schwarz, das Gegenheer, gefährlich die Revolverhelden, umgeschnallt die Pistolen mit breitem Gurt und schrägem Brustleder, und er dazwischen, das Heil, die Unschuld selbst, feine Gestalt im zivilen schwarzen Mantel, den Zylinder brav in der

Hand gehalten, dort wo er sonst sie ins Koppel klemmte, sich Haltung gab über dem Hosenschlitz, leger, leger, ein feiner Mann auf einer Bühne in Wiener Neustadt, und ihm gegenüber, von Angesicht zu Angesicht, in Uniform natürlich und geschmückt, sitzend in einem Großvatersessel oder auf einem Thron der alte Gott, der nun den Jüngeren mit der Königsgruft vermählen und selber hineingestoßen werden sollte. Unser Mann! Aber selbst meine Familie mochte Hindenburg nicht mehr. Er hatte seinen Kaiser hinausgeführt. Er hatte ihn nicht zurückgebracht. Manche hielten Hindenburg für einen Usurpator mit schlechtem Gewissen; ich glaubte in Hindenburg einen Schauspieler zu erkennen, der alle Rollen annahm, die ihn den Hindenburg spielen ließen. Die Luft auf der Empore war zum Ersticken verdichtet. Wir bildeten ein großes Tier, das schwitzte, sehr weiblich war, eine Riesin, die Milch geben und Kinder säugen wollte. Alle dünsteten vor Hingabe. War das jene Luft des Schicksals, die wir über den im Gedächtnis der Menschen gebliebenen Schlachtfeldern vermuten, wie entsetzlich schon der Name, und den Stätten der großen Dramen, der Terrasse von Helsingör, Macbeths Wald, der Bartholomäusnacht, oder wer könnte durch Theben gehen, dieser schmutzigen kleinen Stadt, ohne tief bewegt zu sein? In der Kapuzinergruft in Wien liegt ein großes Reich begraben, ein schwerer böser Tod. In der Garnisonkirche in Potsdam war ein Buch von Kant eingesargt, über dessen Bedeutung sich die Gelehrten stritten. In der protestantischen Kirche gibt es nur sonderbare Heilige, und der Heiligenschein wächst erst dem Greis. In der katholischen Religion ist die Heiligsprechung eines Menschen nicht so sehr an ein hohes Alter gebunden wie in der reformierten. Dort gibt es die Kinder, die schon unter Schmerzen berufen werden, wie Vitus und Pankratius, die heiligen Knabenmärtyrer; man liebt mit erotischem Begehr die Erscheinungen der verklärten Jünglinge, die eine kurze Weile, wie um den Strahl von einer Möglichkeit zu zeigen, auf Erden den Engeln gleichen, zu uns kommen wie Ludwig von Toulouse und der Heilige Kasimir, der auf die Krone Ungarns verzichtete, einer überirdischen Berufung wegen, man kennt auch die gepanzerten Männer und die Schwerthelden, die Heilige wurden, und wer weiß nicht von einem Bild des Sebastian, der ein Befehlshaber war in der Leibwache des Kaisers Diokletian, ein Mann, ein Soldat, der vom Geist des Aufruhrs getroffen wurde mitten in einem sich ewig wähnenden Tag. Alle sind sie Kinder der Gnade und selbst noch ihr Tod für eine Sache, die ihnen Gott ist, kommt wie ein Geschenk, das ihnen gewährt wurde. Anders ist es mit einem protestantischen Heiligen. Gott schenkt ihm nichts. Es ist, als ob die Möglichkeit der Gnade ihm von allem Anfang versagt ist. Ernst ist er, liebt schwarze Hüte ohne sie kleidsam zu finden, mühsam und freudlos ist sein Pfad. Kreuzungen, Verzweigungen, Abwege liegen vor ihm, die alle in die Welt, aber nicht in den Himmel führen. Das Sicht- und Greifbare ist die unwiderstehliche Verführerin des Protestanten. Nicht im katholischen Sinn einer der Sünde ausgelieferten Welt, die den Erzengel braucht mit dem flammenden Schwert, in glänzender, doch hoffnungsloser Position. Ein Bettler kann kommen und ihn beiseite stoßen. Der Protestant ist eher blind als sündig, seine Augen sind auf das Nächste gerichtet, und jeder gute Trieb wird zu einer Tätigkeit, verbreitet ringsum Mühsal, will ordnen und Werte schaffen, er wird die Materie nicht überwinden, er wird sie mehren und festigen. Erst wenn der Leib müde geworden und der Geist fast verdurstet ist bei soviel Frevel, mag der protestantische Mensch seine Seele entdecken, ihr erstmals begegnen, und er wird fremd werden seinem Weib und seinen Kindern, bis er seinen mißhandelten göttlichen Atem aus seinem plump oder dürr gewordenen Leib entläßt. Dieser Mensch wird es lassen, seine Stellung zu behaupten, und alle Strenge wird von ihm fallen. Sein Gesicht wird wieder kindlich werden und seine Augen werden wieder staunen, weil er nun endlich das dem Kind verheißene Wunder sieht, daß alles wunderbar ist, unerklärlich und nicht von Menschen getan und dem Ordnungssinn der Menschen nicht faßbar. Dies zu erkennen, bedeutet nicht, es gut zu finden. Ich war weit von dem entfernt. Ich träumte. Ich war in Hin-

denburg hineingekrochen und dachte ihn mir gut, den alten Heiligen, der weise alles über sich ergehen und so gar nicht geschehen ließ. Hindenburg war aber in seinem Thronsessel eingeschlafen, und der andere, der ihm die Tradition stahl, die legitime Hoheit, hämmerte sich mit beharrlicher Suada in den Greis hinein, ein Oger, der in eine andere Haut schlüpft, eine alte runzlige, der man vertraut in nie befriedigter Vatersehnsucht. Hindenburg spielte seine Rolle zu Ende. Ein Schauspieler übergab einem anderen Schauspieler, dessen Finale noch nicht geschrieben war, das Reich. Er übergab ihm Preußen als Morgengabe, überließ ihm alle Toten, die Königsgruft, das unenträtselte Buch von Kant, das unwichtig geworden war und durch »Mein Kampf« ersetzt wurde. Das verstand nun jeder und keiner. Die Statisten erhoben sich. Sie riefen Heil, Heil und Heil. Vielen liefen echte Tränen über die Wangen. Mein Vater schüttelte einem Mann, den er sehr verachtete, die Hände. Er gratulierte ihm zum neuen Amt, obwohl der Gewandte in der Hierarchie eine Stufe herabgestiegen war.
Bald sah er sich im Keller. Zu Haus in Berlin erlaubte mir mein Vater, Schauspieler zu werden. Er trug noch die Uniform, in der er mich gern gesehen hätte.

Eine schöne Zeit der Not

Eine schöne Zeit der Not

Die folgenreichste und glücklichste Tat in meinem Lebenslauf war, wenn ich rückblickend von ihr sprechen darf, die Übung des Lesens. So öffnete sich mir früh schon neben der enttäuschenden realen Welt eine andere verheißungsvolle, eine Über-, Unter-, Vorder- und Hinterwelt, eine unauslöschliche Freude, ein Astralgebilde, das zum archimedischen Punkt meiner Existenz wurde, mich die Schöpfung menschenmöglich lieben und hassen ließ, mich das Mysterium Zeit erkennen lehrte, die ganze Tragödie. Die bunten, stolzen, anspruchsvollen, die bedrängenden, entsetzlichen, in ihren wechselnden Moden immer gewaltsamen Strickmuster der Göttin der Geschichte bekamen am Ende all die schöne, sanfte, melancholische, versöhnende Patina der Erzählung, der Vergeblichkeit und des Skurrilen, sie wurden zu Märchen, die ich verschlang, dankbar den Jahrtausenden, die sie geschaffen, suchte ich ihr Geheimnis bei den Dichtern. Den Unterricht schwänzend, seine Nützlichkeit verachtend, die Schultage im Bett liegend, mit Büchern eingedeckt, war ich mit fünfzehn Jahren überzeugt, zur Republik der Literatur zu gehören und heftete an meine Tür ein Schild, W. K., Literat. Mit anderen Worten: Ich ging freiwillig in Sklaverei. Wie oft habe ich den bewußten oder unbewußten Schritt, der mich immer noch freut, bereut. Im Knabenalter schrieb ich die »Memoiren eines Mannes von Neunzig«. Die Schrift ist verloren. Nicht schade, und doch frage ich mich, wessen ich mich in den einzigen genienahen Tagen, den Tagen der Pubertät, ein imaginärer Greis, erinnert haben mochte. Ich veröffentlichte von der Schulbank in unserer Stadtzeitung einen Aufsatz über den poetischen Expressionismus und wurde meinem Deutschlehrer unheimlich. In den Ferien reportierte ich auf pommerschem Acker die Armut der Landarbeiter. Es war ein literarischer, kein politischer Versuch, aber in Berlin druckte mich die »Rote Fahne«, und die Schule drohte, den Verfasser zu relegieren. Um auszubrechen, fuhr ich zur See. Um Widerstand zu leisten, verdingte ich mich dem Theater, wurde Dramaturg, ein machtloser Mensch, der im Zuschauerraum vor dem geschlossenen Vorhang träumte. Um weise zu werden, studierte ich. Ich bewegte mich in Sackgassen. Ich hatte kein Ziel. Ich wußte, ich würde ein Buch schreiben. Eines Tages.

Es war eine schwere Zeit; besonders schwer für junge Menschen. Der Krieg war verloren, die Toten wurden vergessen, die Niederlage geleugnet, die Historiker lehrten, daß nicht sein kann, was nicht sein darf, der Staat, die Republik wurde gehaßt, ein geschlagener General an ihre Spitze gestellt, die Atmosphäre war weithin vergiftet, die Inflation hatte vor allem die kleineren Vermögen verzehrt, das eingebildete bürgerliche Selbstverständnis war angegriffen, Arbeitslosigkeit raubte den Arbeitern das Brot, die Provinz muffte, sie blickte zurück und wartete auf den Retter, nur in der Hauptstadt, allein in Berlin waren Geist und Gesellschaft von alten Fesseln befreit, die Künste nützten ihre Chance, neue Ideen wurden produziert, neue Techniken entwickelt, die Literatur korrespondierte mit der Welt, nach einem Wort von Gottfried Benn fanden die abendlichen Kulissenverschiebungen statt, glanzvolle Aufführungen, eine neue Moral wurde diskutiert, Berlin war liberal und provokant, ich wollte teilhaben, ich atmete diese Luft, Berlin entzückte den Kopf, aber es füllte den Magen nicht. Überall der letzte Schrei; doch ein junger Mensch galt nichts. Wovon leben? Es gab keine Möglichkeit eines Jobs. Und hätte es einen Job gegeben, Tausende wären ihm nachgelaufen. Die Verleger schauten nicht nach jungen Dichtern aus. Die angestellten Schauspieler wehrten sich gegen den jungen Spielleiter vom theaterwissenschaftlichen Seminar. Die Zeitungen wollten Redakteure mit Lebenserfahrung, und alle Stühle waren besetzt. Ich schrieb für den Tag, ich wurde gedruckt, ich wanderte zehnmal zu Fuß durch Berlin zu den großen Pressehäusern, um endlich das Honorar zu empfangen. Ich lebte in den Hörsälen der Universität, den Lesesälen der Bibliotheken, im Romanischen Café, Tag und Nacht, es war die Versammlung der Literaten, der Journalisten, der Schauspieler, der Maler, der Phi-

losophen, der Mädchen, ich liebte eine Wilde, ich ging, sie zu jagen, es war eine schöne Zeit der Not.
Fast wäre ich dann doch noch in eine Laufbahn geraten. Die Mühle lief. Herbert Ihering, für alle, die damals jung waren, der führende Theaterkritiker in Berlin, bewundert und gefürchtet, holte mich zum »Berliner Börsen-Courier«. Das war eine angesehene, es war eine merkwürdige Zeitung, im Handelsteil ein Blatt der Banken und Versicherungen, der Aktiengesellschaften, im politischen Ressort für die Demokratie, für Weimar, die Republik, in Grenzen, so weit vertretbar, und wir im Feuilleton tummelten uns auf der Eselswiese, am lockeren Zügel des Kapitals, in scheinbarer Freiheit, links und amüsant, radikal und intelligent, fortschrittsgläubig und zweifelnd. Wir schienen ganz und gar und durchaus bona fide das zu sein, was die Nationalsozialisten dann zersetzend nannten, während wir auf der Suche nach Wahrheit waren.
Der »Börsen-Courier« war meine fleißige Zeit. Ich schrieb über alles und viel, ich machte das Literaturblatt, ich kam neben Herbert Ihering und Emil Faktor, dem Chefredakteur, in zweiter Linie, zur Theater- und Filmkritik. Befriedigte es mich? Es machte mir Spaß! Zuweilen sah ich meine Tage als verloren an und blieb im Bett. Ich wollte Bücher schreiben, ich sagte, sehr dicke Bücher, neunhundert Seiten schwer, es war mein Aufstand gegen das Feuilleton. Ich habe keine tausend Seiten zusammengebracht. Ich hatte zum ersten Mal in meinem Leben einen Plan. Ich wollte vom Zeitungsbetrieb nicht gefressen werden. Ich hatte es mir schön ausgedacht: Ich wollte der Kulturkorrespondent des Blattes in Paris werden. Freiheit auf dem Boulevard, Zeit für den Schreibtisch, Muße für das gewichtige Buch. Als ich dem Ziel nahe war, kam Hitler. Nach einem Jahr stellte der »Börsen-Courier« sein Erscheinen ein.
In meinem letzten, dem nationalsozialistischen Jahr an der sterbenden Zeitung machte ich eine Bekanntschaft, erwarb ich einen Freund: Max Tau. Tau war Lektor im Verlag von Bruno Cassirer, einem guten, einem schönen, einem traditionsreichen Haus. Tau leitete den Verlag; das war eine auf-

reibende Stellung. Bruno Cassirer war sehr reich und kein Geldmensch gewöhnlicher Art. Cassirer gehörte zu einer der deutsch-jüdischen, eingesessenen, berlinischen Kulturfamilien, einer nun vertriebenen, vernichteten, nicht wiederkehrenden einzigen Zucht. Die Cassirers hatten ihr Vermögen mit Kabeln verdient, die auf dem Grund der Ozeane lagen, und gaben es für Literatur und Kunst und Wissenschaft und Philanthropie aus. Sie regten an, sie förderten, sie setzten Maßstäbe und waren ein wichtiges, heute fehlendes Ferment deutschen Geistes, den sie über alles liebten. Bruno Cassirer wußte, was Dichtung ist und bedeutet. Wie jeder wahre Verleger hatte er die Nase für Manuskripte, aber Cassirer und Tau hatten eben zwei und manchmal verschiedene Nasen. Max Tau, ein Deutscher und Jude aus Beuthen, war wie eine Gestalt des Novalis, ein schlesischer Romantiker, der letzte, der die blaue Blume über den Kurfürstendamm trug, unterwegs mit Zucker und Peitsche zu den jungen Schriftstellern, ein Enthusiast, ein Optimist noch weit in das Dritte Reich hinein; wir Schriftsteller gaben schon auf, gingen ins Ausland oder zum Film oder ins Schweigen, mochten nicht länger, aber Magino, wie Tau von seinen Freunden genannt wurde, war ein Held neuen Stils, leidend, voll Sorge, doch unverzagt, bis er, beinahe zu spät, im Herbst 1938, als die Synagogen schon gebrannt hatten, in seine neue Heimat floh, nach Norwegen, wo ihn schon lange ein geheimnisvolles Nordlicht geleuchtet und angezogen hatte, zwei Giganten, zwei große Dichter, Olav Duun und Knut Hamsun, der dann unbegreiflich wurde und in seine eigene Nacht wanderte. Mich hatte Tau erkannt in meiner Schwäche vor dem Leben und eingesperrt in eine große leere Wohnung, eine herrschaftliche Etage nach alter Vorstellung im ersten Stock des Verlagshauses mit einer Schreibmaschine und Papier, mein Buch zu schreiben, meinen Roman, »Eine unglückliche Liebe«, von dem ich den Titel nicht wußte und Tau keine Zeile kannte. Tau schloß hinter mir die Wohnung zu, ein strenger, ein gütiger literarischer Wächter, er trug den Schlüssel mit sich. Tau glaubte fest, wenn er glaubte.

Das Ende des »Berliner Börsen-Couriers« war auch das Ende meiner journalistischen Karriere. Der Ablauf war mir als mein Redakteursende nicht unwillkommen, ich hatte ja weggewollt von der Zeitung, und wenn ich jetzt auch nicht als ihr Korrespondent nach Paris gehen konnte, so sah ich doch mit der Freiheit vom Redaktionsdienst den Weg offen zu dem wirklichen Schreiben, dem Schreiben von Büchern. Nur leider hatte der politische Umbruch in Deutschland die literarische und geistige Landschaft verändert. Das Klima war dürr geworden, der Weg steinig und gefährlich und führte über Abgründe in Wüsten. 1933 und 1934 waren Jahre der Aufgescheuchten. Die deutschen Schriftsteller, soweit sie nicht verjagt, gefangen oder emigriert waren, klammerten sich an Hoffnungen. Man sagte, so schlimm wird es schon nicht werden, und jeder glaubte, noch schreiben zu können, was er schreiben wollte, eine Weiterführung der Literatur der Weimarer Republik zu versuchen und zu wagen.
Ich trug die rosa Brille nicht, ich wollte Freiheit, ich reiste ab. Mit dem letzten Gehalt vom »Börsen-Courier« und zweihundert Mark Vorschuß von Cassirer fuhr ich im Jahre 1934 nach Sizilien, nach seiner südlichen Küste, nach Agrigent. In Agrigent war es kalt. Afrika lag drüben im Schneesturm. Ich sah über eine rauhe See. Ich fror. Ich ging mit dem Mantel in das feuchte Bett. Vor dem Bett schwelten Mandelschalen in einem Kupfergefäß; sie wärmten nicht, aber der Rauch drohte den Schläfer zu ersticken. Ich hatte mir vorgenommen, gleich anzufangen, sofort zu beginnen, den Roman zu schreiben, ich trug eine Geschichte in mir, die mich sehr mitgenommen hatte, meine Liebe, meine Leidenschaft, mein Entzücken zu der Wilden in Berlin. Aber in Agrigent, fröstelnd vor den Tempeln, klein vor den alten Göttern, der Ananke, dem Schicksal, fühlte ich, daß mein Roman nicht fertig war, daß er sein Ende in mir und eine Befreiung von einer Verstrickung noch nicht gefunden hatte. Ich überließ mich dem Insel-Todesgefühl, an dem Platen auf Sizilien gestorben ist. Ich floh mich selbst, ich reiste nach Palermo, nach Taormina, ich hatte keine

Zeit, das Buch zu schreiben, es beschäftigte mich, im Süden zu sein, am Mittelmeer, bei Griechen und Römern, ich saß vor dem kleinen Café, ich ging auf den Fischmarkt, ich suchte den Schatten in den Kirchen, ich lernte Italienisch von spielenden Kindern auf den Stufen des antiken Theaters in Taormina, ich wanderte durch Wolfsmilch und witterte Schlangen, kurz, ich lebte in einem Roman, der sich tragisch vollendete, ohne zu Papier zu kommen, ich war faul und war es auch noch in Venedig, das voll Geschichten war, und in Rapallo, und das Geld ging mir aus, und ich hockte am Hafen, und ich mußte nach Berlin zurück, zurück in das Dritte Reich, dem ich mich hatte entziehen wollen.
Tau fragte, wo ist das Manuskript? Cassirer fragte, wo ist das Manuskript? Ich wußte es nicht. Ich hatte die unbeschriebenen Blätter weggeworfen. Es war Mai in Berlin. Obwohl die Nazis herrschten, war Berlin wieder sehr schön, und vielleicht trat seine Schönheit besonders ins Licht des Frühlings und des Sommers, weil sie krank und bedroht war. Ich ging noch einmal ins Romanische Café und fand die alten Gäste nicht mehr. Mit den neuen Gästen sprach ich nicht. Ich bin nicht wieder hingegangen. Ich wohnte bei Freunden, die ein Haus in Grunewald hatten. Ich bezog im Souterrain eine Kammer, die mir zur Arbeit eingerichtet wurde. Es war ein guter Platz. Ich lebte dort mit einer anmutigen Katzenfamilie. Wir mochten uns sehr. Ich stand früh auf, setzte mich hinter die Schreibmaschine, eine Katze neben mir auf dem Tisch, und schrieb zehn, manchmal fünfzehn Seiten. Am Mittag war ich fertig und hatte frei. Ich ging zu einem Café am oberen Kurfürstendamm. In dem Café saß Erich Kästner, und ich wunderte mich, daß er da saß und daß er lebte, und ich bewunderte sehr seinen Mut. Ich wurde zufällig und privat in eine Affäre gezogen, die durch ein Mädchen, mit dem ich ein Satyrspiel hinter meinem Romanmädchen spielte, einen bösen, in der Zeit ruhenden politischen Hintergrund bekam. Ein Offizier der Hitlerleibwache, schwarz und mit dem Totenkopf, fing an, mich zu verfolgen, aber da der Anlaß der Bedrohung privat und eigentlich lächerlich war, es ging um

das Mädchen, mit dem ich das Satyrspiel hinter meinem Roman, den ich schrieb, spielte, amüsierte mich die Gefahr und wirkte wie eine anregende Droge auf mein morgendliches Schreiben. Es herrschte 1934 in Berlin in intellektuellen Zirkeln manchmal eine Stimmung wie in denselben Kreisen im Paris der großen Revolution. Man scherzte noch mit dem Entsetzen und machte sich Illusionen. An einem Morgen, ich frühstückte mit den Katzen, rief mich Tau an. Er war aufgeregt. Er und Cassirer wollten mich sofort sprechen. Am verabredeten Ort saß Cassirer in seiner großen schwarzen Limousine, neben ihm Tau, sie zogen mich wie Verschwörer in das Auto hinein und teilten mir das Ende des Dritten Reiches mit. Es war der 30. Juni 1934. Die SA revoltierte. Sie revoltierte nicht. Ihre Führer wurden in der Kadettenanstalt in Lichterfelde erschossen. Der Mord ging um. Tau und Cassirer glaubten an einen anderen Sieger. Sie hatten ihre Hoffnung auf die Reichswehr gesetzt. Sie täuschten sich. Am Abend schrie der Diktator in allen Stuben aus dem Radio zu seinem Volk. Ich schrieb mein Buch, besorgt, ob es würde erscheinen können, ich streichelte meine Katzen und traf mich am Kurfürstendamm mit der Freundin des SS-Mannes, der zu den Mördern des 30. Juni gehörte. Es entwickelte sich zwischen mir und dem schönen, doch gänzlich amoralischen Mädchen ein Roman, der mich bei dem Roman, den ich schrieb, im Keller, bei den Katzen, in der Grunewaldvilla über mir die streitenden Freunde, die Deutschland verlassen oder nicht verlassen wollten, störte und mich doch gar nicht hinderte, mich antrieb, mir zu meinem Schreiben vom Vormittag am Nachmittag am Kurfürstendamm eine ironische Distanz gab, es war ein zweiter Roman, ein Roman des Schriftstellers, von der Qual und Lust der Produktion, von der Verwirrung des Tages, von Angst und Schrecken, in der Phantasie vorausgeschaut und ausgemalt, Schwanksituationen auch, zum Lachen im uralten Kampf der Geschlechter, ich sah mich nicht unkomisch, während Moral und Politik mich forderten, der deutsche Krieg begann, es schwelte, schwebte und umdrängte mich, ich hielt mich an der Schreibmaschine mühsam fest. Dieser Sommer 1934, das erste Buch, ein Beginn und schon das Ende, die wieder einmal große Zeit, die mir gestohlen werden konnte, die Lust zu leben! Es gab Lokale in Berlin in jenem Sommer, von Razzien bedroht, wo alles sich traf und sich mischte, die Sieger in Uniform, die neuen Karrieren, die Verfolgten, die Rausgeschmissenen, viele, die auswandern wollten und sich nicht trennen konnten, von jeder Front die Toten von morgen und übermorgen, in der Stadt, deren Untergang beschlossen war. Ich hatte kein Geld. Ich fuhr zu Cassirer und bat um Vorschuß. Cassirer, der Millionär, der Mäzen, der Philanthrop sah mich an mit den Rechenmaschinenaugen des Verlegers, ließ den Packer aus dem Keller kommen, eine muskelstrotzende legendäre Figur der literarischen Szene, und der Packer wurde aufgefordert, mir seine Geschichte zu erzählen, die berühmte Mär, wie er Frank Wedekind, der Geld haben wollte, Vorschuß, um ihn zu verprassen, auf Geheiß des Chefs in die gewaltigen Arme genommen, ihn hochgehoben, ihn hinausgetragen auf den Lützowplatz und ihn behutsam auf eine Bank in der Anlage gesetzt hatte. Ich sah Wedekind, während ich, nicht unbeeindruckt, dem Packer zuhörte, in der Rolle des vermummten Herrn aus seinem Stück »Frühlingserwachen«, sah ihn, mit Zylinderhut, in schwarzem Gehrock, erstaunt im Grünen, hingeworfen, ein berühmter Mann, und mir fiel sein Gedicht ein, sein Bänkellied: Der Schriftsteller geht dem Broterwerb nach mit ausgefransten Hosen. Cassirer stellte befriedigt Zerknirschung bei mir fest und gab mir die Anweisung für die Kasse. Berlin war schön.

Ich wurde bei Cassirer eingeladen und verbrachte manche Abende in seinem großen Haus im Berliner Westend. Die Wände der Gesellschaftsräume waren mit Bildern bedeckt, den herrlichsten französischen Impressionisten, Renoir, Manet, Monet, Degas, Pissarro, und dazu der Deutsche Max Liebermann mit den Gemälden aus seiner niederländischen Periode, diesem Salzweiß der Wäschestücke und der See. Eigentlich waren es Totengespräche, die bei Cassirer geführt wurden. Es traf sich dort, was sich in Berlin vom

Kopf her für bedeutend und führend hielt, selbst Generale der Reichswehr speisten an Cassirers Tafel, und nur wenige blieben damals schon weg und boykottierten die rassisch Verfemten. Alle waren bedrückt. Sie quälten Ahnungen und schlechte Träume. Nur Max Tau eilte wie ein Licht von Gast zu Gast, richtete auf, ermunterte, lachte und prophezeite, nie würden die Nazis die Deutschen unterkriegen, nie den deutschen Geist, das deutsche Wort, sie würden ohne Beistand sein und bald sich verkriechen. Ich liebte Tau, aber ich traute seinem Optimismus nicht. Tau war der letzte deutsche Träumer. Am Morgen standen Wolken über Berlin. Sie türmten sich, wuchsen, waren wie ein mächtiges Gebirge, rückten näher wie der Wald in Macbeth, erschreckten, bedrückten wie dieser. Mit mir in den fahlen Morgen schritt ein Professor, ein angesehener Fachmann für deutsche Mystik. Er schien sich sonderbar bestätigt zu fühlen.
Ich wußte, als ich mein erstes Buch schrieb, daß es aus war, daß das Leben, das ich hatte führen wollen, ein Schriftsteller in Berlin, schon Vergangenheit war, eine Epoche war vorbei, und die sie getragen hatten in Berlin, Hermann Kesten, Arnold Zweig, Alfred Döblin, Joseph Roth, Heinrich Mann, Tucholsky, um einige zu nennen, saßen verjagt in den Kaffeehäusern in aller Welt, Kästner im deutschen Café mit Schreibverbot und bedroht, und von Gottfried Benn, dem Hochverehrten, der kurzweilig den nationalen Aufbruch besungen hatte, dachte man, er ist verrückt geworden. Als ich meinen Roman »Eine unglückliche Liebe« zu Ende geschrieben hatte, im Grunewald, im Keller, bei den Katzen, als ich Tau das Manuskript abgeliefert hatte und Cassirer versprach, das Buch noch im Herbst herauszubringen, fühlte ich mich leer und traurig. Ich wußte nichts mehr mit mir zu beginnen, ich wußte nichts mehr mit Berlin anzufangen. Cassirer führte mich, auf einmal ein sensibler, verständnisvoller Freund, um mich zu trösten, in seinen Stall. Er besaß die besten Trabrennpferde der Welt, und eins, ein sehr berühmtes, ich habe seinen Namen vergessen, empfing mich zur Audienz. Da ich in meiner Kindheit mit

Pferden vertraut gewesen war, dieses Tieres Schönheit und Eleganz erkannte, zu ihm sprach, wurde ich von Cassirer sichtlicher anerkannt als im Garten der Literatur. Das Buch war schön gedruckt und gebunden, in Leipzig bei Haag-Drugulin, und in Leipzig bei Haag-Drugulin verbrannte zum Kriegsende der Rest der Auflage. Ich hatte, noch jung, erreicht, was ich hatte werden wollen, ich war ein Schriftsteller, ein junger Autor, der sein Gespinst in den Buchhandlungen liegen sah. Aber das war nun nichts mehr. Das freute nicht mehr. In der großen Buchabteilung des »Kaufhaus des Westens«, wo ich oft gestanden und die Neuerscheinungen angelesen hatte, die Bücher von Verfassern, die meine geheimen Meister gewesen waren, fehlte zu viel. Mein Roman wartete nun da. Aber er war sehr einsam da. Auch andere Bücher dieses Herbstes, Romane von Hans Georg Brenner, von August Scholtis, von Marie Luise Kaschnitz fielen auf durch Verlassenheit. Sie waren wie etwas, das man auf der Flucht vergessen hatte.

Das literarische Leben, ein schließlich soziales Ereignis, war schon im zweiten Jahr des Dritten Reiches krank und siechte dahin. Eine junge Generation von Schriftstellern, nicht ärmer an Begabungen als die vorangegangene, sah ihren Weg versperrt, ihre Entwicklung gehemmt oder unterbrochen oder vernichtet.

So war das Echo, das mein Buch fand, beschränkt. Ich las die Rezensionen, die erschienen, in Holland, wohin ich Freunden, die emigriert waren, gefolgt war. Ich saß am Zeitungstisch im Café des Zentralhotels in Den Haag unter Ausgewanderten, Bedrohten, Verzweifelten, Verbitterten und den Agenten und Beobachtern der verschiedenen Geheimpolizeien, vor allem der Gestapo und des Sicherheitsamtes. Die noch in Deutschland erscheinenden Blätter aus der großen Zeit des deutschen Journalismus, das »Berliner Tageblatt«, die »Kölnische Zeitung«, die »Frankfurter Zeitung«, die »Magdeburgische« besprachen meinen Roman und werteten ihn. Ich hätte zufrieden sein können. Die nationalsozialistischen Zeitungen, voran der »Völkische Beobachter«, ignorierten mein Werk, doch galt dies weniger ihm und mir als dem Prinzip des Boykotts eines jüdischen Verlages, einem Vorbild, nach dem sich auch die nichtparteigebundenen Zeitungen in der Provinz richteten. Ähnlich verhielten sich die Buchhandlungen. In den großen Städten kamen Cassirer und ich noch in die Schaufenster. In der Provinz konnten sie sich den Verkehr mit Cassirer nicht mehr leisten. Eine Besprechung, ein Angriff ist mir im Gedächtnis geblieben, weil ich stolz darauf war. Es war die »Berliner Börsen-Zeitung«, die die Unverfrorenheit rügte, daß, nachdem man Döblin, Feuchtwanger, Zweig, Thomas und Heinrich Mann glücklich vertrieben habe, ein junger Autor den traurigen Mut aufbrachte, ihre Tradition fortzuführen, und am Ende seiner Empörung wünschte mir der nicht unbekannte Buchbesprecher das Arbeitslager. In Den Haag amüsierte und freute mich der politische Verriß. Hätte ich ihn in Berlin gelesen, wäre ich zum Bahnhof gelaufen.

Was stand nun in der »Unglücklichen Liebe«, was erregte den Mann so sehr? Ich vermute der Stil, und ich denke weiter, ein Hauch von Humanität und ein Duft von Rebellion. Wenn man mich heute nach dem Inhalt fragen würde, ich müßte ehrlich antworten: Ich weiß nicht, was drinsteht. Ich lese mich nicht. Ein gedrucktes, ein erschienenes Buch vergesse ich. Handlung hat mich nie interessiert, selbst wenn ich sie erfunden habe. So meine ich, daß in meinem ersten Roman Liebe war, Leidenschaft, Hingabe, Verstrickung, Eifersucht, Hoffnung und jede Hoffnung verloren, Flucht überallhin und Angst im allerweitesten Sinn.

War ich in Holland ein Emigrant geworden? Ich konnte das nicht ernst nehmen, denn ich glaube, ich bin immer ein Emigrant, war ein Emigrant bei meiner Geburt und werde ein Emigrant im Tode sein. Doch hätte ich damals gern, wie später Uwe Johnson, als er von Osten nach Westen ging, gesagt, ich sei umgezogen. So ein Wort, so ichbestimmt, ärgert Freund und Feind. Die Position war fatal. Ich wohnte bei Freunden, deren eigene Existenz sich zuspitzte; wovon sollte ich leben? Aus Berlin floß kein Honorar. Das Honorar für eine holländische Ausgabe der »Unglücklichen Liebe« ging nach Berlin und verlor sich im Dickicht der Devisengesetze. Ein Stempel der holländischen Fremdenpolizei, groß in meinem Paß, verbot mir, in den Niederlanden eine bezahlte Arbeit anzunehmen. In Berlin hielt Cassirer die Stellung. In Berlin schwärmte Max Tau von deutscher Literatur. Tau besuchte mich. Cassirer schrieb mir. Sie wollten ein zweites Buch. Ich schrieb das zweite Buch in Den Haag, einen deutschen Kleinstadtroman, »Die Mauer schwankt«, mit einer Vorerzählung von Verfolgung und Folterung in einer erdachten Diktatur. Ich wanderte traurig an den Grachten. Ich badete, mit mir unzufrieden, in Scheveningen im Meer. Cassirer druckte das zweite Buch, ich war etabliert, und dann war es mit Cassirer in Berlin aus, und mit mir, der ich etabliert war, war es noch nicht ganz zu Ende.

Frühstück am Lehniner Platz

Das Café am Lehniner Platz, von dem hier, ohne es zu nennen, gesprochen werden soll, hat seine Stühle vor ein Heim der Junggesellen gestellt und unterscheidet sich durch Sitten und Gebräuche, die liebenswürdig und ihm eigentümlich sind, von allen anderen Kaffeehäusern des frühen Morgens. Der Eingeweihte möchte kaum mehr woanders frühstükken und liegt die Nacht über schon schlaflos in seinem Bett in der frohen Erwartung, Gewohnheiten, welche ihm lieb geworden sind und die in der freundlichen Regelmäßigkeit ihres Ablaufs eine Garantie gewissermaßen bedeuten für den Bestand der Welt, wiederzufinden.
Da ist zunächst der Wald der Gummibäume zu passieren. Eine Allee dunkelgrüner, lackig glänzender und kühn in die Höhe strebender Zweige, die, in roten, blauen oder gelben Töpfen, von ihren Besitzern, den Bewohnern des Junggesellenhauses, in die Morgensonne getragen und auf dem Pflaster der kleinen Privatstraße mit weichen Wedeln vom Staub und Schlaf der Nacht gereinigt und aus flachen, lang-

schnäbligen und ebenfalls überaus farbenfreudigen Gießkannen begossen werden. Vor dem Hintergrund des gelblichen Sandsteinbaus nimmt sich dieser kräftig kolorierte Hain à la Liliput wie der Entwurf zu dem Bühnenbild einer Operninszenierung moderner Art aus.
Doch werden hier am frühen Tag nicht nur Gummibäume gepflegt und aufgezogen. Auch Hunde beleben das Bild, und manche liebevolle Wartung wird ihnen zuteil. Der draht- und rauhhaarige Foxterrier ist es besonders, der sich im spärlichen Schatten der tropischen Gewächse tummelt. Eine Herde von kleinen, grauweißen Schafen könnte man meinen, sich in munteren Sprüngen ergehen zu sehen, wenn nicht der Ruf und die Flöte des Hirten fehlen und ersetzt würden durch den vergebens befehlenden Aufruf der Namen, die ihre Herkunft aus nächtlichen Bars nicht verleugnen können: Brandy, Sherry, Whisky und Gin – so und so ähnlich heißen hier die Hunde. Der wahre Reiz dieser Vorgänge entschleiert sich aber erst eigentlich dem, der sie aus der Perspektive des Kaffeehauses betrachtet.
Mittlerweile hat nämlich der Kellner, in Hemdsärmeln und höchst privat noch, die kleinen Tische in die Fluchtlinie der Gummibäume vor die noch geschlossenen Spiegelfensterscheiben des Cafés gestellt, gerichtet und gedeckt. Der Junggeselle erlebt sein Weekend jeden Morgen! Der englisch gepflegte Rasen zwischen den Gleisen der Straßenbahn, die der Kellner, wenn er den gewohnten Gast nahen sieht, wie ein Knabe überspringt, um vom Kiosk die Blätter zu holen, die der Herr zu lesen wünscht –, der englisch gepflegte Rasen also läßt wie beiläufig die Illusion von Schloßparklandschaften aufkommen mit Fuchsjagden und reißenden Forellenbächen in der Ferne. Dazu aber und nahe, vom Korbsessel aus mit den Händen zu greifen, das Blattpflanzengrün, die spielenden Hunde und das sorgsam nützliche Tun des Menschen, der Pflanze und Tier hütet und pflegt und die Begrüßung durch die Kaffeehauskatzen.
Sie sind die wahre Morgenfreude und machen den Tag erst schön. Auf Stühlen, die sie kennen, liegen sie schon und

erwarten den Mann, der frühstücken will. Zart sind sie und gestromt und eigentlich jedesmal von neuem scheu. Sie behaupten das Feld nicht, sie springen auf, huschen fort, räumen den Platz, wenn der Gast kommt. Räumen ihn in der immer gleichen Absicht wiederzukommen. Die kleinere kommt schon, wenn die erste Zeitung entfaltet wird, die ältere und größere erst, wenn der Kaffee serviert worden ist. Sie lieben es, Indianer zu spielen, zu schleichen und eine Weile unbeobachtet zu bleiben. Man weiß schon, daß sie da sind, um die Füße kreisen und den Schuh beschnuppern. Aber sie jetzt schon beachten, hieße das Spiel verderben! Erst wenn sie sich recken und strecken und die Pfoten mit scharfen Krallen gegen die Knie legen und leise schnurrend hochzuklettern beginnen, ist es erlaubt, ihnen den Kopf zu kraulen, die flache Hand gegen ihren Schädel zu heben, so daß sie, wie kleine Bullen, kurze und harte Stöße tun und das Vertrauen gewinnen können, das die Vorbedingung ist für den Sprung auf den Schoß und die Teilnahme am Frühstück. Geborgen dann in der festen Burg des Menschenarms, von der Sonne beschienen und einen gesunden Appetit entwickelnd, sind sie ein beruhigendes Beispiel für das Glück im Leben; für ein Glück, das, auf nichts wie Zutrauen gebaut, so sicher zu sein scheint, daß man selbst im Angesicht seiner Hundetodfeinde die besten Bissen sich in Ruhe und mit viel Verständnis aussuchen kann.
Das erinnert mich an den schwarzen ostpreußischen Kater Mucki, der, ein Prachtkerl und ein echter Masure zwar von altem Schrot und Korn, mit der Zunge eines Gourmets begabt war, der den Savarin gelesen haben könnte. Er rührte die Milch erst an, wenn sie genau, aber strichgenau, auf zwanzig Grad Celsius erwärmt war, und kein Fisch wurde von ihm verzehrt, der nicht ein wenig angekocht, so grade ein bißchen halbgar gesiedet war. Und selbst diese ihm zusagenden und für gut befundenen Speisen nahm er erst nach der bekömmlichen gymnastischen Übung eines dreimaligen Springens über den Arm seines geduldig lächelnden Herrn.

Faradayweg, Nr. 4.
Villa, Fabrik oder Kloster

Von draußen gesehen ist das Haus Faradayweg 4 eine Villa, eine mehrgeschossige, gutbürgerliche, von einem Garten umgebene Wohnvilla im Stil des Jahres 1912. Kein hoher Schornstein, kein Lärm und kein zischender Dampf verraten, daß in der Villa Maschinen stehen, und wäre das kleine Schild an der Pforte nicht, »Kaiser-Wilhelm-Institut für physikalische Chemie«, der Besucher würde achtlos vorübergehen.

Näher der Bestimmung des Hauses als der harmlose Anblick der Fassade bringt einen schon der kleine Hof vor dem Portal. Dort ist ein Rondell errichtet, und in seiner Mitte wächst eine Linde, die Haber-Linde, von Schülern und Freunden ihrem Meister geweiht, dem großen Chemiker, dem Erfinder des Haber-Bosch-Verfahrens, dem Direktor des Instituts. Und um diese Linde herum liegt schon ein leichter chemischer Geruch in der Luft, der stärker wird, wenn man das Haus und seine Räume betritt.

Das erste, das auffällt, ist ein roter Zettel auf dem Schwarzen Brett gleich neben der Tür. Die Akkumulatoren sind zu erden, heißt es da, und weiter wird sehr eindringlich vor der Lebensgefahr gewarnt, die dem Leichtsinnigen droht, der das Erden vergißt. Diese Mahnung wirkt um so absonderlicher, als der Gang, in welchem sie hängt, sehr friedlich ist. Ältere und jüngere Herren wandern ihn auf und ab, unterhalten sich und scherzen; stille Lernende blicken in ein Buch, und hin und wieder geht in einem weißen Kittel ein Mädchen vorüber.

Hinter der großen Flügeltür aber arbeiten schon die Maschinen. Der Besucher öffnet die Tür, und überrascht sieht er sich von surrenden Dynamos umgeben. Der Saal gleicht der Halle eines Elektrizitätswerkes. Die Gasreservoire, die Hauskraftmaschinen, die Pumpen, die Schalttafeln und die Batterien der Elektromotoren geben ihm sein Gesicht. Von diesem Raum aus, der das Herz des Hauses ist, führt eine Tür und führen dann Stufen hinab in das vom eigentlichen

Bau abgetrennte und halb unter der Erde liegende Hochspannungs- und Röntgenhaus.
Das Wort Lebensgefahr und der bekannte rote Blitz sind nun überall zu sehen. Vor jeder Tür und vor jedem Gitter hängt die Warnung. Man könnte Angst bekommen, wenn man nicht – zwischen Kupferschienen und Kugeln auf enormen Porzellan-Isolatoren, komisch geschwungenen gläsernen Gleichrichtern, gewichtigen Transformatoren, der Parade der braunen zylindrischen Kondensatoren, die wie altmodische Badeöfen aussehen, einem Gewirr von Hebel- und Zugschaltern, Drähten und Meßinstrumenten – wenn man nicht zwischen diesem, wie man doch immer wieder erfährt, lebensgefährlichen Chaos einen jungen Herrn auf einem Schemel würde sitzen und frühstücken sehen.
»Fürchten Sie sich nicht?« ihn zu fragen, wäre lächerlich. Er ist sechsundzwanzig Jahre alt, das Essen schmeckt ihm ausgezeichnet, und er ist froh, seine Doktorarbeit auf dem noch sehr unerforschten Gebiet der Atomphysik machen zu dürfen. Mit einer Spannung von mehreren 100000 Volt in der Leitung, die er zu seinen Versuchen braucht, arbeitet er mit dem Gleichmut eines Mannes, der sich seinen Tee bereitet. So sieht es wenigstens aus. In Wirklichkeit hat er sich vor der Gefahr gesichert. Erstens schützen ihn die Isolatoren, zweitens dient ihm ein Netz von Erdleitungen sozusagen als Notbremse, und drittens hat er sich Stühle und Bänke als Barrieren der Erinnerung in den Weg gestellt. Das ist allgemeine Institutsübung. Im Eifer der Arbeit könnte die Gefahr vergessen und eine vielleicht tödliche Handreichung getan werden, wenn das künstliche Hindernis nicht den Fehlgriff hemmen würde.
Hinter dem Hochspannungslaboratorium liegen die Kammern für die Röntgenstruktur-Untersuchungen. Wahre venezianische Bleiverliese! Im Boden ruhen Würfel aus Blei. Die Decke, die Türen und die Wände sind dick mit Blei gepanzert. Kein Strahl kann die schwarzen Kammern verlassen und draußen Unheil stiften. Und hier in diesen Kammern wird das Bild schon mehr chemisch als physikalisch. Zu den Schaltern, Drähten und Meßinstrumenten für die

Elektrizität gesellen sich die Retorten, die Röhren, die Flaschen, die Gasleitungen und die Pumpen. Der nächste Raum aber ist die Werkstätte eines modernen Alchimisten.
Kein Blei, aber dicke Wollvorhänge sperren dem Tageslicht den Zutritt. Die Kammer liegt im Dämmerlicht von verschiedenen bläulichen, roten, grünen und gelben Flämmchen, die unter den Glaskolben und Röhren einer phantastisch zusammengestellten und ungeheuer zerbrechlichen Apparatur brennen. Nur in der hintersten Ecke des Laboratoriums leuchtet abgeblendet und schwach eine elektrische Birne über einem Tisch, an dem ein Mann gespannt auf Vorgänge achtet, die dem Besucher unsichtbar bleiben. Er merkt nur, wie der stille Mann am Tisch von Zeit zu Zeit einen Schalter bewegt, es knackt dann, irgendwo knistert ein Funke, und die Luft im Zimmer wird noch ozongesättigter, als sie es schon ist.
Der Besucher wird von Ehrfurcht befallen; er sagt sich, dieser Mann und seine zu einem Vorgang voller Geheimnis geformten Schlangen aus Glas sind die Keimzelle der Fabrik der Zukunft. Und wenn der Mann am Tisch fertig ist, die Flammen verlöschen läßt und die Deckenbeleuchtung einschaltet, dann wird der Gast ein wenig enttäuscht sein, zu hören, daß kein Gold gemacht und kein Lebenselixier gefunden, sondern daß nur die Rechnung einer ganz abstrakten Formel überprüft wurde.
Immerhin könnte auch der Freund der Alchimisten und des Mittelalters auf seine Kosten kommen. In einem anderen Raum des Instituts experimentiert man mit einem Stoff, der von Natur aus fest ist, beim Schütteln aber flüssig wird. Und diesen Stoff müssen die Jesuiten vor langer Zeit gekannt haben; das Tränenwunder berühmter Heiligenbilder würde so seine wissenschaftliche Erklärung finden. Aber auch dieses, zufällige, Ergebnis ist mehr theoretisch als praktisch. Das Haus Faradayweg 4 dient der Forschung. Der reinen Forschung! Ausschließlich die theoretische Seite der Naturwissenschaften wird hier gepflegt. Und selbst die Doktoranden, die hier neben den Assistenten und den wissenschaftlichen Gästen des Geheimrats arbeiten, sind schon

Forscher, wenn auch sehr junge noch, zu nennen. Das Institut bildet im Gegensatz zur Technischen Hochschule keine Ingenieure, Techniker oder Chemiker für die Praxis. Die meisten seiner Schüler werden Universitätslehrer. Einige gehen zwar in die Industrie, aber auch dort sind sie nur in den Versuchslaboratorien tätig.

Das Haus ist also ein Paradies für junge Gelehrte. Die Atmosphäre in ihm hat etwas von einem Kloster. Jenseits der Mauern und des Gartens liegt die Straße, das stille Dorf Dahlem und ein wenig weiter Berlin und die Gegenwart. In den Arbeitszellen des Hauses aber befindet sich vielleicht die Zukunft – wenigstens soweit sie physikalisch-chemisch ist.

Ein Japaner, der schon längere Zeit im Institut arbeitet, erzählte, daß er Berlin gar nicht kennt. Er hat die Stadt nur am Tage seiner Ankunft gesehen. Vom Morgen bis zum Abend steht er in seinem Laboratorium oder studiert in der Bibliothek. Zum Essen geht er die paar Schritt hinüber in das Harnack-Haus, das Berliner Gelehrtenhotel. Dort kann er sich ausruhen, kann baden, Sport treiben, die Times lesen und nach einer angenehm verbrachten Stunde sich ohne Umweg wieder seiner Tätigkeit zuwenden. Dieser Japaner behauptet, ein wahrhaft akademisches Leben zu führen, akademisch im Sinne des Tao und der Griechen wie auch des Rationalismus der Moderne.

Im Sommer wird hinter dem Institut, in der Pause zwischen zwei Experimenten, Tennis gespielt. Im Winter gehen der Geheimrat und seine Schüler den vor Regen und Sturm geschützten Erholungsgang von der Linde zur Glasbläserei entlang. Sieht man sie so in Gesprächen vorbeipromenieren an der Schlosserei, dem Dynamosaal, dem Röntgenhaus und seinen Bleikammern, während in den Laboratorien einer ihrer Kollegen vielleicht einem neuen Weltgesetz auf der Spur ist, verstärkt sich der Eindruck, in einem Kloster und unter Mönchen zu sein.

Von der Straße aber und über die Hecken des Zaunes betrachtet, ist das Haus eine stille, vornehme Wohnvilla im Stil von 1912.

Ein Kaffeehaus

Der Kaiser oder des Kaisers Baumeister oder des Kaisers Knecht hatte zum Gedenken des alten Kaisers, von dem der junge Kaiser das Reich und die Würde nahm, die romanische Kirche gebaut und sich selber gehuldigt, indem er mit der zeitgemäßen romanischen Kirche dem alten Kaiser huldigte und Kaiser Carolus Magnus und Kaiser Barbarossa und Lohengrin mit dem Schwan und dem Großen Kurfürsten mit dem Exerzierstock und Fridericus Rex mit dem Krückstock und dem von Säckingen mit der Trompete und Martin Luther wegen der festen Burg, die unser Gott ist, und Gustav Freytag wegen der Ahnen, auf die wir stolz sind, und dem Hofprediger Stöcker, der ein Fels war gegen die Auflösung der rechten Zucht, und dann hatte einer gedacht von der Königlichen Bauakademie oder von der Baufirma Heilmann & Littmann oder auch von der Deutschen Bank oder der Herr von Bleichröder, daß man zur romanischen Kirche ein romanisches Haus bauen solle mit Rundbogen und schmucken Säulen und traulichen Erkern zum Hinausstrecken von Ritterfahnen und hübschen Balkonen für Herolde und für Burgfräulein, die den Turnieren auf dem Platz zuschauen mochten, dem Drachentöter, der des millionenköpfigen, millionenfüßigen Untiers nicht Herr wurde, das auf allen Straßen herankroch, vielleicht wollten sie auch noch dem Klang der Laute lauschen, dem privilegierten Minnelied oder der Siegeshymne, es wurde nur ein Zapfenstreich, doch auch Fahrende kamen mit allerlei Kunststücken, andere als man geladen und erwartet hatte, später, und es zogen Geschäftsleute in das romanische Haus und handelten mit Stahl oder mit Schläue, und ein Zahntechniker und ein Nervenarzt eröffneten ihre Praxen und heilten oder heilten nicht, und ein Oberst wohnte im Haus, der Kommandant der Garde, in zehn oder in zwölf oder in zwanzig Zimmern, durch hohe Tore verbunden, daß das Regiment der Gardes du Corps hätte hindurchreiten können mit Adlerhelm und bewimpelten Lanzen, im Fahrstuhl von Otis in die Beletage gehoben, und sie alle blickten zu den romanischen Fenstern hinaus oder konnten zu den säulchenumrahmten Fenstern hinausblicken, wenn sie es wollten, und sahen am Sonntag die Gemeinde in die Kirche gehen, unterm Zylinderhut oder unterm Kaiserin-Auguste-Victoria-Hut oder unter der Pickelhaube des Reserveoffiziers, ein aktiver General schritt mit im Chor, unter weißem Flederwisch, das lutherische Gesangbuch an die goldenen Tressen oder die silberne Schärpe gepreßt, ein Flügeladjutant, ein protestantischer Erzengel, vom Kadettenmeister gezähmt, und am Sabbat wanderten die anderen Herren, nur unterm Zylinderhut, doch hier und dort einer in stolzer Uniform oder stolz in der Uniform als Gardereservezahlmeister, vielleicht auch Leutnant vom Troß oder von der Armierungstruppe, den Weg etwas weiter hin, zum Bethaus hin, und auch da die Fürbitte für die Majestät, nicht weniger dankbar, nicht minder untertan, und die Garde zog aus im August und nicht nur die Garde, auch der Train kam ins Feuer, und die Armierungssoldaten gingen ins Gas, sie zogen nicht wieder ein im November, nicht die Garde zu Pferd, nicht der Troß, die Schipper hatten ihre Spaten bei den Toten gelassen, kein Triumphzug vor den romanischen Fenstern, und viele brauchten nun ihren Zylinderhut und die Uniform nie mehr, die Kirchgänger gingen mit Schlapphüten zur Kirche, nur die Sabbatgänger wahrten noch die Würde des steifen Hutes, und im Schatten der dem Gedächtnis des alten und schon vergessenen Kaisers geweihten Kirche und im Schatten des romanischen Hauses lag das Romanische Café mit seiner Sommerterrasse wie ein Schiff, verankert oder auf freier Fahrt, flott oder schon gestrandet, ein Leib aus Beton und die Maste aus Eisen, Ebbe und Flut des Geldes kam, Sturmflut der Not kam, die Armada der Automobile zog vorüber, ein Hurrikan zog auf und wuchs, Mond und Sterne der Kinoreklame gingen auf und unter, die Passagiere auf dem Schiff drängten in die spärliche Sonne, die Fahrenden, die gekommen und nicht geladen waren, und die Götter, zu denen sie beteten oder die sie verleugneten, die Götter hatten sich wohl schon abgewandt von ihnen, voll Entsetzen, oder die Götter waren nie da gewesen, so träumten die Gäste den neuen Traum, daß Gott tot sei, oder sie träumten den alten Traum, daß sein Name über alle Namen sei, und als ich mich zugesellte, das gelobte Land erreichte vom pommerschen Acker her, vierter Klasse, mit Milchkannen und Kartoffelsäcken, und vom Stettiner Bahnhof nach dem Stadtplan zu Fuß, auf dem Weg nach Eden, da schien mir der Tempel zu strahlen, wie mein Verlangen es mir verkündet hatte, ich lauschte den Dichtern und Philosophen, hörte den Malern und Schauspielern zu, begegnete den klugen Herren der großen und mächtigen Zeitungen, den zuversichtlichen Abgeordneten der großen und mächtigen Volksparteien, ich liebte die Anarchisten und die anarchischen Mädchen, die bei ihnen saßen, und die Träumer vom ewigen Frieden und die Schwärmer von Freiheit, Gleichheit und Brüderlichkeit, und ich lernte den Sohn eines Wunderrabbi aus Miropolje in Galizien kennen, der schwebte, ein schulbleicher hungriger Seraph, an der Terrasse vorbei, wo sie sich im Gespräch erhitzten und glaubten, Zukunft zu haben oder wenigstens Dauer der Gegenwart, und der Sohn des Wunderrabbis trug einen fettigstaubigen Samt- oder Pelzhut und sagte ein jiddisches oder hebräisches Wort, ich habe es vergessen und nicht vergessen, es klang wie hävter, und es bedeutete Sand oder Wind oder Sand im Wind, und er und ich, wir sahen die Terrasse und das Kaffeehaus wegwehen, verschwinden mit seiner Geistesfracht, sich in Nichts auflösen, als sei es nie gewesen, und es marschierten die Standarten auf, die Bewegung bewegte sich zur Kirche oder in die Kirche oder in die Kinos, es war kein Unterschied, die Bewegung wurde in der Kirche empfangen und gesegnet und im Kino gefeiert, das Bethaus wurde entflammt, ein erstes Licht, das aufging bevor die Stadt in Lichtern strahlte, und die Gäste des Cafés zerstreuten sich in alle Welt oder wurden gefangen oder wurden getötet oder brachten sich um oder duckten sich und saßen noch im Café bei mäßiger Lektüre und schämten sich der geduldeten Presse und des großen Verrates, und wenn sie miteinander sprachen, flüsterten sie, und wenn sie gingen, bereuten sie, daß sie selbst nur geflüstert hatten, und nicht die Garde zog aus und nicht die Garde kam wieder, jedermann zog aus, Mann, Weib und Kind und kam nicht wieder, und ich floh in einer Nacht im November durch die Kanäle der Stadt, durch die dunklen Adern ihrer unterirdischen Kommunikation, über die stromlosen Schienen der Untergrundbahn, ich traf Hadesgespenster, die kleinen Herren der kleinen ohnmächtigen Zeitungen, geprügelte verfolgte Politiker, verstummte Dichter, gefesselte Künstler und Bekanntschaften, die sich den Stern der Schande abgerissen hatten, die nicht ihre Schande war, wir waren in Schlafdecken gehüllt oder in Säcke, wir schützten das Gesicht mit feuchten Tüchern vor dem beißenden Rauch, wir waren im Purgatorium zwischen Wittenbergplatz und Zoologischer Garten, ein Verleger stolperte über Schotter und Schwellen und sagte, Sie werden das schreiben, und ich dachte, ich werde es schreiben, und wußte, daß ich starb, in dieser Zeit, in diesen Jahren, auch wenn ich nicht gehenkt würde oder erschlagen oder verbrannt, über uns loderte die Stadt, brauste der Feuersturm, ich stieg aus dem Schacht, der Turm der Kirche war zerschmettert, und das romanische Haus mit dem Romanischen Café glühte, als leuchtete im Sieg die Oriflamme eines geheimen Vaterlandes.

Joans tausend Gesichter

Die Familie des Photohändlers stand bestürzt. Der Mann war gegen Abend vom Parterre des Ladens atemlos in die Etage der Wohnung gerannt, hatte einige Sachen notdürftig in einen Koffer geworfen und war fortgestürmt, ohne auch nur mit einem einzigen Wort den besorgten und empörten Zurufen der Angehörigen zu begegnen. Als diese sich nach seinem Abgang in den Laden hinunter begaben, sahen sie die Tür zur Straße sperrangelweit offen stehen und in der Kasse eine größere Geldsumme liegen.
Was dann folgte, waren flüchtige Kartengrüße aus fernen

Städten und zu Hause ein Wandel der Gewohnheiten. Die Frau trat aus ihrem Bridgeklub aus und hinter den Ladentisch. Die Kunden, denen sie Platten, Filme und Apparate verkaufte, sahen ihr Haar grau und ihre Züge alt werden. In der Dunkelkammer bemühten sich der Sohn und die Tochter um die Arbeiten der Amateure. Ihre Sportgeräte staubten im Schrank. Betrübnis herrschte im Haus. Über ein Jahr lang blieb der Mann fort.

Als er wiederkam, war er wie ein anderer. Sein Gesicht konnte ein Rennpferd getragen haben, so mager, nervös, gehetzt oder jagend war es. Man wußte nicht, ob er die Peitsche geschwungen oder zu fühlen bekommen hatte. Arme und Hände schienen ihm länger gewachsen zu sein. Die Finger waren greifender. Der Gang schneller und zuweilen springend. Auch konnte er bei einem Geräusch auffahren wie ein scheuer Verfolgter. Bei alledem aber lachte er das unbekümmerte Lachen eines Siegers und zeigte den Blick des Mannes, der Erfolg hatte. Und am Abend schon erzählte er seine Geschichte:

Am Morgen des Tages, an dessen Abend ich abreiste, hatte ich meinen Laden wie immer um acht Uhr geöffnet. Das ist für mein Geschäft viel zu früh, denn vor elf besucht mich kaum ein Kunde. Aber ich hatte die frühen Stunden gern. Ich liebte das Alleinsein unter den Geräten meines Berufs. Ich staubte die schwarzen Kamerakasten ab, putzte die blinkenden Objektive noch blinkender und ordnete die Aufstellung des Schaufensters. Mein Leben drohte im Gleichmaß der sicheren Tage flach zu werden. Ich wußte am Morgen, was es am Mittag geben würde, und nur manchmal noch kam mir der Einfall zu einem Bild, zu einer besonderen Art der Einstellung eines Apparates auf ein lokkendes Objekt hin, erlebte ich die Leidenschaft meiner Jugend, die mir zum Beruf geworden war. In einigen verschlossenen Mappen ruhten die Bilder, die ich gemacht hatte. Man konnte sie nicht im Fenster zeigen und sie gefielen den Photographierten nicht. Es lagen da Großaufnahmen von Augen, Stirnen und Mündern auf manchem Gesicht, die nicht von guten Taten sprachen.

Diese Bilder wollte ich wieder einmal in der Stille des Morgens betrachten, als die Ladentür schellte und ein Herr zu mir hereinkam. Er sagte mir gleich, daß er nichts kaufen, sondern wissen wolle, ob ich bereit sei, einige Aufnahmen zu machen. Ich nannte ihm die Adresse mehrerer mir bekannter Photographen; er meinte jedoch, daß er die Aufnahmen nicht in einem Atelier, sondern in einem Laden gemacht haben wolle.
»Wissen Sie«, sagte er, »im Atelier, da ist nur ein Apparat. Und jeder Apparat zeigt eine andere Frau. Ich besitze schon viele Bilder von Joan. Sie sieht immer anders aus. Ich weiß nicht, woran ich bin. Die, mit der ich lebe, ist nie von den Photographen erfaßt worden. Nicht, daß Joan ein Photographiergesicht hätte, wie es Spiegelgesichter gibt. Wenn meine Mutter sich puderte, war ihr Antlitz im Moment der Verschönerung Pastell. Nein, Joan hat keine Hemmung vor dem Akt der Aufnahme. Sie ist frei und willig. Ihre Züge leben. Aber wie sie leben ist das Unbegreifliche. Sie spielt, sie stellt Masken aus, sie ist alles vom Kind bis zur alten Frau. Auf jedem Bilde ist sie ein anderer Typ, aber eben nur ein Typ. Verstehen Sie, einer! Während sie neben mir, in jeder Sekunde die ganze Reihe der Möglichkeiten erfüllt. Wenn sie heute stirbt, bin ich ohne ein Abbild ihres Seins.
Von Ihnen wünsche ich dies: Sie kennen die Geschäfte der Uhrmacher. Sie kommen um die Mittagsstunde hinein. Der Meister beguckt Ihre Uhr, und während er arbeitet, schlägt es plötzlich im ganzen Laden zwölf. Von hinten, von vorn, von rechts und links kommen die Schläge, in Dur und Moll, sonor und schrill, der Kuckuck springt aus dem Nest, der Choral läuft über dem Türgesims ab, die Zeit erfüllt den Laden, sein Raum ist voll Klang, die Stunde dringt unmittelbar auf Sie ein. So sollen Sie Joan photographieren! Ziehen Sie die Zeitauslösung Ihrer Apparate wie Uhren auf. Stellen Sie die Objektive ein, hier auf diesen Kreis gerichtet, von nahe und von fern. Überall müssen Apparate sein. Am Erdboden, auf den Stühlen, den Tischen, den Regalen, den hohen Leiterstufen. Und alle Sta-

tive haben direkt im Kreis zu stehen. Fesselhöhe, die Hände, Arme, Hals, jede Falte der Haut im Gesicht, jeder Fall des Haares muß vom Aufblinken der Verschlüsse getroffen werden. Schalten Sie die Kohlenlampen ein, legen Sie die elektrischen Blitze zurecht, richten Sie alles aus, ich hole Joan, sie schläft noch drüben im Hotel, und hier haben Sie Geld für Ihre Mühe.«

Ich stand und starrte auf den Packen der Scheine in meiner Hand. Wenn die Mappe nicht vor mir gewesen wäre mit meinen Aufnahmen, ich hätte den Mann für wahnsinnig gehalten. So aber berührten mich seine Worte wie ein alter eigener Wunsch, der jetzt von anderen genannt wurde. Ich bemühte mich, ihn zu erfüllen. Ich rannte voll Eifer umher, legte in der Dunkelkammer Filme und Platten in die Kameras, richtete die Zeitstellung ein, besorgte das Richten der Objektive und das Legen der Kabel für die Lampen.

Ich war kaum fertig, als mein Kunde zurück kam. Ich hatte noch gar keine Zeit gehabt, mir über diese Joan, die ich in so vielfacher Form aufnehmen sollte, Gedanken zu machen. Als ich sie nun hinter dem Fremden eintreten sah, schien sie mir nicht mal schön. Ein schlankes Girl aus dem kalifornischen Film. Da aber die Lampen aufsummten, das Licht weiß und zitternd über sie herfiel und sich in jeder ihrer Poren verfing, da ihr Kleid von den Strahlen zerschnitten wurde, war sie im ganzen wie etwas Fließendes, das nicht als Erscheinung zu halten war, das immer sich fortwandelte und die Phantasie des Betrachters in eine Flucht greller Vorstellungen jagte. Ich glaubte mich zu erinnern an Bilder, Statuen und Träume. Derweilen geschah es schon, wir alle hatten es vergessen, daß die Verschlüsse knackten und die Linsen die Bilder schluckten.

Im Moment danach unterbrach ein Kurzschluß die durch die vielen Lampen überlastete Lichtleitung. Der Laden stand im natürlichen Schein des Vormittags, und Joan war wieder nur das Girl aus Kalifornien, das lachend über die optische Orgie sich freute, die ihretwegen geschah. Der Mann aber blieb ernst. Am liebsten hätte er die Bilder im

selben Augenblick noch gesehen, und er und sie unterstützten mich antreibend bei der enormen Arbeit des Entwickelns.
Zu dritt standen wir in der engen Dunkelkammer. In den Tauchbädern berührten sich unsere Hände beim Spülen der Platten. Die des Mannes waren schiffstauig und nervös, ihre von einer trockenen felligen Kühle, wie meine sich anfühlten, wußte ich damals noch nicht. Ich mußte auf den Lauf der Arbeit aufpassen und spürte nur entfernt die wahnsinnige Sucht des Mannes, Joans ganzes Wesen in seine eine Hand zu schließen. Und als wir die Aufnahmen gegen das Licht hielten, erfaßte auch mich das Wunder. Das waren Gesichter, Schultern, Glieder und Gestalten, Ausschnitte, die wir da sahen, Masken und Torsos, blickrechte und solche von perspektivischer Verzerrung, aber die Frau, die zwischen uns stand und manchmal rief, »es ist doch ähnlich; es ist doch ähnlich«, die Frau war auf den Bildern nicht zu sehen. Und während der Mann Platte nach Platte an der Kante des Tisches zerbrach und die Filme zerschnitt, wurde mir klar, daß Joan in ihrer Schlankheit alles in sich gesogen hatte, was es an Frauenmöglichkeiten gab, und daß die Platte immer nur die eine Schicht, die im Sekundenbruchteil des Aufnahmemoments gerade außen lag, erfassen konnte.
Ich kann nicht sagen, daß Joan als Frau mich reizte. Als Objekt nur rief sie mich. Vor dem Scherbenhaufen der Platten und Filme fühlte ich mich beschämt und berufen. Was ich im Gleichlauf der Tage nicht mehr zu hoffen gewagt hatte, meiner Tätigkeit ein Ziel zu geben, ein neues Streben bot sich mir jetzt. Ich war der Jäger, der diese Frau, und so die Frau überhaupt, für die Ewigkeit zu fangen hatte.
Als das Paar von mir ging, wußte ich, daß sie abreisen würden. Ich folgte ihnen in keinem anderen als in meinem eigenen Auftrage. Ja, es kam so weit, daß ich mich vor ihnen, die meine Verfolgung als Last zu empfinden begannen, verstecken mußte. Das bekümmerte mich nicht. Ich wußte ja, daß die Aufnahme heimlich wie ein Mord geschehen müßte. Und ich entwickelte in mir alle Fähigkeiten des gro-

ßen Verbrechers. Im Laufe eines Jahres war Joan keinen Tag ohne mich.
In tausend Verkleidungen beschlich ich sie. Ich photographierte hinter Zeitungen und Bücher, durch Knopflöcher und Fingerschlitze hindurch. Nachts erschreckte sie das Aufflammen meines Blitzlichtes. Ich bestach Ärzte, sie zu Röntgenaufnahmen zu schicken, die ich machte und so ihr Innerstes durchleuchtete. Die Ergebnisse waren Stückwerk. Nur Schritt für Schritt drang ich vor. In den Museen erkannte ich die Ursachen. Ich sah, wie sie aufnahm. Im Prado, im Louvre, in den Uffizien und den Galerien amerikanischer Millionäre sah ich sie vor den Gemälden der berühmten Frauen stehen, und ich beobachtete, wie ihre Haut das Bild trank, wie sie Mona Lisa wurde oder die Venus des Tizian, und wie sie Venus war und Mona Lisa. Die Aufnahmen, die mir in den Ausstellungen gelangen, bereiteten mich vor auf das Ziel, das ich auf einer Autostraße im Staate Kansas erreichte, wo Joan von dem Mann durch einen Herzschuß getötet wurde. Das schöne, stille Gesicht der Toten war die letzte Schicht, die über alle anderen kopiert nun die Erscheinung gab, die der Mann und später ich als Joan erkannt hatten. Mit dieser Aufnahme, hier in dieser Rolle liegend, konnte ich heimfahren.

Eine unglückliche Liebe

Beck war aber noch immer nicht aus dem Türrahmen in das Zimmer getreten, ich wollte ihm die Hand reichen, ihn herbeiziehen, da hörte ich hinter ihm, im dunklen Flurgang ein Kichern, ein Lachen, ein schließlich prustendes Gelächter und dann erhielt er von hinten einen Stoß, von hinten, das war ganz offenbar, er taumelte und fiel, fiel neben den Stuhl mit meinen Kleidern, die alle zu Boden rieselten, mein Gott, sie waren staubig, wer putzte sie mir schon, und dann hörte ich noch eine Stimme: »Los, er ist ein Trottel, das siehst du ja, grüß Gott, ich wollte dich besuchen«, und eine

Hand streckte sich mir hin, dahinter aus dem Dunkel kommend ein Arm, ein Kleid, ein Körper, Hals und Kopf und Augen und ein Mund [der war vor allem deutlich] und Sibylle stand im Zimmer, kleiner als ich, lieblich und lächelnd.
Es war das einzige Mal in meinem Leben, daß ich in konventionellsten Bahnen dachte und handelte. Ich war wie gegen einen Sandsack gerannt, verhext, und hätte dem christlichen Mädchenpensionat der Schule von Sacré Cœur vorstehen können. Ich sah Sybille vor mir, mein wahres Wesen sammelte sich einzig in meinem Blick, ich sah sie an, sah über die Kappe hinweg, die ein Damenhut war, und über die Krause am Hals, sah drüber weg und sah ihre Gestalt und ihr Gesicht, sah die Hände, und hätte ich denken können in diesem Moment, dann hätte ich gedacht, Gott sieht das Herz an, und ich wußte alles, nichts, was auch später geschehen ist, hat mich im Grunde überrascht, ich wußte: ich bin verliebt, ich liebe sie! Aber das Zimmer! Dieses häßliche möblierte Hinterhofzimmer im Zelt der ausgebleichten, schwindsüchtigen Wanzentapete. Die Armut und die Dürftigkeit. Ich sah auch die. Und meine Bartstoppeln unter der verkrusteten Seife. Und den Vorrat an Bekleidungsmöglichkeiten am Boden, und den bröckelnden Stuhl und das schmale Bett. Ich nahm das alles wichtig, was sonst nicht meine Art war. Ich beachtete das alles und sagte endlich aus der Starre, die mich befallen, stammelnd: »Hier, bitte, setzen Sie sich!« Das »Sie« betonte ich wie ein Befehl vor einem ganzen Regiment. Heute wundere ich mich, wo ich lange Stunden über die Lähmung, die mich damals befallen, nachgedacht habe, daß ich nicht noch »Gnädiges Fräulein« gesagt habe, doch muß mir das ein zu ferner Begriff gewesen sein, sonst hätte ich es sicher angewandt.
Ich handelte, im Sinn meiner plötzlichen Paralyse, klar und folgerichtig. Ich versteifte und verpuppte mich. Ich nahm einen Schlips vom Boden auf, nahm ihn aber nicht um ihn mir um den Hals zu tun, sondern ich fügte ihn zu einer Schlinge zusammen, in die ich meinen Arm hineinlegte. Dann erst, nach diesen Handlungen auffallender und merk-

würdiger Art, wandte ich mich wieder zu ihr, die nicht auf dem Stuhl, den ich ihr angeboten, Platz genommen, sondern sich auf das Bett langgelegt hatte, wie wenn sie schlafen gehen wollte [und wirklich sie wollte das] und sagte: »Sie verzeihen es mir wohl, wenn ich Ihnen die Hand nicht reichen kann, ich habe mir eben den Arm gebrochen.« Es war mir bitter ernst mit diesen Worten, und ich kann auch nicht sagen, daß jemand darüber gelacht hat.

Ich werde nicht hingehen, ich werde einen Brief schreiben. Friedrich fürchtete, im Theater Erleuchtungen anheimzufallen, Blitzen, die seine besondere Stellung in dieser Sache eindeutig erhellen würden, ausgesetzt zu sein und geblendet wieder in den Strudel schrecklichster Not zu fallen, aus dem er sich, wenn auch verwundet, gerettet glaubte. Ich werde ihr einen Brief schreiben, sie kann mir eine Antwort geben, und wir werden uns an einem Ort treffen, der nicht der Dschungel der Kulissen ist. Er machte ihr den Vorschlag, mit ihm zu frühstücken, in einem hellen, freundlichen Café, das sie nennen sollte. Er läutete, wie eben ein Herr in einem großen Hotel läutet, und gab einem der lebensklugen Pagen den Auftrag, mit dem Brief in das Diana-Varieté zu gehen und auf eine Antwort zu warten. Dann ließ er im starken Strahl Wasser in das wannige Marmorbecken unter den goldbronzenen Leitungshähnen laufen und steckte den Kopf hinein und prustete unter Schaum und Blasen.
Nachdem er sich getrocknet hatte, bemühte er sich zu warten. Er wollte ruhig bleiben, auf und ab gehen, ein Lied summen, aber das Herz machte nicht mit. Es tanzte in der Brust und manchmal sprang es in den Hals, juchhe, juchhei, es war schon schlimm. Er nahm das Telephonbuch der fremden Stadt und las die Namen fremder Menschen. Da beneidete er jeden, der hier wohnen durfte, hier Zahnarzt und Spengler sein konnte, denn es war anzunehmen, daß die Truppe mit Sibylle noch längere Zeit in der Stadt bleiben würde. Er liebte sie also noch, das war sicher, und es überraschte ihn nicht. Er hatte nie aufgehört, sie zu lieben,

aber die Leidenschaft mit all ihren Höhen und Tiefen war ruhiger geworden, nachdem Sibylle abgefahren und fortgeblieben. Sie zu lieben ist mein Schicksal, und ich muß es annehmen. Das war seine Überzeugung geworden, ein trauriger Trost, an den er sich klammerte, seit er versucht hatte, einen Stern vom Himmel zu holen, um von ihr aufgenommen zu werden. Sie hatte ihn aber nicht aufgenommen, nicht aufgefangen, sondern ihn liegen gelassen mit gebrochenem Rückgrat, nicht ohne noch im Weggehen einigen zuzurufen, da liegt der Mann, der mir einen Stern vom Himmel holen wollte. Und er hatte sich am Boden gewunden wie ein Wurm.

Es war nicht auszudenken, welche Bosheit sie diesmal erzeugen würde, wenn sie den Brief bekam. Es war nicht richtig gewesen, zu schreiben, aber es wäre auch nicht richtig gewesen, hinzugehen. Der Fall war jeder Hoffnung bar. Aber war sie böse? Er wollte jetzt eine Rolle spielen, den Mann, der satt ist, der im Vorbeigehen zu wichtigeren Geschäften und schöneren Abenteuern mal hinschaut, so aus Neugier, was eine alte Freundin macht. Da war das Hotel vielleicht doch eine gute Basis – wenn die Haltung echt gewesen wäre. So wurde er schon wieder schwankend. War sie nicht zart und lieb? Ein kleines Mädchen nur? Und alles andere schlimme Mißverständnisse, die, wenn sie erst mal aufgeklärt, den Himmel nicht mehr trüben konnten?

Um zehn Uhr klopfte der scharlachrot und atlasweiße Page wieder an die Tür und gab der Hand, die Friedrich ihm entgegenstreckte, keinen Brief. Er sagte: »Die Dame erwartet Sie um halb zwölf am Bühneneingang.« Das war eine Bombe und eine Erlösung zugleich, grad wie man bei Stimmung war und jedenfalls ein Anlaß, aus dem Zimmer und in die unbekannte Stadt zu gehen.

Als Kind war sie, behütet von Mutterachtsamkeit und Wollsachen, ein kleines Mädchen gewesen, zart und zierlich, das Christkindche, wie die Leute sie genannt hatten in ihrer Heimat am Fluß zwischen den Bergen mit Rebstöcken bepflanzt. Schrecklich und zuwider, erniedrigend vor den

Kameradinnen, war es ihr erschienen, behütet und bedeckt zu werden. Der Satz: »Erkälte dich nicht!« war ein Höllenruf. Eine Verfluchung, die den Tag vernichtete. Sie hatte einen wirklichen, furchtbaren Kinderkummer erlitten und sich nie von ihm erholt, heute noch kamen ihr die Tränen, wenn sie an ihn zurückdachte, an den Schmerz, nicht, wie ein anderes und derberes Kind in ihrer Schulklasse, auch im Winter in Wadenstrümpfen gehen zu dürfen. Die nackten, verfrorenen Beine ihrer Kameradin waren ihr Wunsch und Qual in einem gewesen. Sie hatte in der Schule den Platz neben dem Mädchen, das so gehen durfte, sich erobert, und Sibylls Hände wurden während des Unterrichts unter der Bank nicht müde, die kühle, nackte Haut der Anderen, Beneideten zu berühren. Sie hätte hineinbeißen mögen in dieses aufreizende Fleisch. Es war ihre erste, unbewußte Liebe. Eine Winterleidenschaft; das Glück, Königin zu sein oder Fee oder Prinzessin, mußte verblassen vor diesem Gipfel aller Lust, mit nackten Waden durch die Wintertage zu gehen. Ihre Mutter versagte sich ihrem Flehen. So konnte Sibylle sich nur zuweilen die langen, wolligen, kratzenden, ganz und gar widerwärtigen, ekelhaften Winterstrümpfe von den Beinen reißen, um so, unbedeckt nun und heimlich den Reiz des prickelnden Frostes auskostend, durch dunkle, wenig begangene Abendgassen zu laufen. Einmal hatte sie dort ein Fremder im Laufen aufgefangen und angehalten. Zu Tode erschrocken, hatte sie wie Espenlaub gezittert. Doch als der Fremde sie gefragt hatte, »frierst du nicht, so mit deinen nackten Beinen«, und mit seiner Hand drüber hingestrichen war, da hätte sie umsinken mögen vor Glück und Seligkeit.

Sibylle war zur Zeit der Kabarettgründung in einem Engagement in der Provinz und sah sich mit Entsetzen in die Beamtenhierarchie eines früheren Hoftheaters eingereiht, wo man mit der Erlaubnis, die Julia zu spielen, die Pensionsberechtigung erhielt. Nachts hatte sie in ihrem Untermieterzimmer anständiger Leute geweint und die Fäuste in die Kissen geschlagen und nach der Zeit gerufen, in der die

Schauspieler noch fremde Wäsche von der Leine nahmen und keine ehrbare Familie einer Komödiantin ein Bett vermietet hätte. Die graden Straßen ihrer Engagementsstadt waren Sibylle wie die sauber gefegten Gänge eines Zuchthauses zwischen den Mauern von Beton erschienen. Zum erstenmal in ihrem Leben hatte sie sich einmal und von aller Welt verlassen gefühlt. Friedrich hatte sich gewünscht, mit ihr in jene Stadt zu kommen, aber sie hatte es ihm verwehrt, weil sie den Bosporus hatte mitnehmen wollen, der dann nicht mitgekommen war. Seine geheimnisvollen chemischen Unternehmungen, die ihm, von Sibylle verkündet, den Ruf eines Fachmanns für Giftgase eingetragen hatten, waren plötzlich und sehr zivil zusammengebrochen, und von der quälenden Vorstellung, ich bin arm, ich müßte mich von ihr aushalten lassen, beleidigt, war der Bosporus, ein Held und ein Ritter, unter mancherlei Vorwänden und von Gläubigern verfolgt in ein Landsanatorium gezogen, wo er von seiner Offizierspension lebte. Die alten Waffen und seinen Helm hatte er mit sich genommen, und wenn er durch die Dorfstraße ging, mit dem einen Bein ein wenig hinkend, dann war er ein großer und tapferer Herr. Sibylle aber fing an, Friedrich lange Briefe zu schreiben und hätte ihn gerne gerufen. Jedoch wäre ihr Ruf ihm, der beherrscht von seiner Liebe her sie sah, als der Ruf nach einem Liebhaber erschienen, und Sibylle fürchtete die Ankunft eines vom Glück Geblendeten in einer Stadt, in der sie schreckliche Träume von übergroßen Straßenpolizisten erduldete. Sie liebte den Bosporus; er war der Engel in ihrem Leben, mit einem flammenden Schwert stand er am Himmel, und zuweilen überwältigte sie der Gedanke: für mich hat er gekämpft! Der Kraft dieser Leidenschaft hatte sich Friedrich gebeugt, er respektierte sie, mit fest zusammengepreßten Kiefern, obwohl sie einem Menschen zuteil wurde, für den Sibylle nicht bestimmt war. Friedrich glaubte an ihre Treue zum Bosporus. Sie war ihm die Gewißheit, die ihm einige Ruhe zum Leben gab. Vor Friedrich durfte Sibylle nicht aus dieser Treue fallen. Das fürchtete sie, und statt zu ihm trieb ihre Unruhe sie in die Vorstellungen der schmutzigen Tingeltangelbühnen der Provinzstadt. Die Darbietungen interessierten sie nicht. Die von verklebten Mündern heiser gesungenen Chansons widerten sie an in ihrer brutalen Zweideutigkeit. Sie saß ernst und gelangweilt hinter einem Getränk, das sie nicht anrührte, und der Blick der Alteingesessenen um sie herum, die Blicke über Bäuchen, die auf kurze, fette Schenkel fielen, die versteckten Zeichen von doppelt bereiften Witwerhänden überglitten sie ohne einen Halt zu finden. Doch war es ihre Bestimmung, daß sie in einem dieser kleinen Vorhöllenöfen der Mittelstädte Fedor kennenlernte, der, ohne Erfolg zu haben, ja mit unverhohlenem Mißvergnügen betrachtet, dort auftrat. Da sein Erscheinen vor einem Publikum, das ihn ablehnte [denn es erwartete in beschaulicher Dämmerung eine Zote und hielt Fedor, in Unkenntnis menschlicher Charaktere, für einen Revolutionsmann], etwas von dem plötzlichen Halt eines gehetzten Läufers hatte, erinnerte er Sibylle an Friedrichs elendigste Gestalt, wenn er atemlos nach langem Lauf vor ihrem Bett angelangt war. Sie spürte Entsetzen und Mitleid und war, nachdem sie Fedor durch einen Kellner zu sich geholt hatte, erstaunt, einen Menschen zu finden, der arm und elend aussah und naiv und unbekümmert sich gab. Seinen Mißerfolg entschuldigte er mit einem verächtlichen Hinweis »auf die blöden Bonzen« und schenkte sich sein Glas voll, indem er fragte, ob die Kollegin von der Schaubühne die Zeche bezahlen würde. Sibylle war unsicher; der Gedanke an Friedrich hatte sie noch nicht verlassen, sie vermutete Hintergründe und nahm Fedors Wesen für das Rollenspiel eines Mannes, der sich nicht demaskieren will. Später erst erkannte sie, daß er genau so war, wie er sich gab, und es überkam sie das Schutzgefühl für ein einfältiges Kind, das bei ihr bleiben wollte. Dieses Gefühl und ihr Wunsch, fortzukommen von dem Bürobetrieb eines früheren Hoftheaters zu einer Bühne, deren ungeordnetes Dasein dem ersten Blick künstlerischer erscheinen mochte, hatten Sibylle veranlaßt, mit Fedor aus der Provinzstadt zu fliehen und zu dem Kabarettkeller in der ältesten Gasse der Fremdenstadt zu reisen. Doch war sie zu klug, um nicht bald schon zu erkennen, daß der schlampige bunte Pfad der bohemehaften Kunstübung in dieselbe Einöde unbefriedigender Arbeit führen mußte wie der geruhsam nüchterne Weg einer amtlichen Theaterpflege. Und nur die Erregung einer unbestimmten Neugierde hatte sie festgehalten. Sie hatte die Russen seltsam gefunden. Sie hatte Magnus seltsam gefunden. Sie hatte das Theaterspiel im Zwielicht eines Kellers seltsam gefunden. Sie hatte das Kabarett beschnuppert wie eine Maus den Speck in der Falle. Nun saß sie drin, war sie gefangen, war verstrickt in Dinge und Verhältnisse, die ihr fern und fremd waren wie Königszwiste in der Mandschurei, und – war sie dann noch die Sibylle, die jeder Behinderung ihrer Freiheit sich bis zur Todesnähe widersetzt hatte?

Seine Kammer lag unten. Es war derselbe Raum. Sein Bett stand unter ihrem Bett. Er wußte, wenn er auf ihm lag, daß er in einer Vertikalen mit Sibylle war. Warum erhörte ihn Gott nicht? Die Laken brannten seinen Leib. Das Lager stand in Flammen. Er war ein Mann auf einem Rost. Aus ihrem Zimmer, von ihrem Schlaf fortgegangen, verdammte er sich, weil er nicht brutal war. Er sprach unsinnige Sätze. Er schrie gegen die Decke. Sie blieb unbeweglich von grauem Weiß. War Sibylle nicht zu ihm gekommen? War sie ihm nicht geschickt worden? Für ihn war sie doch bestimmt! Aber weil sie gekommen und nicht geraubt war, schützte das Gastrecht sie. Er legte sich antike Vorstellungen zurecht, über die der Erdball gelacht hätte. Sein Teufel in ihrer Gestalt war bei ihm eingekehrt.

Sibylle wachte auf. War die Tür nicht gegangen? War nicht jemand im Zimmer? Sie glaubte einen Schritt zu hören und den Atem eines fremden Lebens vor ihrem Bett. War es Friedrich? Sibylle wagte es nicht den Arm zu heben; sie fürchtete sich, ihn in den gefährlichen, dunklen Raum vor dem Bett zu geben, wo er von unsichtbaren Händen gepackt werden konnte. Wollte sie keine Bestätigung? Sie lag und lauschte. Nichts war wahrzunehmen. Sie wußte: Friedrich ist unten in seinem Zimmer. Sie wußte: er liegt unter mir, und er schläft nicht, und mit seinem Blick sucht seine Liebe durch Decke und Boden mich zu erreichen. Sie wußte: er liegt im Feuer. Das Blut verließ ihre Lippen; sie wurden bleich; das Blut fiel zurück in das Herz. Sie fühlte, wie ihr Gesicht erkaltete. Ein Eisstrom kroch unter die Decke; er legte sich ihr um den Hals, auf die Brust und den Bauch, und sie spürte, wie er weiterzog, und die Haut mit kleinen, prickelnden Erhebungen bedeckte und ihre Schenkel erstarren ließ. Und: wenn sie nun zu Friedrich gehen würde? Der Gedanke durfte nicht laut werden. Sie preßte die Lippen so fest zusammen, daß ihr Mund wie ein Wall war. Die Zähne drangen in das Fleisch ein, das nach innen sich umlegte. Sie schmeckte, salzig und tränig, ein wenig Blut; und sie fühlte, wie ein kurzer, dünner Bach warm und feucht ihr das Kinn netzte. »Lieber soll Blut fließen, als daß ich schreie!« Sie empfand das Blut hell. Sie hätte sich gerne in einem Spiegel gesehen, hätte gerne ernst und musternd ihr Gesicht betrachtet, jede Falte und jeden Winkel, die Anhöhen und die Ebenen genauestens untersucht, aber ihr Arm wagte den Weg nicht, aus seiner Höhle unter der Bettdecke hervorzugehen in einem seitlichen Bogen bis zum Schalter der kleinen Lampe auf dem Nachttisch. Sibylle sah ein, einen Fehler gemacht zu haben. Den Fehler, hierher gekommen zu sein. Wohin aber hätte sie sich wenden sollen, wenn nicht zu Friedrich? Sie dachte an den Bosporus, und sie wußte, daß sie nur zu Friedrich hatte reisen können. Sie vermißte ihn, wenn er fern von ihr war. Er war der Mensch, der ihr gehörte. Liebte sie ihn doch? Nein, nein, nein, sie liebte ihn nicht! Aber: wenn sie es nicht sehen mußte, er liebt mich, er leidet [obwohl sie das Gefühl brauchte, daß Friedrich sie liebte], vielleicht liebte sie ihn dann. »Er sieht mich an, und er stirbt daran«; sie sagte sich dies, und sie haßte ihn. War es ihre Schuld, daß er sie liebte? Erregte sie mit Absicht sein Begehren? Wieder trug sie Verlangen nach einem Spiegel und nach Licht. Wie alle jungen Frauen wurde sie zuweilen von dem Entsetzen gepackt, alt und häßlich zu werden. Sie wußte, wenn Friedrich sie einmal übersehen würde, dann war sie alt. Sie wünschte, er solle zu ihr kommen; sie bedauerte jetzt, daß niemand im Zimmer war; aber sie dachte auch: wenn er kommt, wird er mich ansehen, und ich werde seinen Blick nicht ertragen. Warum war sie kein Tier, ein Vogel, eine Katze, ein kleiner Hund, ein Tier, das er gern hatte? Sie glaubte in diesen Nächten, mit jedem Mann von der Straße schlafen zu können, nur nicht mit Friedrich. Sie dachte: eine neue Sündflut wird kommen, und alle werden sterben; nur Friedrich und ich, wir werden am Leben bleiben. Und sie sah zwei Gestalten, die sich verfolgten. Sie rannten mit Rufen hintereinander her auf einem Globus, der grün, blau und braun war und um einen Stab sich drehte, wie der Globus der Geographiestunde in der Schule.

Und wie sie so gingen, da geschah es – nach einer langen Zeit, und sie standen vor der Lagune, die zum Lido hin sich ausbreitet –, daß das Schweigen zwischen ihnen so gewaltig und ohne Ende geworden war, daß es die Kuppel des Himmels hoch und weit bis zum Bersten füllte. Da sagte Friedrich: »Kleine Sibylle.« Und er blieb vor den Stufen zu einer Brücke stehen und sah, wie das Wasser eines Kanals sich in die Lagune schob, und er sah, wie sie jung war und schön, eine feine, ritterliche Gestalt auf dem Kai vor diesem Wasser, ein Schattenstrich in der hellen Luft, der ihm mehr wert war als diese, und er nahm sie und legte seine Hände fest um ihren Leib und küßte sie, mitten im Verkehr der Uferstraße, mitten auf den Mund. Er schmeckte etwas, das er nicht bestimmen konnte, es streifte seine Lippen, er atmete einen flüchtigen Duft ein, ein Aroma von Mandel und Seewind, und es war das Glück. Er sah in Sibylls Gesicht. Es war ihm so nah, daß er den Flaum der unsichtbaren Härchen fühlte auf ihrer Haut, und doch seinem Blick so fern, daß er es ganz sah, voll und rund. Es war vollkommen. Ein Antlitz ohne jeden Makel. Ihre Augen waren offen und weit, ihr Blick ruhig und fest. Er fühlte ihr Leben. Er hielt es in seinen Armen umschlossen. Er konnte sie hoch heben in das Licht. Es dauerte den kleinsten Teil einer Sekunde, und es war das Überirdische, das ihn heiß durchströmte.

»Ich habe ihren Mund berührt; ich habe Sibylle geküßt.« Er sprang die Stufen hoch; er hüpfte auf einem Bein über die Brücke; er hinkte abwärts in allen Gängen und tat viel, Sibylle zu ergötzen.
Sie gingen anders durch die Straßen zurück. Sie blieben vor jedem Schaufenster der großen Geschäftsstraße stehen. »Willst du es haben, den Stoff, die Kette, das Seidentuch, die nach dem Nil riechende Tasche aus dem Narbenfell der Krokodile? Ich schenke sie dir. Ich schenke dir alles!« Sibylle nickte. Seine Geste war groß. Er breitete die Schätze der Welt vor sie hin.
Im Hotel lag ein Telegramm für Friedrich. Es forderte ihn auf, in einem bestimmten Auftrag nach Ragusa zu reisen und sicherte ihm für diesen Zweck einen Kredit bei einer italienischen Bank. »Du kannst nun nach Hause fahren. Du kannst auch zum Bosporus reisen. Du kannst dir wieder ein Engagement suchen. Du wirst die Julia spielen.« Er hielt ihre Hand. Ihr Gesicht flackerte in vielen hellen Scheinen. Sie senkte die Augen unter Lid und Wimpern, und er küßte diese geschlossenen Augen. Sie nickte. Sie dachte einen Moment lang: »Ich könnte mit ihm fahren«; und sie sah sich flach und grade auf dem weißen, sandgescheuerten Deck eines Schiffes liegen und in die Wolken sehen, die leise schwankten. Auch in ihrem Haar war viel Licht. Sie war wie unter einem Feuer. Sie nickte. »Ich werde heimfahren. Ich werde die Julia spielen.« Sie lachten beide, und sie wußten, daß nichts sich geändert hatte, und daß die Wand aus dünnstem Glas, durchsichtig wie die Luft und vielleicht noch schärfer die Erscheinung des anderen wiedergebend, zwischen ihnen bestehen blieb. Es war dies eine Grenze, die sie nun respektierten; und Sibylle blieb für ihn bestimmt; und Friedrich war der Mensch, der ihr gehörte. Es hatte sich nichts geändert.

Vorspruch 1983

Ich habe den Roman »Die Mauer schwankt«, mein zweites Buch, 1935 in Holland geschrieben. Ich war nicht glücklich.
Berlin war die Hauptstadt des Großdeutschen Reiches, München die Hauptstadt der Bewegung, jede Stadt in Deutschland trug ihr schmückendes Attribut, hatte ihre SS und SA, das Haus der Gestapo und seine Totenkopfsoldaten, in der Umgebung gab es ein Kazett und jeden Morgen eine Zeitung, die alles gut fand und dem Führer Treue schwor.
Ich wohnte, weil es mir zu Hause nicht mehr gefallen hatte, in Den Haag, der Residenzstadt der niederländischen Königin. Vor dem Schloß wachte ein Spielzeugsoldat. Die Königin fuhr in einer Kutsche aus. Es waren vier Pferde vorgespannt. Das war wie in alten Märchen. Die Leute riefen: Es lebe die Königin! Das war friedlich.
Ich dachte, ein kleines Land, das klein bleiben will. Ich vergaß seine Kolonien, zehnmal, hundertmal so groß wie das Mutterland, Völker, die von der niederländischen Königin befreit werden wollten. Ich lernte später Menschen aus Java und Sumatra kennen. Sie waren unzufrieden. Und in Holland gab es Polizisten und Arbeitslose und Arme.
Wenn gewählt wurde, brauchte ich nicht zu wählen. Ich war ein Fremdling. Ich war es gern. Ich wurde ein Beobachter. Das lag mir. Ich war auf einem Weg, die Heimat zu verlieren. Das erschreckte mich.
Die alte Zeitung, bei der ich in Berlin gearbeitet hatte, war schon im ersten Jahr der Diktatur eingegangen. Sie hatte Goebbels nicht gefallen. Es schrieben in dem Blatt Kapitalistenknechte und Kulturbolschewisten.
Ich war ein vogelfreier Schriftsteller. Ich wollte es sein. Es war mein Ziel. (...)
Selbst in Holland war viel Unheil zu ahnen. Was sollte ich tun? Ich hatte auch kein Geld. Die Devisenbestimmungen verboten dem Verlag Cassirer Überweisungen in die Niederlande.

In Amsterdam gab es zwei Verleger für die Manuskripte ausgewanderter deutscher Schriftsteller: Querido und Allert De Lange. Es waren gute Verlage. Sie konnten unter weltberühmten deutschen Autoren wählen, die nun ausgewandert waren, von ihren alten deutschen Verlagen nicht mehr gedruckt werden durften. Die Auflagen waren klein. Für die Holländer waren es Verlustgeschäfte.
Ich traf mich mit Erika und Klaus Mann in Amsterdam im Hotel American. Es war keine Fortsetzung unserer Gespräche aus dem »Jockey« in Berlin. Erika war ihrem Vater böse und streng zu mir. Der letzte Band der Josef-Romane war in Deutschland angekündigt bei seinem Verleger, bei S. Fischer. Erika sprach von Verrat. Ich hatte eine Erzählung in der »Frankfurter Zeitung«. Auch in der »Kölnischen Zeitung« stand mein Name. Das waren Blätter, deren Redakteure Max von Brück und Gerhard F. Hering im Feuilleton Pfade abseits der Kulturkammer suchten. In Wien erschien »Die Blendung« von Elias Canetti, in Berlin »Die schwarze Weide« von Horst Lange. Die Literatur lebte noch im Raum deutscher Sprache. In Paris hatte sich Wolfgang Helmert das Leben genommen, einer der hochbegabten »Jungen Erzähler« bei Reclam 1931. Es war meine Generation.
Erika Mann gastierte mit ihrem mutigen, stolzen Kabarett »Die Pfeffermühle« in Amsterdam. Ich schrieb einen Text für »Die Pfeffermühle«. Ich liebte dort ein Mädchen. Ich machte das Chanson für sie. Das »Neue Tagebuch« in Paris führte eine Rubrik »Abseits von der Reichskulturkammer«. In der Calvarstraat jagte die Polizei Menschen, die sie für deutsche Emigranten hielt. Es drohte die Ausweisung allen, die keine hundert Gulden bei sich hatten.
Ich hatte einen Vertrag mit Bruno Cassirer. Cassirer wollte ein zweites Buch von mir haben. Er schickte Max Tau, meinen Freund, nach Den Haag, mich zu mahnen.
Ich hatte Max Tau etwas von meiner Jugend erzählt, aus Masuren, von den Masurischen Seen, bei meinem Onkel, einem Baumeister. Tau hatte eine gefährliche Eigenschaft. Er war schnell zu begeistern. Er glaubte immer an eine Zu-

kunft. Er rief, das sei es nun, ein deutscher Kleinstadtroman, ein sicherer Erfolg! Das gefiel mir überhaupt nicht. Ich habe damals nicht verstanden. Ich fürchtete, er wolle sich anpassen, um den Verlag zu retten. Seine herzliche Begrüßung eines Heimatromans war aber ehrlich und wäre auch ohne Hitler und einer Reichskulturkammer aufgeflackert. Tau war viel deutscher als ich, und sein Geschmack war konservativ. Er schwärmte zu meiner Verwunderung von gewissen Stillen im Lande, zu denen er Hermann Stehr zählte. Tau hat nach dem Krieg keines meiner Bücher in seine Osloer Friedensbibliothek aufgenommen. Ich war ihm zu radikal, zu städtisch, vielleicht unmoralisch. Seine Begeisterung für die Provinz war echt. Ich wehrte mich. Ich wollte und konnte kein Familienbuch schreiben, keine Heimatgeschichte verfassen. Nichts lockte mich. Mich bedrängten Berichte aus dem Untergrund. Doch wer würde sie veröffentlichen? Ich versicherte Tau, das Masuren meiner Kindheit in meinem Kopf sei komplizierter, keine Idylle, kein Blut und Boden, keine erbgesunde Familie, mein Held ein Einzelgänger, Junggeselle, ein gehemmter Intellektueller, ein Baumeister, aber kein aufbauender Mensch, alles brüchig, rissig, dem Ende zu. So entstand der Titel »Die Mauer schwankt«. Tau gab sich zufrieden, und ich saß bedrückt in einer Kneipe am Meer im Licht des Leuchtturms. Nebel, das Nebelhorn, ein schweres Herz.

Ich schrieb den Roman »Die Mauer schwankt« in einem Sommer in Scheweningen. Ich tippte ihn in die alte Schreibmaschine eines Patentanwaltes. Ich erwärmte mich. Da entstand kein Kleinstadtroman, es wurde der Horrortrip eines einsamen Reisenden in ein faschistisches Land. Auf einem Fabelbalkan und vor 1914. Genug drohendes Unheil. Genug Tarnung. Die Arbeit nahm mich nun in Anspruch und befreite mich von dem Gefühl, verloren zu sein. Ich leistete Widerstand, wenn auch versteckt. Mit dem Fahrrad fuhr ich durch die Flut. Holländisches Militär übte die Luftabwehr. Dann wurde mein Baumeister nach Masuren versetzt. Er kam in die Kleinstadt. Er geriet in das

Blickfeld eines Kindes und alterte. Das Kind aber war von der Einsamkeit des Mannes fasziniert und nahm sie an. Retuschierte Bilder einer Jugend. Die Mauer war das Kaiserreich, und ich, der Schreibende, registrierte ihr Schwanken als Vorgeschichte kommender unaufhaltsamer Zusammenbrüche.

Der Roman erschien im Dritten Reich. Das gab es ja. Es war eine Realität. Es nannte sich Deutschland.

Das Buch wurde nur von wenigen Zeitungen besprochen, nur im Sortiment einzelner Buchhandlungen geführt. Ich darf sagen, die Mauer schwankte unter Ausschluß der Öffentlichkeit. Der hochangesehene Verleger Cassirer war nun der Jude Cassirer. Max Tau mußte im Feuerschein der Kristallnacht fliehen. Ihn rettete der norwegische Dichter Olaf Duun.

Mich peinigte viel. Ich hatte ein Buch auf dem Markt. Doch das Buch hatte mich gehindert, andere Bücher zu schreiben. Überdies war der Markt ein Ghetto für mich und noch mehr für meinen vertriebenen Verleger Cassirer. In Holland überraschten mich unglaubliche Nachrichten. Aus der Liquidationsmasse des Cassirer Verlages waren Restbestände der kleinen Auflage an einen anderen Verlag verkauft worden, und ohne mein Zutun wurde ihnen für den neuen Vertrieb der Titel »Die Pflicht« aufgeklebt. Diese falsche Firmierung kehrte ins Gegenteil, was ich hatte andeuten und sagen wollen. Die Mauer, die schwankte, war Empfindung, Umwelt und Furcht eines keineswegs staatserhaltenden Menschen. Ein Zweifler stand bei mir allein im Schatten zerbrechender Macht. Pflicht war für Herrn von Süde Zwang, dem er sich gern entzogen hätte. Pflicht war auch ein Erbe, das er längst aufgegeben hatte. Der Baumeister war ein Typ für den Widerstand später.

Der Roman »Die Mauer schwankt« war lange für mich verloren. Ich besaß nach dem Krieg kein einziges Exemplar. Das Manuskript war irgendwo verschwunden. Ich vergaß das Buch. Vielleicht wollte ich es vergessen. Ich dachte an Holland wie an eine Falle, in die ich gelaufen war. Erst nach 1950 fand ich auf dem Flohmarkt in Amsterdam das Buch

mit einer Widmung für einen Freund, der umgekommen ist.
Nun Schriftsteller bei Suhrkamp in Frankfurt, weigerte ich mich lange, den wiedergefundenen Roman aus Holland neu erscheinen zu lassen. Gespräche mit dem Verleger Siegfried Unseld brachten mich auf die Idee, »Die Mauer schwankt« ein zweites Mal zu schreiben mit Zwischenschilderungen aus dem schwankenden Leben des Verfassers in Den Haag. Siegfried Unseld riet ab. Er meinte, ich würde den Roman, ein geschlossenes Werk, zerstören. Gedankenwechsel. »Zwart Water«. Ein neuer Titel. Holland. Ohne die Mauer. Ich stehe Büchern, die ich geschrieben habe, fremd gegenüber. Nicht einmal kritisch. Schon nach dem Schlußpunkt, wenn das Manuskript zur Post gegangen ist, vergesse ich alles. Ich kann mich kaum auf Fragen besinnen. Eine Begegnung nach Jahrzehnten kann für Buch und Autor verstimmend sein.
Erst eine Aufforderung des Norddeutschen Rundfunks zu einer Lesung bewegte mich wieder zur Lektüre. Ein Wunder geschah: ich fand, was ich oder ein Fremder da geschrieben hatte, gut. Es war wieder mein Buch.

Die Mauer schwankt

Nur dies gab es noch in der Welt, dies Wort »Freiheit« (ein anderes Wort für Orloga), und sonst gab es nichts. Aber da, während er einen Schritt tat, um ihr noch näher zu kommen, um ein Wesen mit ihr zu bilden, einen Leib, eine Gestalt, die nicht mehr zu trennen war voneinander, da schlug ihn was. Es war zischend und vor seinem Gesicht und wie ein Hieb nach ihm getan mit einer Peitsche. Da war aber auch ein Knall. Er nahm ihn nicht mal wahr. Vielleicht war auch eine kleine Flamme hervorgeschlagen, irgendwo aus Baum und Gebüsch. Dann Orlogas Schrei. Und es war dem Baumeister, als ob sie beide, während sie gegen ihn anfiel und ein roter Sprudel vor dem hellen Ansatz des

Haars ihr aus der Schläfe brach, war ihm, als ob beide nun einen Weltuntergang hatten und tief in den Boden stürzten, der ihre Füße nicht mehr trug, sondern nachgab und barst und sank und immer tiefer sank, erst noch wie ein Moor, wie ein Kuchenteig dann, und dann wie Wasser, aber schließlich wie ein Absturz durch die Luft, ja endlich durch weniger als Luft, rasender, unbegreiflicher, haltloser, und, was das Grauen erhöhte, es unheimlicher, schrecklicher, allmächtiger, dem jüngsten Tag, der Urmachtskatastrophe noch gleicher machte, war, daß alles, dem sie sinkend enteilten, das Feste, die Erde, das Wasser, die Luft und das Nichts ihnen nachgestürzt kam, über sie kam, sie überfiel, sie überströmte, sie überschüttete – oh! nie, niemals war dies aufzuhalten!
»Sie glauben, ich hätte sie verraten!« Ihr Blut floß in seinen Mund, als sie aufschlugen auf den Stein. »Orloga! Orloga!« Seine Hände mühten sich, purpurn, den Quell zu stopfen. Doch sie endete – mit einem Lächeln höchster Verklärung rätselvoll über der weißschimmernd und durchsichtig werdenden, über der zu einer Maske aus Alabaster geschmolzenen Haut des Gesichts.

Wird er es überleben –?
Er überlebte es.
Stieß vor in das Gebüsch, riß sich blutig an Dornen, stolperte und fiel über die Hügel der Toten, ballte die Fäuste, schrie, kämpfte, besinnunglos, eine Schlacht Zahn gegen Zahn mit Bissen in das Fleisch der eigenen Lippen, rannte gegen Mauern an, hämmerte mit Fäusten gegen Mörtel und Kalk, die splitterten, absprangen, rieselten, ein feiner Regen, und den nackten Mauerstein frei gaben: rotes, geadertes Fleisch unter der aufgerissenen Haut.
Er suchte die Rufe erschreckter Vögel zu haschen, den Windhauch und den Flügelschlag der Fledermäuse.
Dann: Lichter in den Augen eines Tieres.
Mörder!
Hingeschlagen.
Erde im Mund.

Brausendes Hohngelächter aus der Höhle. Ein amüsierter Chor in allen Wipfeln.
Spukhafte Welt! Sie war: das phantastische Gefängnis!
Der Stich des Piranesi zu Hause an der Wand. Davor Mary: schwarzes Kleid. Davor Emilie: mahnender Blick. Davor der Knabe: verschwommen, fremd. Hier: Marr neben Orloga im Grab.
Nur nachgebende Zweige unter des Baumeisters schlagenden Händen. Verlorene Mühe. Verloren selbst der Weg, der zu ihr, die liegen mußte, zurückführte. Zu ihr! Zur Stätte des offenbaren, des noch nicht verscharrten Todes.
Er trug sie. Trug sie bergabwärts. Nicht ein einziger Herzschlag mehr. Leise nur tropfendes Blut. Beginnendes Erkalten. Vorbei an der Rosen zu Boden hängender Trauer. Der Baumeister brachte die Braut heim.

Es schien ihm beschieden und der einzige Zweck auch seines Kommens zu sein, in dieser Stadt in unschicklicher, zerrissen beschmutzter Gewandung sich zu zeigen und das Interesse der Gendarmen zu erregen. Wie er so ging mit der Toten, wurde er wieder verhaftet. Aber er gab die Last nicht aus seinen Händen, hielt sie wie etwas Geborgenes und ließ sich eskortieren. Erst im Zimmer des Präfekten legte er sie behutsam zu Boden.

Später, in den Jahren, die kamen, erhob er sie zur Göttin, zur Göttin des Krieges; denn alles schien ihm in ihr verkündet zu sein.

Erst aber beschuldigte er, vor dem Präfekten stehend, diesen und viele, die ihn umgaben, Urheber ihres Todes zu sein; bis er erschöpft zusammenbrach. Darauf hörte er mit erstaunlicher Ruhe, und eigentlich als ob es ihn nichts anginge, dem Bericht zu, der von Kampf, Eifersucht, Verrat und Feme unter den revolutionären Gruppen sprach. Jede Deutung schien ihm das reine Feuer schmählich zu trüben, das in Orlogas Gestalt vor seinem Blick und ewig war. Vieles sprach auch in der, da er sich ruhig verhielt, allgemeiner und freundlicher werdenden Erklärung der Behörde, dafür, daß Marr, sein Schwager, seine dann tödlichen Wunden wirklich nur einem Duell zu verdanken hatte, das er, gewissermaßen in ehrenhafter Vertretung seines wieder in die chinesische See gefahrenen Bruders, für Orloga geschlagen hatte.

Was brauchte der Baumeister es zu wissen? Er reiste ab, und es war dies das Ende seiner Jugend. Mit einem Abenteuer hatte die unabenteuerliche ihn am Ende beschert. Ein Glanz würde ihm bleiben, aufflackernd immer in der Vorstellung, in dem Namen: Orloga. Ein Glanz über dem Tagewerk des Mannes, über seiner Pflicht und über seinem zunehmenden Alter.

Der Kopf des Baumeisters zeigte die Zeichen eines früh beginnenden Alters. Im Ansatz des Haares, das dunkelblond war, sah man graue Fäden, und in der Schläfengegend erhöhten spitz zulaufende Winkel die Stirn. Seine Augen waren klein und immer wie geblendet oder wie zielend. Vielleicht war dieses Zusammengekniffene, das ihrem Blick den Ausdruck von übermäßiger Strenge verlieh, so daß der Knabe Gert allmählich vor ihnen sich zu fürchten begann, die Folge des angestrengten, stundenlangen Schauens auf das helle Papier und des genauen Messens der Linien mit Zirkel und mit Stift. Die Wangen waren eingefallen. Ihre Haut schimmerte ausrasiert und bläulich. Unter der geraden Nase, die schärfer als früher aus dem Gesicht sich erhob, und über den strichdünnen – ein freundlicher Beobachter hätte gesagt, den knabenhaft trotzigen, ein unfreundlicher, verbissenen – Lippen des gegen jeden Erregungslaut verhaltenen Mundes lag dunkel ein kleiner, englisch gestutzter Schnurrbart, wie ein Fleck und ein Anflug von Romantik; doch minderte er nicht die Strenge der Züge.
Jedermann, der auf dem Bauamt zu tun hatte, und das hatten viele in der zerstörten Stadt, fühlte sich vor dieser Strenge befangen. Nie wieder wirkte des Baumeisters We-

sen entspannt. Immer wandte er sich heftig und mit Hast gegen eine Anrede, und er sprach, auch wenn er leise sprach, was meistens der Fall war, schneidend akzentuiert und mit einer Kraft, die überraschte. Viele glaubten, von dem Klang dieser Stimme befremdet, sie würden angegriffen; und wer ihr untergeben oder von ihr in irgendeiner Weise abhängig war, wurde eingeschüchtert, bevor er sein Anliegen gesagt hatte. Die Unternehmer, die Besitzer der Mörtelwerke, der Ziegeleien, der Holzplätze, der Eisen- und Maschinenhandlungen, ältere, untersetzte Männer, beleibt und muskulös, immer gerötet im Gesicht, vom Wetter, vom Schnaps und vom Leben, die im Einspänner vorgefahren kamen, im Winter im Pelz bis über die Ohren, im Sommer in bequemen, weiten Anzügen mit schweißnassen Stellen unter den Armen, knüpften die Zügel ihres Pferdes um den Mast der Telephonlinie, von der zwei Drähte silbern blinkend zu dem Fenster des Büros hinaufführten, pfiffen vielleicht ein Lied, klopften dem Gaul zum Abschied gutmütig den Hals, schneuzten sich, den Pferdegeruch noch an der Hand, und stapften mit schweren Schritten, an der Zigarre saugend und Wolken hinter sich blasend, in das Haus und die Treppe aufwärts.
Ebenso, nur daß sie zu Fuß kamen, durch die Schneewehen des Winters, die Schmelze und den Morast des Frühjahrs oder den Staub des Sommers, in festen, bespritzten Stulpenstiefeln, in deren rechtem Schaft vor der Hose aus derbem, lehmfarbigen und rilligen Manchester der gelbe Zollstock wie ein Messer steckte, ebenso, wie die Unternehmer, taten die Maurer und Zimmerpoliere, die Meister der Dachdecker, Schlosser, Töpfer, Klempner und Glaser, ebenso laut, breitschultrig und schwer.
Ähnlich benahmen sich auch die Besucher, die sonst noch kamen, die Förster und die Domänenpächter und, etwas weniger laut, etwas ängstlicher und zurückhaltender, die Leute aus der Stadt und vom Lande, die privaten Personen, die einen Rat haben, einen Anspruch anmelden wollten, und die Pfarrer und die Lehrer, die nach ihren Kirchen und Schulbauten sich erkundigten.

Unbefangen und natürlich, harmlos selbst dann, wenn sie um eines kleinen Vorteils willen lügen wollten, waren die, die auf dem Wege waren und empor stiegen; doch anders gab sich die Welt, die sie am Ende der Treppe erwartete. Wahrlich, es schien eine andere Welt zu sein, in die sie eintraten. Mochte es draußen regnen, stürmen, lind oder kalt sein, anders, immer anders und in einem Klima für sich, nach eigenen unergründlichen Gesetzen und in dunkler Bestimmung lebend, war das Büro.
Fest setzten die Besucher im Flur ihren Fuß noch zu Boden und mehr Geräusch, als nötig war, um sich anzumelden, weckte noch das Pochen ihrer Faust gegen die Tür. Dann aber, nachdem sie eingetreten waren und den Hut vom Kopf und die Zigarre aus dem Mund genommen hatten, wurden sie von der Stille im Saal der Techniker sogleich umfangen und gebändigt.

Fluchten dem Baumeister alle? Fluchten die Maurer ihm, fluchten die Unternehmer ihm, nannten die Besitzer der Häuser, die er baute, ihn einen Verdammten? Er tat seine Pflicht. Er wußte, daß er sie tat. Je weniger er das Neue, das ihm vorgeschwebt, schaffen konnte, desto strenger tat er seine Pflicht. Ordnung und Fleiß und eine genaue Rechnung, sie schienen dem Baumeister wahrlich nicht die höchsten Güter des Lebens, nicht die Erfüllung der menschlichen Möglichkeiten zu sein. Aber, wenn ihm nichts anderes, nichts Besseres, nicht mehr beschieden war als dieses, als Ordnung, Fleiß und genaue Rechnung, wenn er seine Stunde vielleicht versäumt hatte und nun es büßen mußte, dann wollte er diese möglicherweise nur subalternen, doch von einem Höheren ihm aufgetragenen Pflichten, ordentlichst, gewissenhaftst und genauestens in den denkbarsten Superlativen tun.
Noch schwebten ihm zuweilen andere Bilder vor. Noch sah er die Hingabe des Lebens. Noch war das Strahlende nicht völlig erloschen. Er wußte, daß er das Neue nicht schaffen konnte, weil der große Umbruch sich noch nicht vollzogen hatte. Draußen geschahen die Kämpfe. Aus den

Kämpfen würden die Werte kommen. Und mit den Werten vielleicht das lebenswerte Leben. Hatte er sich doch falsch entschieden? Doch den Vater, auch auf dem Friedhof der Heimat noch, mißverstanden? Warum kämpfte nicht auch er auf dem Feld? Er hatte die Pflicht eines Werkes auf sich genommen, das, wie er erkannte, unvollkommen sein mußte, weil die Zeit noch nicht reif war. Jetzt aber war der Pflicht nicht mehr zu entfliehen. Sie war seine Bestimmung. Auch er mußte ausharren, wie ein Soldat auf seinem Posten. Er mußte das Kleine tun, um das Große zu stützen. Durfte er aber den anderen, die das Große taten, in die Augen sehen, wenn er das Seine nicht bis zur letzten Erschöpfung aller Kräfte und aller Sinne tat?

Sein Herz jagte in heftigen Stößen. Die Wandlung war da; die große Weltwende begann! Die Gefangenen, die auf die ungewissen Nachrichten hin, die aus ihrer Heimat kamen, aus den Lagern ausbrachen und im Walde wilderten, fühlten sie; wie auch Orloga sie gefühlt hatte in der südlichen Stadt, in der ihre Worte ihm die Ahnung des Geschehens übertragen hatten. Und weiter zurück hatte Orlogas Vater in den Abenteuern seiner Kriege unklar es schon gefühlt. Und weiter voraus wurde im Getobe der Schlacht es von manchem Krieger empfunden, daß das Zeitalter, das die tastende, unsichere Geschichtswissenschaft ein bürgerliches zu nennen beliebte, vor einem anderen zu Ende ging.
Was sollte er tun, um das Gewaltige, doch nur Geahnte und nicht Begriffene zu seinem Teil zu steuern? Konnte er seine kleine Kraft in die großen mengen, in die größten, die gewaltigsten und gewalttätigsten, die es gibt, in die geheimnisvollen, von den Lebenden in ihrem gegenwärtigen Sinn nie ganz zu erfassenden Kräfte der wirkenden menschlichen Geschichte? Durfte er bei dieser Erkenntnis überhaupt noch seine vermeintliche Pflicht tun und die alten Häuser einer alten Stadt im alten Stil wieder aufbauen, damit der Kaufmann ein Dach über seinen Handel habe? Die Aufgabe war Gert; die Aufgabe war der Kalinesohn; die Aufgabe war

immer das heranwachsende Geschlecht. Der Baumeister fühlte es. Er fühlte auch sein Versagen. Er wußte, daß er das jenseitige Ufer der jungen Zeit zwar ahnte – daß er selber aber am diesseitigen Ufer gebunden war und stand. Es gab für ihn nur die Pflicht; die kleine für den Tag wirkende Pflicht; wirkend an dem Platz, auf den man ihn gesetzt hatte.

Der Baumeister stieg die Betonstufen, die zur Tür des Telegraphensaals führten, empor und schellte. Er wußte nicht, warum er dies tat; aber er tat es sehr sicher und so, als ob es sein mußte. Nach einer Weile hörte er Schritte und die Umdrehung eines Schlüssels im Schloß. In der geöffneten Tür stand der Postdirektor Schmidt. Er hielt eine Petroleumlampe in seiner rechten erhobenen Hand; ihr Schein spiegelte sich in der gestärkten Brust eines Frackhemdes; der kleine Direktor war wie zu einem Ball angezogen. Er äußerte kein Wort des Erstaunens, den Baumeister zu sehen. Er fragte ihn auch nicht, ob er ein Telegramm aufgeben wolle oder ein anderes erwarte – er ließ ihn vielmehr eintreten, als habe er mit seinem Kommen gerechnet.
Da waren die Klänge nah! Da war die Musik! Im Telegraphensaal brauste sie mit Orgeltönen hin. Der dürftige Schein der blakenden Lampe genügte, um den messingenen Trichter des Grammophons in all seinen verbeulten Windungen geheimnisvoll funkeln zu lassen. Die schwarze Platte drehte sich. Das Uhrwerk schnurrte. Die Nadel tanzte in den Tonrillen; die Schalldose wurde nach innen getragen. Über all dem aber waren die Klänge! Die Herren standen und lauschten. Der Direktor im feierlichen Frack, der Baumeister in seiner einfachen Joppe, sie standen stumm, sie standen von der Musik ergriffen, sie lauschten. Als er noch ein Knabe war, in der Stadt am Meer, da hatte Johannes von Süde mit solcher Andacht sein Ohr gegen das schwere eichene Holz der Dompforte gelehnt, hinter der, innen im alten Raum, der Organist sich in der großen Musik übte. Bach und Buxtehude! So hatte er noch einmal als Mann gestanden, vor demselben Portal, damals als er, be-

vor er in die zerstörte Stadt gereist war, das Grab des Vaters in Zweifel und Qualen besucht hatte. So stand er nun hier. In der kleinen östlichen Stadt. Inmitten ihrer Schneefelder. Mitten in ihrer Nacht. Mitten in ihrem Geschick und mit ihm verbunden. Er lauschte. Die Zweifel und die Qualen, sie waren ihm geblieben. Nichts war von ihm genommen. Noch immer war ihm nicht bestätigt worden, ob er das Rechte tat. Hinter ihm wurde das Ticken des Telegraphen vernehmlicher. Ungeduldig und wie erregt ruckte der Taster. Die Musik ging zu Ende. Ein Gurgeln würgte in dem Mund aus Metall. Der Postdirektor schritt, seine Lampe noch immer im erhobenen Arm, zu den Depeschen, die in weißen Schlangen aus den tickenden Apparaten kamen. Er nahm sie, die aus Strichen und Punkten sich zusammensetzten, in die Hände, er hielt sie sich vor die Augen, und auch er, der Mann im Frack und im Schein einer blakenden Lampe, war ein Standbild der Pflicht – ein wenig nur absonderlich verzerrt. »Die Pflicht allein – sie kann das volle, das ganze, das wirkliche und das Ganze umfassende Leben nicht sein.« Der Baumeister dachte es, wie er den Postdirektor so stehen sah. Und es war ihm auf einmal, als ob dieser Gedanke eine Erkenntnis bedeute, die er seit langem, die er seit dem Tode seines Vaters vielleicht, gesucht hatte. »Es sind amtliche Depeschen«, sagte der Postdirektor, und seine Hände, die den Streifen hielten, zitterten. Der kleine scharfe Ton des Telegraphen wurde im Ohr des Baumeisters zum dröhnenden Geräusch des Mörtelwerks. »Man muß um den höheren Sinn jeder Pflicht wissen; er allein ist die Weihe.« Der Baumeister sagte es unmotiviert, plötzlich, in sich versunken, den anderen nicht beachtend, der bleich war wie die Weiße der Decke und zusammenbrach. In seinen vom Herzen verlassenen, erstarrten Händen hielt er den Stillstand der Waffen.

Vielen schien es merkwürdig, daß der Baumeister dem Toten die Augen geschlossen hatte, und man vermutete die Heimlichkeit einer Freundschaft, die nicht bestanden hatte. Merkwürdiger aber noch schien es allen, daß der Postdirektor im Frack aufgefunden wurde, so, als habe er ihn in einer seltsamen Vorahnung seines Sterbens mit Absicht zu seinem letzten Dienst angezogen. Diese Meinungen beachteten nicht die Musik, die nun stumm im schwarzen Kreis der Platte unter dem Trichter des Grammophons lag. Einsam auf seinem Posten, wachend in der Stille einer Nacht, die nur von dem unheimlich beharrlichen Ticken des Telegraphen unterbrochen wurde, hatte der Postdirektor noch einmal und vor dem Zusammenbruch seiner Welt, die er als junger Mensch in ihrem hauptstädtischen Glanz gesehen und dann für sich als den Alltag der Pflicht kennen gelernt hatte, mit aller Ehrfurcht und mit allem Verlangen die Große Oper besucht.

Der Baumeister stand hinter seinem Pult. Er dachte, ob die Kapelle der Truppe spielen würde. Da hörten sie Schüsse. Der Baumeister stürzte zum Fenster. Er rüttelte an den Leisten, die zugefroren, sich nicht öffnen ließen. Hinter ihm stand Mary Marr und war fahl im Gesicht. Des Baumeisters Ungeduld stieß mit Gewalt zu, seine beiden Hände umfaßten die schwarze Klinke, eine Scheibe klirrte und brach, Blut eilte in einem dünnen Fluß über des Baumeisters Hand, und die Kälte schlug gegen der Geschwister erregte Gesichter. Vom Markt her hörten sie Schreie; noch einmal, noch zweimal einen Schuß. »Gert!« Der Name war ein Hauch von Marys Gesicht. Johannes blickte ernst. In der Küche lauschte Kaline. Ihre erschrockenen Hände mußten die Schüssel, die sie hielten, zu Boden setzen. Unten vor der Haustür stand der Lehrer Jendreizek. »Der Krieg ist doch aus«, rief er.

Mußten die Söhne den Kampf weiter führen? Der Sohn des Rektors kam gelaufen. Atemlos, keuchend. Ein Mann, berichtete er, ein Mann mit einer Binde um den Arm habe sich der Truppe gegenüber auf ein Podest gestellt, um zu reden. »Kameraden« habe er gerufen. Dann sei es einen Moment lang sehr still gewesen, und dann sei geschossen worden. Die Rektorin kam bebend und zog ihren Knaben in die Wohnung.

Die Dämmerung wurde zur Nacht. Einige, hieß es, seien

getroffen worden. Mary wartete. Kaline wartete. Der Lehrer Jendreizek ging wartend im Treppenflur auf und ab. Die Söhne blieben aus. Waren sie tot? Lagen sie verwundet?
Der Baumeister eilte zum Markt. Ein Posten hielt ihn an. »Sie liegen im Krankenhaus«, sagte der Posten. Der Baumeister rannte durch die Ackerschen Parkanlagen. Die kahlen, dornigen Zweige der Sträucher streiften und verwundeten sein Gesicht. Die große Milchglasscheibe des Operationszimmers lag hell vor seinem Blick. Von draußen sah er die Bewegungen in dem erleuchteten Rahmen wie Schatten hin und her huschen. Nach einer Weile der Beobachtung konnte er den schmalen Umriß seiner Schwester Emilie von der schweren Masse des Arztes unterscheiden. Er sah, wie sie sich über eine Bahre beugte, und er glaubte nun zu wissen, daß das Knabengesicht unter ihrem sich neigenden Haupt von einer tödlichen Blässe überzogen wurde.
Der Wind griff kalt in die Sträucher. Der Baumeister spürte den Frost. Er drang durch die Joppe in die Haut und durch die Haut in das Blut. Er spürte ihn in der Kehle und im Herzen. Kein Schrei war seinen Lippen gegeben. Er war starr; er war erstarrt. Hätte er Gert, hätte er den Kalinejungen, den Jendreizeksohn retten können? Er nicht – aber seine Generation, wenn sie mehr gewußt, wenn sie mehr sich bemüht hätte? War dies die Pflicht, die versäumte Pflicht gewesen? Oder war es noch zu keinem Tun zu spät; vermochte er es noch, er, der nicht Vater war, die Söhne zu retten? Er stürmte vorwärts. Er stolperte und fiel. Im Operationsraum war der summende, elektrische Schein hinter dem weißen Gazeschleier erloschen.
Doktor Brust und Emilie traten zur Tür des Krankenhauses hinaus. An der Pforte des Gartens trafen sie den Baumeister. Seine Mütze hatte er verloren. Sein Haar hing naß und in Strähnen. »Es ist nichts«, sagte Doktor Brust. »Gert schläft schon«, Emilie. »Diesmal sind sie gerettet«, fügte der Arzt noch hinzu, und er führte mit seinem Arm eine so weite Bewegung aus, als wollte er die Ewigkeit eines Krieges verkünden.

Des Baumeisters Hände suchten seine Schwester. Ein Strom von Wärme erfüllte mit einemmal seinen Leib. Er dachte an das Mädchen im Wald. Er dachte an die Zukunft der Knaben. Die Welt war weit. Ihnen mußte man sie bewahren.

Doktor Brust verabschiedete sich. Die Geschwister gingen den Feldweg entlang, der zu ihrem Haus führte. »Wir haben zu viel gefragt und zu viel verlangt«, sagte der Baumeister. »Wir mußten es, denn wir überschritten die Grenze«, Emiliens Gesicht war ruhig. Hinter ihnen war das Grabmal des Vaters; vor Gert, der nun schlummerte, war das Leben.

Als sie zu den Fenstern ihrer Wohnung empor blickten, sahen sie, daß eines erleuchtet war. »Mary!«, riefen sie beide. Dann wurden sie Frau Marr und Kaline, die Mütter, hinter den Scheiben gewahr. Überall auf den Feldern und in der Weite leuchtete der Schnee auf.

Die Geschichte gehört mir

Der geborene Leser, für den ich mich halte …

Der geborene Leser, für den ich mich halte, hatte das Glück, schon bevor er lesen lernte und die Kraft erwarb, nie ganz verloren zu sein, Bücher geschenkt oder geliehen zu bekommen, sie in der Hand zu wiegen, sie rundherum zu stapeln, eine Burg nicht aus Sand, und eine literarische Welt, das unermeßliche Reich der Gedanken, der Phantasie und der energischen Gefühle neben oder über der Erde der vernünftigen Leute zu ahnen.

Meine Mutter liebte Märchen und wurde, während sie mir Märchen erzählte, selbst zu einer Gestalt der Märchenbücher, Scheherazade der Tausendundeine Nacht.

Ich sehe das als Winterbild. Die Sommer waren intensiv, die Winter sehr kalt. Stille Abende von Oktober bis April. Kaum daß ein Käuzchen schrie. Schnee deckte uns ein. Meine Mutter saß, in einen Schal gehüllt, vor der Nacht des Fensters, wenn Mond war vor der silbernen Mauer des Frostes. Ihr Gesicht, die aufgeschlagene Schrift, auch ich, wir waren eins im sanften Schein einer Büroleuchte mit grünem Schirm und einem schönen Kranz gelber Perlen. Geborgen in einem Zelt. Draußen mochte Wüste sein, der Pol der Polarforscher, wo sie starben, bevor sie ihn erreichten. Die Welt war voller Gefahren. Ich hing an den Lippen meiner Mutter. Ich war vier Jahre alt. Meine Mutter schenkte mir Aladins Wunderlampe. Ich besitze sie noch. Ich habe sie nie verloren.

Wir reisten mit Sindbad dem Seefahrer, erkundeten mutig die grimmschen Wälder, lernten, während wir verweilten, so interessante Personen wie den armen Heinrich, den Doktor Faustus, die schöne Magelone kennen, bewunderten die klugen Schildbürger, nahmen noch mehr Partei für den aufsässigen Eulenspiegel und weinten mit Andersen in seinem Kopenhagen der blassen Sonne, der langen traurigen Dämmerungen.

Besonders im Gedächtnis geblieben ist mir ein japanisches Märchen, die Legende vom Affenkönig, auf Japanpapier japanisch und deutsch gedruckt, mit Farbholzschnitten ver-

sehen, meiner Mutter von einem geheimnisumwitterten Herrn aus dem fernen Yokohama über das Meer geschickt. Im Schlaf trugen wir Kimonos, hockten unter Lampions, brannten ein Feuer am Strand und fürchteten den Fuchs. Die Märchen ergänzend, sie weiterführend, der Geschäftigkeit, der Arbeit, dem Alltag zu, lagen Bücher aus dem Schrank meines Onkels, bei dem wir lebten, neben und auf meinem Bett. Es waren sehr bildende, reich bebilderte Werke phantastischer ungebauter Architekten, die geheimgehaltenen Träume meines Onkels, der in Ortelsburg in Ostpreußen Königlicher Baurat war und in die Dörfer ringsum, in die masurischen Wälder und an die masurischen Seen nützliche Volksschulen, praktische Förstereien und bewährte, keinen Himmel stürmende Kirchen stellte. Der Baurat fuhr mit dem Fahrrad, die Bauarbeiten zu inspizieren; mein Blick folgte ihm in die weite Landschaft, schneebedeckt oder grün, die er allein durchquerte, aufrecht im Sattel, die gamaschenumwundenen Füße an den Pedalen, eine zirzensische Nummer, fast auf dem hohen Seil. So durfte ich jung die Carceri von Piranesi betrachten und bin in diesem bewundernswerten grausamen Labyrinth verirrt geblieben; gefesselt, geängstigt und unbegreiflich entzückt. Es war die Gewalt des Ästhetischen, des Möglichen, des Spiels. Vielleicht aber war mir aufgegeben, nach einem Ausweg zu suchen, den ich nicht finden werde.
Dies alles geschah in einem Zimmer am Großen Haussee. Für meine Mutter war Ortelsburg Verbannung, wahrscheinlich ein Gefängnis vor ihren Ansprüchen an das Leben. Unglücklich und gepeinigt wiederholte sie, die nicht dumm war, einen dummen Spruch, den sie irgendwo aufgeschnappt oder gelesen hatte: Wo sich aufhört das Kultur, da sich anfängt das Masur. Das war ungerecht, wie alle Verallgemeinerungen. Für mich war der See vor unserem Haus, der weite Horizont der wogenden Getreidefelder oder ihrer stillen Stoppeln im Kreis der dunklen Wälder der natürliche Schauplatz der Märchen und Standort der imaginären Bauten, die nur ich und vielleicht noch der Onkel, der selten mit mir sprach, im Roggen stehen sahen.

Im Sommer, meinte der Onkel, gliche der See den Voralpengewässern Italiens, die er in glühenden Farben zu malen versucht hatte, als er nach Vicenza gewandert war, vom großen Palladio zu lernen. Drüben am jenseitigen Ufer lag Beutnerdorf, die Heimstätte der armen, masurisch oder polnisch sprechenden Leute, ebenerdige Hütten nahe am Wasser im grünen Dreck der Gänse und Enten. Von dort kam die Waschfrau die Wäsche waschen, kamen die Kinder, die man Dienstmädchen nannte, das Haus zu putzen. Ich, ein Kind, sagte zu einem Kind, bürste mir die Schuhe. Das fremde Kind bürstete die Schuhe. Für die Erniedrigten war meine Tante die gnädige Frau vom Fiogatten. Sie küßten ihr die Hand. Ich weiß nicht mehr, was das Wort Fiogatten bedeutet. In Ortelsburg war es eine feine Gegend der Landhäuser in großen Gärten.

Im Winter trennte und verband uns in gefährlicher Weise das feste Eis des Sees mit den Armen von Beutnerdorf. Diebe kamen über das zugefrorene Wasser. Mutige Männer. Unsere Waschfrau ertrank in einer Fischerwune, als sie zu uns wollte um sechs Uhr morgens bei einem kalten Mond. Da fror der Affenkönig. Er hauchte ein Loch in die Frostkristalle des Fensters, und aus den Brüchen des erstarrten Sees verhöhnten ihn die Fische.

In unserer Nachbarschaft hatte vor hundert oder mehr Jahren die Königin Luise gewohnt. Der Königin-Luise-Bund, dessen weibliche Mitglieder sich wie die amtierende Kaiserin kleideten, in Korsetten wie aus Degen, mit wagenradgroßen straußenfederngeschmückten Hüten, schwarzweißen Schärpen über gewölbten Busen, hervorragenden Balkonen, hatte eine Tafel zur Erinnerung an den Leidensaufenthalt der verehrten Königin in Ortelsburg, auf der Flucht vor dem Wüterich Napoleon, ihrem grausamen Verfolger, an das historische Haus geschlagen. Die sittenstrengen Damen des Luisenbundes, das patriotische Tableau der sanftmütigen Königin und der nahenden Befreiungskriege, der kleine Garten, in den sie geblickt hatte, die Straße, über die ich lief, der Kaiser, der Korse mit seinem Schlitten, seinen Soldaten in das Eis gebrochen, die Beresina vor der Tür, bestätigten mir, daß die Märchen wahr waren, Vergangenheit hatten und brennende Gegenwart, daß sie mich unsterblich machten, allem und jedem verbunden, gefeit gegen den Tod in einem vom Diktat der Uhr befreiten Universum.

Damals wohnte in dem Haus der Königin Luise der Amtsrichter vom Amtsgericht. Er schickte die armen Leute, die über das Eis gekommen waren und gestohlen hatten, in das Gefängnis. Das Gefängnis konnten wir von meinem Fenster über den See hin sehen, zwischen Beutnerdorf und Ortelsburg bildete es die Grenze mit vergitterten Fenstern. Über den Gefangenen wirbelte im Winter der Schneesturm, sammelten sich im Juni die schweren Abendgewitter. Hitze und Frost preßten die alkoholschwangeren Schwaden aus den Siedtürmen der Schloßbrauerei über die Zuchtanstalt, das Wasser oder das Eis, über die Eingeschlossenen und die noch badenden oder rudernden oder schlittschuhlaufenden, fröhlich schreienden jungen Leute, die noch vor der Nacht ertrinken, im Schnee ersticken oder vom Blitz erschlagen werden sollten. Amtsrichter Gemmel feuerte zu solcher Stunde zwischen Tag und Traum gern eine grün leuchtende Rakete in den verdüsterten Himmel. Ich beneidete Gemmel sehr, weil er einen Ziegenbock besaß, auf dem des Richters Kinder reiten durften. Ich buhlte um die Freundschaft des Bockes, versuchte immer wieder ihn zu umhalsen, der seinem Herrn ergeben war und mich mehr mit seinem Patriarchenbart als seinen gefährlichen Hörnern zurückstieß. Um meine Enttäuschung zu mildern, schenkte mir Frau Gemmel ein junges Kätzchen, das wir, weil es so zart war, Grisildis nannten, bis es sich zu einem mächtigen Kater entwickelte, den wir dann Hindenburg riefen, auch weil er wirklich dem überall abgebildeten Feldmarschall ähnlich sah.

Richter Gemmel und der ihm unterstellte Gefängnisdirektor bewachten nicht nur ihre Sträflinge, sie vermieteten sie auch an bevorzugte und zuverlässige Personen. Wir gehörten zu diesem Kreis. So kamen, von einem Wärter bewacht, drei magere Männer zu uns, unser Holz für den Winter, für die großen Kachelöfen von beinahe russischer Gemütlichkeit zu sägen und zu schlagen. Die Gefangenen waren in blauen Drillich gekleidet und trugen runde schirmlose Mützen auf den kahlgeschorenen Köpfen, die hier erniedrigen sollten, mit einer schwarz-weißen Kokarde versehen waren, aber zum Ehrenkleid des Soldaten gehörten. Mich schüchterten die Verurteilten, tabuisierte Wesen, ein, wie sehr sie mich auch anzogen. Ich näherte mich ihnen scheu. Es waren verlorene Menschen, mit denen der gute, noch hoffende Christ nicht sprach. Zum Glück konnte mein Onkel den Pastor nicht ausstehen, der dies lehrte. In meiner Welt märchenhafter Wahrheiten wurden die Sklaven des Herrn Gemmel verzauberte, von einem bösen Geist geraubte und gefesselte, des Wunders und der Befreiung sehnsüchtig harrende Brüder. Wäre ich ein Mädchen gewesen, hätte ich die drei geküßt, sie zu erlösen und als Prinzen zu heiraten. Schließlich wurde auch der Knabe aus einer beobachtenden zu einer handelnden Person. Während der Gefangenenwärter in der warmen Küche saß, bat mich einer der Männer, einen Brief für ihn in den Briefkasten zu werfen. Er holte, sich ängstlich umsehend, einen grünen Geschäftsbriefumschlag aus der Brusttasche seiner blauen Jacke. Wie er den Brief in der Hand hielt, wie er zögerte, ihn mir anzuvertrauen, spürte ich, wieviel der Brief und sein sicherer Weg dem Gefangenen bedeuteten. Er fragte mich, ob ich eine Briefmarke besorgen könne; er versprach, nach seiner Freilassung mir etwas zu schenken. Es war sehr einfach, dem Bittenden zu helfen. Ich ging mit seinem Brief in das königlich-preußische Hochbauamt meines Onkels. Die Bauschreiber, Zeichner und Techniker waren zum Mittagessen gegangen, die Zeichentische standen allein und schön in der Ruhe. Ich fand gleich den Stempel des Amtes, der den königlich-preußischen Briefen die Marken ersetzte, drückte mit ihm »Frei durch königliche Ablösung« auf den Brief des Gefangenen, lief zum Briefkasten und warf ihn ein. Möge der grüne Umschlag in königlicher Huld befördert und angekommen sein und dem Unglücklichen geholfen haben. Ich wünsche es mir noch heute.

Da das Leben oft und seltsam mit der Lektüre und dem Schreiben zusammentrifft, las meine Mutter mir nun die Märchen von Oscar Wilde vor. Das Kind fand diese Märchen schön und traurig, und sie berichteten immer von der Gefangenschaft der Seele. Meine Mutter erzählte mir, daß Wilde ins Gefängnis gekommen sei. Damit war der Dichter als der Macher des Märchens, war der Verfasser, der Autor in mein Bewußtsein getreten. Ich fragte nach seinem Leben, und als ich lesen gelernt hatte, führte mich der im Gedächtnis gebliebene Name zum Dorian Grey, zur Zuchthausballade und schließlich zur Wilde-Biographie von Frank Harris, mich selbst zum Hôtel d'Alsace in Paris.

Paris hatte sich mir schon, dreizehnjährig und lange bevor ich nach Paris kam, als ein Wesen der Literatur offenbart, nicht nur ein Ort der Schriftsteller und der Schauplätze des Geschriebenen, vielmehr die Literatur selbst, personifiziert in dem Kunstgebilde Stadt, und ich erkannte im kleinen, ländlich schönen und allmählich langweiligen Ortelsburg, daß ich in die Stadt, die Großstadt, die Metropole wollte, dort meine Weide fände, mein Jagdrevier, den Boden meiner Existenz. Ich pflegte Empfindungen, Vorstellungen, Träume von Paris, die mir zwanzig Jahre später Walter Benjamin bestätigte und vorgeschrieben hatte. Aus diesem Paris, das ich für mich, im Bett liegend, die Schule schwänzend, von Benjamin nichts ahnend, entdeckte, wehte mir Heimat zu.

Ich hatte, bis dahin in meiner Lektüre unbehindert und keiner Zensur unterworfen, vom Schreibtisch meiner Tante ein Buch genommen, »Thérèse Raquin« von Emile Zola. Als meine Tante den Roman vermißte und ihn bei mir entdeckte, hatte ich ihn schon zweimal gelesen, und ihre ganz ungewöhnliche Erregung darüber war mir unverständlich. Ich habe sie bis heute nicht begriffen und die Schelte nicht angenommen. Wahrscheinlich glaubte meine Tante, das unter anständigen Leuten schlecht beleumundete Buch, die Liebesgeschichte zwischen Therese und dem Maler Lorenz, der Ehebruch, die Szenen der Leidenschaft, der körperlichen Intimität hätten mich lüstern gemacht, was damals soviel wie auf schlechte Wege geraten hieß. Das war aber nicht so. Der Liebesroman ließ mich völlig kalt und schien mir Zeitverschwendung zu sein. Auch der Kriminalfall, die Ermordung des Kamill Raquin bei einer Bootsfahrt auf der Seine, interessierte mich nicht sehr. Was mich an dem Roman faszinierte, war das Milieu, war Paris, war das enge Haus in der düsteren Passage, der kleine Schnittwarenladen in Staubschwaden und ohne Sonne, der verdächtige Durchgang in der Altstadt in der Nähe des Flusses, die Beschreibung der Passanten, schließlich das Verhalten der Bewohner des Hauses, Therese und Lorenz, der Mörder des Kamill, und noch mehr die stumme, verzweifelte, auf Rache hoffende Beobachtung des an seine Tat gebundenen, sich zerfleischenden Paares durch die gelähmte, der Sprache beraubten Mutter des Opfers, die alte Madame Raquin. Zola hat, seinen Roman »Thérèse Raquin« gegen seine Angreifer verteidigend, geschrieben: »Ich habe einfach an zwei lebenden Körpern die zergliedernde Arbeit getan, welche Chirurgen an Leichen vornehmen.« Der Knabe, der ich war, entdeckte den Beobachter in sich und stellte sich an die Seite Zolas. Ich observierte mit Zola das Leben in der Passage in dem unbekannten Kosmos Paris.

Die Passage zog mich ungeheuer an, sie faszinierte, erregte und bedrückte mich. Sie erschien mir im Traum. Die Räuber im Wald verwandelten sich in die Bürger einer Stadt. Dabei hatte ich noch nicht einmal die berühmte Berliner Linden-Passage mit den Gemälden des Hofmalers Fischer gesehen; alle Reisenden aus Ortelsburg waren begeistert. Ich wich aber bald von Zola ab, der den Durchgang eng, düster schildert, und näherte mich unbewußt Benjamin, der die Pariser Passagen, von ihnen überwältigt, eher prächtig beschreibt. Ich bestückte mein kindliches Paris mit den ungebauten phantastischen Architekturen meines Onkels, auch den Carceri Piranesis. Ich war wieder im Labyrinth gefangen, wußte aber auf einmal, eine plötzliche Erleuchtung, die mit Lust über mich kam, daß dies alles Literatur war, ein irrsinniges Vergnügen, ein Werk des Geistes und

der Phantasie, anders, wahr und realistisch. »Abends erleuchteten den Durchgang drei in schwere, viereckige Laternen geschlossene Gasflammen.« Ich schaute in das Licht über meinem Bett. Es war Aladins alte Wunderlampe.
Die frühe, mir verbotene Lektüre Zolas, ihr angeblich verderblicher Einfluß führten mich, ich sagte es, geradewegs zu Benjamin, der für mich und meine Gefühle damals nicht existierte, nicht dasein konnte und mich dennoch in Haft nahm. Mein Phantasiegebilde war Paris, die Hauptstadt des XIX. Jahrhunderts, auch schon eine Annäherung an Baudelaire oder die Straßen von Paris. Doch muß ich der Passage in einer holländischen Stadt gedenken, die düster, verwinkelt, schlecht riechend und schmutzig war und wo in einem Schnittwarenladen wie dem der Madame Raquin eine zigarrenrauchende Frau die Erfüllung geheimer Wünsche vermittelte. Neben diesem blühenden Geschäft gab es ein Magazin für Bandagen und Gummiartikel. Dort fand ich im spärlich beleuchteten Schaufenster eine von medizinischen Binden zusammengehaltene nackte schäbige Puppe, die Arm und Hand zum Hitlergruß erhoben hielt. Das war 1935. Ich berichtete Erika Mann von meiner Entdeckung in einem Passagenkaffee in Den Haag. Es war Literatur aus Ortelsburg in Masuren, der Welt inne.

Märchendank

Nie habe ich das Märchenwort meiner Mutter vergessen, nie den Hauch von ihren Lippen, an denen ich hing, ihre Seele, die mit dem Atem kam, nicht verloren die Geschichten, die sie aus einem Buch schöpfte, dessen vergilbte, verfaltete Seiten, allmählich verbraucht und meine Ehrfurcht weckend, aus dem Einband fielen. Das Werk verzichtete auf Pracht, Ausstattung und vorgesetzte Illustrationen, die meine Phantasie enttäuscht hätten wie die Weihnachtsvorstellung von »Dornröschen« in jedem Theater.
Unser Buch war ein eigentlich kleines, doch gewichtig

in der Hand liegendes, dickes Lesebuch. Die Bilder, die Begebenheiten entsprangen jeden Tag neu den gedruckten Buchstaben, dem Heerbann der schwarzen Kunst auf dem papiernen Feld, den geheimnisvollen, Glück und Gefahr bergenden heiligen Zeichen, dem Sesamöffnedich zur Wahrheit der Erde und des Himmels, wie ich damals dachte und heute immer noch denke, getragen, beschworen von der leisen Stimme meiner Mutter, die das Hexenvolk, die Geister und Kobolde, all die klugen Tiere, die ich mir zu Freunden wünschte, die Verwunschenen und Geraubten, die Weisen und Waisen, Guten und Bösen, die Schöne und das Ungeheuer in unser Zimmer lud und oft an mein Bett, was sich bis letzte Nacht in unverdrängten Träumen niederschlug. Goethe, als er sein »Märchen« verfaßte, erwachsen, gebildet, artistisch, seines Könnens, seiner Möglichkeiten sich bewußt, selbst bei klarem Verstand, schrieb, was ein Kind empfunden hatte: »Heute Abend verspreche ich Ihnen ein Märchen, durch das Sie an nichts und an alles erinnert werden sollen.«

Mein Märchen ist ein Wintermärchen. Es war einmal ein Krieg. Er hatte mit Rosen im August angefangen, und jedermann hatte geglaubt, daß Rosen ewig blühen. Das Brot wurde knapp und zugeteilt. Die Feldgrauen verschwanden im Feld, in das sie singend gezogen waren. Die Stuben blieben kalt. Das schwache Gaslicht erschöpfter Leitungen kohleloser Halden flackerte wie ein abnehmender Mond hinter sturmgetriebenen Wolken.

Im Glas unserer Fenster wuchsen üppig die Eisblumen und schlossen den Raum. »Eine Mauer um uns baue, daß der Feind sich nicht getraue.« Wer hatte das gesagt? Eine alte Frau? Ein ängstlicher Patriot? Ein Pfarrer, der töricht genug war, mit Gott zu sprechen? Wir hausten in einem zurückgeschalteten Treibhaus mit Minusgraden. Kleine weiße Wolken des Lebens stießen aus meinem Mund gegen die starren Scheiben. Es war ein Spiel, um durch gleich wieder zufrierende Gucklöcher draußen vor dem Haus den See zu sehen. Frau Holle hatte ihn zugedeckt; ihr Plumeau hüllte das ganze Land ein, auch Häuser, den Kirchturm, die neuen

Ruinen des noch unentschiedenen Krieges. Wir spähten in eine tote Natur. Sie war herausfordernd rätselhaft, besonders wenn Sterne blinkten. König Frost lag breit in seinem Bett. Ein unangenehmer Kerl, der verführte, wie er zu sein. Hatte das letzte, majestätische Wort vor dem Erfrieren. Die Sterntaler begehrten wir nicht. Wir hielten die Hand nicht auf, lüpften nicht das Hemd vor dem Schloß. Zu kaufen gab es Ersatz. Ersatz war das Modewort. Ersatz war Speise und Trank. Gold für die Goldsammlung. Gold gab ich für Eisen. Der Krieg machte durch Kriegsanleihe reich, ein altes Lügenmärchen.

Es war die Jugendzeit der strengen Winter und heißen Sommer. Das Klima war rauh. Es war der Krieg, der es rauher machte. Der Ort war fremd. Um die Stadt war eine Schlacht geschlagen worden und hatte sie zerstört. Das war ein großer Sieg gewesen, lernte ich bald in der Schule. Meine Mutter und ich waren dahingeraten.

Es sind die schönen Sätze aus jenen Winternächten, gesprochen von meiner Mutter, die ich mir gemerkt habe, und nicht die Jahreszahlen der gewonnenen und doch verlorenen Schlachten.

»Ein großes blutiges Becken stand in der Mitte, und darin lagen tote, zerhauene Menschen, daneben stand ein Holzblock, und ein blinkendes Beil lag darauf.«

»Es war einmal ein alter König, der war krank und dachte: Es wird wohl das Totenbett sein, auf dem ich liege.«

»Der Bräutigam schaute hinauf und sah den geputzten Totenkopf, da meinte er, es wäre seine Braut, und nickte ihr zu und grüßte sie freundlich.«

»Sie waren so bestürzt, als wenn sie hätten sterben sollen; sie sahen sich um, waren irre und wußten nicht, wohin sie nach Hause gehen sollten.«

»Lagst du nicht in der Nacht, als wärst du schon gestorben?«

»Du armer Junge«, sprach die Frau, »du bist in ein Räuberhaus geraten, und wenn sie heimkommen, so bringen sie dich um.«

Ich verdanke den Märchenvorlesungen meiner Mutter

mehr Bildung, Charakter, Entschlossenheit, Widerstand gegen die menschenfressende Zeit als den Übungen der Schulen und Universitäten. Doch kein Wort gegen die mitleidlosen Naturgesetze und die unerbittlichen Zaubereien der Mathematik. Auch sie sind Märchen, echt, erhaben und grausig. Sie erleiden nur den Nachteil, daß sie allgemein angewandt werden von den Menschen. Die Landung auf dem Mond sollte nie den Mann im Mond verdrängen. Doch seit einer von uns dort oben war (oder auch unten), ist der Matthias Claudius' »Der Mond ist aufgegangen« eines Arkanums beraubt, einer Medizin, die unserm Kopf guttat. Und der Mond, in Raumanzügen beschritten, hat zur selben Stunde, als wir fernsahen, seine Wirklichkeit verloren. Das »Raumschiff Enterprise« beweist im Hauskino und in Lichtjahren die Unsterblichkeit des irdischen Spießers, der den Teufel nicht erkennt, »und wenn er ihn beim Kragen hätte«. »Schneewittchen« aus der Antenne verführt Kinder und Kindische zur Schau, die der Tod nicht nur des Märchens ist. In Rockpalästen, Sporthallen und Fußballstadien sterben sie jubelnd an Auszehrung der Seele.

»Es liegt nur an der Schwäche unserer Organe und der Selbstberührung, daß wir uns nicht in einer Feenwelt erblicken. Alle Märchen sind nur Träume von jener heimatlichen Welt, die überall und nirgends ist. Die höhern Mächte in uns, die einst als Genien unsern Willen vollbringen werden, sind jetzt Musen, die uns auf dieser mühseligen Laufbahn mit süßen Erinnerungen erquicken.«

Das dachte Novalis, der die Welt als magisches Sein sah, im Kosmos seiner »Fragmente«.

Ich habe dank meiner Mutter, dank der Märchen, die sie mir vorlas und die ich dann las, das alte Märchenbuch ihr aus der Hand genommen, wieder und wieder, die Verbindung zum Feenreich nicht verloren. Die Feen haben mich beschützt in Not und Gefahr. Sie machten mich, wenn es darauf ankam, den Feinden unsichtbar. Ich hatte früh erkannt, daß mein Leben ein Märchen ist. Ich habe meinem Märchen vertraut und so auch dem Bösen, das mir widerfahren konnte und geschah. Ich kam zu einem Beruf, der ein nie erreichbares Ideal will und kein Beruf ist. Ich fühle mich gleich dem König, gleich dem Bettler und gleich dem Frosch ewiger Wandlung ausgesetzt. Jeder Roman ist ein Märchen. Jeder, der schreibt, webt weiter am großen Märchenteppich der Welt. Alle dichten das Prinzip Hoffnung, glauben, wider alle Erfahrung, die gewöhnlichen Märchen der Börsenkurse, des Wachstums, der Weltwirtschaft, der Staatslehre, des Rechts, nehmen hin die Heilrufe der Politik und der Revolutionen, die Endzeiterwartungen jeder Generation, Adams und Evas Märchen vom Silberstreifen am Horizont. Ich weiß, das Marlenichen wird alle meine Knochen unter dem Machandelbaum suchen und wieder zusammenflicken.

Schullehrer erbosen sich zuweilen über Grimms grimmige Märchen. Diese Pädagogen wissen nicht, was auf ihrem Schulhof geschieht. Die Forschung lehrt, daß die Brüder Grimm, Berufspublizisten, die ihr Publikum, die ›höheren Stände‹, kannten und bedienen wollten mit »Kinder- und Hausmärchen«, die Texte, die ihnen aus vielen Quellen zuflossen, entschärften, stilisierten, aus dem Volksmund nahmen, von unanständigen Wörtern reinigten und jedes Tabu umgingen. Die böse Stiefmutter schöner Märchen als Sündenbock und Kinderschreck den Familien herzlich willkommen, war in alten Chroniken die rechte Mutter gewesen, eifersüchtig, grausam, mörderisch, ein Weib. Das war den gebildeten und höheren Ständen des Biedermeiers nicht zuzumuten und bleibt bis heute eine Fundgrube der Psychoanalyse. Das Märchen deutete lange vor Freud Träume, die Krankengeschichten auf der Couch waren.

Das deutsche Märchen liebt den deutschen Wald, und auch ich liebe deutschen Wald in seiner Märchenhaftigkeit. Im Wald ist es aber dunkel. Es könnte einer ausziehen, das Fürchten zu lernen. Vielleicht lustvoll, gar lachend? Der Wald ist ernst.

Doch hatten Märchen von Grimm und anderen eine französische Vergangenheit. Sie dienten als Féerie und Ballett der Unterhaltung der Hofgesellschaft in Schlössern und Gärten. »Dornröschen« war einmal eine Frivolität im »Cabinet

des Fées«. Das endete erst mit dem Bastillesturm, der Guillotine und bei Grimm.
Das deutsche Märchen, der Wald, die Jagd, die Wolfsschlucht, die deutsche blaue Blume der Romantik, dies ist so schön und reich, wir wollen es hüten. Schon nahen sich in Verehrung wieder die Franzosen. Ihre jungen Philosophen spielen gefährlich mit Thor und dem Donner. Doch Heinrich Heine sang in Paris vom deutschen Märchen

»Und Liebesweisen tönen,
Wie du sie nie gehört,
Bis wundersüßes Sehnen
Dich wundersüß betört!«

Eines Buchhändlers Kunde

Es war eine Zeit. In fremden Städten orientierte er sich nach den Buchhandlungen. Nicht der Dom, die Bücherstube unserer lieben Frau war die Wegmarke. Höllen und Paradiese. Zum Hafen leitete Palms privilegiertes Bücherkabinett. Als Palm verloren war, gingen die Schiffe unter, die Brücken wurden gesprengt, blind stolperte der Fuß, Wüste deckte den Ort.
Dieser Kunde bittet, er fordert. Er betet an, wie anspruchsvoll! Niemand kommt demütiger, keiner geht arroganter. Er ist erfahren. Zehn Jahre, zwanzig Jahre, dreißig Jahre auf der Pirsch. Er hat gelitten. Enttäuschungen nahm er hin wie Regen. Seine Witterung für bedrucktes Papier ist die des Hundes für das Wild. Fast unfehlbar sein Instinkt. Er möchte preisen, er verschweigt den Tadel. Die Auslagen offenbaren oder stellen bloß. Dieser Laden gehört einem Geschäftsmann. Er nennt sich Buchhändler. Warum nur? Er könnte alles und jedes umsetzen und absetzen. Aus Morgen und Abend wird ihm die Kasse. Prunkt an der breiten Straße. Schmeichelt dem Gemeinen. Ein Fachbuchkrämer. Nichts gegen das Fachbuch. Ein Bestsellerdealer. Nichts

gegen den Bestseller. Ein dummschlauer Werberknecht. Nichts gegen die Werbung. Auch der andere, der wahre Buchhändler muß leben, auch in seinem Schaufenster liegt die Steuerumgehungsschrift, die Praxis des Drogisten, prahlt der Erfolgsroman der Saison, rechtfertigt sich der General, der den Krieg verlor, der Staatsmann, der auf Sand baute. Es ist nicht die Häufung literarischer Titel, die den Sortimenter als Ritter des Alphabets ausweist, es ist oft nur ein einziges Buch, das ihn verrät, von ihm in den Vordergrund auf ehrenvollen Platz gestellt, üblicherweise vom Geschäftssinn übersehen, ein Geheimzeichen für die Schar der Liebhaber.
Geschlagen. Er hat auf ein Buch gewartet, er hat es herbeigesehnt, er hat nach ihm ausgespäht in Zeitungen und Zeitschriften und an Plätzen des Klatsches, endlich ist es erschienen, er mag seine Ungeduld nicht bezähmen, er eilt in die nächste Buchhandlung, er nennt seinen Wunsch. Junges dralles Mädchen, tritt ihm entgegen, Gäa, Göttin der Fruchtbarkeit und des Gemüses. Ach, er erwartet von der Gehilfin Teilnahme an seiner Hoffnung, Freude an seiner Freude, einen Blicktausch unter Verschworenen. Doch ihr von keines Gedankens Blässe angekränkeltes Gesicht strahlt in gesundem Nichtwissen, glänzt in weltkindlicher Verständnislosigkeit. Wann soll es denn erschienen sein? fragt die Göttin. Kennen Sie vielleicht den Verlag? Fragt gar: wie war noch bitte der Name des Autors? Der Name, der ihm teuer ist! Kind, was treibst du im Reich der Bücher? Du hättest doch grade dieses eine Buch angekündigt sehen müssen, hättest es bestellen, es druckfeucht aus dem Paket des Kommissionärs in dein Bett nehmen sollen, was ließt du dir für eine Nacht entgehen, und schließlich müßtest du doch wissen, daß dieser Dichter nur bei einem einzigen Verleger erscheinen konnte, bei seinem.
Da ist der junge Gehilfe ein Freund. Noch kann er sich nicht durchsetzen gegen den rechnenden Chef. Zuerst sind wir Kaufleute, mein Lieber. Der junge Gehilfe weiß um die wichtigste Erscheinung des Herbstes. Er durfte sie nicht bestellen, oder er ließ ein Exemplar kommen, fast auf das

Risiko seines kleinen Gehaltes, es wurde ihm verwehrt, das Buch auszulegen, er mußte es in der Reihe verstecken, und jetzt ist der Kunde gekommen, der das geliebte und verkannte Werk ausdrücklich verlangt. Der junge Gehilfe erlebt einen Triumph, er verkauft eine Trophäe.
Sein erster Buchhändler. Herr Z. gilt unter Sägewerkbesitzern als Hungerleider. Kleine Landstadt. Diarien, Kanzleipapier, Kartons, Kaffeefilter. Dazu eine Kinderkundschaft. Das Kind spürt Zwielicht. Macht eine Erfahrung. Lockender Pfad an der Grenze des Alltags und der Sitte. Schundundschmutzschnüffler weisen darauf hin. Unter dem Ladentisch warten die bunten Hefte. Und siehe, auch sie Welt aus Buchstaben. Die Meere und ihre Stürme. Die Ferne und der Tod. Die Prärie und der gute Wilde. Nat Pinkerton, London, New York, Chicago: die beharrlich geleugnete dunkle Seite des Lebens. Doch zu Ostern, zur Versetzung füllen sich Herrn Z.s Tische mit Schätzen. Für vierzehn herrliche Ferientage sind die neuen Klassenbücher reine freie Literatur. Er verschlingt sie, er hat von ihnen Besitz ergriffen, er hat sie genossen, bevor sie in der Gewalt der Pauker Lehrstoff werden und mumifizieren. Fahrten auf den Seiten des historischen Atlasses, Einsichten in das Vergehen der stolzen Reiche. Pythagoras wird gelesen verstanden, die ägyptischen Seilleger messen das Haus, und verschmerzt ist die Note Mangelhaft in der Mathematik. Neu, neu, neu sind die alten Sagen. Nie mehr stirbt Odysseus. Die ersten Romane heißen die Schöpfung, der Sündenfall, die Vertreibung, im Kinderzimmer spielen die Dramen der Erzväter, der Propheten, der Heiligen. Mit acht Jahren beginnt im Lesebuch die lebenslange Freundschaft mit dem Rheinischen Hausfreund; er begegnet Herrn Kannitverstan und lernt Amsterdam kennen, der Handel führt nach Indien, aber der fechtende Handwerksbursche beweist, daß man auch in Anklam noch hoffen darf. Buchhändler Z. in O., von den Sägewerkbesitzern nicht geachtet, Erzieher des Telemach.
Alte Universitätsbuchhandlung. Er mag sie nicht. Die Stadt nicht und nicht ihre Buchhandlung. Wedekind, schon

begraben, die Manns im Zenit ihres Schaffens, selbst Hauptmann, weit über sechzig, sind für die akademischen Sortimenter schockierende Avantgardisten, sie handeln sie in vornehmer Zurückhaltung und stellen in ihre Fenster neben den Werken der Professoren und (ahnungslos) der Klassiker nur ein Phantom, das es in Wirklichkeit nicht gibt, eine deutschnationale Literatur. Aber die Herren gewähren ihm Kredit, sie bestellen für ihn, befremdet freilich und mit betonter reservatio mentalis, Becher, Döblin, Kafka, Barlach, Ehrenstein, er steht bei ihnen tief in der Kreide, er wird ihnen am Ende dankbar, und sie lassen ihn einen Dichter sehen. Der Dichter ist nicht gerade sein Dichter, aber da er der erste Dichter ist, den er zu sehen bekommt, ist Rudolf G. Binding doch recht imponierend. Binding liest in der Universitätsbuchhandlung aus seinen Werken, sitzt aufrecht und äußerst nobel im Lampenschein vor den Bücherwänden. Was Binding sagt, – er vergißt es. Er hört Binding nicht zu. Vielleicht, er ist ein Jüngling, macht er sich über Binding lustig. Aber Bindings Erscheinung bleibt in seinem Gedächtnis, wird für ihn zur Urgestalt des vorlesenden Dichters. Es ist, als ob die Verfasser aller Bücher in den Regalen auf einmal durch Bindings Mund sprechen, ein apollinisches Idiom, und die verabscheute Stadt ist für diesen Abend poetisiert: die alten Häuser, der kleine Fluß, die Türme und der Himmel leuchten, nicht von Binding, aber von Trakl, Stadler, Heym, Lichtenstein, Benn und dem Prinzen von Theben in Brand gesetzt.

An welchem Speck wird die Maus sterben? Wer wird das Mahl der Hyänen bestreiten? Die Katze schlummert im Sessel, Wittgenstein zur Rechten, Bloch zur Linken, die Eule der Minerva wacht nach alter Weise auf des Stuhles Lehne, verschleiert die Augen der Joyce-Experten, ehern der Lettern-Blick Arno Schmidts.

Grimmelshausen
oder Gemein mit jedermanns Angst

Von Frankfurt durch das alte Hessen nach Büdingen, zerschossene, gesprengte Befestigungen, Wehrgänge, Schießscharten, Pulvertürme, liebevoll gepflegt, Kapital in den Jahren des Tourismus, Blick in die Geschichte und weit übers Feld, 1634 wurde Wallenstein ermordet, der Krieg starb nicht, gewann neue Wut, die Schweden rückten ab, die Kaiserlichen stürmten, brannten, plünderten, schlugen tot, das Auto fährt durch kleine Gemeinden an morschen Gehöften vorbei, retrospektiv die bewährte Wagenburg, nun in die Dorfstraße gereiht, rechteckig der Hof, das Wohnhaus mit dem Giebel zu den Leuten und Fremden, hinten die Scheune, die Stallungen dem Haus gegenüber, dazwischen die Einfahrt, leicht zu barrikadieren, so der Herr will zu verteidigen, noch schwenken Erntewagen ein, hochbeladen, vom Traktor gezogen, den Büdinger Reichswald hinunter zum Kinzigtal, Versteck von Flüchtlingen, Wegelagerern, Marodeuren, Höhle des Knaben Simplicii, anderer Narren, Gottsucher und, ausruhend, lauernd, der Courasche, Landstörzerin, Lagerbraut, Soldatenweib, Mutter für den Krieg, Helene Weigel, Therese Giehse vor den elenden Karren des Krieges gespannt, ein wundersamer Blick auf Deutschland und Gelnhausen, die Barbarossastadt. So nennt sie sich und lädt ein. Liegt lieblich da wie Heidelberg.

Kaiser Friedrich schuf, legendenumwoben, die Kaiserpfalz, die Ruinen sind ein Spaziergang, Reichstage wurden gehalten, ein Kreuzzug beschlossen. Die Bürger von Gelnhausen aber wollten ein Stadtsiegel haben. Friedrich schaute mit seiner Gemahlin aus einem Fenster der Burg, empfand sich als schönes Bild und rief: »Nehmt dieses hier.« So blieben Kaiser und Kaiserin in ihrer Stadt im Amt, beglaubigten Schuld und Besitz, spähen immerfort aus dem übriggebliebenen Fenster ihrer demolierten Residenz. Eine Filmszene: wiederholt statisch eingesetzt das Paar im Fenster, sein leerer, versteinter Blick. Der Kreuzzug enttäuschte. Das wissen wir. Kein Grund zur Ironie. Der Kaiser ertrank im Fluß Kalykadnos, wurde Barbarossa, ein Held der Sage; das lernt jedes Kind. Später verpfändete einer die Pfalz und die Stadt. Die Bürger brachen Steine aus dem Palast und bauten sich Häuser. Das geschah schon in Rom. Es kamen Pest und Unruhen, ein neues Weltmodell, die Reformation, Bauernaufstände, Hexen, der Große Krieg und das große Sterben.

Die Häuser duckten sich unter den Kirchen, die Türme der Kirchen erreichten die Engel nicht, im Grundriß war Enge, die Mauern berührten einander, die Geometrie des Fachwerks und der kleinen Fenster zimmerte niedrige Stuben, beklemmende Treppen. Die Reformation kam nach Gelnhausen mit calvinistischer Strenge. Ihr Licht leuchtete in Winkel. Ehegesetze von erdrückender Moral, freudlose Ordnung, Hexenprozesse, Gefangenschaft und Folter im Hexenturm begannen erst 1599 und ganz ohne päpstlichen Inquisitor. Das schwere arme Leben, die Wut der unteren Klassen, die geheime Zurückweisung durch Luther und die ausgebliebene soziale Revolution, die Unruhe durch das gedruckte Wort, der Einsturz des alten Himmels, die Lebensangst der Zeit förderten Aberglauben, Wahnvorstellungen und Aggressionen. Das Paradies blieb fern; auch Luther hatte nicht heimgeführt. »Ich hoffe, daß meines Lebens Ende nahe sei, die Welt haßt mich und kann mich nicht leiden; wiederum ich bin der Welt überdrüssig und verwünsche sie.« Das war die Stimmung des Mannes, der die Welt verändert und gepredigt hatte, ein feste Burg ist unser Gott.

Grimmelshausen lief als Kind durch seine Stadt, spielte in ihren Gassen, betete in den ihrer Buntheit beraubten Kirchen, lernte den Katechismus in trostlosen protestantischen Andachtssälen, steckte sich an mit finsterer Melancholie. »Dein Leben ist kein Leben gewesen, sondern ein Tod; deine Tage waren ein schwarzer Schatten, deine Jahre ein schwerer Traum, deine Wollüste arge Sünden, deine Jugend eine Phantasie und deine Wohltat ein Alchimistenschatz, der zum Schornstein hinausfährt und dich verläßt, ehe du dich dessen versiehst.« Es ist Simplicius, der dies sagt, ein Mund seines Schöpfers.

In die Schmidtgasse kam ich von der Stadtmauer und dem Hexenturm; doch begegnete ich keiner Hexe. Oder ich kam von der anderen Seite der Stadt, der Marienkirche aus dem geschlossenen 12. Jahrhundert, vorbei an lauter ältesten Häusern, dem romanischen ältesten Amtshaus Deutschlands, dem gotischen ältesten Fachwerkhaus in Hessen, über den Ober- und Untermarkt, jetzt Parkplätzen ohne Platz. Die Schmidtgasse ist, wie erwartet, alt und eng. Aber die wenigen, noch erhaltenen wirklich alten Häuser sind im Erdgeschoß stillos und nutzbringend zu kleinen, doch modernen Läden renoviert. Der ehrwürdige Gasthof zum Weißen Ochsen stellt sich in roter Leuchtschrift als Hotel vor. Ich stehe vor dem Geburtshaus des Hans Jakob Christoffel von Grimmelshausen und verneige mich.

Hier kam der Dichter zur Welt, 1621 oder 1622; man weiß es nicht so genau, und es ist auch nicht wichtig. Seine Geburtsurkunde schrieb er sich selbst und gab sein Curriculum vitae gleich drein: »Ich wurde durchs Feuer wie Phoenix geborn. Ich flog durch die Lüfte! Wurd doch nit verlorn, Ich wandert durchs Wasser, Ich reist über Land, In solchem Umschwärmen macht ich mir bekannt.« Dies ist gesetzt als Leitspruch dem Simplicissimus, Grimmelshausens literarischem Ich.

Der Vater war Bäckermeister und Gastwirt, Ratsherr, ein angesehener Mann; doch auch das ist nicht sicher. Der erste deutsche Romancier verschleierte gern seine Herkunft, verwirrte die Lebensdaten, gab sich allerlei Namen und Pseudonyme, erschrieb sich verschiedene widerspruchsvolle, reizende, traurige oder heitere, arme und reiche Biographien. Ein rechter Proteus! In seinen Büchern ist das erzählende Ich immer und nie Grimmelshausen. Der war ein in die Zeit gehängtes Netz; da fingen sich Fabeln, Historien, Nachrichten, Gehörtes und Gelesenes, Schwänke, Chroniken, Skandalgeschichten, Moritaten, Bordellgespräche, Predigten, schöne oder böse Träume, er nahm sich, wie Brecht, was heraus, bereitete es mit Phantasie, tat sich hinein, zau-

berte Meisterstücke, war ein Genie. In jedem großen Literaturwerk ist Dichtung und Wahrheit, ist das Personal zusammengesetzt, geschminkt, kostümiert, bei Proust, bei Mann, sind die Köpfe märchenhaft vertauscht. Der Schriftsteller ist gefräßig und ein Räuber.
Es war Mittag, es läutete von den Türmen, Schulkinder liefen heim, kauften Kuchen beim Bäcker, dreihundert Jahre. Der Weiße Ochse ist auf einem alten Stich umdünstet von Sauerteig und Bratenrauch. Das Hotel zum Weißen Ochsen ist fein, hat Blumenkrippen vor den erweiterten Fenstern und riecht nach nichts. Eine bürgerliche Gaststätte, zu Mittag gut besucht. An den Wänden ein paar Bildchen aus dem Dreißigjährigen Krieg. Keine Greuel. Anekdoten, Folklore und Heraldik. Kein Ochse am Spieß, immerhin auch kein Schnitzel Hawai; der Schoppenwein neudeutsch süßlich.
»Da es taget', füttert ich mich wieder mit Weizen, begab mich zum nächsten auf Gelnhausen, und fand daselbst die Tor' offen, welche zum Teil verbrennet, und jedoch noch halber mit Mist verschanzt waren: Ich ging hinein, konnte aber keines lebendigen Menschen gewahr werden, hingegen lagen die Gassen hin und her mit Toten überstreut; deren etliche ganz, etliche aber bis aufs Hemd ausgezogen waren.« Simplicius der Bub, der Knabe Grimmelshausen, sie waren vor den Kroaten, dem General Isolani, vor Bernhard von Sachsen-Weimar, den Schweden in den Wald geflohen, hatten, jedenfalls Simplicius, bei einem Einsiedler Religion gelernt, des frommen Eremiten Grab geküßt und waren heimgelaufen nach Gelnhausen, in eine tote Stadt. Sie hatte zehntausend Einwohner gezählt.
Ein geschätztes Magazin, »Theatrum Europaeum«, das Grimmelshausen las und benutzte, berichtete über die Einnahme von Heidelberg durch Tilly: »darin es dann ein jämmerlich Zetergeschrei durch Massacrieren, Plündern und Geldherausmartern mit Däumeln, Knebeln, Prügeln, Peinigen, Nägelbohren, Sengen an heimlichen Orten, Aufhenken, Brennen an Fußsohlen, mit Schänd- und Wegführung der Frauen und Jungfrauen gegangen, da zugleich

die Brunst in der Vorstadt schrecklich überhand genommen ...« Wohin sollte sich in dieser Welt ein Kind, verwaist, verloren, wenden?
Simplicius begab sich in »die herrliche Festung Hanau«, wurde dort arretiert, verdächtigt, um ein Haar gefoltert, hatte aber schon einen guten Stern, kam zum Militär, war vorerst versorgt, wurde auf seine abenteuerliche Laufbahn gesetzt, Grimmelshausen, heißt es, war von den Kroaten entführt, nach Hanau verschleppt worden, zum Troßbub bestimmt. Ganz unfreiwillig? Rettete er sich nicht auch? In langen schlimmen Kriegen ist oft der Kriegsdienst die beste Möglichkeit, den Krieg zu überleben. Zu allen Zeiten und in jedem Heer hat es den Soldaten Schwejk gegeben.
Simplicius geriet in Sturm; alle Winde trugen ihn wohin. Er brach nicht den Hals. Nur beinahe. Er war der Parzival des Wolfram von Eschenbach, El Pícaro aus spanischen Romanen, Don Quijote und Sancho Pansa in einer nicht immer traurigen Gestalt.
Der Krieg ist grausam, seine Menschen werden gemein, Simplicius und Grimmelshausen hausten unter Mördern, Räubern, Sadisten, Wundensüchtigen, Falschspielern, Schändern, Betrügern, ihre Sprache paßt sich an, hat der Höllenzunft aufs Maul gesehen, und doch war im Krieg nicht immer Krieg, es gab Oasen, Windstillen, Winterquartiere, da war es gemütlich, gab Fraß und Suff, einen warmen Leib für den Strohsack, viel Zeit, auch für anderes; die Landsknechte waren Profis, sie verstanden es, sich zu arrangieren. Grimmelshausen stieg auf im Heer, kam in die Schreibstube, machte weiter Karriere, gefiel seinem Chef, dem Grafen von Schauenburg, wurde Verwalter der gräflichen Güter, etablierte sich als Gastwirt und zog kurz vor seinem Ende noch einmal in einen Krieg.
Zweifellos war Grimmelshausen allgemein lebenstüchtig, kein Bohemien, bei den Soldaten und im bürgerlichen Leben stand er seinen Mann, in der Ehe zeugte er zehn Kinder. Wann schrieb er? Er war ungeheuer produktiv, verfaßte Werk auf Werk, nützte den Erfolg, strickte an ihm weiter, scheute Wiederholungen nicht, dem »Simplicius Simplicis-

simus« folgten die Simplicianischen Schriften, darunter so bedeutende, so schöne Werke wie »Die Landstörzerin Courasche« (»Trutz Simplex«) und »Der seltsame Springinsfeld«, die, zusammen mit dem »Simplicissimus« als Trilogie gesehen, das Volksbuch des Dreißigjährigen Krieges, ein Sittenbild der Barockzeit und Deutschlands nach der Reformation, der große deutsche Roman zum erstenmal und beispielhaft sind; auch spekulierte Grimmelshausen mit Kalendern und verkaufte seinen Namen periodisch.
Ein Bestsellerautor? Sie rissen sich um ihn, die an Papier, Druckerschwärze und dem schwer zu berechnenden Rohstoff im Kopf eines Menschen verdienten. Das junge Drukkergewerbe blühte. Raubdrucker schädigten den Verfasser und seine Verleger. Warum schrieb er? War aus einer Zerstreuung, einem Nebenerwerb im Stumpfsinn des Winterlagers eine Sache geworden, die sich lohnte? Der Militärdienst schützte ihn und hielt ihn am Leben in seiner Jugend. Vielleicht sah er sich gleich den Söhnen der Aristokraten unter die Fahne getreten. Dem erwachsenen Simplicius fabulierte er nach gewöhnlicher Herkunft überraschend einen adligen Vater. War dies sein Wunschtraum, unbefriedigte Eitelkeit? Strebte er in höheren Stand? Gehörte der Literat schon zu den feinen Leuten? Das Amt auf der Schauenburg, die Gastwirtschaft in Renchen waren vernünftige Versicherungen gegen das immer ungesicherte Vom-Schreiben-Leben. Wie Brecht in der Deutschen Demokratischen Republik brauchte Grimmelshausen für sein Genie ein Dach. Er war der geborene Schriftsteller. Wußte er um seinen Rang in der Literatur?
Ich möchte ihn unvergleichlich nennen. Nach Walter Benjamin (»Ursprung des deutschen Trauerspiels«) waren die regen literarischen Bestrebungen des Barock die verdienstvollen, aber »durchaus unvolkstümlichen Versuche eines gebildeten Beamtentums«, getreu der absolutistischen Maxime: »alles für, nichts durch das Volk zu leisten«.
Grimmelshausen kam aus dem Volk, sprach mit dem Volk, durch das Volk, schöpfte wie Luther Kraft und Klang aus der Rede des Volkes. Die Höheren, die Studierten fanden

Grimmelshausen lange Zeit einen ungebildeten, mäßigen Autodidakten, einen Krieg- und Greuelschilderer, verworrenen Nestbeschmutzer, Zotenreißer, einen gefährlichen Kolportageschriftsteller für die Dienstboten und zu ihrem Verderben. Noch im Reich Wilhelms II. glaubten die Abgeordneten des Preußischen Landtages, unter ihnen der Arzt Virchow, die Jugend vor dem »Simplicissimus« schützen zu müssen. Zwei Jahrhunderte war der Dichter so gut wie vergessen, und viele, die sich mit deutscher Literatur beschäftigten, haben ihn nicht einmal erwähnt.

Der Vorwurf der Unbildung traf nicht zu. Grimmelshausen hatte die Lateinschule in Gelnhausen besucht, sich eifrig Bücher aus der schon 1596 angelegten Stadtbücherei entliehen, er kannte die französische und spanische Literatur seiner Tage, die Novellen der Renaissance in Italien, er liebte die antiken Autoren und die Mythologie, studierte Zeitungen, Magazine, alle gelehrten Schriften, Traktate, Zauberkunden, Reisebeschreibungen und nahm sich, was er fand.

So hatte er die Welt, ihr Wissen und Unwissen, all ihre Torheit in seinem Schädel, brachte sie in Einklang mit seiner Zeit, von der er am Anfang des Romans erwog, »daß es die letzte sei«. Den Simplicius versetzte er mühelos in den Orient, flugs nach Moskau, schiffbrüchig auf eine Insel im Ozean; ich glaube, er war grad noch vor Robinson Crusoe dort. Bei allen Abenteuern, aller Lust und fragwürdigem Umgang bleibt Simplicius der staunende, der unschuldige, der verletzliche und leidende Mensch.

Die Literaten seiner Generation waren Lyriker und Dramatiker, sie glaubten über den Prosastilisten und Erzählern zu stehen, waren selbstbewußt und hochnäsig und sprachen nur mit den Fürsten und mit Gott, vertrauten den oberen Mächten, die alles schon richten würden, auch das Elend der Menschen. »Durchgehend fühlte der barocke Literat ans Ideal einer absolutistischen Verfassung sich gebunden, wie die Kirche beider Konfessionen sie stützte« (Benjamin). Mochten sie Grimmelshausen, grüßten sie ihn, neideten sie ihm, daß er überall gelesen wurde? Sie hatten die Universitäten besucht, Bildungsreisen unternommen, waren in den Staatsdienst gegangen, gar in die Diplomatie, kleideten sich »alamode«, was stutzerhaft hieß und ausländisch, dachten aber auch deutsch »alamode«, diskutierten den Stil, die Form, die Regel, erschöpften ihr Talent in endlosen Theorien über die Kunst des Dichtens, gründeten selbst in kleinsten Orten Akademien, gelehrte und literarische »fruchtbringende« Gesellschaften.

Grimmelshausen reizte das Treiben zur Satire. Dabei verkannte er nicht die Dichter seiner Epoche, die späteren Lieblingskinder der Germanisten. Auch sie trugen das Trauma des Krieges, litten den Schreck der umgebrochenen Zeit. Martin Opitz schrieb sein »Trostgedicht in den Widerwärtigkeiten des Krieges«. Aber die Betonung lag auf »Trost«. Die Widerwärtigkeiten, selbst wenn sie widerwärtig dastanden, »der Mann hat müssen sehn, sein Ehebetten schwächen, der Töchter Ehrenblüt' in seinen Augen brechen, und sie, wenn die Begier nicht weiter ist entbrannt, unmenschlich untergehn durch Schänders Hand«, blieben akademisch, schließlich formvollendet und ästhetisch befriedigend. Grimmelshausen hatte sicher Opitz' »Poetischen Trichter« studiert und ihn sich für seine Prosa zurechtgerückt. Auch er kleidete sich »alamode«, nahm ausländische Einflüsse »fruchtbringend« auf, aber er besaß den Vorzug, gemein zu sein, seine Schändungen waren Vergewaltigungen, da brach nicht Ehrenblüt, da floß ganz gewöhnliches gemeines Blut, und der Dichter war gemein mit jedermanns Angst und Gemeinheit und traurig über sie, auch wenn er lachen machte.

Das siebzehnte Jahrhundert endete in der Resignation des evangelischen Kirchenliedes des Barockdichters Paul Gerhardt: »Ich bin ein Gast auf Erden und hab hier keinen Stand.« Grimmelshausen war aber im Laufe der Jahre und ganz ohne Glaubenskampf katholisch geworden. Sein Schmerz war älter und saß tiefer. »Adieu, Welt«, hadern er und Simplicius, »in deinem Hause ist das Vergangene schon verschwunden, das Gegenwärtige verschwindet uns unter den Händen, und das Zukünftige hat nie angefangen«.

Marcel Proust und die Summe der Sensibilität

»Darin nähert sich der Roman formal dem Traume; man kann sie beide durch die Betrachtung folgender seltsamer Eigentümlichkeiten definieren: daß alle ihre Abschweifungen zu ihnen gehören.« Diese Bemerkung von Paul Valéry findet sich in einer französischen Huldigung für Marcel Proust. Erstaunlich! Denn Abschweifungen und Träume waren in Frankreich nie angesehen. Aber seit Proust – er selber betonte: ich schreibe keinen klassischen Roman – haben sich die Kriterien des Romans, ja die Anschauungen über die Gesetze der Dichtung weitgehend geändert. Sie haben sich geändert, wie sich die Gesetze der Physik, unsere Vorstellungen von Raum und Zeit, geändert haben, und zwischen der neuen Physik und dem neuen Roman nach Proust gibt es Berührungen, die nicht berechnet, die nicht Nachahmung, nicht Anbiederung der Dichter an die Gelehrten sind, sondern der Ausdruck eines neuen Weltempfindens, eines gewandelten Daseinsgefühls, eines anderen Sehens, erweiterter Möglichkeiten des Denkens.

Der Roman des Marcel Proust ist nicht länger wissenschaftlich unterbaut, ist nicht wissenschaftshörig, wie es der naturalistische, der realistische und der psychologische Roman oft waren, der eine darwinistisch fortschrittsgläubig, der andere analytisch kulturpessimistisch. Proust hat den Roman wieder zur reinen Poesie befreit. Proust ist zugleich naiver und intellektueller als die französischen Romanciers vor ihm. In einem Brief vergleicht er sich sogar und sonderbar mit Einstein, von dessen Werk er wenig gewußt haben dürfte, dessen Bedeutung er aber geahnt haben muß, und in seinen Romanen gibt er uns einen Einsteinischen Kosmos, der dauernd ins Unendliche flieht und doch in unserem Herzen ist, Materie vom Geist durchdrungen, Geist in den Dingen. Proust arbeitet psychologisch und physiologisch, er beobachtet – das taten die Naturalisten auch –, aber er beobachtet so ungeheuer genau, daß er sich in den Gegenstand seiner Betrachtung versenkt, daß er eins wird mit ihm, und so ist im kleinsten und gleichsam mikroskopisch erschlossen die Welt neu beseelt, ist flüchtig und von Dauer, und da der geistdurchwebte Stoff des Romans die Erinnerung ist, die verlorene Zeit, die erlittene, betrauerte, verklärte, mit Heimweh zurückbegehrte Zeit, entspricht er einer Forderung Goethes, die Proust sich auch gestellt hatte: daß es keine Poesie außer über Dinge gibt, die man noch selber fühlt.

»Auf der Suche nach der verlorenen Zeit« – der unvergleichliche Roman des großen Marcel Proust erscheint nun sehr spät auch in deutscher Sprache. Es fällt aber schwer, jeden einzelnen Band, zuletzt »Die Gefangene« als Neuerscheinung vorzustellen und zu besprechen. Proust starb 1922. Das große Werk war getan, es teilte sich der aufhorchenden Welt mit, es war abgeschlossen, soweit ein solches Œuvre abzuschließen ist, dessen Gestalten wie Vampire an der Lebenskraft ihres Verfassers bis zu seiner letzten Stunde zehrten. Der erste Roman erschien in Paris 1913, der letzte 1927. Aber 1922 war Proust schon berühmt, er erlebte den Ruhm noch, genoß ihn auf seinem Schreib- und Sterbebett, und in jenen Jahren wurde sein Werk begrüßt, gewürdigt, kritisiert, leidenschaftlich angegriffen und noch leidenschaftlicher verteidigt. Die Romane des Marcel Proust kennt man nun, wie man Balzac, Stendhal und Flaubert kennt; sie als Neuerscheinungen fraglichen Wertes zu wägen, wäre anmaßend, wäre lächerlich, wäre ein Zeichen großer Ahnungslosigkeit. Proust müßte ein Thema für Doktorschriften sein, für Buchankündigungen ist er es nicht mehr. Einen Romanteil, sei es nun »Sodom und Gomorra« oder »Die Gefangene« zu betrachten, heißt, sich in die Schönheit eines Details einer mächtigen Architektur zu verlieren, eines Baues, der wunderbar proportioniert und herrlich vermauert bis in die Wolken reicht. Die Erinnerung gab der Poesie wieder Rechte und Flügel. Aber der Flug geschah nicht ohne Plan. Proust war ein großer Dichter und ein großer Künstler; der erste Satz der vielen tausend Seiten seines Werkes stand zum letzten in der Verbindung des Grundsteins zur hohen Spitze eines Turms. Proust, der in seinem Krankenzimmer, auf seinem Schreib-

bett liegend, gelegentlich Freunden aus dem Roman vorlas, bemerkte, daß das Abnehmen eines Hutes im ersten Kapitel seinen Sinn im letzten Band finden würde.
Glücklicherweise kennt Proust, kennt seine Erinnerung keinen Anfang und kein Ende. Wo man und in welchem seiner Teile man den großen Roman auch aufschlägt, man gerät in den Bann seiner langen Sätze, die einer unverständlich, mancher langweilig finden wird, die aber für den von ihnen Berührten die Bibel einer neuen literarischen Harmonie sind. »Es ist keine Geschichte, deren Ausgang man schnell erfahren möchte, sondern ein wundervoller Spaziergang von der Erde zum Himmel und hinab in die Tiefen des Ozeans«, urteilte eine Freundin des Dichters, die Herzogin von Clermont-Tonnerre. Die Handlung ist nach Prousts eigener Ansicht unwichtig. Man kann ein Zimmer aus der Kindheit beschreiben oder eine Gesellschaft eitler Menschen oder die Eisspezialität einer Konditorei, und man wird ein Meisterwerk schaffen, wenn man ein Dichter, wenn man Marcel Proust ist. Die Gefangene ist Albertine, die begehrteste aus der kleinen Schar der bewunderten und gefürchteten Mädchen am Strande des mondänen Seebades der ersten Bände. Das erzählende Ich liebt Albertine, und das heißt bei Proust, daß es die Qual der Liebe erleidet, die immer zur Qual der Eifersucht wird. Im Band »Sodom und Gomorra« verdächtigt der Eifersüchtige Albertine zu Gomorra, zur lesbischen Gemeinde zu gehören. Dennoch teilt er am Ende dieses Romanabschnittes der verehrten Mutter mit, daß er Albertine heiraten möchte. In der »Gefangenen« ist Albertine die Geliebte des Erzählers und lebt in seiner Wohnung. Sie hat sich in die Gewalt des Eifersüchtigen, sie hat sich in die Gefangenschaft begeben. Seine Liebe aber existiert allein noch durch die Eifersucht. In endlosen Überlegungen, im Labyrinth aus Tatsachen und Hirngespinsten bemächtigt sich die Eifersucht der Vergangenheit und der Zukunft der Freundin. Eifersucht ist es, die den Erzähler einen Salon besuchen läßt, in dem Eifersucht, diesmal gesellschaftliche, den Baron Charlus fällt, die Spukgestalt aus dem homoerotischen Sodom, in tragischer

Liebe und Eifersucht an einen Geigenkünstler minderen Herkommens und Charakters gekettet. Eifersucht, diese so begreifliche und so unverständliche Qual wird infinitesimal verfolgt und geschildert.

Der eigentliche Gefangene ist der Erzähler, er ist der Gefangene Albertines, nicht ihrer Schönheit (sie ist gar nicht schön), nicht ihrer Gegenwart (diese langweilt ihn eher), sondern er ist der Gefangene der Summe ihrer Möglichkeiten, ihrer Möglichkeiten, Verbindungen mit jedermann eingehen, Verbindungen mit jedermann haben zu können. Der Erzähler könnte aufhören, er hat vielleicht schon aufgehört, Albertine zu lieben. Aber der Eifersüchtige kann sie nicht freigeben, er liebt seine Qual –, Cocteau hat Marcel Proust einmal ein Gespenst des Sacher-Masoch genannt –, und er ist auch wie ein Geiziger, der sich von einem Besitz – es freute den Erzähler, der Welt die junge Blüte entzogen zu haben – nicht trennen kann. Einmal nennt er Albertine ein Wesen halb Mensch, halb Tier, halb Pflanze. Und immer wieder beschreibt er sie, manchmal die Liebe, die er für sie empfindet, öfter die Qualen, die sie ihm bereitet. Hier schildert er, wie er die Schlafende betrachtet: »Mir, der ich mehrere Albertinen in einer einzigen kannte, kam es vor, als sähe ich noch viele andere ebenfalls neben mir ruhen. Ihre Brauen, die so geschwungen waren, wie ich es niemals gesehen hatte, umgaben die Wölbung der Augenlider wie ein weiches Seevogelnest. Rassen, Atavismen, Laster lagerten ruhevoll über ihrem Gesicht! Jedesmal, wenn sie den Kopf bewegte, schuf sie eine neue, für mich oft ganz ungeahnte Frau. Es schien mir, als besäße ich nicht nur eines, sondern zahllose junge Mädchen. Ihre nach und nach immer tiefere Atmung hob regelmäßig ihre Brust und darüber auch noch ihre gekreuzten Hände, ihre Perlen, die auf so verschiedene Art bei der gleichen Bewegung ihren Platz verschoben wie Fischerboote und Ankerketten, die eine Bewegung der Wellen zu leisem Schaukeln bringt.« Das sind Empfindungen, Betrachtungen, Sätze von großer Schönheit und nur zu bewundern.

Ich muß aber gestehen, daß ich Liebe und Eifersucht in den

ersten Bänden des Romans noch eindringlicher, noch genialer beschrieben fand. Die Liebe des Erzählers zu dem jungen Mädchen Gilberte, die Liebe seines Freundes Saint-Loup zu Rahel, die mit jedem, nur nicht mit ihm schläft, bringen Beschreibungen der Liebes- und der Eifersuchtsqual, die nicht mehr übertroffen werden konnten, und in den Albertine-Kapiteln wiederholt sich Proust, ohne die eigene Höhe des Ausdrucks und der Empfindung wieder zu erreichen. Vielleicht aber rührt diese Einschränkung des Lesers gegen einen Teil des Werkes, gegen das Buch, das ihm jetzt in deutscher Sprache vorgestellt wird, auch daher, daß er inzwischen zu viel über Proust erfahren hat, die Umstände seines Lebens, die Geschichte der Entstehung des Romans und auch das Verhängnis des Invertierten und damit das zwangsläufig Tragische all seiner Lieben kennt. So vermutet oder weiß man, daß Albertine ein Jüngling war, was wiederum manche Unstimmigkeit in Albertines Lebensumständen und einer besonderen Form der von Proust geschilderten Eifersucht, der Eifersucht des Mannes auf die möglicherweise pervers veranlagten Freundinnen der Geliebten erklärt. Aber Proust schildert die Liebe schlechthin, die Eifersucht schlechthin, und da ist im Sinne Platos der Liebende bedeutungsvoller als der Geliebte, er liebt und erleidet die Liebe, nur in seiner Vorstellung lebt sie, und das Mädchen oder der Jüngling sind nur Objekt der Liebe und beinahe gleichgültig.

Proust arbeitete und feilte an seinem Werk bis in seine Todesstunde. Er wollte die Summe seines Lebens, die Summe seiner Erfahrung, die Summe seines Leidens, das ganze Maß seiner einmaligen Sensibilität in das Werk bringen, selbst was ihm der Tag zuführte, sollte noch, und sei es in einer Randbemerkung, untergebracht werden. Man hat Proust vorgeworfen, daß er in seinem großen Roman eine Welt ohne soziale Probleme, eine Erde ohne Armut geschildert habe und dies, um sich in einem eigentlich langweiligen und überlebten Marionettenreich des hohen Adels anzusiedeln. Die dünne Luft der aristokratischen Gesellschaft aber war literarisches Neuland und für Proust die Gelegen-

heit, wie unter einem Vakuum zu arbeiten, eine Verfremdung des Menschen zu erreichen, einen Versuch unter den besonderen Bedingungen eines Experimentes zu Ende zu führen, und die Leiden des Menschen, die Proust bewegen, sind schließlich an keine soziale Stellung, nicht an Armut oder Reichtum gebunden. Und indem er das tat, hat er die Welt reicher gemacht, reicher um sein Werk.
In einer sehr sorgsam gearbeiteten, in einer klassischen, und man könnte so fast sagen recht unproustschen Biographie »Auf den Spuren von Marcel Proust«, beschreibt André Maurois die letzte Arbeitsstätte, das Sterbezimmer von Marcel Proust. Es war, schreibt er, »die asketische Zelle eines Mystikers der Kunst«.

Die Augen hinter der Lupe.
Gisèle Freund und James Joyce

James Joyce steigt in Paris in ein Taxi, ist durch Paris im Taxi gefahren, auf dem Fluß Liffey, im alten Dublin, am Styx, bald blind wie Homer, im Gespräch mit den Wäscherinnen, das Manuskript »Finnegans Wake« im Arm in Wachstuch gehüllt. Joyce steigt aus dem Taxi, sucht Geld, die Fahrt zu bezahlen, tut sich schwer mit der Tasche, sie ist leer, oder es ist wenig, es sind die Augen, die den Wert des Papiergelds nicht erkennen, müde Augen, die sich mühen mit den Scheinen.
Joyce ist 56 Jahre alt, in sonderlichen Kreisen berühmt, anderenorts berüchtigt, in den Staaten als Pornograph verfolgt, vor fünfzehn Jahren hat er den »Ulysses« geschrieben, kein Erfolgsschriftsteller, kein Haus irgendwo, keine Villa am Meer, er steht in der rue de l'Odéon, links der Seine, will zu zwei Buchhandlungen, die schauen aufeinander, heißen »Maison des Amis des Livres« und »Shakespeare & Co«, Maison gehört Adrienne Monnier, Shakespeare Sylvia Beach, Müttern der Literatur, Hebammen des »Ulysses«.

Joyce ist angekommen, sitzt in der Höhle der Parzen, fühlt sich beschützt, strenge Blicke von Lehrerinnen, Joyce wird abgehört, die Hausaufgaben sind gemacht, »Finnegans Wake« ist abgeliefert, keiner wird die Flußgöttin Anna Livia verstehen, 1938. Joyce wohnt in Paris, hat eine Wohnung, hat Nora geheiratet nach 26 Jahren Verlöbnis, hat einen Topf mit Chrysanthemen, das sind Grabblumen, große, strahlende Blüten, Joyces Hand berührt sie, im Hintergrund Altarkerzen, der Hausherr empfing die niederen Weihen, in einem Sessel ist er der Mann mit der Lupe, studiert die Schrift, Beobachter der Schöpfung, der Schöpfer wird, schon bei Poe und Baudelaire, kein Interesse am Tag, Faschisten greifen nach Paris, Joyce wird aus dem Wege gehen, im Taxi, zwei Jahre bis zum Tod in Zürich.
Dies fotografierte Gisèle Freund, eine Soziologiestudentin aus Frankfurt, die vor Hitler nach Paris floh und eine große Fotografin wurde, eine kleine Leica das einzige Gepäck.

Robert Walser. Ein Poetenleben

Am 20. April 1928 erschien in der engagierten Berliner Wochenzeitung »Die Literarische Welt« ein kleiner Gruß für den weithin unbekannten Dichter Robert Walser zu seinem fünfzigsten Geburtstag. Ich möchte »Die Literarische Welt« unvergessen nennen: das Romanische Café wartete jeden Freitag auf die neue Ausgabe. Von Walser dachte ich, fünfzig, so alt kann man doch nicht werden.
Das Urteil des Blattes über den Jubilar war kurz: »Sein Werk: sechs Bücher, alle in jeder Zeile unverkennbarer Walser: anmutig, ein bißchen verspielt, kapriziös, ein bißchen ironisch, mit einer ganz kleinen Wehmut, so wie die ziehenden Fäden im Spätsommer, immer höchst eigentümlich, gewiß ein Schweizer Dichter, aber mit feinsten Fingerspitzen.« Das war F. B. gezeichnet und von Franz Blei. Der Mentor junger Literaten hatte früh viel für Walser getan und war 1928 der Erfolglosigkeit seines Schützlings schon

etwas müde. Der verhaltenen Huldigung war ein Jugendbild Walsers beigegeben. Ein junger Mensch sitzt in vorgebeugter Haltung auf dem wackeligen Stuhl im Atelier eines Provinzphotographen. Die zu groß aufgenommenen Hände geben der Gestalt etwas Bäuerisches, im Gesicht mischen sich Kindtum, Verträumtheit, Erwartung und aggressive Stille. Dieser Robert Walser hätte nach meiner Vorstellung im Zorn ein Klavier packen und es zum Fenster hinauswerfen können. Zuweilen fühlte er sich wie Hölderlin. Natürlich war er der deutsche Jüngling der Dichter, war der Grüne Heinrich, Wilhelm Meister, der Taugenichts, doch dachte ich mehr an die jungen Männer Dostojewskis, an Raskolnikoff, Dolgorukij und, respektvoll, Myschkin, den Idioten.

Der Fünfzigjährige hatte das Werk schon geschrieben, das heute als der bedeutendste Schweizer Beitrag zur neuesten deutschen Literatur gilt. In der Heimat nannte man den geborenen Bieler Walser »den Schnörkel«. So, wenn man ihn überhaupt erwähnte, was selten geschah, in einem Gespräch über »Neue Schweizer Literatur und Dichtung« mit Eduard Korrodi, dem Feuilletonchef und angesehenen Kritiker der »Neuen Zürcher Zeitung«.

Willy Haas, der allwissende, wohl unterrichtete, das geschriebene Gras wachsen hörende Kafkafreund aus Prag, verehrte Robert Walser und druckte von ihm in seiner »Literarischen Welt«, in geziemenden Abständen, kleine Geschichten und Gedichte. Ich hoffe, es gab neben mir noch andere Kunden, die sie gern lasen. Walter Benjamin feierte in Schwarzschilds »Tagebuch« Walser als einen Meister der kleinen Form, neben Alfred Polgar und Franz Hessel. Ich vermute, daß auch Benjamin damals die Romane Walsers nicht kannte. Doch da Benjamin Benjamin war, entdeckte er in Walsers kleinem Stil eine ihn begeisternde Verwahrlosung und verglich, da er sich angesprochen fühlte, die Menschen Walsers »mit den Märchenfiguren, die ja auch der Nacht und dem Wahnsinn, dem des Mythos nämlich, enttauchen«.

Die Märchenfigur war Walser selbst. Sein Poetenleben war

ein Märchen, ein trauriges und doch schönes. Erst im Alter fing es an, sich zu offenbaren. Vor seinem jungen Ruhm von 1907, 1908, 1909 lag 1928 schon zehn Jahre in lebendiger Verwesung der alte Weltkrieg. Als Deutscher wäre Walser im Feld gefallen. Es hätte seinem Werk in Deutschland vielleicht genützt. Als Schweizer durfte er sagen, der Krieg geht mich nichts an. Es brachte ihm nichts ein, außer einem gleichgesinnten Brief von Hermann Hesse. Niemand wußte oder wollte wissen, ob Walser noch da sei.
Blutbäder, Revolutionen, Massengräber hatten die Welt erschüttert, Inflation sie arm gemacht. Die Zeit forderte Aktivitäten, Höchstleistungen, Zusammenschlüsse, Parteiungen, sie schürte die Lust, sich in Tageskämpfen zu erschöpfen, es war moralisch, sich zu bereichern, nötig, sichtbar wer zu sein. Walser war es schon in ruhigeren Tagen zuwider gewesen, sich hervorzutun. Er blieb stolz hinter dem Fortschritt zurück, auf seinen unheimlichen Wanderwegen, in seiner Kammer allein. Nichts drängte ihn zum kalten Büffet der Gesellschaft der Prominenten.
Ich wußte wenig von Walser, aber er zog mich an. Seine Bücher waren vom Markt verschwunden. Ich verstehe heute nicht, daß ich ihnen nicht nachjagte, sie zu bekommen. Ich erinnere mich an eine Geschichte und an ein Gedicht. Die Geschichte war dramatisch. Ich werde sie im Tragischen nicht begriffen haben. Sie heißt »Eine Erzählung von Voltaire«. Es tritt »der Abgesandte aus Intelligenzkreisen« auf und sagt: »Erstens fällt mir auf, daß Sie sich da gleichsam in einer Zigarrenkiste eingenistet haben. Einen solchen Charakter hat nämlich für mich Ihre geschätzte Schaffenswerkstatt. An was arbeiten Sie momentan, falls man so neugierig sein darf, das zu fragen? An einem Roman? Oder an einigen Novellen? Sicher aber sollten Sie fleißiger, zielbewußter sein. Ihre Begabung liegt ja einfach brach. Verzeihen Sie mir diese Offenheit.«
Das Gedicht war ein »Gedicht auf Paul Verlaine«. Es amüsierte und entzückte mich sehr. Es gewann einen jungen Menschen für das Poetenleben, statt ihn abzuschrecken. Hier der Schluß dieser schönen Lyrik: »Über Paris leuch-

tet's blau. / In seinem genialen Lyrikerzimmer / sitzt oder liegt und dichtet noch immer / Paul Verlaine mit der Fratze / der asiatischen Katze, / macht nach wie vor miau. / Obschon er eigenhändig flickte seine Hosen, / blüh'n seine Werke wie die Rosen / und bleibt er einer der bedeutendsten Franzosen.« Neckbilder, den versteckten Robert Walser zu suchen.

Das Poetenleben hatte so hoffnungsvoll begonnen. Der junge Dichter, arm, eines von vielen Geschwistern, hatte, nach kleiner Banklehre, unbefriedigender Schalterstellung, vorübergehender Beschäftigung in einer Schreibstube für Arbeitslose, einer Institution wie von Walser in Angstträumen erfunden und in den Roman »Der Gehülfe« übernommen, mit ersten Gedichten das Wohlwollen der Berner Zeitung »Der Bund« errungen, dadurch die Aufmerksamkeit des beziehungs- und listenreichen Franz Blei. Walser ging nach Deutschland und fiel in offene Arme.

In München gründeten gerade zwei begüterte junge Herren, Rudolf Alexander Schröder und Alfred Walter Heymel, und ein Literat, der Geld brauchte, Otto Julius Bierbaum, die anspruchsvollste Literaturzeitschrift des Reiches »Die Insel«. Die erste Nummer erschien, schön gedruckt, prächtig ausgestattet, ein Lustobjekt für Bibliophile und Sammler, mit Gedichten des eingewanderten jungen Walser. Ein blendendes Entree!

Als die Herausgeber des mäzenatischen Produkts die Eintracht verloren und ihnen die verlorenen Zuschüsse leid taten, fing in Leipzig der Insel Verlag, nicht weniger elitär geplant als die Zeitschrift, mit dem Verlegen an. Robert Walsers erstes Buch »Fritz Kochers Aufsätze« wurde angenommen und kam im November 1904 in die Buchhandlungen. Walser hatte, noch in der Schweiz, zu Blei gesagt, es werde ihm wohl nichts anderes übrigbleiben, als Schriftsteller zu werden.

Walser hatte damit an eine Existenz gedacht. Aus Existenzangst stürzte er sich immer wieder und geradezu wollüstig in Existenzlosigkeit. Für »Fritz Kochers Aufsätze« erhielt er von der Insel einen Vorschuß von 250 Mark. Bis 1905 wa-

ren 47 Exemplare des Erstlings verkauft und der Vorschuß nicht abgedeckt. Konnte einer vom Schreiben leben?
Die Kritiker begrüßten den neuen Autor. Sie versagten nicht. Es gibt keine Schuld, die abzutragen wäre. Nur im Verlag schwelte kleinlicher Ärger. Ein einflußreicher Rivale, Karl Vollmoeller, sprach zu dem Kollegen: »Sie haben als Commis begonnen und werden immer ein Commis bleiben.« Das würgte den verletzlichen Walser bis zum Lebensende. Wie leicht hätte er replizieren können, Herr Vollmoeller, Sie sind ein Fabrikant von Unterwäsche und werden es auch bleiben. Vollmoeller lebte sehr gut und führte ein unterhaltsames Leben von den Einkünften seiner Wollstrickerei. Max Reinhardt spielte sein »Mirakel« en suite. Der Insel Verlag nahm ein zweites Walser-Manuskript nicht an. Die Verlagsleitung hatte Anton Kippenberg übernommen, und der war für Goethe. Normale Vorgänge.
Berlin 1906. Welch eine Stadt für einen Wanderer! Bruder Karl, ein genialer und blitzschnell arrivierter Maler, führte Robert in die Boheme und Kaffeehausgesellschaft. Ein neuer Verleger war bald gefunden, ein guter, ein exquisiter, Bruno Cassirer. Er führte seine Neuerwerbung zu den Reichen und auf die Rennplätze. Dichter und Pferde waren für ihn wie wechselnde Courtisanen. Die Kneipen seiner starken Räusche suchte der Dichter sich selbst. Poetenleben. Anfänge wie in Balzacs »Verlorenen Illusionen«, ein altes Muster. Doch in Berlin keine Liebesgeschichten.
Walser besuchte seltsamerweise eine Dienerschule und beschrieb sie später in seinem Roman »Jakob von Gunten« als pädagogische Provinz. Er wurde von ihr sogar als Diener vermittelt, kam auf ein Schloß in Schlesien, und ich male mir aus, wie hochmütig sie aufeinander blickten, der Lakai und seine Herren. Das Schloß aber war schon das Schloß von Kafka, noch nicht zu Papier gebracht.
Eifrig, in Klausur, fleißig wie ein Mönch und doch wie nebenbei schrieb Robert Walser seine drei großen Romane in rascher Folge. Bruno Cassirer verlegte 1907 »Die Geschwister Tanner«, 1908 »Der Gehülfe« und 1909 »Jakob von

Gunten«. »Der Gehülfe« brachte es auf drei Auflagen, was damals ein Erfolg war. Der Verleger zahlte dem Verfasser zwei Jahre lang eine kleine Rente. Dann waren Autor und Editor vom Verkauf des »Jakob von Gunten« enttäuscht. Cassirer bot Walser einen Scheck für eine Studienreise nach Indien an, was großzügig und vorausschauend war, strich ihm aber die Rente, was Walser ruinierte. Walser fuhr nicht nach Indien und bekam keinen Scheck. Der Commis in ihm, der in Wahrheit der strebsame Handlungsgehilfe hieß, ein unerreichter Existenztraum Walsers, war zu stolz, ein Geschenk anzunehmen. Er forderte dagegen Vorschüsse, die der Verleger nicht gewähren wollte, selbst nicht auf Walsers präzise Offerten.

Schriftsteller schildern gern ihre oft wohlhabenden Verleger als die geizigsten Leute der Welt. Die Dichter verstehen die Reichen nicht, die reich bleiben wollen. Ich begegnete einmal Angehörigen der Familie Cassirer in Berlin an einem Schneetag. Sie beugten sich zur Erde und wühlten mit klammen Händen im Matsch. Der erwachsenen Tochter Cassirer waren zehn Pfennig in den Gully gefallen.

Den Schriftsteller kann es vernichten, wenn er die Gesetze des Geldes nicht begreift. Er hat einen Beruf gewählt, der ihn nicht ernährt, und es gibt kein Zurück. Ein Buchhändler in München äußerte neulich, er schätze allein Autoren, die jedes Jahr verläßlich mit einem neuen Roman kämen. Der Verleger malt dem Autor das Paradies, in das ihn ein Bestseller versetzen würde. Der Dichter will aber diesen Bestseller gar nicht schreiben. Er möchte in Ruhe gelassen werden. Dennoch hat er, ist er ein guter Urheber und sich dessen bewußt, Ansprüche. Der Verleger wieder muß an seine Bilanz, an den Gewinn, möglicherweise an seine Geldgeber denken. Das Problem ist überhaupt nicht zu lösen.

Selbst die Kritiker sind an der Erfolglosigkeit eines Schriftstellers unschuldig wie die Engel. Sollten sie die Reklametrommel für als Massenware ungeeignete Objekte schlagen? Auch gerissene Werbeagenten hätten vor fünfzig Jahren weder Walser noch Kafka populär gemacht. Robert Walser trug noch im Greisenalter die abgedankten Hosen seines begünstigteren Bruders Karl. Sie waren ihm zu groß; doch paßten sie seinem stillen Masochismus.

1913 kehrte Walser zurück nach Biel in die Heimat. Ich sah Biel an einem strengen Wintertag. Der Bieler See war zugefroren. Die Berge ringsum waren verschneit. Über allem lag Nebel. So daß der Himmel nicht zu finden war. In einem Café hockten Studenten und erstarrten neben ihren Mädchen. Ich dachte, die Mädchen kommen aus der Uhrenindustrie. Sie arbeiten am Fließband der ewigen Vergänglichkeit der Zeit. Es wächst jedoch ein Wein am Bieler See, der Twanner. Er ist gut.

Walser schämte sich im Gasthof »Blaues Kreuz« seiner Erfolglosigkeit, der Heimkehr des, wie er glaubte, verlorenen Sohnes. Es war ein grausamer Kampf, den er nun jahrelang führte, sich zu beweisen und zu überleben. Er bot kurze Arbeiten den verehrten Redaktionen und schließlich selbst kleinsten Verlagen an. Er schrieb Offerten in einem altmodischen Kontorstil, ergebenst und korrekt, oft auch stolz und bestimmt, sprach von seinen sorgsam erdachten, vorzüglich ausgeführten und gewissenhaft neu überarbeiteten Produkten.

Die Antworten waren Ablehnung. Es war, als habe es den von der Kritik hervorgehobenen Schriftsteller Walser, seine drei Romane bei Bruno Cassirer in Berlin nie gegeben. Walsers Briefe scheinen auf die Angeschriebenen wie Bitten eines querulanten Dilettanten gewirkt zu haben. Walser forderte für Manuskripte Bar- und Vorauszahlungen, nicht viel, doch mit dem Anspruch des soliden Geschäftsmannes, und handeln ließe er nicht mit sich!

Hinzu kamen gelegentliche, besondere Erniedrigungen: ein kleiner Literaturpreis Rheinischer Frauen. Weil es ihn bedrückte, tat er das Geld, zum ersten Mal Geld auf eine Bank, und wie zur Strafe fraß es die deutsche Inflation. Er wird zu einer Dichterlesung nach Zürich geladen. Er hat kein Geld für die Fahrkarte und wandert zu Fuß von Biel nach Zürich. Man mag sich das vorstellen. Erschöpft und ärmlich tritt der Dichter nach Tagen vor den großen Vor-

sitzenden des Literaturvereins. Der sieht Walser an und verweigert ihm den Auftritt.
In Zürich in der Bahnhofstraße und anderswo die bekannten schönen und teuren Läden. Die Kronenhalle mit den Originalen der Impressionisten an den Wänden und der Mousse au chocolat köstlich auf dem Tisch. Der Burgunder aus der Reserve des Patrons ist sehr zu empfehlen. Schweizer und deutsche Schriftsteller treffen sich in Zürich und speisen zusammen, Robert Walser zu seinem hundertsten Geburtstag zu ehren. Walser aß und trank gern und gut und viel, wenn er konnte. Er begnügte sich mit wenig und dem Billigsten, wenn es anders nicht reichte. Walser versicherte, zufrieden zu sein.
Ich sehe Walser, schließlich der peitschenden Erwartungen der Literaten überdrüssig, des Lebenskampfes müde, der Sorge um Miete und Brot endlich enthoben, als Insasse einer Heil- und Pflegeanstalt bei Schnee über die Appenzeller Berge, bei gefährlichem Gewitterregen durch das Tal wandern. Es sind die unheimlichsten Gewaltmärsche der Weltliteratur, die Carl Seelig, der gute Mensch, Vormund des entmündigten Dichters, in seinem ergreifenden, wunderschönen Buch »Wanderungen mit Robert Walser« beschreibt.
Der Dichter Robert Walser klebte in der Heil- und Pflegeanstalt Tüten, entwirrte Schnüre für die Post und scheuerte den Boden. Er weigerte sich beharrlich, eine Schreibstube zu benützen, die man ihm anfangs eingerichtet hatte. Er meinte, das Schreiben käme aus der Freiheit. Man hielt ihn aber ja für unsinnig. Nach Seeligs Erzählungen weiß ich, daß Walser in diesem Verwahrungshaus, die Ärzte und ihre Frauen nicht ausgenommen, der einzige Nichtverrückte war. An seinem fünfundsiebzigsten Geburtstag, dessen wenige Zeitungen, doch ehrenvoll, gedachten, scheuerte der Dichter wieder die Böden.

Alfred Döblin oder Die lange Flucht

Ein langer, heller Tag im nordischen Sommer, die weiße Sonne hitzt die Stube, in der einer zur Welt kommt, das satte Licht wandert mit den Gerüchen des Schlicks, des Teers, des Salzes von den Segeln, die sich noch über den Wellen entfalteten und nun gerefft unter dem Fenster lagen, dem Rauch der Schleppdampfer, der die Wände rußte, den süßen oder beizenden Aromen der Frachten, den Schmalz- und Fischdünsten aus Schiffskombüsen und Nachbarschaftsküchen über die beladene Oder um Wochenbett, Nähmaschine und Bügeltisch, Amerika und China stehen Pate, Kopenhagen, Stockholm, Sankt Petersburg sind gute oder böse Feen, Helsingör nicht zu vergessen, nicht Senta, der Klabautermann, die Heiligen und Märtyrer der Religionen, Systeme und Gedanken, im Erdkreis, irgendwo, Stettin, 10. August 1878, Bollwerk 37.

Ein Bollwerk bewahrt das Land vor dem Tod im Wasser; am Bollwerk landen die Schiffe, die, den Gefahren entronnen, mit Gütern reich, von den Meeren kommen; auf dem Bollwerk wachsen die Kontore der Reeder und Makler, steigen die Kurse, doch nicht in den Himmel; neben dem Bollwerk organisieren, langsam, beständig, in Hinterzimmern proletarischer, ordentlicher oder unordentlicher Kneipen die Seefahrer und Schauerleute den schweren Lebenskampf; unter dem Bollwerk träumt der kleine Laden mit dem sprechenden Vogel, dem geschrumpften Kopf des roten Kriegers, dem offenen, zähnebleckenden Rachen des ausgestopften Leviathan, der Goldschütte aus Klondike vom Glück; das Bollwerk macht keine gute und keine schlechte Adresse für einen jüdischen Schneider; das Geburtshaus am Bollwerk prägt, doch schützt nicht sein Kind.

Stettin ist eine aufstrebende, den Besitz ihrer fleißigen Bürger mehrende Stadt im tüchtigen Preußen, im jungen, stolzen deutschen Kaiserreich, Umschlagplatz von Kartoffeln, Zuckerrüben, Getreide von den pommerschen Feldern oder aus Rußland, schlesischer Kohle, baltischen Heringen, der Nahrung der Armen, in verkrusteten Fässern, skandinavischem Erz, am Ufer der Oder, Hafenbecken, Stahlschmelzen, Maschinenbau, die Gerüste einer Werft, es geschehen die Gründerjahre nach Bismarcks Siegen, die Industrie nährt ihre Herren und ihre Männer, Stettin hat einen Paradeplatz, einen Königsplatz, einen Viktoriaplatz, es beherbergt Kasernen, eine Garnisonkirche, andere Gotteshäuser, eine Synagoge, im Stadttheater treten Hamlet auf und der Prinz von Homburg, Faust und Mephisto und des Fliegenden Holländers Gesang. Alfred Döblin, eben approbierter Arzt, Doktor der Medizin, um eine Stelle am Stettiner Krankenhaus bemüht und abgewiesen, schreibt später: »Ich stellte fest, daß ich in dieser Seestadt geboren bin, möchte es aber ebenso wie die Stadt dabei bewenden lassen.«

Er war ein Berliner. Das großartige, vernünftig schöne Berlin der Hohenzollern, die es nun abschüttelte, ihrer Herrschaft entwachsen, das unheimlich geniale, Paris in den Schatten drängende, Moskau und New York befruchtende und imitierende, todessüchtige Berlin der ersten deutschen Republik war Döblins Stadt, wie es Prag für Kafka war, Dublin für Joyce, Paris für Proust, und noch viel mehr, denn Berlin wucherte mit dem Döblinismus auch nach China, schwärmte über Ozeane ins Grönlandeis und zum Amazonas, tauchte ein in die Geschichte und stieg auf als Utopie. Doch der zehnjährige Knabe hatte noch gemeint, mit Stettin das Paradies verloren zu haben, als er mit der Mutter zu helfenden Verwandten ziehen mußte und Berliner wurde.

Der Vater liebte die Musik und übte sie amateurhaft auf verschiedenen Instrumenten. Der Klabautermann musizierte mit. Der mit seinem bürgerlichen Stand hadernde Laienkünstler floh mit irgendeiner Senta, einer Bügelmamsell aus der nicht aussichtslosen, nicht gänzlich unbefriedigenden Existenz eines Schneiders und aufsteigenden Konfektionärs im Hafenviertel von Stettin nach Hamburg, dem Tor zur Welt, dann in diese Welt, nach Amerika, ins Glück, ins Unglück.

Mutter und Kinder im Stich gelassen, unversorgt; sie kamen sich verraten vor und beraubt; es war ein schwerer Schock. Für Alfred Döblin war es eine nie heilende Verwundung. Er nahm auf, daß er zu den Armen gehörte, und hielt sich zu den Armen kameradschaftlich bis zum Tod. Er sah die Mutter sich mühen in dem unübersehbaren, zunächst fremden und kalten Berlin, die im Morgengrauen zur Arbeit ging und bei Dunkelheit ausgepreßt zurückfiel in die Betten und dumpfen Schlaf. »Pardon wird nicht gegeben«, er merkte es sich und schrieb es. Vieles ging glatt. Er bekam eine Freistelle auf dem geschätzten Köllnischen Gymnasium, haßte die nach der Mode militärisch strenge Schule wie jeder Schüler um 1900, maturierte, durfte studieren, ein Onkel zahlte den Wechsel.

Er war ein Berliner. Er sammelte früh schon Ansichtspostkarten, Stadtpläne, Straßenverkehrsführer von Berlin, erkundete die Stadt zu Fuß und mit der BVG, entdeckte Freiräume, Kunsthallen, Bibliotheken, den Olymp der Theater, schließlich Gleichgesonnene, von neuer Zeit Berührte, die jungen Dichter und Maler, das Kaffeehaus, die Expressionisten, ihren einmaligen Lotsen, Herwarth Walden, ihre Zeitschrift »Der Sturm« und immer wieder Berlin in Tag- und Nachtmärschen, im endlosen Gespräch; er sah ihnen aufs Maul, den Berlinern, bis er in seiner Arztpraxis ihr Herz abhorchte, ihre Lungen abklopfte, ihr Genital prüfte, das Hirn umkreiste.

Er versuchte, in ihr Sein einzudringen. Es gelang. Man sagte, die Freudsche Tiefenpsychologie würde eine Tiefendichtung zur Folge haben. Döblin nannte dies kompletten Unsinn. Wo er konnte, hielt er sich an den Leib. Seine Psyche hatte nicht in Wien studiert. Sie lebte in anderen, wilden Beziehungen. Ein Seitensprung zwischen den Fakultäten, ein Ausflug in den Hörsaal des glänzenden Altphilologen Ulrich von Wilamowitz-Moellendorff, Berliner Universität, öffnete Döblin das Meer mit für ihn ungeheuren Aussichten, die in seinem Werk immer wieder erscheinen. Er war dem Wasser in seltsamer Weise hörig. In Stettin, der Geburtsstadt an der Ostsee, war er nie zum Strand gekom-

men. Der lag weit draußen, dreißig Kilometer fern oder noch mehr. Es war eine Reise dorthin und für die Familie zu teuer.
Nun entdeckte er in der Vorlesung das Meer, sein Element. Es war das Meer der Menschheitsgeschichte, des Kindertraums. Er ging mit Odysseus auf Segelfahrt, begegnete Kalypso, der Todesnymphe, der Wassergöttin, die mit den Künsten zu tun hatte, aussprachebereit war, wenn einer ihr vertraute, dem Wind, der vom Ufer führte, den Wellen, die versinken ließen. Wie alle Unsterblichen konnte Kalypso sich verwandeln in viele Gesichter. Döblin fragte sich vor jedem Spiegel und immer: Bin ich das? Er liebte Maskeraden. Brauchte dazu keine Kostüme. Er lernte zu träumen. Sehr jung noch, sah er einen älteren Herrn auf einer Segelfahrt vor Ostende den Tod in Venedig erleiden. »Die Segelfahrt«, eine herrliche Geschichte, nur merkte es lange keiner.
Der unsorgende Vater war Döblin ein Drohbild geworden und doch ein Vorbild von magischer Kraft. Alfred Döblin vergab ihm nicht, was er der Mutter angetan hatte; aber immer mehr verstand er ihn. Er wollte nicht werden wie der geschmähte Mann; doch zählte er von ihm seine Begabung, wissend und nicht undankbar. Dann wieder fühlte er den Zwang, dem Vater im Schlechten, das man gar nicht mehr für so schlecht hielt, nachzuahmen, Gleiches zu tun, schuldig zu werden gegen das Versprechen zu lieben. So war das Leben, und das Leben war das Thema des Dichters Alfred Döblin. Nur gab er sich mit dem Leben, wie es war, nicht zufrieden. Er sah es grenzenlos.
Vorübergehende Abwesenheit von Berlin, Studium der Medizin im romantischen Freiburg, in milder süddeutscher Luft, Fach Psychiatrie, Dissertation über »Gedächtnisstörungen bei der Korsakowschen Psychose«. »Der Korsakow ist noch nicht durchschaut«, sagte der Kandidat zu seinem Doktorvater und bestand cum laude.
Döblin ließ sich im weißen Kittel photographieren. Er war Neurologe, erschien aber als freundlicher Irrenarzt. Haar und Bart waren leicht anarchisch, schmeichelten sich ein

oder provozierten. Man trug das damals schon. Dann eine Aufnahme als Militärarzt, im Krieg, im ersten Krieg, in Uniform, noch unter der Pickelhaube, das Haar beschnitten, der Bart gestutzt. Entsetzte Briefe an Freund Walden aus dem Kasinomilieu. War der Elektroschock schon erfunden? Hätte Döblin ihn verordnet? Gutachter über einen Deserteur vor dem Kriegsgericht. Schildert ihn als armen Kerl. Wußte aber später nicht mehr, was aus der Sache geworden war.

Der Sachverständige arbeitete am »Wallenstein«. Deserteure, Marodeure zu Hauf, geliebte, bemitleidete Gestalten. Anders die Henker, die mit Strick, Rad und Richtschwert, die Bestien bis hinauf zu den Feldmarschällen und Fürsten. Ausnahme der Kaiser, der zweite Ferdinand, Religionskrieger, bei Döblin sterbend verklärt, geliebt, ein Idiot im Wald. Geschrieben im Elsaß in ziemlicher Ruhe und Sicherheit. Kollege Benn dichtete auch. Im angenehmen Brüssel. Kriegsschreiberstipendien? Sie rettete die verstörte Seele des Soldaten oder sein infizierter Unterleib. Gott sei Dank! Ich liebe den »Wallenstein«, halte ihn für einen der größten deutschen Romane, noch dazu für einen historischen, die meistens langweilig sind.

Andere schöne weiße Arztbilder, unter Krankenschwestern mit verschränkten Armen, schon ein kleiner Gott, eine Schwester liebte er, ein Kind fast, das ein Kind bekam. Die Humanitas ging in die Bücher. Mit der Medizinerin, die er heiratete, hielt er der Kamera stand: zwei Respektspersonen am Krankenbett, furchteinflößend. Sie war aus bester Familie.

Döblin war Berliner! Er kehrte entflammt zurück in die Stadt, die ihm Heimat sein sollte, und Nährboden blieb seiner Inspiration. »Berlin ist wundervoll!« Er schrieb es; er rief es. Was hatte Berlin für ein Klima! Jeden Morgen, wenn man ausging, war man neugeboren. Diese Luft war einmalig. Die Nerven prickelten. Es war ein Bad in Ozon. Der Kaiser weg, die Republik da. Döblin begrüßte und bedauerte beides, Arzt und Dichter waren auf Seite der Armen, und die Armen, die unter dem Kaiser arm gewesen waren,

blieben arm in der Republik. Der Arzt hätte sich auch unter dem Schloß eingerichtet, seine Kassenpraxis, Frankfurter Allee, wäre nicht gestört worden, der Titel Medizinalrat eines Tages angenommen. Döblin der Dichter lebte nicht mit den Konservativen und nicht mit den Sozialisten. Er verabscheute beide, die Roten in Haßliebe. Der Bürger Döblin fühlte sich zur Mitrede berufen. Er ging zu den Unabhängigen Sozialdemokraten, denn unabhängig ist ein verführerisches Wort, und verließ sie gleich wieder.
Er erfand den Publizisten Linke Poot, stettinisch, linke Hand, der zu Fragen der Zeit im Blätterwald Stellung nahm, und sich's mit allen verdarb. Diese Aufsätze, »Der deutsche Maskenball«, ich las sie wieder, staunend, betroffen, sind unbekannte, ungehobene Schätze, Dokumente der Vergeblichkeit, Ängste eines Individualisten, und erinnern an Heines deutsche politische Schriften. Folgenlos? Oder, da sie nicht beachtet wurden, leider doch folgenreich? Der heimkehrwillige Emigrant Döblin besuchte nach dem Krieg, dem zweiten, das zerstörte Berlin. Er war erschüttert. Aber verwundert?
Er war Berliner. Er war enttäuscht. Er war 1918 aus dem Kriegsdienst heimgekehrt und nicht mit leeren Händen. Er brachte den »Wallenstein« mit und hatte »Die drei Sprünge des Wang-Lun« geschrieben. Ein erstaunliches Buch, ein Wunder, und eine Überraschung für jeden, der sich für Literatur interessierte und sich einigermaßen auskannte. Döblin, der als Expressionist galt, hatte einen umfangreichen Roman in der Tradition der großen Romane der Weltliteratur verfaßt und doch die Romanform erneuert, sie vorangetrieben ins Kommende, ins Mutig-Ungewisse. Joyce, der »Ulysses« war noch nicht erschienen. Als er 1927 in verdienstvoller, aber unzulänglicher Übersetzung deutsch vorlag, fühlte Döblin sehr wohl die Verwandtschaft.
Sein erster Satz im »Wang-Lun« war »Daß ich nicht vergesse –«. Das war sein Anliegen. Der Dichter saß über einer Berliner Straße. »Die Menschen auf dem Trottoir kenne ich doch. Ihre Telefunken sind neu. Die Grimassen der Habgier, die feindliche Sattheit des bläulich rasierten Kinns, die

dünne Schnüffelnase der Geilheit, die Roheit, an deren Geleeblut das Herz sich klein puppert, der wässerige Hundeblick der Ehrsucht, ihre Kehlen haben die Jahrhunderte durchkläfft und sie angefüllt – mit Fortschritt.«
Es ist Döblin von Anfang an klar, es wird ein »ohnmächtiges Buch« sein, dieser Roman über die »Wahrhaft Schwachen«, die Jiu-Jitsu-Kämpfer von sanfter Gewalt, die Partisanen, die im Mittelpunkt der Erde aufstehen gegen der Menschen Leiden, vergeblich, vergeblich das Werk des Schriftstellers, vergebens, Mitleid und Zorn ins China einer ausschweifenden Phantasie gepflanzt. China in seiner alltäglichen Wirklichkeit, seiner fortlaufenden Geschichte interessiert Döblin wenig. Der Dreißigjährige Krieg, vorgerechnet in den Büchern der Historiker, war ihm fast schon gleichgültig. Landkarten aus China und von Böhmen hatten auf seinem Arbeitstisch gelegen. Gern schaute er Atlanten und Bilder an. Aber sie wiesen den Wanderer in ein imaginäres Reich von eigener Kraft und Herrlichkeit. Döblin schrieb seine Geschichten neben der Geschichte, selbst gegen sie. Beide Verfahren, der Dichter und der Gelehrten, endeten in der Aussichtslosigkeit des guten Willens. »Stille sein, nicht widerstreben, kann ich es denn?« Es ist der letzte Satz in den »Drei Sprüngen des Wang-Lun«.
Der Autor war anderwärts verbittert. Wer ihn las, ihn lobte oder runtermachte, war von der Zunft. Der Buchhandel lehnte ihn ab. Er hoffte, seine Zeit werde kommen. Stendhal prophezeite recht genau, man werde ihn hundert Jahre nach seinem Tod lesen. Um 1930 schwärmten die jungen Leute für »Rot und Schwarz«, studierten den »Egotisten«, lasen »De l'amour«. Es waren die Intellektuellen, die zur schwarzen SS gingen oder in den Widerstand, manche trugen bei jedem Wetter den Regenschirm englisch gerollt, um das dumme Fußvolk der Partei zu ärgern. Wie wird Döblin in fünfzig Jahren wirken?
Er war ein Berliner. Es kam eine glückliche Zeit. »Berlin Alexanderplatz« brachte den beanspruchten Erfolg, hatte Leser für viele Auflagen. Die Berliner verliebten sich in das Modell. Die feinen Leute fuhren abends gen Osten und be-

suchten am Alexanderplatz in den Kellerlokalen der Ringvereine arbeitslose Menschen, die sie für Ganoven hielten. Den Franz Biberkopf luden die feinen Damen, während ihre Gatten sich in der Bar Zum Kleinen Löwen der Fürsorgezöglinge beiderlei Geschlechts annahmen, gern in ihr Bett.
Die weisen Juden im Schatten der erschöpften Volksbühne wurden nicht gehört; die Zeitungsverkäufer von rechts und links riefen vergebens das Unheil aus. Politik war tabu. Es würde so weitergehen. Man würde sich arrangieren. Hindenburg war gut. Brüning gescheit. Goebbels konnte man zu Tisch bitten. Thälmann kam nicht. Döblin saß im Garten eines Bankiers, blickte in einen künstlichen Teich, sah sein Spiegelbild, war kein Narziß. Er liebte. Yolla, ein junges Mädchen, ein Schwesterchen, liebte sie, bis der Tod kam. Und liebte seine Frau und liebte seine Söhne sehr. Was wäre aus dieser Geschichte geworden, wenn man sie nicht alle vertrieben hätte in alle Welt?
Döblin war ein Berliner. Er blieb es in Zürich, er war es in Paris und schließlich in Baden-Baden, in französischer Uniform. Er war nur kein Berliner in Hollywood. Er hätte sich sonst, in materielle Not geraten, mit den Berlinern verständigt, die in Hollywood Filme machten und glaubten, im Wirrwarr der Zeit ein Genie eingefangen zu haben und Döblin eine Weile einen Wochenlohn zahlten, für den er nichts tat. In Hollywood war er der Blaue Boll, aus Stettin vom Bollwerk 37.
Weit entfernt von ihnen und ihren einfältigen Projekten, auf die sie unerhörte Hoffnungen setzten, kam er von Babylonischen Wanderungen, war mit ungezogenen Göttern durchs All gereist, hatte sich mit ihnen amüsiert in der Zürcher Zentralbibliothek und in der Bibliothèque Nationale in Paris und war von sehr ungöttlichen Schergen durch Frankreich gejagt worden, zum Atlantik, übers Meer, in Hollywood gestrandet.
Er war zum zweitenmal vertrieben worden, diesmal als Franzose, es war eine seiner skurrilen Verwandlungen, Masken des Poseidon, denn mit Frankreich verband ihn

wenig und kaum etwas mit französischer Literatur, selbst den Proust hatte er nur angelesen, hochachtungsvoll, doch seinen Kindern französierte Namen gegeben, Wolfgang Döblin bezahlte es 1940 mit seinem Leben.

Alfred Döblin schiffte den Amazonas hinauf und hinab, fiel in Brasilien ein mit den Konquistadoren, eroberte »das Land ohne Tod«, das voll von Toten war, und da »Berge, Meere und Giganten« und die Umgestaltung der Welt, ihre Neuschöpfung durch technischen Verstand nur ins Nichts geführt hatten, trat er im Alter die Reise ins Innere an, grub sich noch tiefer in die immer schon wache Ich-Betrachtung, sah er »Unser Dasein« im Inferno des irdischen Zusammenlebens, der höllischen Bindungen der Liebe, im hilflosen Wälzen vergangener Schuld. Ach Hamlet, die lange Nacht nimmt ein Ende, verfehlte Hoffnung, es ist der lange Tag, der dich quält.

Er war ein Berliner, hell, wach, fix. Er hatte eine spitze, witternde Nase. Im Rollstuhl trat das Fleisch der Wangen hinter der Nase zurück. Ein Mönchsgesicht nach erhebenden Nachtwachen? Eher das strenge Antlitz eines asketischen Pfarrers, dem Zweifel geblieben sind nach fünfzig Jahren Priesterschaft. Alfred Döblin hatte sich taufen lassen, als Menschen, die sich Christen nannten, Juden umbrachten. Er glaubte an Gott, an Christus, an die Jungfrau Maria, an den Satan, von dem auch er sich versucht, wenn nicht besessen wähnte. Es war die letzte Wandlung Alfred Döblins auf dieser Erde, ein neuer Auftritt im Großen Welttheater seines Ichs. Das Stichwort war lange schon gefallen. »Laufe, lauf, mein Ich, halte dich grad und stramm, sie hatten dich an den Galgen gehängt, bald schmeißen sie dich auf den Damm.«

Hoffte er auf die »Stimme von oben«? Vernahm er ihr »Ist gerettet«? Er ließ seine Leser, seine Schüler, die ihn verehren, ihn und sein weithin unerschlossenes, labyrinthisches, unsterbliches Werk hinter sich, unter sich, zurück. Er ließ uns stehen, erbaut, bewundernd und ratlos.

Mein Freund August Scholtis

1932 war ein schwankendes Jahr. Viele fühlten sich auf einem untergehenden Schiff, andere hofften mit Heil ein neues Ufer zu erreichen. Es war eine bewegende, furchterregende, auch erwartungsvolle Zeit der Not und der Enttäuschungen. Die Weltwirtschaftskrise ließ im Deutschen Reich die vernarbenden Wunden des Krieges von 1914/18 wieder eitern. Auf den Straßen und Plätzen lungerten die Arbeitslosen, damals von den Gesetzen kaum unterstützt, als arbeitsscheu beschimpft. Hindenburgs Präsidialregierung blieb der Erfolg versagt. Brüning, der letzte noch demokratisch gewählte Kanzler, wollte dem hungernden Volk die Sparsamkeit lehren und wurde aus Gründen mangelnder Strenge entlassen. Die Kabinette Papen, Schleicher scheiterten von vornherein, wurden Hindenburgs Verlegenheitskinder, eingesetzt und abgesetzt. Die Zeitungen berichteten von dem Skandal der Osthilfe; Millionensummen sollten die ostelbischen Rittergutsbesitzer vor dem Konkurs retten. In Städten und Dörfern schlugen in jeder Nacht Nationalisten und Kommunisten einander tot. Das Tagesgespräch war, kommt er, oder kommt er nicht, schafft er es noch, der Erlöser, der Führer, der Hitler, werden wir noch gerettet werden vor ihm.
1932, kurz vor Hitlers Machtantritt im Januar 1933, erschien im angesehenen S. Fischer Verlag der Roman eines unbekannten Autors, August Scholtis, »Ostwind«, und wurde eine Sensation auf dem Buchmarkt. Was waren sie denn, wie lebten sie, diese seit der Niederlage von 1918 weiter umkämpften, beklagten, gefährdeten Gebiete um Oder und Neiße, Schlesien, ein Agrarland, eine Kornkammer, durch Gottes Gnaden zusätzlich beschenkt mit Bodenschätzen, ein Industriekapital mit hohen Gewinnen in festen Händen.
Der Schriftsteller August Scholtis beschreibt später in seiner Autobiographie »Ein Herr aus Bolatitz« Dorf und Landschaft, aus denen er kam. »Der Zwiebelturm meiner Heimatkirche beherrscht als höchster Punkt im weiten

Umkreis die Landschaft historischer Piastenherzogtümer von Teschen, Oderberg, Ratibor, Troppau und Jägerndorf. Von hohen Beskidengipfeln der Lysa Hora in vierzig Kilometer Entfernung und von Altvaterhöhen der Sudetenberge aus ist dieser Zwiebelturm bei klarem Wetter zu sehen: wachend über dem gesegneten Oppatal, den bewegten Hügelwellen des Mährischen Gesenkes, der historischen Mährischen Pforte, dem strategischen Jablunkapaß mit unentwirrbar durcheinanderwohnenden deutschen, mährischen, polnischen Menschen.«

August Scholtis selbst? Er war der Sohn eines Landarbeiters auf den Feldern des Fürsten Lichnowsky. Der Fürst besaß die Erde, ihm gehörten die Wälder, er erntete, er hatte mehr Schlösser, als er bewohnen konnte, um jedes Schloß blühte ein Park in hellenischer Art oder in Eichendorffscher Romantik, der Fürst wurde geliebt oder gehaßt, er war ein umstrittener Mann der Zeitgeschichte, hatte als deutscher Botschafter in London 1914 zum Mißfallen seines Kaisers den Krieg verhindern wollen und war verheiratet mit der wunderbaren Dichterin Mechtild Lichnowsky. Das Kind August Scholtis half beim Mähen, hütete die Kühe, reinigte den Stall. Er erinnerte sich später, »wir hatten zu essen«. Doch auch: »Beim Pflügen wurde es öfter unangenehm. Vater brachte sich eine mächtige Schnapspulle mit ans Feld, die er zwischen den Kühen hockend austrank. Ich hatte mit der leeren Flasche immer wieder ins Dorf zu laufen, um sie mit einer bestimmten Mischung von Nordhäuser und Breslauer Korn neu anfüllen zu lassen. Das machte täglich bis drei Mark aus. Dieses Schnapszeug schmeckte ich regelmäßig ab, es mundete vortrefflich. Manchmal war ich selber auch benebelt und machte alsdann platonische Liebeserklärungen für Entchen und Hedel, die beiden Gastwirtstöchter.«

Es waren große kleine Verhältnisse. Der Feudalherr begegnete dem Hütejungen. Oder war es die Fürstin als gute Fee? Sie holten August ins Schloß, setzten ihn, der nicht korrekt deutsch sprechen konnte, an die Schreibmaschine. Vielleicht hatte August der Fürstin ein schlesisches Märchen erzählt. Auf dem Acker bei einem Gewitter. Es war aber, daß sich der Kaiser zu der Zeit auf dem nahen Schloß Pless aufhielt und mit seinen Getreuen die Schlacht von Verdun beriet. Der aus dem diplomatischen Dienst entlassene Fürst Lichnowsky schrieb dagegen auf seinem Schloß seine Erinnerungen. Sie mußten geheim bleiben. Der Kaiser hatte die warnenden Berichte seines Londoner Botschafters idiotisch genannt. Und der kleine August Scholtis schrieb auf der Schreibmaschine aus der Handschrift des geschmähten Fürsten den Bericht »Meine Londoner Mission«, war der einzige, der es schon erfuhr, ein wahrhaft historisches Dokument von der Dummheit der Regierenden und für die Forschung nach 1918.

Das Schloß Lichnowsky war des Dorfjungen Universität. Er holte an jedem Morgen die Zeitungsberge für den Fürsten von der Dorfpost. Er las die Blätter vor dem Fürsten, zum Mißfallen des Fürsten. In der Vermittlung arbeitend, hörte er Telefongespräche des Schlosses ab; es waren die Stimmen noch immer sehr mächtiger Leute. Die Fürstin erhöhte das Gehalt des anstelligen Knaben auf hundert Mark. Für sein Dorf und seine Familie war August Scholtis von fürstlichen Gnaden reich geworden.

Wieso das endete, weiß ich nicht. Die Revolution war gekommen, der Kaiser war geflohen, die Fahnen waren gewechselt, nur die Standarte des Fürsten nicht. Polen und Tschechen ritten um das Schloß des Mannes, der recht behalten hatte. August Scholtis packte der Ehrgeiz. Er machte sich auf nach Berlin, ein Literat zu werden.

Berlin war nicht Bolatitz. Der junge Schriftsteller hauste in Armenabsteigen hinter dem Stettiner oder dem Schlesischen Bahnhof. Die Arbeiter der Stadt waren nicht die Landarbeiter seiner Jugend. Es waren Proletarier, organisierte Menschen, und Scholtis versuchte lernbegierig sich ihnen anzupassen. Er folgte den Demonstrationszügen, absichtslos, er holte sich nur das Bild. Er lernte Berlin kennen. Da waren Leute, die nichts zu essen hatten. Vielleicht erreichte Scholtis eines Tages das Romanische Café. Da saßen kluge Köpfe mit leerem Magen und lebten vom Schreiben.

Scholtis bewunderte sie. Ihm halfen Mädchen weiter. Später wurden Männer auf ihn aufmerksam, der so still und so schäbig angezogen war. Sie luden ihn ein und vermittelten ihn an die Redakteure großer und kleiner Zeitungen. Der Verleger Fischer führte ihn in sein Haus, an seine Tafel, zu seinen berühmten Autoren. Das war möglich in Berlin.

Der Verlag S. Fischer veröffentlichte das Buch »Ostwind«. Da lag nun die Heimat in den Schaufenstern am Kurfürstendamm und wurde zum Zankapfel. Scholtis war etabliert in den literarischen, den kritischen, den politischen Kreisen. Es war ein Wunder geschehen. Der Junge aus Bolatitz hatte eine Zukunft. Nur leider war der Mann aus Braunau an die Macht gekommen. Das Romanische Café wehrte sich. Die Gäste verschwanden in alle Welt. Das schadete nicht. Hitler wünschte eine beschwichtigende, wehrtüchtige Literatur ohne Wahrheit, das Schrifttum, die Schrifttumskammer.

Die literarische Welt hatte sich gewandelt. Scholtis konnte sich nicht mehr auf den »Ostwind« zu seinem Ruhme berufen. Aber Scholtis hatte immer Glück und Pech im Leben. Die Nationalsozialisten wollten ihn wie viele andere Schriftsteller einsperren. Ein zersetzender Literat! Aber einige in braunen Uniformen dachten über Scholtis nach. Es gefiel ihnen seine Herkunft, ein Mann vom Lande, aus einfachstem Stall, aus Schlesien – so einen suchten sie. Blut und Boden. Aber Scholtis war nicht der Schriftsteller für Blut und Boden. Er entzog sich den neuen Mäzenen, und dann streichelten sie ihn nicht mehr. Er trat ihnen, bei ihren Versuchen ihn einzufangen, sehr mutig, ja hochmütig entgegen. Das imponierte ihnen manchmal.

Wieder schlug Scholtis sich durch. Schrieb noch zwei Bücher, kämpfte um die Druckerlaubnis. »Jas der Flieger« erschien bei dem jüdischen Verleger Bruno Cassirer, der noch immer an die deutsche Literatur glaubte. Das Buch fand kaum ein Echo. Und ist ein gutes Buch. Es schildert in ergreifender Weise das harte, kalte Berlin in jenen Jahren und in ihm den jungen Schriftsteller, der das Buch schreibt. Er hat Hunger und Ideale. Er träumt, ein Flieger zu werden.

Kein Flieger, um zu kämpfen und zu zerstören. Er will sich in die Luft erheben, hoch über die Stadt und das Elend.
Später hatte Scholtis eine kleine Wohnung in Berlin. Das Zimmer beherrschte ein großer schwarzer Flügel, eine Leihgabe, Scholtis hatte viele Besucher, er versteckte verfolgte Juden und spielte Mozart und Chopin. Woher er das konnte? Er konnte eben viel, ohne es auf ordentliche Art gelernt zu haben.
Ich begegnete Scholtis einmal auf dem Kurfürstendamm. Er kam in einer unsäglich schäbigen Uniform. Ich erkannte ihn nicht, bis er vor mir stehenblieb, seinen Arm hob und mit krächzender, wütender, unterdrückter Stimme schlesisch »Heil *Hietler*« rief. Es war der Schrei einer gequälten Katze, die gleich beißen würde.
Nach dem Kriege schrieb August Scholtis, recht allein und fast schon vergessen, seine Memoiren »Ein Herr aus Bolatitz«. Es ist ein sehr deutsches Buch aus einer deutschen Zeit.

Gedanken und Gedenken. Über Arno Schmidt

Meine verehrten Damen und Herren, das klingt so hart, ich gestehe, ich fürchte mich, ich fürchte Sie, die Sie gekommen sind, Arno Schmidt zu ehren, angezogen von diesem Zauberer, von seinen Schriften, seinem Leben, seiner Gestalt, seiner Einsamkeit, oh nein, der Zweisamkeit aus zwei Einsamkeiten mit seiner Frau Alice. Ich fürchte, Sie mit meinen Gedanken, Anmerkungen, Betrachtungen, schließlich Phantasien zu dieser großen Existenz und meinem Bemühen, Indiskretionen zu vermeiden, das Geheimnis solchen Schaffens nicht preiszugeben, zu ärgern. Ich bin in einer schwierigen Lage. Schmidt war ein Geheimnis. Darf man an einem Geheimnis rühren? Darf man einen, der sich verbarg, dem Gemeinen aussetzen? Ganz abgesehen von der Gefahr, ich verstehe ihn nicht, wenn ich glaube, ihn zu verstehen. Nachtgedanken, Schlaflosigkeit. Am Mor-

gen ein verzweifelter Blick auf die Schreibmaschine. Worauf habe ich mich eingelassen? Abfahrt in Zitaten. Es wäre ja zu schön.
Arno Schmidt und ich waren Konkurrenten im Beruf, soweit wir den Beruf des Schriftstellers überhaupt als einen Beruf ansahen; ein Erwerb war er nicht. Wir waren Einzelgänger und wollten es bleiben. Unordentliche Leute im Ansehen der Welt. Eremiten wissen voneinander; die Kunde geht über Wüsten. Oasen des wartenden Auges, des lauschenden Ohrs. Wir hatten erste Beiträge des anderen zur Literatur des Nachkriegs gelesen, erschienen in Blättern, die überraschend gegründet und schnell gestorben waren. Ein Frühling im Nachregen eines Unwetters. Schmidt und ich waren, wie alle Schriftsteller dieser Welt, vor ein Problem gestellt, den Auseinanderfall, die Entfremdung, ja die Feindseligkeit von Literatur und Gesellschaft. In Deutschland hatte es eine Reichsschrifttumkammer gegeben, eine ahnungslose, törichte und giftige Zwangsvereinigung. Sie berief sich in ihren Literaturlehren aufs gesunde Volksempfinden. Ich wußte nie, was das ist. Eine Verwechslung von Ackerbau und Kultur? Und wohin hatte das gesunde Volksempfinden geführt? Überall Tod, Vernichtung, Trümmer und Triumph falscher Gefühle. Die Agonie der Ästhetik war dagegen international, und was sie vor dem Tode rettete war der Aufstand gegen ein Dogma, es ist gut so wie es ist. In Deutschland sahen sich die jungen Schriftsteller, die generationsgemäß im Schicksalsjahr 1933 beginnen wollten, in ihrem Aufstand gegen das Glück der Familienküche, des für alle Zeit geordneten kriegbereiten Vaterlandes, an Freiheit und Leben bedroht. Ich ahnte, Schmidt, da ist einer. Im nachhinein weiß ich, daß wir beide hungerten. Nicht nur nach Brot. Auch nach Brot. Mehr noch nach dem Wort, das wir suchten. Vor uns lag die Verheißung. Tore waren geöffnet, von außen, nicht von uns, nur ein wenig, Zäune gefallen. Free lancer. Ich wollte werden, der ich zu sein glaubte. Fünf Jahre im Abseits. Schließlich in einem Keller überlebt. Arno Schmidt kam aus dem Feld, dem Graben, dem glühenden Panzer,

der Uniform, die schon Tucholsky, viel zu mild, eine Affenjacke genannt hatte, kam vom alltäglichen Sterben, sinnlos dazu. Einer frage Arno Schmidt später: »Sie mögen das Militär nicht?« Schmidt antwortete: »Ich würde mich schämen, es zu mögen.« Sonst schwieg er zu diesem Thema. Die Ablehnung war absolut. Wir Literaten waren alle sehr aufgeregt. Wir litten alle unter dem Trauma: Dies nicht wieder! Schmidt unterschrieb, soweit mir bekannt, keinen der vielen Aufrufe guter Kellergeister. Ich merkte erst später, daß es töricht und beleidigend war, mich zu fragen, ob ich gegen Krieg und Bomben sei. Ich sagte es in meinen Büchern. Schmidt ging weiter. Des Menschen alte Gefahr war die Schöpfung, nicht die Last der Waffen, die er auf sein gebrochenes Rückgrat lud, die Krankheit schrecklicher Tode, die er über sich rief. Schmidt organisierte sich nicht in staatlicher Ordnung. Er machte aber klug seinen stillen Frieden mit ihr, vor seiner verschlossenen Tür, weil er seinen Frieden haben wollte. Alles andere war töricht. Ich trat keiner Gruppe bei. Die 47er betrachtete ich mit Sympathie. So gingen Schmidt und ich nicht Hand in Hand. Unser Verbund war imaginär. Wir wurden beide, als in Deutschland wieder Bücher erschienen, verwerfend kritisiert. Ich fand mich in einem Register der Pornographen. Über Schmidts »Aus dem Leben eines Fauns« urteilte ein alter Kämpfer für deutsche Dichtung: »Ein peinliches Buch. Es gab eine Zeit, in der solche Bücher als zersetzend bekämpft wurden.« Sehnsucht eines Standesgenossen doch nach Leine und Maulkorb der Reichsschrifttumkammer. Die »Welt am Sonntag« spendierte mir an einem Sonntag eine Schlagzeile: »Ein Buch mit der Feuerzange anzufassen.«

Ich bin Arno Schmidt zweimal begegnet. Es war in Stuttgart im Hauptbahnhof, später in der Wohnung eines Professors der Universität. Kurz vor oder kurz nach der Währungsreform. Alfred Andersch führte uns zusammen. Er leitete am Süddeutschen Rundfunk eine inzwischen legendär gewordene Sendereihe, das Radio-Essay. So wurde er der Arbeitgeber einer neuen deutschen, einer befreiten, im weitesten Sinne linken, da ungebundenen Literatur. Andersch ernährte uns. Schmidt trat ungeheuer groß in den Wartesaal, der, ich weiß nicht warum, an diesem Abend besonders düster war. Schmidt, ein Schatten unter Schatten, ein Riese, der er anderenorts nicht war. Ein Flüchtling auf der Suche nach einer Landwirtschaft, verloren in Ostpreußen oder in Schlesien. Er schien in einem langen warmen Mantel, den er nicht auszog, zu frieren und trank zu Magermilch verkommenen Kaffee. Vielleicht war es noch Muckefuck, »wir kapitulieren nie«. Um Stuttgart herum wächst aber Wein. Ich hielt mich an ihn. Das neue Leben. Schmidt suchte, wie er erzählte, eine Stelle als Portier in einem großen Industriewerk. Er glaubte an die Zukunft der Industrie, er glaubte nicht an seine Zukunft als Schriftsteller. Automobile oder Baumaschinen sollten ihm Ruhe, Sicherheit, Wohnung und Brot geben.

Arno und Alice Schmidt reisten in jener Zeit auf einem Tandem über Land. Sie besaßen ein Zelt, in dem sie schliefen. Regen fiel auf sie. Sie stellten das Zelt in Wäldern auf, dämpften sich im Kessel Wurzeln, Kohl und Brennesselgemüse. Sie schleppten einen sehr alten Kohlenherd mit sich und brachten ihn in viele Wohnungen, die sie schnell wieder verließen. Dazu einen Sack Bücher, den sie, weiß Gott wie, transportierten.

Im Wartesaal schwiegen wir, wir zogen Andersch in unser Schweigen ein. Es war, als fasziniere uns die Tischplatte mit ihren Bierseen. Latrine zum Mittelpunkt der Erde. Ein schillernder Schaum das Reich der Literatur. Über den Professor, bei dem wir uns nach langer Zeit ein zweites Mal trafen, glaubten wir zu wissen, daß er und seine Schüler die Häufigkeit des Wortes »und« in unseren Büchern zählten. Wahrlich, wir machten Karriere und schwiegen weiter.

Andersch war der Magnet, der uns in den Süden zog. Schmidt und ich sprachen Literatur in den schwäbischen Äther. Ein ziemlich autistisches Treiben. Die Entdeckung der Gertrude Stein für Süddeutschland, eine freundliche Landschaft. Die Rose blieb eine Rose, blieb eine Rose, eine Rose. Schmidt zog in die alten Zeiten mit Lupe und klopfendem Herzen, kam auf die unsterblichen Dichter, die die Welt tragen. Gespräche in der Gelehrten-Republik hoch über den Wolken. Das Universum war vernünftig nach unerkannten Gesetzen. Ich reiste »Nach Rußland und anderswohin«. Das Radio-Essay rechtfertigte seinen anspruchsvollen Namen. Die Rundfunkhörer nahmen zu an Weisheit und Verstand.

Ich sah Schmidt nicht wieder. Da saß ein großer Mann in einem Gelände, das mir von Geburt an vertraut war, doch aus dem ich mich verstoßen hatte. Wiesen feucht und flach, schwarz-weiße Kühe, Häuser aus rotem Backstein, wie die Kirchen in den Hansestädten, die ich liebte und fürchtete, Torfrauch, Lichter aus kleinen Fenstern, Nebel, Krähen, Schnee, kein Wintersport, im Sommer Gewitterwolken vom Meer her, Blitzschläge oft auch im Winter, ein feste Burg aus Büchern. Sie waren zwei. Arno und Alice. Wie stellte ich mir das vor? Zwei in einer Klause. Zwillinge als Einsiedler klar und stolz.

Arno Schmidt beobachtete den Nächsten auf seinen Gängen übers Feld durch sein Fernrohr, das er in der Hand oder umgeschnallt wie eine Waffe immer bei sich trug, auch zuhause hinter dem Fenster. So kam er ihnen nahe. Das Fernglas und sein Herr produzierten Röntgenstrahlen, holten sich Herz und Hirn der Leute. In seinen Büchern brannte ein Herbarium. Er kannte sein Deutschland. Er wurde den Nachbarn unheimlich. Manche wurden in ihren Kleidern von der Stange, unter Hüten, Mützen, Kopftüchern des kleinen Mannes und der kleinen Frau, mit Schmidtschen Trieben, Lüsten, Sehnsüchten, Wünschen, Verdammnis ausgestattet. Fabelmädchen aus ländlichen Supermärkten. Die Erotik eines Voyeurs. Photographien mischten sich in Träume. Manchmal schlug ihm selbst das Herz aus Stein. Keine unglücklichen Lieben. Er schlief mit den Dichtern, mit denen er fremd ging. Floh oder zog sich zurück in Gedanken, Weiten ohne zu reisen. Erreichte den Mond vor den Astronauten. Er, der Plattlandbewohner, beschrieb mit den Augen des alles wahrnehmenden Mannes in der Menge aus der kostbaren Geschichte von Edgar Allan Poe ein gänzlich irrsinniges New York, in dem er nie gewesen war, das aber den Leser, der New York kennt, überzeugt. Ich glaube, Kant, der Königsberg nie verließ, hat einmal seltsam die Stadt London beschrieben. Baudelaire sagte, man muß nicht nach Indien fahren, um von Indien zu erzählen. Dann Sitara, Karl May, die Biographie einer Existenz gegen jede Norm und zugleich, nach Schmidt, eine Studie über Wesen, Werk und Wirkung von Literatur. Wer hätte das gedacht? Eine Zuneigung mit Abgründen. Irgendwo eine Wahlverwandtschaft. Nicht über Goethe. Erfüllung von Knabenträumen und die verbotene Kammer aus dem Märchen, die man nicht betreten darf. Der Wilde Westen in einer Villa in Sachsen, ein Besessener auf einem alten Ledersofa mit Milchkaffeeflecken, gegen Abend Whisky. Die Romantik der Prärie umhalst das Lied von den blauen Bergen, der nie gefundene geliebte Freund im Panorama des Völkermordes an den Indianern, die Heimat der Tiere zerstört, in die Schlachthäuser Chicagos getrieben, und auf Laufstegen der Haute Couture tragen die schönen Diebinnen das weiche Fell von Wolf und Bär und Hund zu Markt. Karl May und Arno Schmidt erreichen ihr Arabia Deserta. Zwei glückliche Männer, hinter Butzenscheiben und Blumentöpfen die Wüste. Ein weites Feld.

Ich will nicht von Zettel sprechen. Schmidt ist dies alles und zu schwer. Wer im Bett liest, ist unter Zettels Traum begraben. Das Buch läßt an den Stein denken in Zettels Garten. Arno und Alice Schmidt unter dem Stein begraben. Wenn Zettel weiterträumt ... wenn Zettel weiterträumt ... Schmidt ist nicht tot.

Ich war also in Bargfeld. Leben in der Hütte. Leben auf der großen Wiese. Leben auf feuchtem Grund. Katzen begrüßen mich. Entzückende Katzen, sehr zärtliche, liebe Geschöpfe. Sie saßen einmal neben dem Dichter auf der kleinen Veranda vor der Haustür. Baudelaire nannte sie die Totenrosse des Hades. Boten schon? Schützen sie nun den Stein, das Grab? Sie bekommen ein Deputat an Milch. Ein Vermächtnis von Frau Alice. Sie sprach oft mit den schmeichelnden Hausgenossen. Sie hörten ihr schnurrend zu.

Dachten an das alte zerstörte Niltal. Ein Haus aus Büchern für Bücher. Bücher bis unter die Balken eines schwachen Daches. Eine Bibliothek unvergleichbar jeder anderen. Sprachen nach Babel. Urlaute. Trümmer einer Trümmerstadt, Vergänglichkeitssymbol und doch das Wunder der großen stillen Lesesäle, vorläufig gerettet. Die Bücherei eines Dichters, eines Gelehrten, eines Sammlers, des Sonderlings. Schmidt wohnte in einer Lesemaschine, utopisch und antiquarisch. Sie war auch das Bett, wenn die Augen ermüdeten. Als Bett sehr schmal, sehr kurz, wahrscheinlich unbequem. Schmidt muß sich unter der Decke kleingemacht haben vor den Geistern, die kamen. Saßen in einem alten Campingbus ohne Motor, fürchteten die Nachtgewitter. Viele Gesichter, Erdkunde, Wörterbücher, den Kopf zu stärken oder zu verwirren, dann Schriften, die keiner mehr kennt, Trivialliteratur aus dem Kaiserreich, ein Mann, der Rudolf Stratz hieß und viel geschrieben hat, »Die Frauen der Stoltenkamps«, Schreibmaschinen jeder Größe auf vielen Tischen, in Mappen erste Versuche, Fragmente und das Wichtigste, tatsächlich, da sind sie, die berühmten Zettelkästen, Zettels Kästen, ehrfürchtig suche ich Staub, kein Staub, jemand wischt hier. Herr Reemtsma sagt mir, was auf den Zetteln steht, wurde oft wörtlich in die Bücher übertragen. Eine kleine Küche für Leibgerichte. Kochbuch von Puritanern ohne Glauben. Der alte, immer mitgeschleppte eiserne Herd, kaum Töpfe, wenig Geschirr. Schmidt aß oft im Stehen. Er hatte nie Zeit. Um vier Uhr früh begann sein Tag. Bis Mittag das Wichtigste, das Werk, dann wanderte Schmidt über Land. Das Fernrohr umgehängt, seine Waffe, sein Schleppnetz. Ein Bauer, jenseits des großen Ackers. Der Landmann an sich. Figur der Philosophen. Frau Schmidt gehörte dort ein ein Kilometer langes Land, einen Meter breit. Frau Schmidt hatte den Graben gekauft, dort lebende Wasser- und Sumpftiere zu retten. Ihr Reich sollte zugeschüttet werden. Abends saßen die Schmidts vor dem Fernseher. Nachrichten. Die Frösche quakten. Die Welt kam ins Haus, vor der diese Bewohner des Hauses sich verhüllten.

Arno Schmidt entzückten leichtbekleidete Eisläuferinnen. Auf Kufen schwebten sie gleich Elfen durch den großen kleinen Raum.

Mich begeisterte nun Julia, Julia aus einem alten Bild in einem leeren Schloß. Unsichtbar springt Julia aus dem Rahmen, unsichtbar doch nicht für den alten Mann, der sie liebt. Er ist der Liebende aus Platons Wort, in ihm ist der Gott, eine ewige Gestalt gleich dem Landmann aus Geschichte und Fabel. Er fühlt Julias kleine Hand warm oder kalt in seiner. Er hält sie fest. Sie ist dreizehn. Sie ist sein Wunder. Nach Schmidt erlöst die kecke, frivole, so betörende Kleine von all dem Betrug, der dem Alter ständig widerfährt, dem von Liebe und Sinnenfreude entleerten schmählichen langsamen Tod. Hundert Jahre will ihr Freund Julia ansehen und wird nicht satt werden von dem Anblick. Regieanweisung: in einen lichten Glanz gehüllt!

Ich denke mir eine Oper. Mozart, Beaumarchais, Da Ponte, auch Schikaneder, der Geld brauchte. Kaiser Joseph II. suchte eine deutsche Oper. Mozart schrieb »Die Entführung aus dem Serail«. Der Kaiser war von dem Werk enttäuscht. Er sagte, »zu schön für die Ohren der Zeitgenossen«, zu schön, zu bedenklich. Und in der »Hochzeit des Figaro« störte »die Unsittlichkeit des Stoffes«. Das war schon die Revolution. Ich möchte Julia tanzen sehen. Julia ist das Requiem von Schmidt für Schmidt. Das Buch »Julia« enthält Schmidts letzte Zeile, für den, der lesen kann, ein Testament.

Doch sollte Schmidts Lebenswerk, von dem er immer und von jeher sprach, ein anderes Buch sein, eine Dichtung aus seiner Leidenschaft für Mathematik und Astronomie, in denen er die Ewigkeit des Weltgefüges erkannte. Der Roman eines sehr einsamen Liebhabers des ungenannten Gottes, Johann Hieronymus Schröter. Er lebte im Dorf Lilienthal bei Bremen. Dort hatten sie ihm eine Sternwarte gebaut und zerstörten, verbrannten das Haus, als sie ahnten, wie schlimm Himmelsforschung ist, daß Sternkunde Gesetze der Erdvernichtung birgt. Schröter hinterließ Beobachtungen über die physische Beschaffenheit der Planeten und des

Mondes 1791. Schmidt wollte ein neues Universum schaffen aus der Kraft seiner Träume. Gottlos, liebend, schön. Es hat sich unter der Hinterlassenschaft des großen Meisters bisher kein Fragment der versprochenen Summe seines Seins gefunden. Vielleicht war es Zettels Traum.

Hermann Kesten, der Freund

Wenn seine Freunde die Poeten, die lebenden und die toten, sie, die sein Glück und seine Meister waren, angefangen mit Hiob oder mit Homer oder irgendeinem Gottesschreiber, Stammeskanzlisten, Gemeindediener, Kriegsberichter, Katastrophenreporter, Volksfreund, Fürsten-, Galgen-, Kerkersänger, Märchen- und Lügenerzähler auf der Suche nach der verlorenen Wahrheit, die Enthüller, Nestbeschmutzer, Unbequemen, Verzückten, all die Kassandras aus verschollener Zeit bis gestern, wie seine Zeitgenossen, die Kollegen, mit denen er im Café saß, und Kollegen im Café waren alle Dichter im Café, auch die hundert- oder tausendjährigen Jubilare, Verwandte seines Geistes, seines Herzens, seiner Zunge, lauter Literaten, die er bewunderte, die ihn begeisterten, die er förderte, forderte und schlug, kaum für Dank, nicht immer gegen Undank, er wußte um das Vergessen der Empfindsamen und die Qualen der verletzten Eitlen und nahm sie in den Kreis der Freunde, verbunden durch das Alphabet, die Sprachen, die Schrift von links nach rechts oder umgekehrt, oder von oben nach unten, in Zeichen oder in Bildern, seine PEN-Brüder, deren Präsident er in der Bundesrepublik ist, sieht er als Freunde, in einem Club auf humane Ideale, auf sprachliche Verständigung eingeschworen und nicht in einem Turnierfeld gegeneinander streitend, was ihn betrübt und zornig macht, also in Streit bringt, zum Frieden bereit, und dann die jungen Toten, die Gefährten, die er verlor in seiner Zeit, an seine Zeit, vor deren Grab er stand oder nicht kommen durfte, denen er die Totenrede hielt oder den Nekrolog des

Freundes schrieb, die starben, weil ihre Zeit um war, und das Leben tragisch auf den Tod gerichtet ist, oder die mitten aus ihrem noch unerfüllten Leben gerissen waren, ermordet wurden in der brutalen Zeit, die sich selbst töteten, da die verruchte Zeit sie nicht atmen ließ. Wenn sie alle hier versammelt wären in diesem Saal, meine Freunde die Poeten, sein Glück, sein Streben, sein Mitleid, wenn sie gekommen, wenn sie auferstanden wären, Hadesurlaub genommen hätten, um ihren Freund zu feiern, wir wären hier im überfüllten Kaffeehaus zur Weltliteratur, doch da dem nicht so ist, müssen wir uns bescheiden, uns freuen zu sagen, die Welt der Literatur ist unter uns, Hermann Kesten ist die Literatur.

Er wußte, was er wollte. Er war der, er ist schon in dieser Stadt als Kind, als Schüler, Sohn und Bräutigam. Nürnberg war keine schlechte Wiege für einen jungen Dichter, es war die Stadt Dürers, Willibald Pirckheimers, der deutschen Renaissance, der ersten Bürgerfreiheit, der Lebkuchen, der Würste, des Weihnachtsmarktes, die Stadt der Sternkunde und der Taschenuhren, der Weltumsegler fern vom Meer, der praktischen Bildung aus dem Nürnberger Trichter, Franken ein Land der Kunst, des Fleißes, der Gedanken, der Erfindungen und des Weines. Der junge Kesten, war er ein Kind des Glücks? Er durfte meinen, er wandele unter Freunden. Später wäre er hier unter Feinden gewesen, unter hervorgekrochenen Unmenschen, die über seine Freunde die Macht gewonnen hatten. Vorübergehend. Bis jedermanns Haus brannte, die Trümmer das Unheil offenbarten. Die Zeit ist tückisch, sie ist hart, sie verklärt sich, verspricht das Paradies und spekuliert auf das kurze Gedächtnis der Leute. Hermann Kesten sitzt wieder unter Freunden. Wie sollte er die Stadt nicht lieben?

In jungen Jahren wurde Kesten schon durch seine ersten Bücher berühmt. Um sich zu behaupten, mußte Kesten in die Hauptstadt gehen. Kesten wurde Berliner. Er gewann Freunde unter den berühmten Berliner Dichtern, die er von Nürnberg aus verehrt hatte.

Seltsamer – für Kesten bezeichnenderweise – begnügte er

sich nicht mit dem Ansehen des Urhebers. Er wollte der Göttin Literatur wahrhaftig dienen, den Literaten, ihren braven oder ungezogenen, verwirrten und armen Kindern helfen. Er nahm die Fron des Manuskriptelesens auf sich, er beriet, er empfahl, er wurde Lektor bei Gustav Kiepenheuer. Das war etwas Feines. Auf diesen Verlag blickten die Jungen. Doch Lektor zu sein wie die großen Beichtväter, Erzieher, Psychiater, Lehrer, Entdecker der Dichter, zu werden wie Moritz Heimann, Oskar Loerke, Hermann Kasack, Max Tau erfordert neben der Nase, dem Spürsinn für Talente, nimmermüde Liebe, Freundschaft, Aufopferung, Zurückstellung des eigenen Schaffens, ein Wirken im Verborgenen, die Freude am Erfolg eines anderen, am aufsteigenden Stern eines Schülers; oft setzte man einen Konkurrenten in der Publikumsgunst in den Sattel. Kesten nahm es auf sich. Er förderte fröhlich und gut. Er brachte Erfolge auf den Markt, harmlos und schlau. Seine große Lektorentat, der Durchbruch einer Generation, war 1929 die Anthologie »24 deutsche Erzähler«, eine Sammlung der Frühwerke der neuen Sachlichkeit, einer Literaturrichtung, wie sie kommen und gehen, damals das Neueste eben und ein Schaufenster der gerade flüggen Talente. Kesten schrieb im Vorwort zur Erstausgabe: »Ich bekenne mich zum Glauben an die Wirkung des Wortes. Am Anfang war das Wort. Ich glaube, daß das gesprochene Wort die Welt des Menschen ändern kann.« Jeder der 24 ausgewählten Autoren hat sich in der Welt der Literatur bewährt. Nicht einer schloß sich den Nationalsozialisten an. Ihre 24 Erzählungen lesen sich heute wie von heute.

Es kam die Zeit der Verfolgung, der Vertreibung, des Exils. Kesten versuchte in Holland der deutschen Literatur, den deutschen Dichtern und sich selbst ein Forum, einen Verlag, eine Existenz zu schaffen. Er gab mit Klaus Mann zusammen die damals beste deutsche Zeitschrift der Gegenwartsliteratur »Die Sammlung« heraus. Sie half vielen zu glauben, daß sie noch lebten. Niemand ist einsamer, verwundeter als ein aus seinem Land vertriebener Schriftsteller in einem Reich fremder Sprache. Aber die Fluchtburg fiel, der voraussehbare Krieg war da, und Frankreich sperrte die deutschen Hitleropfer in Lager ein, auch Kesten und seine Freunde, die Poeten, soweit sie Deutsche oder aus großdeutsch gewordenen Ländern waren. Kesten schlich sich unter Lebensgefahr aus dem ungastlich gewordenen gedemütigten Frankreich. Man half ihm, er hatte Freunde, er fand Freunde, Freunde aus der literarischen Welt, Leser, die ihn nicht kannten und doch erkannten. Seit jenen Tagen der Treibjagd auf ihn weiß Kesten, der Mensch ist nicht schlecht, wie es eine Tafel in der Kuppel der Peterskirche behauptet; es geht ihm nur schlecht, und er ist verloren, wenn er in die Bezirke der organisierten, der programmierten Herzlosigkeit gerät. Walter Hasenclever und Walter Benjamin, Freunde und Poeten und deutsche Dichter und deutsche Denker nahmen sich in kafkaschen Strafkolonien das Leben. Kesten erreichte Amerika und gab gleich die gewährte Hilfe zurück und lief, kaum gelandet, von Tür zu Tür und schlug Alarm und bat um Beistand, bettelte um Geld, Bürgschaften, Visen, Pässe, Plätze für seine noch in Europa in der Falle sitzenden, der Gefangenschaft, der Folter, dem Tod ausgelieferten Freunde, und jeder Poet war sein Freund und viele, sehr viele Freunde hat er gerettet. Es gibt aus dieser Hölle der Verfolgung Briefe der Todesnähe, Dokumente der Armut, Lebensbeichten, gesammelt, herausgegeben von Hermann Kesten, die ein unglaubliches Kapitel deutscher Literaturgeschichte und deutschen Elends sind.

Er hat sich, als der Krieg zu Ende war, der verwaisten Werke der Freunde angenommen. Er hat sie neu herausgegeben, er hat Vorworte geschrieben, auf sie hingewiesen in Büchern, Zeitungen und Zeitschriften und Vorträgen überall und im Äther. Er hat nach ihrem Tode, den er nicht verhindern gekonnt hatte und nicht verwinden vermochte, seine Freunde die Poeten vor dem üblichen Los der Dichter, vergessen zu werden, bewahrt. Er hat sich der Romane und der Briefe des großen Schriftstellers Joseph Roth erinnert und der deutschen Literatur Meisterwerke unserer Zeit und in den Briefen, der Nachwelt ein bemerkenswertes, ein mutiges, ein jämmerliches, verwirrtes, immer überspanntes, gefährdetes und von den Anfängen bis zum frühen Tod geniales Leben erhalten. Er hat einen fast schon ins Niegewesensein verschwundenen Dichter wieder ins Licht gerückt, indem er auf seinen hohen Rang hinwies, sein ernstes Leben erzählte und ihm ein literarisches Denkmal setzte: Ernst Weiß. Ich habe einige Zeit in Paris im Hotel Trianon Palace gewohnt, ahnungslos in einem altmodischen, etwas verkommenen Zimmer, mit einem düsteren Baderaum, den ich scherzhaft Agamemnons Bad genannt hatte. Es war etwas Trauriges und Vertrautes, zugleich Gewalttätiges in dieser Atmosphäre. Erst später habe ich bei Kesten erfahren, daß sich in diesem Hotel sein Freund, der Poet Ernst Weiß, in einem düsteren Badezimmer beim Einmarsch der deutschen Truppen in Paris das Leben genommen hat. Dichter fahren gern nach Paris. Ich las dann von Ernst Weiß aus seinem Roman »Arzt und Mörder«, zitiert bei Kesten, den Satz »Es bleibt uns unvollkommenen Menschen nicht erspart, entweder als Angeklagte oder als Zeugen dem noch viel unvollkommeneren Weltprozeß beizuwohnen. Grausamkeit und Sinnlosigkeit sind das Ergebnis unserer Erfahrungen, und diese Beobachtungen wiederholen sich während der kärglichen Zeit unseres Daseins bis zum Überdruß.« Ich habe von da an von Ernst Weiß gelesen, was mir an seinen Büchern erreichbar war. Ich mag ihn. Er war einer dieser zugleich hellsichtigen und mythischen, realistischen wie romantischen Dichter aus Österreich, zu dem Ungarn und die Tschechoslowakei gehörten noch im Beginn unseres bewegten Jahrhunderts.

Im selben Band »Meine Freunde die Poeten« erinnert sich Kesten, um nur einige Namen zu nennen, an Heinrich Mann, Carl Sternheim, Georg Kaiser, Werner Hegemann, Stefan Zweig, René Schickele, Lion Feuchtwanger, Egon Erwin Kisch, Ernst Toller, Ludwig Marcuse, Walter Mehring, Klaus Mann, auch an André Gide, seine Freunde. Er stellt sie vor, er beschreibt sie, liebevoll, selbst in ihren Schwächen, er ist unbestechlich in seinem Urteil, der literarischen Kritik, sogar sätzelang boshaft, spöttisch, aber sie waren, sie bleiben seine Freunde, sie waren Poeten, und Kesten weiß, wie schwer und wie schön das ist in dieser Welt. Kesten hält seinen Freunden, den Poeten, die Treue. Er dient ihnen, wenn er über sie schreibt. Sie sind wieder bei uns. Man liest sie, wenn man Kesten gelesen hat.

Er hat sich nach der Emigration und oft wieder in Deutschland in das literarische Getümmel gestürzt. Er hat teilgenommen, er hat beobachtet, er hat geraten und hat gewarnt, neue Poeten entdeckt, neue Freunde gewonnen, nicht immer mit allem einverstanden, aber stets ein Liebhaber, ein leidenschaftlicher Liebhaber der deutschen Literatur. Zuweilen entdeckt er eine neue deutsche Romantik, die er wohl nicht mag und gar fürchtet, und kehrt dann als Leser, Herausgeber und Liebhaber zur alten deutschen Romantik der blauen Blume zurück, die schön, aber auch nicht unverdächtig ist, ins Unglück geführt zu haben. Ein Trost bleibt Heine; doch wo ist ein neuer Heine zu entdekken? Kesten sprach die Grabrede für Kästner; er stand, eine Flamme, ein Erwecker, am Sarg. Er war sehr allein.

Manche seiner Gedichte sind Toten gewidmet. Er sagt: »In allen Erdteilen sind meine Toten beerdigt.« Er stellt fest: »Ich habe mehr Freunde unter der Erde als in meinem Adreßbuch.« »Im Kaffeehaus sitzen sie (die toten Freunde) auf den leeren Stühlen.«

Das ist eine unheimliche Welt. Es braucht ein starkes Herz, sie zu ertragen. Kein Herz aus Stein. Nur der Fühlende erkennt, allein der Empfindsame hält stand. Es ist die Welt, wie sie dem Alter sich zeigt. Sie schminkt sich nicht mehr, enthüllt mit den Jahren ein immer grausameres Gesicht. Kesten schreibt: »Die Toten sind unzufrieden.« Das ist aber ein schönes Gedicht von Hermann Kesten. Ich liebe es. Der ästhetische Genuß, die Lust am Wort, der Gedanke, das Spiel sind ohne Todesfurcht. Und die Toten könnten zufrieden sein, die toten Poeten zufrieden mit Hermann Kesten, ihrem Freund. Wie könnten wir, die wir noch leben, nicht seine Freunde sein?

Die elenden Skribenten

»Es geht vielmehr darum, ob es sittlich vertretbar sei, mit einem kräftigen Messer das Schlüsselloch noch zu erweitern, durch das der Schriftsteller seine Welt und seine Gestalten bei seinem Tun beobachtet, das diese mit dem guten Recht des Privatmannes eben hinter geschlossenen Türen absolvieren.«
»Wollte man bösartig sein, so könnte man vom literarischen Franktireurtum reden.«
Aus einer anonymen »Tagebuch«-Glosse des »Münchner Merkur« vom 29. Januar 1952.

Am Rande der Literatur, in den Grenzbezirken der Dichtung und der Wirklichkeit, ist eine schreckliche Mode entstanden, ein Schattenreich entsendet seine Gespenster, und Leser und Analphabeten identifizieren sich mit Romancharakteren, dramatischen Personen und lyrischen Phantomen. Über eine Mode kann man lachen. Wer sich lächerlich machen will, soll es tun. Wer sich beklagt, bloßgestellt zu sein, enthüllt sich; aber der Drang zur Rampe ist so gegenwärtig, so mächtig, daß selbst die übelsten Rollen, die anrüchigsten Gestalten, die lächerlichsten Charaktere der dichterischen Phantasie ihre Liebhaber finden. Beleidigt und beglückt, erschreckt und aufgekratzt stürzen sie sich in die Öffentlichkeit, seht, ich bin es, und wenn sie schon gestorben sind, erscheinen ihre Witwen und telegraphieren, er war es, er war es! – Für die Schriftsteller ist die Marotte nicht mehr komisch. Der Schriftsteller wird belästigt, er wird geschmäht, bedroht; wie die Wegelagerer fallen seine Personen, die plötzlich behaupten, Personen des Lebens zu sein, über ihn her. Die Kinder seines Einfalls werden dem Autor gestohlen, sein Ferdinand ist nicht mehr sein Ferdinand, denn Ferdinand, der Kinderschänder, lebt, es ist der unbekannte Leser, er meldet sich, er heißt Ferdinand, er hat geschändet, er gönnt es dem Ferdinand des Buches nicht, er schlägt sich an die Brust, stolz und bekenntniswütig, voll Reue und Empörung, und Marietta, die kleine Schwule, das ist doch jene Leserin oder Nichtleserin, die Hinhörerin und Klatschträgerin, sie ist es, natürlich, sie ist schwul, sie wohnt am Hasensprung, jedermann weiß es, sie pocht darauf, auch sie empört und stolz, sie rückt dem Schriftsteller nahe, sie geht in die Literatur ein, und manchmal verlangt sie von dem Verleger des Buches Alimente.

Ernest Hemingway hat seinem letzten Werk »Über den Fluß und in die Wälder« eine Bemerkung vorangeschickt: »Im Hinblick auf die gegenwärtige Tendenz, Romancharaktere mit wirklichen Menschen zu identifizieren, erscheint es angebracht, festzustellen, daß in diesem Buch keine richtigen Menschen vorkommen; beides, die Charaktere und die Namen, sind erfunden. Die Namen oder Bezeichnungen irgendwelcher militärischer Einheiten sind erfunden. Weder sind lebende Menschen noch existierende militärische Einheiten in diesem Buch dargestellt.«

Die Mode, die Wirklichkeit mit ihrem Spiegelbild in der Literatur zu identifizieren, scheint international zu sein.

Es ist eine uralte Geschichte. Schon Aristophanes hatte den Ärger. Ich kenne nicht die Doktorschriften, die das Wesen des Schlüsselromans untersuchen, aber ich glaube, der Begriff ist heute nicht mehr genau definiert, und er wird falsch verstanden und falsch angewandt. Der »Roman à clef« des 16. Jahrhunderts war eine aristokratische Gesellschaftsunterhaltung, eine Art Ratespiel, und die Lösung, der Schlüssel, wurde mit dem Buch verkauft. Was später Schlüsselroman genannt wurde, war unbequeme Literatur, Dichtung aus der jeweiligen Gegenwart, deren Art und Ort der Schriftsteller anders, kritischer, schwärzer, rosiger, moralischer oder unmoralischer sah als die Zeitgenossen, die aber doch ihr Leben, ihre vie intime, Haus, Weib, Kind und Obrigkeit in der Erzählung des Schriftstellers wiederzuerkennen meinten, wenn diese Schilderung auch keineswegs der Vorstellung entsprach, die sie selber von sich und ihrer Umwelt hatten. Um nur ein paar Namen von vielen zu nennen: Goethe, Balzac, Stendhal, Zola, Flaubert, Maupassant wurden beschuldigt, nach Vorbildern aus der Wirklichkeit geschrieben zu haben. Als Strindberg 1879 seinen Roman »Das rote Zimmer, Schilderungen aus dem Schriftsteller- und Künstlerleben« veröffentlichte, gab es in Stockholm keinen Theatermann, keinen Journalisten, keinen Literaten und keine Frau dieser Kreise, die sich nicht beschrieben fühlten und sich nicht beleidigt glaubten. Man grüßte Strindberg nicht mehr. Man pöbelte ihn an. Man drohte ihm mit dem Stock. Man fiel ihm in den Rücken. Man versuchte, sich zu rächen, wo kein Anlaß zu einer Rache gegeben war. Was hatte Strindberg getan? Er hatte seine Zeit beschrieben; er hatte versucht, die geistige Temperatur des Stockholms der siebziger Jahre zu messen. Er hat sie genau gemessen. Dem Norweger Hans Jäger ging es mit seiner »Christiana-Boheme« und mit seiner »Kranken Liebe« nicht anders. Marcel Proust wurde vorgeworfen, die Gesellschaft des Faubourg Saint-Germain gleichsam photographiert zu haben; man zeigte literarisch interessierten Fremden in den Salons die angeblichen Urbilder der »Verlorenen Zeit«, und die Mitglieder des Jockeyclubs warfen sich gegenseitig, als von Proust zu lila gefärbt, aus den Clubräumen. James Joyce durfte sich in Dublin nicht sehen lassen, Sinclair Lewis mußte die Mainstreet meiden und den Babbits aus dem Wege gehen. Malaparte wurde von Capri vertrieben. Was hatten sie getan? Sie hatten ihre Zeit geschildert, sie hatten ihre Geschichten nicht an einem imaginären Ort, nicht in einem Wolkenkuckucksheim angesiedelt, und sie hatten's getroffen, nicht die einzelne Person, sondern das Allgemeine, nicht den speziellen Vorfall, sondern die Zeit und damit die Nähe und das Ärgernis. Thomas Mann wurde bei den »Buddenbrooks« und beim »Zauberberg« des Schlüsselromans verdächtigt, die Novelle »Wälsungenblut« mußte er aus Gründen des Familienfriedens aus dem Verkehr ziehen, und der Komponist Schönberg beschwerte sich laut, weil er sich im »Doktor Faustus« geschildert und persifliert glaubte.

Meinem Buch »Tauben im Gras« ist die Ehre widerfahren, den Klatsch kleiner Kreise zu beleben, die wähnen, die Welt zu sein. Ich höre, lese und staune, daß ich den und jenen beschrieben und manche Innenseite nach außen gestülpt haben soll. Dabei wollte ich nur einen Tag meiner Zeit einfangen, die Zeit und ihre Menschen beschreiben, wie ich sie sehe und empfinde, ich habe an keine bestimmten Personen, an keine bestimmten Vorgänge des Lebens gedacht, ich wollte das Allgemeine schildern, das Gültige finden, die Essenz des Daseins, das Klima der Zeit, die Temperatur des Tages, und ich scheine, mehr als ich vermuten durfte, das Verbreitete und das Bezeichnende getroffen zu haben, denn wie wäre es sonst zu erklären, daß sich für einige meiner Romanfiguren in den Unterhaltungen gleich *mehrere* Bewerber, *mehrere* angebliche Urbilder gemeldet haben, und darunter, was mich befremdet, Leute, die, wäre mein Roman ein Bühnenstück, die Rollen nicht spielen könnten; sie bringen nichts dafür mit, sie wären Fehlbesetzungen. Dieses Geschehen bliebe privat und nicht erwähnenswert, wenn sich nicht eine Zeitung, die den Roman in ihrer Literaturbeilage sehr freundlich begrüßte, zum Sprachrohr der Gekränkten gemacht hätte, der angeblich und ganz gegen meinen Willen von mir Gekränkten. In einer mir gewidmeten Polemik schreibt das Blatt den schönen, oben zitierten Satz über das schriftstellerische Gewerbe: »Es geht vielmehr darum, ob es sittlich vertretbar sei ...« (Siehe oben!) Da haben wir's. Der elende Skribent ist ein Astlochgucker! Mich stattet dazu noch die Zeitung mit einer Miniaturkamera im Knopfloch aus, und in einem Gespräch soll man ernsthaft vermutet haben, ich schleiche in der Nacht mit einem Scherenfernrohr um die Häuser, denn sonst könne ich es doch nicht wissen, ich sei doch nicht dabeigewesen.

Nein, ich war nicht dabei! Ich besitze keine Kamera und kein Scherenfernrohr, ich muß die Herrschaften enttäuschen und leider auch erschrecken: der Vorgang ist viel einfacher und viel, viel unheimlicher. Der Skribent sitzt zu Hause an seinem Tisch, er saugt sich's aus den Fingern, er richtet seinen Blick ins Leere oder ins Schwarze oder Helle, und sein Blick durchdringt die Türen, die Mauern, die geschlossenen Jalousien, er dringt durch die Kleidung, er dringt ins Herz, und er sieht im Herzen der Menschen die Wahrheit, die Süße und die Bitternis des Lebens, sein Geheimnis, seine Angst, seinen Schmerz, seinen Mut. Gegen diese Durchleuchtung kann man sich nur wehren, indem man die Bestie wieder in den Kindergarten einer »Schrifttumskammer« sperrt, um sie dort mit bukolischem Salat oder völkischem Kraut zu füttern. Solange wir aber noch nicht wieder eingepfercht sind, werden wir uns, werde ich mich auf der Weide des Lebens, im Umkreis der Zeit tummeln.

Rede zur Verleihung des Georg-Büchner-Preises 1962

Herr Minister, Herr Oberbürgermeister, Herr Präsident, lieber Walter Jens, liebe Kollegen, ich danke dem Land Hessen, ich danke der Stadt Darmstadt, ich danke der Deutschen Akademie für Sprache und Dichtung tiefbewegt für die mit dem verehrten und lieben Namen Georg Büchners so hoch geweihte Auszeichnung, die Sie mir verliehen haben.

Sie sehen mich, meine Damen und Herren, mit einem Manuskript vor Ihnen stehen, doch enthalten diese Blätter leider nicht die Büchnerrede, die Dank- und Preissage, die Sie, was mich nun schon seit Wochen schwer bedrückt, üblicherweise, nach schöner Tradition und mit Recht von mir erwarten. Es ist etwas Schreckliches geschehen. Je mehr ich mich mit der Rede, die ich halten wollte, beschäftigte, je mehr Bücher ich aufschlug, je gelehrter ich wurde, desto unfähiger fühlte ich mich, meine Rede zu vollenden und sie Ihnen gar vorzutragen. Es wuchsen und steigerten sich unüberwindliche Hemmungen in mir und ließen mich langsam verzweifeln. Ich bin, glaube ich nun, nicht zuletzt deshalb Schriftsteller geworden, weil ich kein Handelnder sein mag. Ich liebe es nicht, mich auf den Markt zu begeben und zu reden. Ich bin kein Mann des geselligen Mittelpunktes. Ich bin ein Zuschauer, ein stiller Wahrnehmer, ein Schweiger, ein Beobachter, ich scheue die Menge nicht, aber ich genieße gern die Einsamkeit in der Menge, und dann gehe ich in mein Zimmer, an meinen Tisch und schreibe oder versuche es wenigstens. Das Buch, das so vielleicht aus Welterleben und Klausur entsteht, gebe ich meinem Verleger, der sendet es in den Handel, und dann geht mich die ganze Geschichte nichts mehr an. Jedenfalls wünsche ich mir das, und vielleicht hoffe ich auch insgeheim, daß das Buch an meiner Statt erreichen könnte, was mir als Person versagt geblieben ist: zu sprechen, zu agieren, zu wirken, die Mitmenschen zu erregen, sie zu bewegen, wenn es gegeben ist, sie auch zu erfreuen, und, wenn es sein muß, sie zu ärgern. Ich scheue es aber unendlich, auf ein Buch hin von einem Leser angesprochen zu werden, und es ist wahrlich keine Rolle, die ich mir zurechtgeschneidert habe, es ist Wahrheit, wenn ich zu diesem Leser sage: ich weiß nicht, was in dem Buch steht, ich verstehe nicht, wovon Sie reden. Ich bedaure seit langem, daß ich in jungen Jahren nicht so klug war, mir einen Decknamen zuzulegen und ihn gegen alle zu verteidigen. Ich könnte dann meinen Nachbarn als Nichtstuer, der Welt als Rentner erscheinen und mir jeden Morgen zurufen: ach, wie gut, daß niemand weiß, daß ich Rumpelstilzchen heiß. Nachdem ich mich Ihnen nun als einen Autor vorgestellt habe, der sich zum Schreiben und nicht zum Reden und nicht zur Podiumdarstellung eines Schriftstellers eignet, werden Sie mir hoffentlich glauben, wie sehr mich die Vorstellung peinigte, mich in die Scheinwerfer dieses Saales stellen zu sollen. Doch diese Qual allein, schon schlimm genug, war es nicht, die mich, zu meiner Scham, die angefangene, philologisch, historisch, literaturgeschichtlich fundierte Büchnerrede nicht vollenden ließ. Denn, bedenken Sie, meine Damen und Herren, da war ja nun, und ärger, als ich mir selbst im Wege stand, Büchner. Es wird wohl erwartet, daß sich der Empfänger des Preises mit dem Namensgeber in ein gutes Verhältnis setzt. Wie aber konnte ich das! Wie durfte ich mich auch nur einen Augenblick in dieses Licht bringen, mich dem Genius gesellen, mich dem Schein der Unsterblichkeit aussetzen, ohne mich lächerlich zu machen? Georg Büchner war ein

Jüngling, als er starb, und hatte überdies, wie in Frankreich der neunzehnjährige Rimbaud, die Literatur schon hinter sich gebracht und sich dem Handel, der Forschung, der Wissenschaft, dem Abenteuer modernster Art zugewandt. Ich habe den Jahren nach schon mehr als zweimal Büchners Leben gelebt, doch er hinterließ uns ein noch in seinen Fragmenten vollendetes einzigartiges Werk; für unsere Literatur, schon in der Abendluft der Klassik, noch nahe den Gipfeln Schiller, Goethe, die den Horizont überragten, aber ihn auch versperrten, der Anfang von etwas Neuem, noch gar nicht ausgeschöpft, erst jetzt begriffen. Büchner ist unser Dichter, er ist es heute – was hätte ich gegen ihn in die Waagschale zu legen? Und dann auch noch dies: wie sollte ich in dieser Stadt, in Büchners Stadt, vor seinen Landsleuten, vor Büchner-Kennern, Büchner-Freunden, Büchner-Gelehrten, vor seinen besonderen und eifersüchtigen Verehrern über Büchner sprechen? So darf ich nur von Herzen bekennen: Georg Büchner war mir am deutschen Himmel immer der nächste von allen Sternen.
Dennoch erhebt sich nun für mich die Frage, ich komme nicht umhin, sie zu erörtern – Sie haben mich ja mit Ihrer Auszeichnung herausgefordert, Rechenschaft abzulegen, weniger vor Ihnen, als vor mir –, ob ich diesen mit Büchners Namen geschmückten Preis überhaupt verdiene. Ich berichtete schon, daß ich nach meinen geschriebenen, gedruckten, verkauften oder nicht verkauften Büchern nicht gefragt werden mag, und ich weiß wirklich nicht, was von ihnen zu halten wäre. Jedenfalls geben mir meine abgeschlossenen, veröffentlichten Arbeiten nicht den Mut, Ihren Preis mit gutem Gewissen zu empfangen. Einzig allein die Gabe, das Geschaffene zu vergessen, es weit hinten, es in der Vergangenheit zu lassen, es seinem eigenen Schicksal zu überlassen wie ein fremdes Ding und an das neue Buch, das noch nicht geschriebene, das noch nicht beendete zu denken und von ihm zu wünschen, von jedem neuen Werk, daß es ein gutes Buch werden möge, was sehr viel wäre, und daß es meiner »halben, irrgewordenen Zeit« mit Fragen und mit Zweifeln beistehen soll, sich zu erkennen,

rechtfertigt mich für mich, den Büchnerpreis, wenn ich ihn nicht als Krönung, sondern als Förderung betrachte, anzunehmen.
So gesehen, meine Herren Preisstifter, bewundere ich Ihren Mut und Ihre Treue zu Büchner, denn Sie haben Ihre Gunst einem Menschen zugewandt, der nicht ausgezogen ist, um öffentliche Ehren zu erwerben. Daß ich hier unter Ihnen weile, angesprochen von Männern mit Titeln, Würden, Ämtern erfüllt mich mit tiefer Verwunderung und, lassen Sie es mich gestehen, auch mit Mißtrauen. Georg Büchner hat den Büchnerpreis nicht erhalten, und wenn es damals in Hessen, ich weiß es nicht, Dotationen für die Literatur, die Fürsten waren ja manchmal Mäzene, gegeben haben sollte, Büchner wäre nicht unterstützt, nicht geehrt worden, nicht für »Dantons Tod«, dem Trauerspiel der Revolution, das nicht nur Könige, sondern auch Revolutionäre erschrecken müßte, nicht für »Woyzeck«, den armen Menschen schlechthin, dem nie eine Gemeinschaft helfen wird, es sei denn, sie hoffe, ihn für ihre Zwecke mißbrauchen zu können, nicht für »Leonce und Lena«, dem Lustspiel, das aus eines Jünglings Schwermut leuchtet und am Rande der Verzweiflung, nicht für »Lenz«, der Apologie und der Pathopsychologie der verletzten, der erstickenden Jugend, und die einzige Auszeichnung, die Georg Büchner zuteil geworden, war ein Preis auf seinen Kopf: ich meine den Steckbrief, der hinter dem Flüchtling erlassen wurde. Und, meine Damen und Herren, ich finde das heute noch in Ordnung und ins rechte Maß gerückt. Da ich als junger Mensch so dahinlebte und allmählich und fast ohne mein Zutun Schriftsteller wurde, wahrscheinlich, weil ich gar nichts anderes werden konnte, da sah ich, aber ich dachte nicht einmal im Traum an so etwas, nicht diese Feier vor mir oder irgendeine ähnliche Feier, eines Tages, in der Ferne, einer Erfüllung gleich, sondern, ich nahm das Wort meines Klassenlehrers ernst und nahm es trotzig auf, eingebildet und verwundbar wie Jünglinge sind, Koeppen, wenn Sie so weitermachen, enden Sie hinter den Zäunen, und ich spitzte mich mit hartnäckiger Ziellosigkeit darauf, wie Lenz in

einer Straße in Moskau oder anderswo zu enden, am frühen Morgen, vor den Besen der Straßenkehrer, von der Laune oder dem Erbarmen eines Aristokraten ins Grab gelegt oder wie Gérard de Nerval in einer verrufenen Gasse, den Strick um den Hals, an einer roten Laterne. Das war mein erster Ehrgeiz. Romantisch, hochmütig und sehr naiv. Nicht, daß ich besonders liebte, was man mit einem dummen Ausdruck das Laster nennt. Ich hatte in meinem Leben nicht viel mehr mit ihm gemein als mit Generalen oder mit Gerichtspräsidenten. Aber ich sah den Dichter, den Schriftsteller bei den Außenseitern der Gesellschaft, ich sah ihn als Leidenden, als Mitleidenden, als Empörer, als Regulativ aller weltlichen Ordnung, ich erkannte ihn als den Sprecher der Armen, als den Anwalt der Unterdrückten, als den Verfechter der Menschenrechte gegen der Menschen Peiniger und selbst zornig gegen die grausame Natur und gegen den gleichgültigen Gott. Ich habe später von der engagierten Literatur reden hören, und es verblüffte mich dann schier, daß man aus dem Selbstverständlichen, so wie man atmet, eine besondere Richtung oder eine eigene Mode machen wollte. Der Schriftsteller ist engagiert gegen die Macht, gegen die Gewalt, gegen die Zwänge der Mehrheit, der Masse, der großen Zahl, gegen die erstarrte faule Konvention, er gehört zu den Verfolgten, zu den Verjagten, und wenn er sich der Macht unterwirft, sich mit der Herrschaft verbündet, sich von der sterbenden Sitte, der dominierenden Partei und der Stunde bezahlen läßt, mag er vielleicht noch zu formaler Meisterschaft gelangen, bewunderungswert, aber er hat seine Seele eingebüßt, seine Berufung, seinen geheimnisvollen Auftrag, die Zukunft verraten, und sein wohlgedrechseltes Wort hallt kalt. Ich gehöre zu einem Stand, der vor allen anderen berufen ist und sich nicht scheuen darf, wenn es sein muß, ein Ärgernis zu geben.

Ich zähle aber auch, ich kann es nicht ändern, zu einer Generation, die leider nicht die Unmenschlichkeit, die Macht in ihrer bösesten Gestalt genug geärgert und bekämpft hat und deshalb der Welt zu einem Ärgernis geworden ist. Ich las in Elio Vittorinis »Offenem Tagebuch« gerade den Satz: mein Buch gehört meiner Generation. Ich wollte dem zustimmen. Natürlich gehört ein Werk zur Ernte der Generation seines Urhebers. Aber wie ist es, wenn der Autor mit seiner Generation zerfallen ist, oder wenn er sich von dem Lebensabenteuer seiner Generation abseits hält? Ich war, als Hitler zur Macht kam, beschäftigt, meinen ersten Roman zu schreiben, und es ist sicher, daß meine Generation, die damals und mit mir jungem Menschen es waren, die Hitler trugen, stützten, inthronisierten, und es war die von mir, dem einzelnen, dem Außenseiter von Beginn an als schrecklich, als unheilvoll empfundene Bewegung doch das Abenteuer, die Aufgabe, die es zu bewältigen galt, das Glück und das Unglück meiner Generation. Es waren unsere und leider auch meine Jahre, die da verbrannten, für mich, der ich nicht mitmarschierte, nicht in der braunen Reihe ging, verlorene, erlittene, sprachlose Jahre. Aber wie stand es mit den anderen, den Anhängern, den Trägern der Bewegung, die sich doch nun, diese ihre Jahre lang, in einer an sich beneidenswerten Weise erfüllen konnten, die Kommandeure, Gouverneure, Gauleiter, kleine Könige und leider auch Henker wurden, und denen, wie es in ihrem Liede hieß, Deutschland und für eine Weile auch Europa gehörte? Ich verabscheute meine Generation, es erboste mich ihre Bravheit der Kälber im Pferch des Metzgers, und als ich mit ihnen zur Musterung gehen mußte und am nächsten Morgen in der Deutschen Allgemeinen Zeitung von einem meiner Generation einen sich selbst aufgebenden panegyrischen, gleichsam stiefelleckenden Artikel las, der Jahrgang 1906 ist angetreten, da hätte ich trotz Büchners Warnung, »daß jeder, der im Augenblicke sich aufopfert, seine Haut wie ein Narr zum Markte trägt«, auf die Straße gehen und schreien mögen. Aber die anderen? Ich frage mich, wo ist der Stendhal des Nationalsozialismus, der Mann, der Dichter, der Napoleon liebte und der sich sein Leben lang von der Teilnahme an seinen Feldzügen geadelt fühlte? Wer liebte, von allen, die teilnahmen, Hitler, wer fühlte sich durch den Blick dieses Führers geadelt, und wer schrieb den Roman dieses Aufbruchs und beschrieb die Leere, den Ekel und die Verzweiflung, die ihn doch überkommen haben müssen, als diese Macht, der er sich verschrieben hatte, so elend zusammenbrach? Dieser Mann, dieser Dichter würde uns, gäbe es ihn, in Verlegenheit setzen. Aber es gibt ihn nicht. Zum Glück. Und so darf man es wohl als eine Ehre der deutschen Literatur betrachten, daß Hitler und die seinen von keinem Dichter begleitet wurden! Aber nun meine Generation, die doch, als die Fahnen noch hoch wehten, jubelte? Sie scheint mir nun, wo sie Talent zur Literatur hatte, die wahrhaft geschlagene, die ganz und gar verlorene, die vom Teufel geholte Generation gewesen zu sein, und ich möchte meinen Büchnerpreis mit für die annehmen, die für immer verstummt sind, die umkamen, die vertrieben waren, die als Emigranten ihr Dasein fristeten, die zum Freitod gezwungen wurden, die tragisch in des Unmenschen Schlachten fielen. Wir sind wenige, die übriggeblieben sind, und für viele war es dann, man spottete: »vierzigjährige junge Dichter«, zu spät.

»Friede den Hütten, Krieg den Palästen!« Ich hätte mich gern dem Ruf des »Hessischen Landboten« verpflichtet. Aber ich mußte erkennen – und dies fing schon bei Büchner an: »Mästen Sie die Bauern, und die Revolution bekommt die Apoplexie« –, daß es immer schwieriger wird, die Hütten und die Paläste auseinanderzuhalten. Zuweilen flüchtet die Freiheit in den unterhöhlten Palast, und aus der Hütte tritt der neue Zwingherr. Der Schriftsteller ist kein Parteigänger, und er freut sich nicht mit den Siegern. Er ist ein Mann, allein, oft in der traurigen Lage der Kassandra unter den Trojanern, er ahnt immer, wo die ewige Bastille steht und wie sie sich tarnt, und seine bloße, seine unzeitgemäße, seine ungesicherte, seine täglich erkämpfte vogelfreie Existenz zersetzt doch allmählich jede Mauer. Die Trompeten von Jericho, was waren sie denn als ein Gedanke, der gedacht und schließlich verstanden, als ein Wort, das gerufen und endlich gehört wurde? Doch keine Toten in Jericho! Der Schreibende, der Beschreibende darf nicht hassen, und

selbst der Henker der Bastille verdient Mitleid mit seinem schwarzen Schicksal.
Meine Damen und Herren, ich sah neulich, wie vielleicht auch Sie, eine Dokumentation des englischen Fernsehens, die das Fernsehen in aller Welt zeigte. Es war die denkbar grausigste, von Gott verlassenste und gänzlich irrsinnige Geschichte. Da saßen in Hütten und Palästen, aber vor allem in Hütten, in Hütten uns fast schon unvorstellbarer Armut Menschen, zerlumpte Menschen, hungrige Menschen, weiße, braune, gelbe, schwarze, jeglichen Alters und Geschlechtes vom Säugling bis zum Greis und blickten gebannt, verzückt, gläubig, rührend, gutwillig in den neuen Zauberspiegel und hofften, daß nun die Welt mit ihrer ganzen Fülle zu ihnen komme, und sie sahen – ich muß hier einschränken, nur in der westlichen Welt, im Osten ist es wieder auf andere Weise traurig – neben der Allerweltsmarkenreklame und den sturen Weisungen des großen Bruders, ihres jeweiligen kleinen Diktators, überall nur eine dumme Ziege in einem Abendfetzen, die, ein Cocktail- oder Sektglas in der Hand, ein verkauftes starres Lächeln im Gesicht, ein dummes Lied sang, oder sie sahen und hörten, noch schlimmer, Schüsse, Faustschläge, Fußtritte alter Wildwest- oder, am allerschlimmsten, neuester amerikanischer Kriegsfilme. So sieht die Kultur aus, die man in den Urwald und in die Wüste schickt, so eine Zivilisation, die an ihrer Paranoia zugrunde gehen wird. Wenn nicht der Schriftsteller, wenn nicht der Dichter, wenn nicht eine kommende Generation von Dichtern sich der menschenverwirrenden Apparate annehmen wird. Ich versuchte, Ihnen vom Schriftsteller als Einsamen, als Beobachter, als Außenseiter, als dem Mann allein an seinem Schreibtisch zu sprechen. Aber ich meine nicht den armen Poeten in seiner Dachkammer, den Künstler als Spitzweg-Erscheinung. Der Schreibende, so sehr er Mikrophon und Kamera und Scheinwerfer scheuen mag, wird sich dem neuen heraufziehenden Analphabetentum von Bildzeitungen, Comicstrips, Fernsehen und auf höherer Ebene von technischen Formeln, die uns manipulieren, automatisieren, vielleicht

zum Mond führen werden, stellen müssen. Robert Musil behauptete, man könne leichter prophezeien, wie die Welt in hundert Jahren aussehen, als wie sie in hundert Jahren schreiben werde. Ich meine, wir wissen nicht einmal, mit welchem Griffel sie schreiben wird. Diesen Griffel führen – und sei er ein Strahl, eine Lichtquelle, ein Unsichtbares aus Nichtmaterie – kann nur der Dichter, denn ohne die ihm geschenkte Gnade werden die Mitteilungsapparate der Gedanken, der Worte, der Bilder nur ein Geräusch erzeugen, Geräusch und Schatten und Wind und den letzten Tornado, der alles begräbt.
Ich bekenne mich zu Georg Büchner. Ich bekenne mich zu dem Beruf des Schriftstellers. Ich glaube an das Wort.

Er schreibt über mich, also bin ich

Eine Schulklasse fragte mich, warum schreiben Sie? Ich antwortete, ich weiß es nicht. Die Aussage befriedigte weder mich, noch die Schüler, die ich ernst nahm und nun enttäuschte. Unglücklicherweise war, was ich gesagt hatte, wahr. Hätte ich lügen sollen? Ich schreibe, um meinen Lebensunterhalt zu verdienen, um die Welt zu ändern, um für oder gegen etwas zu sein, um alle besser zu machen, um vor Gefahren zu warnen, Freundlichkeit zu predigen, Frieden zu fordern, Gerechtigkeit zu malen, oder einfach, um Texte zu erfinden, weil mir das Erfinden von Texten Spaß macht. Alle diese Antworten waren möglich und wären falsch. Der Schreibende steht als Beobachter des Lebens mit seinen wechselnden Gefühlen, seinem ehrlichen Entsetzen, dem mannigfaltigen Mitleiden, dem hilflosen Zorn, der bösen Verzweiflung an einem archimedischen Punkt außerhalb des Sozialgefüges. Er ist verführt, die Welt aus den Angeln zu heben, und sich der Aussichtslosigkeit bewußt. Der große amerikanische Schriftsteller William Faulkner kam zur Entgegennahme des Nobelpreises schwer betrunken, torkelnd in die feierliche schwedische Versammlung. Die

Hand des alten Königs mußte ihn stützen. Die Szene erhob sich über das Protokoll. Der König richtete den betrunkenen Dichter auf, dankte ihm und verneigte sich tief. Aber Faulkner wußte, daß er nicht zu ehren, ihm nicht zu danken war. Er hatte die Anstrengung des Schreibens auf sich genommen. Er wußte nicht, warum.
Was macht der neue Roman, wann bekommen wir ihn? Fragen an Goethe, Fragen an Gottfried Keller, Fragen an Robert Musil. Ungeduld oder Langmut der Verleger. Wo bleibt der zweite Band? Sorge um die Vorschüsse; sie sind vor der Hausbank nicht zu verantworten. Ein verlorenes Konto, rote Zahlen im Hauptbuch, der Steuerberater rät zur Abschreibung. Der Schriftsteller mußte essen. Er brauchte Geld für die Miete. Er kaufte eine Schreibmaschine. Er fuhr nach Venedig und schickte eine Ansichtspostkarte. Was man einem Anwalt zubilligt, einem Kaufmann sicher, einem Arzt selbstverständlich ist, neidet jeder dem Autor. Goethe rang in Venedig mit Iphigenie. Er reiste nach Ferrara, um Tassos Gefängnis zu sehen. Er mißtraute seinen Augen. Er fand die Zelle schäbig. Das war ein Verschlag für einen ungeliebten Hund. Goethe war standesbewußt. Er war es als Minister und als Dichter. An seine Tafel kam, es wurde im Journal notiert, Herr Hofrat von Schiller. Goethe hatte und verdrängte den Verdacht, daß fürstliche Mäzene undankbar sein könnten.

Ist der Schriftsteller ein Computer, seine Produktion ein Resultat bio-chemischer Reagenzien, die Menge seiner Leistung berechenbar? Flaubert, der nicht nur ein großes, auch ein seitenmächtiges Werk schuf, schrieb ein Blatt am Tag. In einer Gesellschaft bat man ihn, Sie sind doch Schriftsteller, einem abwesenden Freund eine Grußkarte zu schreiben. Flaubert ging in einen anderen Raum und blieb verschwunden. Nach zwei Stunden erinnerte sich die Gesellschaft an den berühmten Schriftsteller. Er saß an einem Tisch, die Karte vor sich, und sagte besorgt, so geht es vielleicht. Auf dem Papier stand geschrieben: freundliche Grüße.

Mein Verleger bat mich zur Messe in Frankfurt aus einem nicht abgeschlossenen Manuskript vorzulesen, das er als Buch schon angekündigt hatte. Ich tat so vor der erlauchten Versammlung von Kritikern im Hause Unseld. Sie zeigten mir ihr teilnehmendes Gesicht. Einige klopften mir sogar ermunternd auf die Schulter. Ich trug es schwer. Ich stahl mich aus der Gesellschaft. Ich wollte, wie Churchill, als er eine Schlacht verloren hatte, gut essen. In Frankfurt aber fragte man mich zur Buchmesse, haben Sie einen Tisch bestellt? Ich hatte nicht. Ich ging in Frankfurts Untergrund, in den U-Bahnhof Hauptwache. Da lagen damals noch auf dem kalten Zement die man Gammler nannte, damals die Blumenkinder, die jungen Hascher und die alten Wermuttrinker mit der Zweiliterflasche. War hier mein Platz und reserviert? Ich blickte sie alle freundlich an. Aber ich war schon wieder der Beobachter, unter ihnen, nicht der ihre. Zu dem Roman, aus dem ich in Frankfurt bei meinem Verleger gelesen hatte, schrieb ich keine Zeile mehr. Er war mir genommen worden. Ich allein verwarf ihn. Ging ich durch die literarische Welt als Moralist, erzürnter Vater eines entblößten Kindes? Es ist anders. Ich bin der Architekt, der den Bauplatz flieht. Das Haus ist gezeichnet, der Grundriß auf dem Brett. Mit dem Anfang ist alles gesagt. Jedes Wort ist nun zuviel. Geschriebene Seiten, ich vergesse sie. Ich kann mich nicht erinnern. Ich denke mir Neues aus. Ich jage einem Gedanken nach und verlaufe mich.

Marcel Reich-Ranicki wird mich nicht retten. Ich staune, daß er es versucht. Da er die Literatur liebt und für sie kämpft, bin ich verführt, zu glauben, daß ich bin.

J. Pierpont Morgan, mein Name und die kleinen Mädchen

Er war mit den Büchern da. Klingelte Sturm. Schleppte eine Wagenladung ins Haus. Drängte sich in den Fahrstuhl. Keuchte in die Wohnung, ins Zimmer, überanstrengt, dem Infarkt nahe, Schweiß auf der Stirn, riesendicke steinschwere Pakete, schichtete sie auf, ein Turm, nicht zu Babel, bei mir. In der braunen Pappe ruhten Bücher, von denen er sicher war, daß ich sie geschrieben hatte. Ich war mir nicht so sicher. Ich war verblüfft, selbst erschrocken. Hätte er ein Buch aus einer der Hüllen genommen, es aufgeschlagen, irgendwo, mir eine Seite vorgelesen, vielleicht würde ich ihn fragen, von wem das denn sei. Er konfrontierte mich mit meinen alten Ängsten. Ich will ja nicht, daß Sie das lesen, lenkte er ein. Erledigt, wollte ich ihm zurufen, es ist zuende, aber ich dachte es nur, schwieg. Ich konnte kaum noch atmen, als lägen die Bücher auf meiner Brust. Ich fühlte mich von dem Buchhändler, der das beschriebene Papier angebracht hatte, vergewaltigt, genötigt, von dem Bücherturm erschlagen. Der Mann wünschte meinen Namenszug zweihundertvierundneunzig Mal, wie er frohlockte, auf zweihundertvierundneunzig Titelblätter. Sie zweifelten also doch, daß ich diese zweihundertvierundneunzig Bücher geschrieben habe, die Buchhändlerkunden, sie wünschten eine Bestätigung, etwas, was man vorzeigen konnte, eine eidesstattliche Versicherung, ich sollte mich mit meiner Unterschrift zu meinem Werk bekennen. Zu meinen Untaten, hätte ich denken können.

Der Buchhändler war ein gewandter Mensch. Er glich dem, der dem Peter Schlemihl seinen Schatten abgekauft hat. Was bot er mir? Zweihundertvierundneunzig Leser. Ich bin Schriftsteller von Beruf und leugne, es sei ein Beruf.

Er war flink und überzeugend. Sagte, das haben wir gleich. Ich wandte ein, mir wird die Hand erlahmen. Er ging drüber weg, rückte einen kleinen Tisch in die Mitte des Zimmers unter die Lampe, stellte einen Stuhl für mich hin, zau-

berte eine Hand voll Kugelschreiber aus den Taschen seines Anzugs. Ich wehrte mich noch, ich habe nur eine Schreibhand. Er sagte, lächerlich.
Ich saß, er stand neben mir, mein alter Lehrer, mein großer Bruder, reichte mir mein Buch, aufgeschlagen die weiße Seite, ich erinnerte mich an Fräulein Solti, Eislaufkünstlerin, Lehrerin aus Masuren, an ihre Tänze auf dem zugefrorenen See, 1918, die Kanonen schwiegen, mir war weh zumute, dachte ich, ein Kind, an die Fische unter ihren begabten Füßen, und jetzt sah ich meinen Tod, als ich mit einem der Kugelschreiber eine Pirouette auf das unbefleckte Papier setzte. Der Buchhändler riß das signierte Stück an sich, schlug das nächste vor mir auf, das Eis wurde brüchig.
Ein Arzt sagte mir einmal, er könne aus der Schrift seiner Patienten Krankheiten erkennen und ihre Gedanken lesen. Ich hütete mich, bei ihm zu denken und zu schreiben. Ich beobachte aber, nicht uninteressiert, wie sich von Buch zu Buch meine Schrift in der Wiederholung meines Namens veränderte. Ich forschte nach einem Gesetz und fand, es gibt mich nicht. Mein Schreiblehrer, Herr Dargel aus Masuren, hatte dem Sechsjährigen schimpfend und strafend die Hand geführt, neben ihm stehend, über ihn sich beugend, eine Fesselung, die mich für mein Leben schlug, frustrierte und bald von Schreibmaschinen träumen ließ.
Herr Dargel prophezeite mir eine düstere Zukunft. Ich stimmte ihm bei, wenn mich meine Zukunft in Ortelsburg erwartete. Der Lehrer Dargel stärkte früh genug meinen Wandertrieb. Nach der hundertsten Unterschrift für den Buchhändler versetzten mich meine Gelüste nach New York. 29. East 36th Street, dort gibt es zwischen den respektablen Blöcken der einst vornehmen Peter Stuyvesant-Gegend einen Palast im Stil der Renaissance, nun niedergedrückt, es ist die J. Pierpont Morgan Library, ein wahrer, wenn auch kunterbunter Tempel für Literaturgläubige wie mich. Dieser Morgan war natürlich Millionär. Für ihn zeugt die Morgan-Bank in der Nähe der Wallstreet und mehr noch, finde ich, sein Museum. Ich mag Millionäre, die, sich der Vergänglichkeit bewußt, Kunst und Schrift-

tum und die Geschichte der Menschheit in bewahrende Ordnung nehmen. Allerdings kenne ich nur zwei Millionäre, die klug und traurig sind. Morgan hat gesammelt und in seinem falschen Renaissance-Palast untergestellt, was gut und teuer zu kaufen war. Ich weiß nicht, ob es ihn gefreut hat und ob er nachts allein, zufrieden oder gejagt, durch den Palast geschritten ist. Es stehen Möbel dort, die das Gesicht von Epochen bestimmten, es hängen Bilder da, die Schauriges aus jeder Zeit vorstellen und manchmal ein Weib, das für schön gehalten wurde, einst, die Sammlung ist aber vor allem der Schrift geweiht. Zeichen aus alttestamentarischer Unruhe, als der Mensch anfing, sich etwas zu notieren oder mit Gott zu streiten. Versuche, als die Völker ihr Alphabet fanden. Die Manuskriptkunst bis zum 16. Jahrhundert, Wege zum Himmel, Gesetze, Richtersprüche, Staatsverträge zur Hölle. Die Stundenbücher von Leuten, die Macht und Muße hatten, fromm zu sein. Die Gutenbergbibel, die Wiegendrucke, Munition für den Glaubenskrieg, der Sand der Erstausgaben, schließlich Balzacs Korrekturfahnen, ehrfurchtsvoll zu betrachten und in seines Denkens Sprüngen kaum zu entziffern. Morgan (oder einer seiner Jäger) sind in der großen Inflation nach dem Ersten Weltkrieg in Deutschland gewesen, als eine trockene Schrippe in Berlin eine Million Mark kostete, und haben dort die Bibliotheken gebildeter, nun verarmter Geschlechter aufgekauft. Das Museum besitzt die Urschrift der Verfassungen vieler Staaten, ob gut oder schlecht, echt oder unecht, der Anblick ist erregend, wenn man weiß, wie alles ausging. Die Abdankungsurkunde Wilhelms II. zu Morgan geflattert oder gefälscht. Morgan (oder seine Sucher) hätten den Nachlaß des deutschen Expressionismus für ein Butterbrot kaufen können. Ich fand da nichts. Das Museum erwarb später für sehr viel Geld das Erbe Strawinskys. Sie legten es zu den Partituren Mozarts in Mozarts Handschrift hinter Stahltüren. Ein Hort oder der Schutt des Lebens? Ich war aber angezogen, hingegangen, die Ausstellung zum 150. Geburtstag von Lewis Carroll zu besuchen, des selbstverzauberten Liebhabers kleiner Mädchen, die er in Alices

Wunderland führte, denen er Liebesbriefe schrieb und sie fotografierte, wenn es erlaubt war nackt, um zu bewahren, was vergänglich ist. »Some experts believe that Carroll's profile of Alice sitting with her head against the back of the chair is one of the finest works of photographic art ever produced.« Das alles hatten nun die Testamentsvollstrecker des J. Pierpont Morgan schön gesammelt, geordnet, kommentiert und sichtbar gemacht, dazu einen kommentierenden Katalog gedruckt, ich war ihnen dankbar, und es freute mich sehr.

Die Freude trieb mich fort. Ich war unglücklich, überdrüssig der Wehmut der alten Liebe. Ich machte meine kleine Odyssee durch Manhattan. Washington Square, Bethesda Fountain im Central Park, die Statue des Hans Christian Andersen, ich wollte mich dem Märchendichter zu Füßen setzen und allen Fröhlichen und allen Beladenen ein Märchen vorlesen, fühlte mich jedoch unwürdig und ruhte mich aus auf der Treppe zum Metropolitan-Museum. Kleine und große Mädchen, Buhlbuben in jeder Preislage und niemand, der mit mir sprach.

Auf der Queensboro-Brücke, ein Seiltänzer zwischen den United Nations und dem Tod, hoch über dem East River mit seiner merkantilen Nützlichkeit und ästhetischen Verstellung, stürzte ich mich nicht hinab. Waren es Wellen des Windes? Ich war zufrieden mit mir, mit meinem Verleger, mit den Druckern, den Buchhändlern, den Sammlern, selbst mit den Lesern. Ja, ich war glücklich, zu ihnen zu gehören, einer alten, doch jugendlichen Schar, fein, am Rande gedenkend des Homer und der anderen Märchensprecher, gar der charmanten Lügner, sie gernhabend, fürchtend allein die strengen Wahrheitsspucker, sie düngen die Galgenberge.

Also gerettet auf meinem Seil, noch nicht gedrängt in den düsteren Queens-Midtown-Tunnel zu den Flugzeugen nach Europa, oder, bleibt man zu lange in der einzigen Stadt, zu dem Friedhofsgürtel New Yorks, der Endmoräne im Volksmund. Ich schaffte das zweihundertvierundneunzigste Buch, das der Händler mir servierte. Meine steife

Hand wurde schon von Julia geführt, der schönen Unsichtbaren, die mich belebt; eine Leihgabe der Arno-Schmidt-Stiftung. Es war aber ein Taxigirl aus einer Bar in Harlem, die man nicht besuchen sollte und ich dir nicht empfehlen möchte. Auch wenn du in Onkel Toms Hütte warst, sie respektierst und magst, sie sind Rassisten aus Sklavenstolz und dazu noch Cineasten, wie die kleinen Mädchen schwarz und weiß, wenn sie zu bluten anfangen. Der Knüppel schwingt über deinen Gefühlen, das Messer zuckt in der trainierten Hand, du bist kein Schläger, grüner Heinrich, der Policeman schaut zu, seine Dienstwaffe ist sein Weltgebäude, der Lauf zielt immer auf dich, so Tag und Nacht. Julia, Spinnweb in der Dämmerung. Du greifst ins Leere. Es ist der Augenblick des wahren Glücks.

Vom Tisch II

Dies alles weiß ich nicht. Ich glaube, mich zu erinnern. Aber wer ist das, der sich erinnert? Der Unbekannte in diesem Zimmer, an diesem Tisch, vor Briefen, die an einen anderen gerichtet sind, der einmal gewesen ist? Vielleicht erinnert sich einer an mich. Oder ich erinnere mich für einen. Du bist es, den Erinnerung überfällt. Du erduldest Erinnerung. Vielleicht sind die Bilder wahr. Doch Lügen wären nicht weniger wahr. Ein intensives Studium hat mich dazu gebracht, nicht zu wissen, wer ich bin. Ich weiß auch nicht, wer er ist. Ich beobachte ihn, und wahrscheinlich beobachtet er mich. Ich sah ihn, wie er in dem Warenhaus vor dem Spiegel erschrak, vor diesem abscheulichen Wesen in dem häßlichen Anzug, den er nicht kaufen wollte. Und ich war auf der anderen Seite des Spiegels, wie er in einem Kleid, das ich nie haben wollte. Ich handele, du handelst, er handelt. Ich handele nie. Er, sie, es handeln mit mir. Ich habe die große Wohnung gemietet. Die Wohnung ist leer. Ich habe keine Möbel. Mein Mörder läuft vor mir oder hinter mir her von Zimmer zu Zimmer, es sind sechs oder acht, mit der Küche und den zwei Bädern; mein Mörder und ich, wir sehen uns nie, die Wohnung ist zu groß. Ich gehe und wasche meine Hände. Er geht in das andere Badezimmer. Ich habe scharfe Ohren und höre, wie das Wasser fließt. Hat er weiße Hände, rote, kurze, lange, Metzgerhände, Arzthände, lüstern nach dem Skalpell, die Laugenhände der Hebamme, die mich in die Welt hob, widerwillig? In der Schule die Geschichte von Pilatus. Der Lehrer erzählt sie gern. Er mag diesen Pilatus. Immer ereignet sich was. Ohne unser Zutun. Zum Glück nehme ich es nicht ernst. Die Scherzhaften. Hölderlin. Er weinte. Auch Bismarck weinte. Lag auf dem Sofa im Vorzimmer, in Tränen aufgelöst, Schluchzen erschütterte den mächtigen Leib. Er ertrotzte Verträge. Nahm er sein Denkmal ernst? Es ist alles meine Schuld.

Meine Mutter fürchtete die Schlangen. Dieser eine Satz und nicht mehr. Ich verirre mich. Der Satz mauert mich ein. Ich bewege mich im Kreis. Es ist ein Gefängnis. Meine Mutter fürchtete die Schlangen. Mit dem Kopf durch die Wand, über die Mauer mit einem einzigen Satz, Ausbruch aus dem Gefängnis, hinein in das Labyrinth. Das Labyrinth ist leer. Keine Wände, kein Boden, kein Dach. Keine Fallstricke, keine Gruben, keine Folter. Das ist das Geheimnis des Labyrinths. Kein Ausweg, wo alles offen ist. Ariadne, wann ließ sie mich stehen? Das Knäuel blieb in meiner Hand. Papier auf dem Tisch, Papier in der Schreibmaschine, Papier auf dem Bett oder unter dem Bett, unsichtbares Papier, unwirklicher Tisch, die Vision einer Maschine, die Buchstaben setzt, Wörter baut, sie zu Sätzen fügt, ach, des Spiels überdrüssig, und dann das Bett, dieses Grab, so gegenwärtig. Hell, daß es blendet. In Granit, nicht zu sehen, nicht zu fühlen, erstarrte Zeit. Lehrer Dargel zeigte das Tier im Bernstein. Der Bernstein war gelb, aus Königsberg, gestocktes Licht, knisterte an Dargels schwarzer Lüsterjacke. Aber das Tier? Welche Farbe hatte es? War es wie Asche? Gestorben in einem elektrischen Feld. Plötzlich? In Angst, lange bevor Kant auf das Meer sah? Mein Gehäuse ist

stumpf. Es ist ohne Eigenschaft. Fossile stammen aus einer Epoche. Ein Professor sagt es. Der Brockhaus. Das alte Unglück der Fossile. Wir freuen uns, den Bernstein gefunden zu haben. Lehrer Dargel nannte ihn das preußische Gold. Wir nehmen die Stücke, schlingen sie in die Kette, hängen Bernstein, versteintes Tier und Kette um den Hals der Frau, die wir würgen möchten. Das Tier überlebt in seinem Schweigen auch unser Unglück. Nichts trennt uns mehr; auf einmal sind wir beide Millionen Jahre alt. Die Zeit ist aufgehoben.
Ich hatte immer den Verdacht, daß es sie nicht gibt. Ich schreibe meinen Satz: meine Mutter fürchtete die Schlangen. Das Papier wird beschmutzt. Die Seiten häufen sich. Niemand wird sie finden. Bald ist es ein Buch.

Was wäre gewonnen, wenn man das Ich, den Erzähler wegließe und nur die Welt, die er, der nicht in Erscheinung tritt, beobachtet, zeigen würde? Das wäre ungefähr das von Robbe-Grillet in seinem Roman »La Jalousie« angewandte Prinzip. Aber Robbe-Grillet hat die Methode zu Tode gehetzt und ist gescheitert. Der Roman war ohne Leben. Dennoch ließe sich in der Art des Kameraauges manches so schön kalt berichten, überbelichten, durch die Lupe vergrößern, den Lauf anhalten, beschleunigen, die Bilder montieren, und der unsichtbare, aber ja doch wirkende Erzähler bliebe als Unperson von vornherein geheimnisvoll. Aber wie könnte man Empfindungen beschreiben, die er hat, die in ihm entstehen und leben, die ihn antreiben, wie beispielsweise die Wollust der Bewegung und des Frostes.

Plötzlich besessen von der Idee des Dialogs. Der Roman entwickelte sich aus einem Gemurmel. Plätschern einer Quelle. Zwei Stimmen, nicht zwei Personen. Erst allmählich wird deutlich, daß eine Geschichte erzählt wird, die Geschichte dieser Stimmen, die aber wahrscheinlich nur von einer Person ausgehen, die die Hauptperson des Romanes wäre, ohne daß sie als Gestalt in Erscheinung tritt oder vorgestellt wird.

Beispiel: Das Ich könnte von seiner Mutter sprechen, Nähe und Gefahr der Sentimentalität. Die Stimme dagegen spricht von einer Frau, distanziert und objektiv, die Stimme kann untersuchen, urteilen, verwerfen, grausam sein. Das Ich würde bei gleichem Verhalten zu einem zynischen Charakter werden, während die Stimme der unbeteiligte Analytiker bleibt, auch wenn es um die Mutter oder um ihn geht.
Wäre es möglich, nicht den inneren Monolog, sondern den inneren Dialog zu geben? Die Unterhaltung zweier Teilwesen einer gespaltenen Persönlichkeit, die weiter nicht vorgestellt wird. Die Teilwesen könnten gelegentlich auch den Eindruck der Selbstständigkeit machen. Sie hätten große Freiheit des Wechsels vom Ich zum Er, leicht sogar zum Du. Man könnte alle drei Formen verwenden.
Zurückdrängung der Direktheit. Die eigentliche Geschichte wie unter einem Schleier. Dies vielleicht die natürliche Distanz der Zeit von den Ereignissen der Jugend, und in der Distanz das Wirken des einzigen, des immerdaseienden Feindes, des Todes. Im Grunde alle Versuche der Rettung sinnlos. Spiel der Katze mit der Maus in einem Raum, der kein Mäuseloch hat.

Im Roman die Gehemmtheit, die Unkenntnis, das Zarte, Weltfremdheit, Angst und Torheit und die Belesenheit des damaligen Zustandes: Präsens.
Heute in der Erinnerung ein kritischer, aber auch sehnsüchtiger Kommentar. Der hoffnungslose Versuch der Korrektur des versäumten Lebens.
Das kleine Mädchen im Stadttheater. Die Begegnung wie sie war, auf der Treppe, vor dem Fundus. Die schüchternen, unterdrückten Erregungen. Dann im Buch die Erfüllung der Wünsche: ich ging mit ihr in den Fundus, griff sie, zerrte die Kostüme des Troubadour von der Leine, entdeckte Emmanuel, der uns belauschte.

Versuch einer Aufhebung der Zeit zu einer Gleichzeitigkeit allen Geschehens. Jeder Vorgang gegenwärtig, jetzt und

hier, in diesem Augenblick. Kein Vorher und kein Nachher. Weder Vergangenheit noch Zukunft. Oder anders: die Zukunft von morgen war schon gestern und vorgestern und von Anbeginn. Er tut nicht mehr dies und dann das; er tat alles und nichts. Doch die Zeit wird dadurch nicht weniger unheimlich, daß man sie ignoriert. Oder sich das vornimmt. Es ist eine Anstrengung. Es geht nicht. Ich sitze hier, erwachsen, und laufe zum Bahnhof, ein Kind. Bismarck steht vor mir, jetzt, hier, spricht oder schweigt.
Das radikale konsequente Heut der Vergangenheit ist schwierig und tückisch. Die Person verliert ihre Perspektive, gewinnt an Nähe, vielleicht an Fläche. Der Roman ist hoffnungslos und deprimiert. Die Vergangenheit nimmt die Zukunft mit. Alles ist eins und gleich. Dies mit den jeder Rücksicht baren Augen eines Individuums gesehen, eines Untiers in der Wabe. Die Bewegungen sind gelähmt, dennoch geschieht etwas, dauernd, aber ohne daß man eine Aktivität wahrnehmen könnte. Der konservative Roman eine Sinngebung des Sinnlosen, die Versuche konstatieren die Sinnlosigkeit des Seins. Eine Form, die, wie jede, einen großen Inhalt verlangt.

Morgenrot

Im Morgenrot stopfte ich, was ich erlebt hatte, in die Plastiktüte des Kaufhofs. Hatte ich die Isar gemocht, hatte mich ihr Anblick erfreut, würde sie mir fehlen morgen im Morgenrot? Ich glaube es nicht. Hatte ich hier gewohnt, war ich zu Hause gewesen? Mein Name unten an der Tür? Eine Verwechslung. Das Auto? Sonne, Staub, Blitze, der Regen, der Schnee. Sie werden es zudecken. Ein Hügel über einem Grab. Ein weiblicher Polizist schreibt einen Strafzettel, klemmt ihn hinter die Scheibenwischer. Ich werde die Verwarnung in den Wind schlagen. Im Flughafen standen echte Polizisten mit Maschinenpistolen. Sie tasteten mich ab. Sie hatten die Waffen. Es begann ein schöner strahlender Tag. Sie guckten in die Plastiktüte vom Kaufhof. Ich sagte, da liegt was war. Ich flog nach Frankfurt. Das ist ein beliebtes Spiel, die Welt zu meinen Füßen, das Land in meiner Hand. Ich wollte in Frankfurt nicht bleiben. Keine Bank würde einen Scheck von mir einlösen. Was ist man dann in Frankfurt? Verloren. Ich fragte nach Apfelwein. Sie hatten keinen an der Bar. Wieder durchwühlten schwer bewaffnete Polizisten die Papiere in meiner Tüte aus dem Kaufhof. Da ruhte die Geschichte. Die Geschichte gehörte mir. Aber sie gehörte auch den Polizisten. Ich hätte die Tüte den Polizisten schenken können. Ich hätte den Polizisten mit meinen Aufzeichnungen mein Leben gegeben. Doch fürchtete ich Komplikationen. Ich will nicht mehr in Schwierigkeiten kommen. Ich flog nach Berlin. Schon leuchtete mir das Abendrot.

Auf der Suche
nach dem
verlorenen Roman

Jakob Littners Aufzeichnungen aus einem Erdloch

Unser Wirt ist heute gestorben. Die geisteskranke Wirtin, statt sich um den Toten zu kümmern, sang in der Küche Choräle vom Antichrist. Im Garten blühen neue Rosen. Durch die schönen Zimmer des Hauses streift der Sommerwind. Von irgendwoher tauchte ein Sohn des Toten auf. Er nahm die Uhr und die Brieftasche des Verstorbenen an sich und verschwand wieder, lautlos, tränenlos, erregungslos, irgendwohin. Niemand dachte daran, für ein Begräbnis zu sorgen. Schließlich nahm sich Janina dieser Aufgabe an.

In der Zeitung lesen wir von den Siegen der Alliierten und von den schrecklichen Luftangriffen auf deutsche Städte. Hitler, von seinem Dämon getrieben, opfert ganz Deutschland seinem entsetzlichen Wahnsinn. Seit die Rote Armee uns in Zbaraz befreite, haben wir von Christa nichts mehr vernommen. Wir sind nun gerettet; aber um Christa, die so treu half, uns zu retten, sind wir in großer Sorge. Ich flehe zu Gott, daß er diesen guten Menschen nicht untergehen lassen möge in der blutigen, schmutzigen Todesdrift der Verbrecher in Deutschland.

Zbaraz kehrt nach der furchtbaren Zeit, die es erleben mußte, zu friedlichen Tagen zurück. Die Ernte des Sommers wird auf den Markt gebracht. Obst und Gemüse werden in großen Mengen angeboten. Die Bauern kommen wieder mit Milch und Topfen und manchmal mit einem Huhn in die Stadt, und sie sagen freundlich zu mir, »ein guter Topfen, eine schöne Milch, ein fettes Huhn, Herr«, und kaum will man noch der Erinnerung glauben, da ihre Wagen bei Nacht in das Ghetto kamen und die Habe der Erschlagenen fortführten. Inmitten des Marktes stand eine ältere Dame mit einem großen Tablett. Sie bot wortlos kleine, selbstgebackene Kuchen an. Ihr Haar war schneeweiß, und ihr Blick schien in die Leere zu gehen. Es war eine Jüdin aus Tarnopol, eines dieser Wunderwesen, die am

Leben geblieben sind. Sie stammt aus guten Verhältnissen; ihre Angehörigen liegen in den Massengräbern.

Nach unserer Rettung wurden wir in der ersten Zeit von der Roten Armee versorgt. Jetzt hat der Kampf um das tägliche Brot auch für uns wieder begonnen. Janina hat ihr Strickzeug in die Hand genommen, und ich versuche, mal hier, mal dort mich nützlich zu machen. Viele Familien geben uns Arbeit und unterstützen uns. Aber Zbaraz bleibt doch die Fremde für uns, der Ort der Verbannung und der Ort der Erduldung höllischer Qualen.
Am 7. November feierten die Russen das Revolutionsfest. Wir wenigen Juden zelebrierten in den Ruinen der Synagoge einen Dankgottesdienst. Ein Häuflein Überlebender und für ihr Leben Gezeichneter, kaum mehr als zwei Dutzend Menschen waren versammelt. In tiefer Trauer gedachten wir der unglücklichen Opfer. Wir beteten für sie und dankten Gott für unsere Rettung. Wir Lebenden sind auserwählt: Wir sind die Zeugen der Unmenschlichkeit und der Finsternis. Wir haben die Fratze des Menschen gesehen; werden wir uns je wieder an seinem Antlitz freuen dürfen und im Menschengesicht das Bild Gottes wiedererkennen? Zwischen den Trümmern der Synagoge fand ich die verkohlten Reste einer Thora und nahm sie mit dem Einverständnis der anderen an mich. Wohin mich mein Weg auch führen mag, wenn der Tod in Europa sein Werk getan hat (wer riß ihm die Türen weit auf?), die Thora, das verkohlte Stück Pergament mit den alten, heiligen Schriftzeichen wird mich in der Welt an die Unterwelt mahnen, an das Unwesen des Menschen, das in unerforschlicher Weise in seinem Wesen eingeschlossen liegt und das, wie mir scheint, durch ein Nichts, durch einen Wahn in jeder Sekunde und an jedem Ort schrecklich hervorbrechen kann.

Wir sind durch die Nacht gegangen. Ich weiß, ich habe keine bedeutende Rolle im Totentanz der Zeit gespielt, und war nur ein kleiner Komparse in der großen Inszenierung des Teufels. Ich habe Schreckliches erlebt; doch anderen ist

Schrecklicheres widerfahren. Aber es war für mich ein langer Weg von München nach München, eine Odyssee des Grauens, ein Abenteuer, wie ich es in keinem Buch gelesen habe, und wäre es ein Bericht aus dem finsteren Afrika. Ich bin in der Hölle gewesen. Und daß ich jetzt wieder in der Welt lebe, halte ich für ein Wunder. Ein Wunder geschieht nur durch Gott, Gott führte mich durch die Todesnot! Er und kein anderer

Eines Tages läuteten in Zbaraz die Glocken, und die Frommen bekreuzten sich, und die Russen ließen die roten Fahnen wehen, und auf dem Markt war ein Fest: Deutschland hatte kapituliert, der Krieg war aus. Wir fuhren nach Westen, und es war eine Fahrt durch das zerstörte Europa. Wir sahen die vernichteten polnischen Städte, wir sahen das verwüstete Krakau, wir fanden Prag in Unruhe, und schließlich saßen wir in einem Transportzug zusammen mit anderen Unglücklichen dieses Krieges, Verschickten und Verschleppten und dem Strandgut der Zeit, und reisten über zerstörte Brücken, über Gleise, die von Bomben verbogen waren, vorbei an ausgebrannten Zügen und an Lokomotiven, die wie umgefallenes Spielzeug neben der Strecke lagen, durch Bahnhöfe, die keine Bahnhöfe mehr waren, durch Städte, die in Trümmern lagen, nach München. Es war heller Mittag, ein Tag im August 1945, und als ich aus den Ruinen des Münchener Hauptbahnhofs kam, glaubte ich in einer Gespensterstadt zu sein. Ich fand vernichtet, was mir einst teuer war, und das Bild, nach dem ich mich in der Verbannung gesehnt hatte, wenn ich den vermessenen Gedanken dachte, wie es sein würde, als Mensch nach München zurückzukehren, das Bild war für immer verschwunden. Die Furie des Krieges hat die Stadt gezeichnet. Auch hier haben die Menschen Unsagbares erlebt, haben gelitten, sind gestorben oder wie durch ein Wunder gerettet worden. Mußte das alles geschehen?
Der Mensch ist des Menschen Feind. Einer schlägt den anderen. Das war immer so und wird immer so bleiben, sagen die Lauen, sagen die Geduldigen, sagen die Herzensträgen.

Könnte nicht endlich die Zeit anbrechen, da der Mensch empfindlich wird und des Menschen Schläge nicht duldet? Da kommen sie, die ich kannte und die den Krieg überlebt haben, aus ihren Kellern, aus ihren Verstecken, aus den Ruinen ihrer Häuser, stehen vor ihrer vernichteten Existenz und der schweren, ungewissen Zukunft und fragen mich: Was hätten wir tun können, wie hätten wir uns wehren sollen? Ich sah, wie im Ghetto die Juden starben, zusammengetrieben wie das arme Vieh, wie sie zitternd vor ihrem Grab standen und auf die Kugel warteten. Es war ihnen in keiner Weise gegeben, sich zu wehren, sie waren nur Opfer, nur Leidende, sie hielten die Maschine des Todes nicht in Gang. Aber war das große Volk der Deutschen ein Häuflein verlorener Juden? Was wäre geschehen – ich kann nicht umhin dies zu denken –, wenn Deutschland, das alte Deutschland, den Befehlen seines Molochführers nicht gefolgt wäre, wenn es aus Einsicht, Klugheit, Charakterstärke und Christlichkeit den Parolen des Krieges und der Unmenschlichkeit standhaften Ungehorsam entgegengesetzt hätte? Wenn kein Mann zur Armee, keine Frau in die Fabrik gegangen wäre und die Bewohner der Städte sich nicht gefügig den Bomben ausgesetzt, sondern geschrien hätten: Nein, wir wollen das nicht erdulden, wir wollen leben! – Wäre dann nicht die Macht des Dämon in sich zusammengefallen, ein Nichts geworden, und wir hätten über das Machtstäubchen lachen können, statt über den Staub der Städte weinen zu müssen! Bedenkt: Die Städte würden dastehen in alter Pracht, die Gefallenen würden leben, die Krüppel würden gehen und der Hunger wäre nicht in den Augen der Kinder, wenn ihr Nein gesagt, wenn ihr nicht eure Leiber, eure Kinder, eure Liebsten, eure Arme und euren Fleiß dem Unheil ausgeliefert hättet.

Haß ist ein schreckliches Wort! Haß, Wahnsinn und Verblendung führten das Unglück heran. Ich hasse niemanden. Ich hasse auch die Schuldigen nicht. Ich habe unter ihrer Verfolgung gelitten; aber ich maße mir nicht an, ihr Richter zu sein. Das Nicht-richten-wollen und Nicht-richten-können schließt aber auch dies ein: ich darf nicht vergeben, ich darf die Schuldigen nicht lossprechen. Die Taten, die geschehen sind, entziehen sich, meiner Meinung nach, jeder menschlichen Beurteilung. Nur Gott kann das Entmenschte richten, und er mag gnädig richten, wo alle menschliche Barmherzigkeit vermessen wäre.

Fische, die nach Luft schnappen

Elisabeth stand klein und schmal in der Schlange der Wartenden. Es gab Fische für eingetragene Kunden. Es waren ordentliche und demütige Leute. Der Fischhändler durfte zufrieden sein. Nur Elisabeth träumte von einem Zauberwort. Sie wußte das Wort nicht zu nennen, aber in ihrem Herzen klang es wie Rebellion, und es hätte alles geändert.

Der Himmel hing grau und trüb über der zertrümmerten Straße. Es regnete. Ein zäher, langweiliger, dreckiger Regen.

Elisabeth täuschte sich nicht. Die nackten Arme der jungen Fischhändlerin waren die Arme der Venus von Milo. Elisabeth kannte die Venus gut. Sie stand klein, verstaubt, ohne Arme und aus brauner Erde gebrannt zu Hause in dem dunklen Raum, den Frau Tietze ihren Salon nannte. Die schönen frostig feuchten Arme der Fischhändlerin die Venusarme, warfen den Fisch flink in die niedersinkende Schale der Waage und klatschten ihn in das Papier, das Elisabeth zum Einkauf mitgebracht hatte. Der Fisch näßte durch das schlechte Zeitungspapier. Der UN-Beschluß für Völkerverständigung zersetzte sich in der Meeresfeuchte. Elisabeth kam es vor, als ob der Fisch in ihren Armen immer schwerer und größer wurde. »Der Kultusminister für die Bewahrung der christlichen Kultur« wurde von der Schwanzflosse durchstoßen. Die Flosse leuchtete rot. Es war ein schillerndes Rot und ungeheuer fremdländisch im grauen Regen vor den Ruinen in der grauen Stadt.

Frau Tietze wartete schon. Obwohl sie wußte, daß man Stunden brauchte, um einen Fisch zu kaufen, glaubte sie doch, daß Elisabeth sie aus Bosheit warten ließ. Aus dem Volksempfänger drang ein leises Pfeifen wie von Mäusen, die sich im Loch versteckt hielten. Die Stimme des Diktators war verstummt. Frau Tietze fürchtete nichts so sehr wie die Stille. Im Moment äußerster Ungeduld hatte sie das Gesicht einer Mörderin: Ihre wütenden Augen blinkten wie die verzweifelten Jetaugen der ausgestopften Tiere.

Elisabeth wurde mit Vorwürfen empfangen. Es war sechs Uhr, Herr Behrend würde kommen. Wie konnte man Herrn Behrend warten lassen! Das Wasser im Kessel kochte, das Mahl mußte bereitet werden. Herr Behrend war eine Persönlichkeit!

Elisabeth ging mit dem Fisch in das halbzerstörte Badezimmer, das als Küche diente. Sie würgte an dem mürrischen Mitleid, das sie mit ihrer Mutter empfand. Herr Behrend war ein Hund, aber nicht nett, wie die wirklichen Hunde.

In der Küche gab es nur Scherben. Alle Schüsseln waren schon lange zerbrochen. Elisabeth legte den Fisch in die alte Zinkbadewanne. »Hier kannst du wohnen«, sagte sie. Aber war nicht diese Wohnung wie jede Wohnung nur eine Hinrichtungszelle?

Der Fisch leuchtete rot. Alle seine Schuppen glichen jetzt dem schillernden, überaus fremdländischen Rot der Flosse. Auf die Wände der Zinkbadewanne malte der Widerschein dieses Rot eine Sonnenuntergangsstimmung über einem südlichen Meer.

Elisabeth fühlte sich an etwas erinnert. Sie wußte nicht an was, aber es war bestimmt eine Erinnerung, und sie quälte sie. Vor dem Hause hörte sie das harte Pochen eines Zweitaktmotors. Es war Herrn Behrends Behelfslieferwagen. Herr Behrend hatte sein Revier, die Großmarkthalle, zur gewohnten Stunde verlassen. Elisabeth mußte Wasser im Kessel nachfüllen, sie mußte Zwiebel schneiden, Mohrrüben und Sellerie putzen.

Das Messer war stumpf. Der Scherenschleifer lag erschlagen unter den Trümmern. Seine kleine, helle Glocke rief nicht mehr. Elisabeth fürchtete, den Fisch mit dem stumpfen Messer nicht schuppen zu können. Sie langte zaghaft in die Wanne. Da richtete sich der Fisch hoch und schrie mit einer Stimme wie ein gewaltiger Donner: »Töte mich nicht, denn siehe, ich bin ein Flüchtling aus dem Atoll von Bikini!«

Natürlich war Elisabeth zuerst sehr erschrocken von der Wanne zurückgesprungen; aber bald ärgerte sie sich. Der Fisch hatte mit seinem Sprechen eine unmögliche Lage geschaffen. Er hatte in leichtfertiger Weise das sowieso schon gefährlich schwankende Gebäude der Konvention erschüttert, und Elisabeth wußte nun gar nicht, was sie machen sollte.

Im düsteren Salon, einem Aquarium aus Plexiglasscheiben, saßen Frau Tietze und Herr Behrend und warteten auf Schellfisch blau. Sie waren gewöhnliche Menschen mit vernünftigen Vorstellungen. Sie würden wegen eines sprechenden Fisches nicht auf das Abendessen verzichten wollen. Elisabeth war auf sich selbst gestellt. Sie mußte schnell und besonnen handeln. Sie hob, vor Anstrengung keuchend, den brandbeschädigten Läufer, der einmal die Treppe des Aufgangs für Herrschaften geziert hatte, und deckte ihn über die Badewanne.

Ein süßlicher, fauliger Fuseldunst gab der Luft im düstern Salon eine traurige Trunkenheit. Herr Behrend hatte Treberschnaps mitgebracht. Vor Plexiglasfenstern, Mauerrissen, herabhängenden Tapeten standen enttäuscht, beleidigt und jedermann feind verschiedene, einstmals in den Katalogen der Möbelhändler angepriesene Scheußlichkeiten. Auf einem Vertiko zitterten beim Vorbeifahren der schweren Schuttlastwagen zerbrochene Nippes, eine Muschel aus Binz und die braune, kleine, schöne, trübsinnig gewordene Venus ohne Arme. Im geschnitzten Rahmen des Spiegels steckte zerknittert der in glühenden Farben gedruckte Prospekt eines Sonnenunterganges »Mit Kraft durch Freude nach Madeira«, und Elisabeth wußte nun, woran sie der Fisch mit seinem privaten kleinen Sonnenuntergang in der Zinkbadewanne erinnert hatte. Frau Tietze zweifelte nicht, daß es ein Glück für Herrn Behrend wäre, nach den Anstrengungen seines Geschäftstages in der Großmarkthalle im Eigenheim einer Dame Glaube und Schönheit zu finden. Herr Behrend hatte außer dem Treberschnaps noch einen fetten, kugelrunden Edamerkäse mitgebracht.

»Nun, mein Kleines, wo bleibt unser Fisch?« Wenn Herr Behrend da war, nannte Frau Tietze Elisabeth immer »mein Kleines«. Es hörte sich an, als wäre ihr ein Bonbon im Halse steckengeblieben.

»Er war verdorben«, sagte Elisabeth, »ich habe ihn fortgeworfen.« Frau Tietze schien an dem Bonbon in ihrem Halse ersticken zu wollen. Sie suchte schweratmend nach starken Worten der Entrüstung, und doch zugleich der rührenden Klage. Elisabeth hob ihre Hand. Es war die Bewegung, mit der man prüft, ob es regnet.

Herr Behrend hatte Muße, Elisabeth zu betrachten. Biest, dachte er, bist 'n kleines, verdammtes Biest! Wächst heran! Leise wie 'ne Maus! Gar nicht gemerkt! Müßt 'n neues Kleid haben! Nicht meine Sache. Man sieht alles über's Knie! Dreizehn! Oder schon vierzehn? Natürlich hat sie 'n verschoben! Hat sie 'n verschoben, den Fisch! Kleinen Fisch verschoben! Möcht nur wissen, gegen was sie 'n verschoben hat, 'n kleinen Fisch!

Herr Behrend hätte gerne Elisabeth ein Zeichen gegeben, ein Zeichen, daß er sie durchschaut hatte und schweigen würde. Er fürchtete sich aber vor Frau Tietze. Er sah Elisabeth in einem neuen Licht, und das mußte geheim bleiben.

»Essen wir doch den Käse«, begütigte er.

»Wo liegt Bikini«, fragte Elisabeth, »ist es weiter als Madeira?«

Frau Tietze ahnte eine neue Bosheit des Kindes. Herr Behrend aber sah sich in seiner plötzlichen Sympathie für das kleine Mädchen nicht betrogen. Er hatte den »Gemüsehändler« gelesen, und Elisabeth gab ihm das Stichwort, sich als unterrichteten Mann zu zeigen. Er erzählte von den Atombombenversuchen im Atoll von Bikini und sagte, die Erde könnte man in die Luft sprengen. Diese Aussicht

schien ihn seltsamerweise zu befriedigen. Er schnitt gemütlich den Käse an.
»Dann gibt es keine Rettung«, sagte Elisabeth.
Herr Behrend hörte mit dem Käseschneiden auf. Er war unangenehm berührt. Frau Tietze fühlte eine Freude, die ihr fast die Brust sprengte. Hatte sie es nicht geahnt? Dieses Bikini, war es nicht nur eine Bosheit von dem boshaften Kind?
Elisabeth schüttelte traurig den Kopf. Sie sah sich mit dem Fisch draußen in der Wanne in das gleiche Schicksal gestellt und über die Erde fliehen. »Wohin wandern wir aus?« rief sie. Im düsteren Salon hörte man nur das Rieseln von Staub im geborstenen Gemäuer. Ein wilder Egoismus flammte die Stirn des kleinen Mädchens. Frau Tietze und Herr Behrend mochten umkommen. Sie hatten es ja so gewollt! Sie hatten ja die Welt so gewollt!
Elisabeth wurde zu Bett geschickt.
Ein unheimliches Biest! dachte Herr Behrend. Er schob den Käse beiseite. Er konnte den roten Edamer nicht mehr sehen.
Elisabeths Bett stand nicht auf festen Füßen. Die Bombe hatte eine Grundmauer des Hauses fortgerissen, und die winzige Kammer schwebte, von einem Balken dürftig gestützt, wie ein Ballon in der Luft. Und da Elisabeth, um sich vor dem von der geborstenen Decke fallenden Staub zu schützen, Tücher über das Bett gespannt hatte, war ihre Lagerstatt zeltähnlich geworden, ein Zelt in einem Luftballon, ein nomadenhaftes Provisorium auf ungewisser Wanderfahrt.
Müde vom langen Anstehen vor dem Fischgeschäft, müde von der Arbeit, müde von der Aufregung und erschöpft vom Hunger, denn Elisabeth hatte ja nun nichts zu essen bekommen, schlief sie ein. Der Fisch, der rotleuchtende Flüchtling aus dem fernen katastrophenbedrohten Meer, besuchte Elisabeth nicht in der Nacht. Sie war ein im Grunde so gesundes kleines Mädchen, daß es ihr nicht einmal im Traum einfiel, an den Fisch von Bikini zu denken.
Erst am anderen Morgen erinnerte sich Elisabeth an den

seltsamen Gast. Sie fand den Fisch tot und gar nicht mehr so großartig und leuchtend und rot in der Zinkbadewanne unter dem halbverbrannten, herrschaftlichen Treppenläufer. »Er ist an Heimweh gestorben«, sagte sie sich. »Er ist an Heimweh gestorben, wenn er auch ein Flüchtling war.«
Und Heimweh, unwiderstehliches, entsetzliches Heimweh empfand auch Elisabeth. Sie eilte in den düsteren Salon, räumte die leere Flasche des nach Fusel riechenden Trebers fort, bürstete die verstreuten, wachsweichen Rinden des in der Nacht doch noch gegessenen Käses vom Tisch und fuhr mit dem Staubtuch über das Vertiko, über die Nippes, die kleine Venus ohne Arme und über den wunderbaren Sonnenuntergang des Prospektes »Mit Kraft durch Freude nach Madeira«.
Gegen die undurchsichtigen, schmutzigen Plexiglasstreifen des Fensters klatschte von draußen schon wieder der drekkige Regen. Die Lastwagen karrten den Trümmerschutt aus der Stadt, und die Mauern der Ruinen schwankten.

Wahn

Ich kann nach bayerischer Überlieferung, aber ich kann auch nach italienischer, balkanesischer, chinesischer Manier essen, und heute abend denke ich an ein Menü nach französischem Geschmack. Ich habe die Wahl. Die Austern sind von der Air France hergeflogen. Gestern schwammen sie noch im grünen Meer vor Arcachon oder wohnten auf bretonischen Klippen, heute werden sie mir von einem liebenswürdigen Franzosen, der deutsche Philosophie studiert, auf Eis zu einem herben Landwein von den Schlössern der Loire serviert. Das Lokal ist burgundischer als Burgund. Ich habe, während ich die Austern esse und auf die Straße blicke, kein schlechtes soziales Gewissen. Der Taxichauffeur rechts könnte sich, wie ich, die Muscheln und den Wein gelegentlich leisten, wenn er wollte. Er will nicht, er zieht eine Schweinshaxe vor; es ist eine Frage der

Beschränkung oder des Geschmacks. Die Trecks sind angekommen, die Vertriebenen sind untergebracht, sie leben wie die Verschonten – eine bewundernswerte Leistung unserer Gemeinschaft. Die Apotheke links blinkt in Chrom und Kristall. Die Neonschriften versprechen verlorene Schlankheit. Die hübsche Apothekerin löscht gerade, wie eine Dame der Bühne, den goldenen Regen werbenden Lichtes. Ihr Freund wartet vor der, von einem Schüler Picassos entworfenen Tür. Der Freund fährt einen weißen Sportwagen. Das Verdeck ist zurückgeklappt. Der Abend ist mild. Das Radio spielt eine amerikanische Weise von der Schönheit Virginias. Die Mädchen sind angezogen wie in New York oder Paris, sie sind frisiert und geschminkt wie in London oder in Rom. Es sind keine BDM-Mädchen. Sie sind nicht spießig. Wir alle sind nicht spießig. Niemand scheint zu hungern; doch auch niemand scheint sich zu erinnern, warum er aus seiner Heimat vertrieben wurde. Ich lebe in der Bundesrepublik. Lebe ich im Paradies?
Ich bin dick geworden. Ich habe das nicht erwartet. Wenn ich in den Spiegel blicke, bin ich mir unheimlich. Ich sehe Caliban, das Ungeheuer, oder ich sehe den Braten, der für Caliban gemästet wird. Ich beklage mich nicht. Ich schaue die anderen Gäste an, ich betrachte wieder die draußen Promenierenden, und ich fühle, daß wir alle schlachtreif sind. Nun gut. Nach den Austern esse ich eine Ente à la rouennaise. Der Vogel ist zart und fett. Aber wer hatte Mitleid mit dem armen Tier? Haben sich nicht alle Erwartungen erfüllt? Wenn es in der Frühe klingelt, sollte es der Milchmann sein. Es ist nicht der Milchmann, der ist ein König und kommt nicht ins Haus, aber es ist auch nicht in biederem Loden der Mann vom Verfassungsschutz. Es ist der Telegrafenbote, und er bringt die Frage: wie leben Sie in der Bundesrepublik, antworten Sie gegen Honorar. Der Schriftsteller gehört in Deutschland nicht zu den Idolen der Nation, aber er trägt zu ihrem geistigen Stoffwechsel bei. Ich lebe also gut. Bin ich Hans im Glück oder das beste Persil, das es je gab? Selbst die Verleger und Redaktionen honorieren mir meinen öffentlich anerkannten Nonkonfor-

mismus. Warum also noch Unbehagen? Ein Kritiker meinte, ich leide an einem Überschuß an Magensäure. Aber ganz und gar nicht! Meine Krankheit ist zuviel fröhliches Dem-Tage-Vertrauen. Selbst diesen Kritiker schließe ich noch in meine Sanftmut ein.

Ich habe einen guten Paß, und die Reisegesellschaften meiner Landsleute überschwemmen die Erde. Sehen sie etwas, erleben sie was, lernen sie? Der Markusplatz ist ein deutsches Kaffeehaus, das Mittelmeer ein wahres mare germanicum, und zu Pfingsten gehört uns endlich Paris. Kraft durch Freude noch zu Füßen der Akropolis, Wochenendausflüge nach Madrid und bald nach Florida, keine Legion Condor, die Lufthansa breitet die Schwingen, und der Chef jagt auf der Safari das Rhinozeros. Ich freue mich, wenn ich von einer Reise in die Heimat zurückkehre. Ich freue mich, weil ich keine Angst habe. Die SS-Leute tragen nicht mehr den Totenkopf am Hut. Die Beamten sind höflich. Aber da sind die Stimmen! Auf dem Flughafen in Frankfurt, einer Kreuzung der Zauberteppiche, wird die Muttersprache penetrant. Hinter jedem Schalter läßt man die Welt am deutschen Wesen genesen. Es sind nicht die Worte, es ist der Klang. Man steht sehr klein im Universum und sieht es nicht ein. Man hätte die gute Chance, David zu sein, aber man mimt unentwegt den Goliath. Auf allen Reisen kauft man gegen feste deutsche Mark die alte Lüge, der Nabel der Welt zu sein. Man lebt verzweifelt irreal. Ein Wunder ist geschehen, das allzu oft zitierte Wirtschaftsglück. Nun hüllt man den Kopf in teure Tücher. Man leugnet, was war, man ahnt nicht, was wird. Vergessen sind die Toten, vergeben ist den Mördern, unsere Städte sind, versprachs nicht der Unhold, schöner denn je wiedererstanden: die Trümmer, die Ausstoßung, sie sind ein böser Traum, sie sind nicht wahr. Auch Fakten sind nicht wahr: Polen wurde viermal und für Jahrhunderte geteilt, Deutschland ist als Folge des Krieges und der Vermessenheit seit fünfzehn Jahren zerrissen; die große Hoffnung, die wir pflegen sollten, könnte Europa oder gar die Vereinigte Welt sein, aber unsere Redner fordern am Sonntag die Grenzen von 1938 und blicken gelassen und phantasielos auf eine tote Menschheit. Niemand bewegt ernstlich die Frage. Der Minister mag reden, was er will. Wir essen Austern oder Schweinshaxen. Wir sind nicht gerade begeistert, wir sind nüchtern geworden, aber unsere jungen Leute, unsere verschrieenen Trotzköpfe gehen brav in die Kasernen. Ein Notstandsgesetz mit allen Schrecklichkeiten der Diktatur wird erwogen. Für welchen Notstand? Der Verteidigungsminister erklärt, Rußland fürchte den Krieg. Gegen wen also will er uns verteidigen? Warum rüstet er? Der rote Führer fordert Abrüstung bis zum letzten Soldaten. Wir lachen hämisch und schreien: Utopie! Erregt uns solche Zukunft nicht? Glauben wir nur an das Schlechte? Warum nehmen wir den Kommunisten nicht beim Wort? Das Gesicht des roten Führers ist ernst. Seine Augen scheinen das große Leichenfeld zu sehen, zu dem uns Verwirrung machen kann. Vielleicht lügt der Russe. Ich weiß es nicht. Aber wenn er nicht lügt, bietet er den Frieden, und unser Lachen ist auf jeden Fall nur dämlich.

»Aber wollen Sie nicht Ihre Austern verteidigen, die schöne Apothekerin, den Sportwagen, den guten Paß, mit dem Sie überall hinreisen können, die das freie Wort nicht scheuenden Verleger und Redaktionen, das Recht, Ihren Beitrag zu veröffentlichen?« Gewiß will ich das, ich werde all diese Rechte bis zum letzten Atemzug verteidigen, aber ich halte nichts davon, als Volk wieder den Tiger zu spielen. Die Waffen haben uns zweimal geschlagen, die Generäle haben uns zweimal ruhmvoll in den Tod geführt. Sie haben nachher ihre Pensionen gefordert, in ihren Memoiren ihr Unterliegen in eine Gloire verwandelt, und in der »Soldatenzeitung« rufen sie zu neuem Sterben auf und schmähen den schlappen Staat, der ihren Altersschwachsinn bezahlt. Sollten wir es nicht einmal mit Freundlichkeit versuchen? Und sollte man nicht auch zu seinen Nachbarn hilfreich sein? Eine Doktrin, die nach einem Herrn Hallstein heißt, leugnet mit Morgenstern, daß nicht sein kann, was nicht sein darf.

Ich lebe in der Bundesrepublik, ein stiller Bürger, eine

schon überholte Spezies. Ich glaube nicht, daß ich noch lange so leben werde. Wunder sind nicht beständig. Schonfristen enden nach dem Kalender. Es schreckte nicht, wäre es nur Zukunft und Notwendigkeit. Aber ich entsetze mich, an anderer Leute Einsichtslosigkeit zu sterben. Ich mag bei uns manche Gesichter nicht, vom Teufel geholte, von der Zeit zerbrochene Masken des Todes, wie man hoffte, und wenn ich an 1945 denke, meine ich, daß von dort und damals eine Bewegung der Geschlagenen hätte ausgehen können, ein Glaube der Gewaltabsager, der Reumütigen, der Fahnenlosen, der Übernationalen, endlich der brüderlichen Menschen guten Willens schlechthin. Unser reproduziertes Biedermeier, wie es sich in Filmen, Illustriertenromanen, Heiratsanzeigen, Couleurbändern, rheinischen Narrenkappen und wieder eingeknickten Leutnantsmützen zeigt, ist so absurd wie widerlich. Manchmal möchte ich über die zarte Pflanze unserer Demokratie weinen; und in den stolzen An- und Abflügen, den hehren Begrüßungen und siegverkündenden Ansprachen von Wahn scheint mir doch Nomen Omen zu sein.
Ich bin Schriftsteller. Ein deutscher Schriftsteller. Ich möchte nichts anderes sein. Doch Hermann Kesten vergleicht unser bundesdeutsches schriftstellerisches Treiben mit einer Abendröte. Kündet sie die Nacht an? Bringt sie heitern Tag? Ich wage nicht, Kesten zu widersprechen; ich glaube nicht an den heiteren Tag.

Tauben im Gras

Flieger waren über der Stadt, unheilkündende Vögel. Der Lärm der Motoren war Donner, war Hagel, war Sturm. Sturm, Hagel und Donner, täglich und nächtlich, Anflug und Abflug, Übungen des Todes, ein hohles Getöse, ein Beben, ein Erinnern in den Ruinen. Noch waren die Bombenschächte der Flugzeuge leer. Die Auguren lächelten. Niemand blickte zum Himmel auf.

Ein Schrein, ein Altarschrein, ein ernster Schatten, Moder vermeintlicher und wieder verworfener Erkenntnis, eine wahrgenommene und nicht wahrgenommene Bedrohung, Brunnen der Hoffnung, täuschender Quell für die Dürstenden: mit seinen geöffneten Flügeln war der Bücherschrank ein unheiliges Triptychon der Schrift hinter der nackten Emilia. Für wen opferte sie sich, Priesterin und Hirschkuh in einer Gestalt, eine verkommene Iphigenie, von keiner Artemis beschützt, nach keinem Taurien entrückt? Die geerbten Bücher, die Prachteinbände der achtziger Jahre, die unberührten Goldschnittausgaben, die deutschen Klassiker und der Pharus-am-Meere-des-Lebens für den Salon der Dame, der Kampf-um-Rom und Bismarcks-Gedanken-und-Erinnerungen für das Herrenzimmer und dazu das Fach mit dem Kognak und den Zigarren, die Bibliothek der Vorfahren, die Geld verdient und nicht gelesen hatten, stand neben Philipps, des unermüdlichen Lesers, ins Haus getragener Büchersammlung voll Unrast und Zergliederung, das entblößte Herz, der sezierte Trieb. Und vor ihnen, den prächtig gebundenen und den zerlesenen vergebens befragten Bänden, vor ihnen und zu ihren Füßen gewissermaßen ruhte die Unbekleidete, die Erbin, die Hand zwischen den kindlich gebliebenen Schenkeln, und suchte zu vergessen, zu vergessen, was man nun Wirklichkeit nannte und Härte des Lebens und Lebenskampf und soziale Eingliederung, und Behude sprach von der nicht gelungenen Anpassung an die Umwelt, und alles bedeutete doch nur, daß es ein schlechtes Leben war, eine verfluchte Welt und die Sonderstellen verloren das Fein-heraus-Sein durch die glückliche Geburt, den Fall ins wohlbereitete Nest, was war nun am törichten Schmeichelschwall um ihr Kindesalter? ›Du bist reich, Schöne, du erbst, Hübsche, erbst das Großmütterleinvermögen, die Kommerzienratsfabrikmillionen‹, er dachte an dich, der Geheime diätlebende Kommerzienrat, der treusorgende *pater familias*, dachte an seine Enkelin, an die noch nicht geborene, beschenkte sie reichlich und reichlich sichernd und vorausschauend in seinem Testament, auf daß es dir gut gehe, Kind, und das Geschlecht blühen möge und immer noch reicher werde, brauchst nichts zu tun, er tat so viel, brauchst dich nicht zu mühen, er mühte sich und achthundert Arbeiter, ›für dich, Täubchen, schwimmst oben‹ (was schwimmt oben? was schwimmt oben auf einem Teich? Froschlaich, Vogeldreck, Faulholz, schillernde Farbflecke, unruhige Spektren aus Schmiere, Schlamm und Verwesung, die Leiche der jungen Liebenden), ›darfst feiern, Kind, Gartenfeste, du Hübsche, wirst immer die Ballkönigin sein, Emilia!‹ Sie wollte vergessen, vergessen die entwerteten Hypotheken, die enteigneten Rechte, die Reichsschatzanweisungen im Girosammeldepot, Papier, Makulatur, vergessen den unrentablen verfallenden Hausbesitz, die Bodenlasten, die unverkäuflichen Mauersteine, die Kettung an die Ämter, die Formulare, die gewährten und widerrufenen Stundungen, die Anwälte, sie wollte vergessen, wollte dem Betrügenden entlaufen, zu spät, der Materie entkommen, dem Geist nun sich hingeben, dem bisher nicht geachteten, dem verkannten, er war ein neuer Retter, seine schwerelosen Kräfte, *les fleurs du mal*, Blumen aus dem Nichts, der Trost in Dachkammern, wie-hasse-ich-die-Poeten, die-Pumper, die-alten-Freitischschlucker, Geist Trost in verfallenen Villen, ja-wir-waren-reich, *une saison en enfer: il semblait que ce fût un sinistre lavoir, toujours accablé de la pluie et noir*, Benn Gottfried Frühe Gedichte, La Morgue ist – dunkele-süße – Onanie, *les paradis artificiels* auf den Holzwegen, Philipp auf den Holzwegen, ratlos im Gestrüpp in den Fußangeln Heideggers, der Geruch nie wieder geschmeckter Bonbons auf dem Ausflug mit den Freundinnen, der Lido von Venedig, die Kinder der Wohlhabenden *à la recherche du temps perdu*, Schrödinger *What is Life?* das Wesen der Mutation, das Verhalten der Atome im Organismus, der Organismus kein physikalisches Laboratorium, ein Strom von Ordnung, du entgehst dem Zerfall im anatomischen Chaos, die Seele, ja, die Seele, *Deus factus sum*, die Upanischaden, Ordnung aus Ordnung, Ordnung aus Unordnung, die Seelenwanderung, die Vielheitshypothese, komme-als-Tier-wieder, bin-freundlich-zu-den-Tieren, das-Kalb-am-Strick-das-so-vor-dem-Garmischer-Schlachthof, das Geworfensein, Kierkegaard Angst tagebuchschreibender Verführer nicht zu Cordelia ins Bett, Sartre der Ekel ich-ekele-mich-nicht, ich treibe dunkele süße Onanie, das Selbst, die Existenz und die Philosophie der Existenz, Millionärin, war-mal, es-war-einmal, die Reisen der Großmutter, Wirkliche Geheime Kommerzienrätin, Onanie dunkele süße, Auers Gasglühlicht summt, wenn-sie-alles-in-Gold-angelegt-hätten, Beginn der Sozialversicherung, ich-sollte-kleben-für-mein-Alter, der junge Kaiser, Billioneninflation, hätten-sie-in-Gold, Soforthilfeabgabe fällig, das war Nizza, Onanie, die Promenade des Anglais, die Reiherhüte, in Kairo Shepheards Hotel, Mena House Hotel vor den Pyramiden, die Nierenkur des Wirklichen Geheimen Kommerzienrats, Austrocknung der Verschlammung, Wüstenklima, Photopostkarte, *carte postale* Wilhelm-und-Lieschen-auf-dem-Kamelritt, die Ahnen, Luxor das hunderttorige Theben, die Nekropolis, das Totenfeld, die Totenstadt, ich-sterbe-jung, Admet der junge Gide in Biskra *l'Immoraliste* Liebe ohne Namen, der Wirkliche Geheime starb *pompes funèbres* , Millionen, Millionen-nicht-in-Gold, die Abwertungshypothek, der Ammontempel, Ramses irgendeiner im Schutt, die Sphinx Cocteau: ich-liebe, wer-liebt-mich?, das Gen der Kern des befruchteten Eis, brauch'-mich-nicht-vorzusehen-zwölfmal-regelmäßig, der Mond, kein Arzt, Behude-ist-neugierig, alle-Ärzte-lüstern, mein Schoß, Körper-gehört-mir, kein Leiden, süße-dunkle-Schuftigkeit –

Die Schreibmaschinen blitzten im Neonlicht, und Philipp hatte die Empfindung, daß ihre Tastaturen ihn angrinsten: die Buchstabenfront wurde zu einem höhnenden offenen Maul, in dem das Alphabet mit bleckenden Zähnen nach ihm schnappte. War Philipp nicht Schriftsteller? Herr der Schreibgeräte? Ein gedemütigter Herr! Wenn er den Mund aufmachte, ein Zauberwort ausspräche, würden sie losklappern: willige Diener. Philipp wußte das Zauberwort nicht. Er hatte es vergessen. Er hatte nichts zu sagen. Er hatte den Leuten, die draußen vorübergingen, nichts zu sagen. Die Leute waren verurteilt. Er war verurteilt. Er war in anderer Weise verurteilt als die vorübergehenden Leute. Aber er war auch verurteilt. Die Zeit hatte diesen Ort verurteilt. Sie hatte ihn zu Lärm und Schweigen verurteilt. Wer redete, was redete man denn? (...) Philipps Blick schweifte über die Stellagen mit den blanken geölten Maschinen, den boshaften zu jedem Schabernack bereiten Erfindungen, denen der Mensch seine Gedanken, seine Mitteilungen, seine Botschaften, die Kriegserklärungen anvertraute. Dann sah er das Diktiergerät. Es war ein Tonaufnahmekoffer, wie er ihn von zwei Rundfunklesungen kannte, die er aufs Magnetophonband gesprochen hatte, und auf dem Apparat stand das Wort Reporter. Reporter heißt Berichterstatter. ›Bin ich ein Berichterstatter?‹ dachte Philipp. ›Ich könnte mit diesem Gerät Bericht erstatten, berichten, daß ich zu feige und zu unfähig bin, einen Kleister zu verkaufen, daß ich mich zu erhaben fühle, für Alexander einen Film nach dem Geschmack der Leute zu schreiben die draußen vorübergehen, und daß ich mir's nicht zutraue, den Geschmack der Leute zu ändern, daran liegt es, überflüssig und komisch bin ich, und ich finde mich überflüssig und komisch, aber ich sehe die andern, etwa diesen Geschäftsmann, der sich einbildet, er könne mir was verkaufen, während ich mich nicht traue, ihm einen Kleister anzudrehen, ich finde ihn nicht weniger überflüssig und komisch als mich!‹ Der Ladenbesitzer sah Philipp erwartungsvoll an. »Ich interessiere mich für das Diktaphon da«, sagte Philipp. »Es ist die beste Konstruktion auf dem Markt«, entgegnete der elegante Herr. Er war sehr beflissen. »Ein erstklassiges Gerät. Es macht sich von selbst bezahlt. Überall, auf Reisen, im Auto, im Bett können Sie Ihre Briefe diktieren. Probieren Sie es bitte–.« Er schaltete an dem Kasten und reichte Philipp ein kleines Mikrophon. Das Tonband lief von der einen Spule auf die andere. Philipp sprach in das Mikrophon: »Das Neue Blatt will, daß ich Edwin interviewe. Ich könnte den Apparat hier mitnehmen, und er würde unser Gespräch aufzeichnen. Ich werde verlegen sein, als Berichterstatter zu Edwin zu kommen. Wahrscheinlich fürchtet er Journalisten. Er wird sich verpflichtet fühlen, was Allgemeines und Verbindliches zu sagen. Es wird mich kränken. Ich werde mich genieren. Natürlich kennt er mich nicht. Andererseits freue ich mich auf Edwin. Ich schätze ihn. Vielleicht wird es eine gute Begegnung. Ich könnte mit Edwin im Park spazierengehen. Oder soll ich doch lieber den Kleister–« Er hielt erschrocken inne. Der Geschäftsmann lächelte verbindlich und sagte: »Der Herr sind Journalist? Schon viele Journalisten haben unsern Reporter–« Er schaltete das Band zurück, und Philipp hörte nun seine eigene Stimme seine Gedanken über das Interview mit Edwin wiedergeben. Die Stimme befremdete ihn. Was sie sagte, beschämte ihn. Es war eine Exhibition, eine intellektuelle Exhibition. Er hätte sich auch nackt ausziehen können. Seine eigene Stimme, die Worte, die sie sprach, erschreckten Philipp, und er floh aus dem Laden.

Edwin stand nun im Hof des Hotels vor einem eisernen Gestell, das die Fahrräder des Personals, der Köche, Kellner, Pagen und Hausdiener, barg, und hinter dem Gestell stand ein Herr, den Edwin in der Verwirrung einer Sekunde für sich hielt, für sein Spiegelbild, für seinen Doppelgänger, eine sympathisch-unsympathische Erscheinung, doch dann sah er, daß es natürlich Täuschung war, gedankliche Absurdität, nicht sein Ebenbild stand da, sondern ein jüngerer, ihm nicht einmal entfernt ähnlich sehender Herr, der aber dennoch verwandt sympathisch-unsympathisch blieb und etwa einem Bruder zu vergleichen war, den man nicht mochte. Edwin begriff: der Herr war ein Schriftsteller. Was tat er hier hinter den Fahrrädern? Lauerte er ihm auf? Philipp erkannte Edwin, und nach dem ersten Augenblick der Überraschung dachte er ›dies ist die Gelegenheit ihn zu sprechen‹. – ›Wir können unser Gespräch führen‹, dachte er. ›Edwin und ich, wir wollen uns unterhalten, wir werden uns verstehen; vielleicht wird er mir sagen, was ich bin.‹ Aber schon floh Philipp die Hoffnung, die Verwirrung triumphierte, die Verblüffung, Edwin hier im Hof des

Hotels zu sehen, und er dachte ›es ist lächerlich, ich darf ihn jetzt nicht ansprechen‹, und statt vorzutreten, ging er einen Schritt zurück, und auch Edwin trat zurück und dachte dabei ›wenn dieser Mann jung wäre, könnte er ein junger Dichter sein, ein Verehrer meines Werkes‹, und es war ihm nicht bewußt, wie lächerlich der Gedanke und seine Formulierung war, zu Papier gebracht, hätte Edwin den Satz nie gelten lassen, er wäre errötet, doch hier im Unsichtbaren Schwebenden des gerade buhlenden Gedankens siegte nicht Überlegung, sondern der Wunsch, ja, er hätte es begrüßt, in dieser Stadt einen jungen Dichter zu treffen, einen Strebenden, einen Nacheifernden, er hätte gern einen Jünger gefunden, einen Dichter aus dem Lande Goethes und Platens, aber der hier war ja kein Jüngling mehr, kein strahlend Gläubiger, der eigene Zweifel, die eigene Trauer, die eigene Sorge standen dem andern im Gesicht geschrieben, und beide dachten sie im Hof des Hotels, geflohen vor der Gesellschaft der Menschen, ›ich muß ihn meiden‹. Philipp war schon eine Weile im Hofe. Er konnte nicht hinaus. Er zögerte vor dem Personalausgang des Hotels, er fürchtete sich, an einer Kontrolluhr und dem Portier vorbeizugehen. Der Türhüter würde ihn für einen Dieb halten. Wie sollte er seinen Wunsch, unbemerkt aus dem Haus zu verschwinden, erklären? Und Edwin? Auch er schien ratlos zu sein. Aber im Vordergrund des Hofes stehend, fiel Edwin mehr auf als Philipp, und der Portier trat aus seinem Verschlag und rief: »Was wünschen die Herren?« Beide Dichter schritten nun, scheu zueinander Distanz wahrend, zum Ausgang, sie gingen an der Kontrolluhr vorüber, dem mechanischen Sklavenhalter, einem Stundenmesser und Arbeitszähler, dem sie beide sich nie unterworfen hatten, und der Portier hielt sie für Männer, die wegen einer Frauengeschichte den Personalausgang benutzen mußten, und dachte ›Pack‹ und ›Nichtstuer‹.

Edwin wollte mit der griechischen und lateinischen Antike beginnen, er wollte die Christenheit erwähnen, die Verbindung biblischer Tradition mit der Klassik, er wollte von der

Renaissance sprechen und Lob und Tadel an den französischen Rationalismus des achtzehnten Jahrhunderts wenden, aber leider drang statt der Worte nur Geräusch zu seinen Zuhörern, ein Gurgeln und Knacken und Raspeln wie von Jahrmarktspritschen. Edwin, am Lesepult, merkte zunächst nicht, daß die Lautsprecheranlage des Saales in Unfunktion geraten war. Er spürte Unruhe im Raum und ein der geistigen Konzentration ungünstiges Klima. Er sprach noch ein paar Worte von der Bedeutung der Halbinsel, die dem eurasischen Kontinent vorgestreckt liegt, als ihn Scharren und Rufe, lauter und deutlicher zu sprechen, unterbrachen. Edwin war wie einem Hochseilgänger zumute, der mitten auf dem Seil merkt, daß er nunmehr weder vorwärts noch rückwärts gehen kann. Was wollten die Leute? Waren sie gekommen, ihn zu verhöhnen? Er schwieg und hielt sich am Pult fest. Man rebellierte. Die Technik rebellierte gegen den Geist, die Technik, das vorlaute, entartete, schabernacksüchtige, unbekümmerte Kind des Geistes. Ein paar Eifrige stürzten vor, um die Mikrophone zu verrükken. Der Fehler lag aber an der Lautsprecheranlage des Hauses. ›Ich bin hilflos‹, dachte Edwin, ›wir sind hilflos, ich habe mich auf diesen dummen und bösen Sprechtrichter verlassen, hätte ich ohne diese Erfindung die mich nun lächerlich macht vor sie hintreten können? nein, ich hätte es nicht gewagt, wir sind keine Menschen mehr, keine ganzen Menschen, ich hätte nie wie Demosthenes direkt zu ihnen sprechen können, ich brauche Blech und Draht die meine Stimme und meine Gedanken wie durch ein Sieb pressen.‹

(...) Das Krachen in der Lautsprecheranlage des Hauses war auch im Lesesaal zu hören und hatte Schnakenbach geweckt. Auch er hatte zu Edwins Vortrag gehen wollen, auch er interessierte sich für den europäischen Geist. Er sah, daß es schon spät war und daß der Vortrag schon begonnen hatte. Er taumelte hoch und torkelte in den Saal. Irgend jemand hielt Schnakenbach für den erwarteten Haustechniker, der wohl im Keller geschlafen hatte, und reichte ihm versehentlich das Mikrophon. Schnakenbach sah sich plötzlich vor eine Zuhörerschaft gestellt; er glaubte, schlafbenommen wie er war, vor der Klasse zu stehen, die er geleitet hatte, bevor er sein Amt als Gewerbeschullehrer aufgeben mußte, und so schrie er in das Mikrophon die große Sorge, die ihn erfüllte: »Schlaft nicht! Wacht auf! Es ist Zeit!«

(...) Philipp dachte ›sie schlafen, und doch ist Größe in seinem Vortrag, hatte der Irre nicht recht, als er uns wecken wollte? es ist einer von Behudes Patienten, Edwins Bemühung rührt mich, ich verehre ihn, jetzt verehre ich ihn, sein Vortrag ist eine vergebliche Beschwörung, er empfindet sicher auch wie vergebens die Beschwörung ist, vielleicht rührt mich das, Edwin ist einer von den rührenden hilflosen gequälten Sehern, er sagt uns nicht was er sieht, was er sieht ist furchtbar, er versucht einen Schleier vor sein Gesicht zu ziehen, nur manchmal lüftet er den Schleier vor dem Grauen, vielleicht gibt es kein Grauen, vielleicht ist nichts hinter dem Schleier, er spricht nur für sich, vielleicht spricht er noch für mich, vielleicht für die Priester, ein Augurengespräch, die andern schlafen‹. Er drückte seinen Arm fester um Kay. Sie schlief nicht. Sie wärmte ihn. Sie war warmes frisches Leben. Immer wieder empfand Philipp Kays freiere Existenz. Nicht das Mädchen, die Freiheit verführte ihn. Er betrachtete ihren Schmuck, ein mondbleiches Geschmeide aus Perlen, Email und diamantenen Rosen. ›Es paßt nicht zu ihr‹, dachte er, ›wo mag sie es herhaben, vielleicht hat sie geerbt, sie sollte keinen Schmuck tragen, dieser alte Schmuck stiehlt ihr etwas von ihrer Frische, vielleicht sollte sie Korallen tragen.‹ Der Schmuck kam ihm bekannt vor, aber er erkannte ihn nicht als Emilias Schmuck. Philipp hatte keinen Sinn für Juwelen und kein Gedächtnis für ihre Form und Gestalt und außerdem vermied er es, Emilias Preziosen zu betrachten; er wußte, daß die Steine, die Perlen und das Gold Tränen herbeilockten, Tränen, die ihn bedrückten; Emilia mußte ihren Schmuck verkaufen, sie weinte, wenn sie ihn zum Juwelier trug, und von dem Erlös der Kostbarkeiten und der Tränen lebte auch Philipp. Es gehörte zu den Kalamitäten seiner Existenz, daß er allein, ohne Emilia, viel einfacher leben und sich erhalten konnte, aber da er Emilia liebte und mit ihr lebte, mit ihr die Tafel teilte und das Lager, beraubte er sie ihres Gutes und war, wie ein Vogel an der Rute, der Luxusboheme des Kommerzienratserbes verleimt und konnte seine natürlichen Schwingen zu den kleinen Flügen, die ihm bestimmt waren und die ihm sein Futter gegeben hätten, nicht mehr rühren. Es war eine Fesselung, Liebesfesselung, Bande des Eros, aber der Lebenslauf führte in die Abhängigkeit von der schlechten Verwaltung eines in Trümmer gesunkenen Vermögens, und das war eine andere Fesselung, eine ungewollte, die sich drückend auf das Empfinden der Liebe legte. ›Ich werde nie wieder frei sein‹, dachte Philipp, ›ich habe mein Leben lang die Freiheit gesucht, aber ich habe mich verlaufen.‹ Edwin erwähnte die Freiheit. Der europäische Geist, sagte er, sei die Zukunft der Freiheit, oder die Freiheit werde keine Zukunft mehr in der Welt haben. Hier wandte sich Edwin gegen einen Ausspruch der seinen Zuhörern völlig unbekannten amerikanischen Dichterin Gertrude Stein, von der erzählt wird, daß Hemingway bei ihr zu schreiben gelernt habe. Gertrude Stein und Hemingway waren Edwin gleichermaßen unsympathisch, er hielt sie für Literaten. Boulevardiers, zweitrangige Geister, und sie wieder gaben ihm die Nichtachtung reichlich zurück und nannten ihn ihrerseits einen Epigonen und sublimen Nachäffer der großen toten Dichtung der großen und toten Jahrhunderte. Wie Tauben im Gras, sagte Edwin, die Stein zitierend, und so war doch etwas von ihr Geschriebenes bei ihm haftengeblieben, doch dachte er weniger an Tauben im Gras als an Tauben auf dem Markusplatz in Venedig, wie Tauben im Gras betrachteten gewisse Zivilisationsgeister die Menschen, indem sie sich bemühten, das Sinnlose und scheinbar Zufällige der menschlichen Existenz bloßzustellen, den Menschen frei von Gott zu schildern, um ihn dann frei im Nichts flattern zu lassen, sinnlos, wertlos, frei und von Schlingen bedroht, dem Metzger preisgegeben, aber stolz auf die eingebildete, zu nichts als Elend führende Freiheit von Gott und göttlicher Herkunft. Und dabei, sagte

Edwin, kenne doch schon jede Taube ihren Schlag und sei jeder Vogel in Gottes Hand. Die Priester spitzten die Ohren. Bearbeitete Edwin ihren Acker? War er nichts als ein Laienprediger? Miß Wescott hörte auf, die Rede mitzuschreiben. Hatte sie, was Edwin jetzt sagte, nicht schon einmal vernommen? Waren es nicht ähnliche Gedanken, die Miß Burnett auf dem Platz der Nationalsozialisten geäußert hatte, hatte nicht auch sie die Menschen mit Tauben oder mit Vögeln verglichen und ihr Dasein als zufällig und gefährdet geschildert? Miß Wescott blickte überrascht auf Miß Burnett. War der Gedanke, daß der Mensch sich gefährdet und als Objekt des Zufalls empfand, so allgemein, daß ihn der verehrte Dichter und die viel weniger verehrte Lehramtskollegin fast gleichzeitig äußern konnten? Miß Wescott verwirrte das. Sie war keine Taube oder sonst ein Vogel. Sie war ein Mensch, eine Lehrerin, sie hatte ein Amt, auf das sie sich vorbereitet hatte und immer wieder vorbereitete, sie hatte Pflichten, und sie suchte sie zu erfüllen. Miß Wescott fand, daß Miß Burnett hungrig aussah; ein seltsam hungriger Ausdruck lag in Miß Burnetts Gesicht, als habe die Welt, als hätten Edwins Erleuchtungen sie schrecklich hungrig gemacht. Philipp dachte ›jetzt wendet er sich Goethe zu, es ist fast deutsch, wie Edwin sich jetzt auf Goethe beruft, auf das Gesetz-nach-dem-wir-angetreten, und er sucht wie Goethe die Freiheit in diesem Gesetz: er hat sie nicht gefunden‹. Edwin hatte sein letztes Wort gesprochen. Die Lautsprecher knirschten und knackten. Sie knirschten und knackten weiter, als Edwin geendet hatte, und das wortlose Knirschen und Knacken in ihren zahnlosen Mündern riß die Zuhörer aus Schlaf, Traum und abwegigem Denken.
(...) Philipp führte Kay aus dem Saal. Er sah noch, wie Edwin sich verneigte, wie lange er sein Gesicht zu Boden senkte, schamvoll die Augen schloß, als wäre der Dank, der ihm nun zuteil wurde, der Beifall um den er geheim die Schauspieler und die Protagonisten der Zeit beneidet hatte, etwas Sichtbares und Gräßliches, aus reinem Mißverstehen entstanden, ein brutaler Niederschlag, der dem Nichtver-

stehen folgte, eine Befreiung der Zuhörer, die nichts von Edwins Worten begriffen hatten und die nun mit dem Beifallsklatschen ihrer Hände noch den zarten und zärtlichen, den schon durch den Lautsprecher vergröberten und, als er sie erreichte, schon gestorbenen, schon toten, ja zu Staub und Moder gewordenen Anhauch seines Geistes als lästige Spinnwebe von sich streiften: es war eine Beschämung, und weil sie als Hohn und Beschämung und Sieg der Rührigkeit, der bloßen Konvention, des unrühmlichen Ruhmbetriebes und des Ungeistes von ihm erfaßt wurde, schloß der Dichter schamvoll die Augen. Philipp verstand ihn.

Susanne hatte Odysseus gefunden. Er hatte sich in den Klub gewagt. Er hatte sich ihretwegen aus Verstecken hervor an Polizeischlingen vorbei in den Klub gewagt, Susanne hatte gewußt, daß Odysseus kommen würde; sie hatten sich mit einem Wort, einem Ruf verständigt, und er war gekommen. Susanne, die Kirke und die Sirenen und vielleicht auch Nausikaa war, hielt Odysseus umschlungen. Zur Hot-Weise des Musikmeisters glitten sie wie ein Leib im Tanz über das Parkett, wie eine vierfüßige sich windende Schlange. Sie waren beide erregt. Alles, was sie heute erlebten, hatte sie erregt. Odysseus hatte fliehen, Odysseus hatte sich verstecken müssen, man hatte ihn nicht gefangen, der große listenreiche Odysseus war den Häschern entkommen, er hatte Susanne Kirke die Sirenen betört, oder sie hatten ihn betört, und vielleicht hatte er Nausikaa erobert. Wenn das nicht erregte? Es erregte. Es erregte sie beide. Die Schlange mit den vier Beinen, die so geschmeidig sich windende Schlange wurde von allen bewundert. Nie würden sie sich aus dieser Umschlingung lösen. Die Schlange hatte vier Beine und zwei Köpfe, ein weißes und ein schwarzes Gesicht, aber nie würden die Köpfe sich gegeneinander wenden, nie die Zungen gegeneinander geifern: sie würden sich nie verraten, die Schlange war ein Wesen gegen die Welt.

Am Himmel summen die Flieger. Noch schweigen die Sirenen. Noch rostet ihr Blechmund. Die Luftschutzbunker wurden gesprengt; die Luftschutzbunker werden wiederhergerichtet. Der Tod treibt Manöverspiele. *Bedrohung, Verschärfung, Konflikt, Spannung.* Komm-du-nun-sanfter-Schlummer. Doch niemand entflieht seiner Welt. Der Traum ist schwer und unruhig. Deutschland lebt im Spannungsfeld, östliche Welt, westliche Welt, zerbrochene Welt, zwei Welthälften, einander feind und fremd, Deutschland lebt an der Nahtstelle, an der Bruchstelle, die Zeit ist kostbar, sie ist eine Spanne nur, eine karge Spanne, vertan, eine Sekunde zum Atemholen, Atempause auf einem verdammten Schlachtfeld.

Das Treibhaus

Er reiste im Schutz der Immunität, denn er war nicht auf frischer Tat ertappt worden. Aber wenn es sich zeigte, daß er ein Verbrecher war, ließen sie ihn natürlich fallen, lieferten ihn freudig aus, sie, die sich das Hohe Haus nannten, und welch ein Fressen war es für sie, welch ein Glück, welche Befriedigung, daß er mit einem so großen, mit einem so unvorhergesehenen Skandal abging, in die Zelle verschwand, hinter den Mauern der Zuchthäuser vermoderte, und selbst in seiner Fraktion würden sie bewegt von der Schmach sprechen, die sie alle durch ihn erlitten (sie alle, sie alle Heuchler), doch insgeheim würden sie sich die Hände reiben, würden froh sein, daß er sich ausgestoßen hatte, daß er gehen mußte, denn er war das Korn Salz gewesen, der Bazillus der Unruhe in ihrem milden trägen Parteibrei, ein Gewissensmensch und somit ein Ärgernis.
Er saß im Nibelungenexpreß. Es dunstete nach neuem Anstrich, nach Renovation und Restauration; es reiste sich gut mit der Deutschen Bundesbahn; und außen waren die Wagen blutrot lackiert. Basel, Dortmund, Zwerg Alberich und die Schlote des Reviers; Kurswagen Wien Passau, Fe-

memörder Hagen hatte sich's bequem gemacht; Kurswagen Rom München, der Purpur der Kardinäle lugte durch die Ritzen verhangener Fenster; Kurswagen Hoek van Holland London, die Götterdämmerung der Exporteure, die Furcht vor dem Frieden.
Wagalaweia, rollten die Räder. Er hatte es nicht getan. Er hatte nicht gemordet. Wahrscheinlich war es ihm nicht gegeben zu morden; aber er hätte morden können, und die bloße Vorstellung, daß er es getan hatte, daß er das Beil gehoben und zugeschlagen hatte, diese Annahme stand so klar, so lebendig vor seinen Augen, daß sie ihn stärkte. Die Mordgedanken liefen wie Ströme hochgespannter Energie durch Leib und Seele, sie beflügelten, sie erleuchteten, und für eine Weile hatte er das Gefühl, es würde nun alles gut werden, er würde alles besser anpacken, er würde zupakken, er würde sich durchsetzen, er würde zur Tat gelangen, sein Leben ausschöpfen, in neue Reiche vorstoßen – nur leider hatte er wieder nur in seiner Phantasie gemordet, war er der alte Keetenheuve geblieben, ein Träumer *von des Gedankens Blässe angekränkelt.*
Er hatte seine Frau beerdigt. Und da er sich im bürgerlichen Leben nicht gefestigt fühlte, erschreckte ihn der Akt der Grablegung, so wie ihn auch Kindtaufen und Hochzeiten entsetzten und jedes Geschehen zwischen zwei Menschen, wenn die Öffentlichkeit daran teilnahm und gar noch die Ämter sich einmischten. Dieser Tod schmerzte ihn, er empfand tiefste Trauer, würgenden Kummer, als der Sarg in die Erde gesenkt wurde, das Liebste war ihm genommen, und wenn auch das Wort durch Millionen Trauerkarten glücklicher Erben entwertet war, ihm war das Liebste genommen, die Geliebte wurde verscharrt, und das Gefühl *für immer für immer verloren ich werde sie nicht wiedersehen nicht im Himmel und auf Erden ich werde sie suchen und nicht finden* das hätte ihn weinen lassen, aber er konnte hier nicht weinen, obwohl ihn nur Frau Wilms auf dem Friedhof beobachtete. Frau Wilms war seine Aufwartefrau. Sie überreichte Keetenheuve einen Strauß geknickter Astern aus dem Schrebergarten ihres Schwagers. Zur Hochzeit hatte

Frau Wilms einen ähnlichen Strauß geknickter Astern gebracht. Damals sagte sie: »Sie sind ein schönes Paar!« Jetzt schwieg sie. Er war kein schöner Witwer.

Manche in der Hauptstadt erhoben sich früh. Es war fünf Uhr dreißig. Der Wecker schellte. Frost-Forestier war mit dem Läuten wach. Aus keinem Traum, aus keiner Umarmung hatte er sich zu lösen, kein Alp hatte ihn gequält, keine Messe rief ihn, er war nicht in Furcht verstrickt.
Frost-Forestier schaltete das Licht ein, und es wurde hell in einem enormen Raum, einem prächtigen Festsaal des neunzehnten Jahrhunderts mit Stuckplafond und gedrechselten Säulen, dies war Frost-Forestiers Schlafkammer, Eßraum, Arbeitszimmer, Salon, Küche, Laboratorium, Bad. Keetenheuve erinnerte sich an die schweren Vorhänge vor den hohen Fenstern, sie waren generalsrot und standen, ständig geschlossen, wie ein Feuerwall gegen die Natur. Leise nur war das Zwitschern zu hören, das Jubelsingen, das Erwachen der Vögel draußen im Park, und was sich im Saal ereignete, war der Arbeitsbeginn in einer Fabrik, die Ankurbelung eines Fließbandes, ein Ablauf ausgeklügelter wohlberechneter Bewegungen, rationell und präzise, und Frost-Forestier war das Werk, das in Gang gesetzt wurde. Er eiferte den elektronischen Gehirnen nach.
Das war ein Knipsen und Schalten! Ein großer Funkkasten sprach Nachrichten aus Moskau. Ein kleiner Bruder des großen glühte und wartete auf seine Zeit. Eine Kaffeemaschine erhitzte sich. Aus dem Boiler stürzte das Wasser in die Brause. Frost-Forestier stellte sich unter den Strahl. Der Plastikvorhang der Duschecke blieb beiseite geschoben. Frost-Forestier übersah, während er duschte, sein strategisches Feld. Es berieselte ihn heiß und kalt. Er war ein trainierter, ein proportionierter Mann. Er frottierte sich mit einem rauhen olivgrünen Handtuch amerikanischer Herkunft, ein nackter Mann auf einem leeren Kasernenhof. Seine Haut rötete sich. In Moskau nichts Neues. Aufrufe an das Sowjetvolk. Frost-Forestier setzte die Musen ein, schaltete Musik herbei. Neben der Duschkammer war ein Reck.

Frost-Forestier ging in Grundstellung; saubere Hände auf sauberen Schenkeln. Er sprang an das Reck, Aufschwung und Abschwung. Er stand wieder in Grundstellung. Sein Gesicht war ernst. Sein Geschlecht hing ruhig, wohlproportioniert zwischen den trainierten Beinen. Der Kontakt des elektrischen Rasierapparates wurde in die Dose gesteckt. Frost-Forestier rasierte sich bei leisem Schnurren. Im großen Radio gab es Störungen. Frost-Forestier stellte das große Radio ab. Der Einsatz der Musen war vorbei. Er nahm einen Wattebausch und tupfte mit einem scharfen brennenden Rasierwasser sein Gesicht ab. Der Wattebausch verschwand unter der Patentklappe eines hygienischen Eimers. Im Gesicht traten ein paar Bläschen hervor. Er zog einen Hausmantel über den Leib, ein härenes Gewand; er knüpfte es mit einem roten Schlips zu. Die Stunde des kleinen Radios war gekommen. Es knisterte und sagte: »Dora braucht Windeln.« Frost-Forestier lauschte. Das kleine Radio wiederholte: »Dora braucht Windeln.« Mehr hatte das kleine Radio nicht zu sagen.
Die Kaffeemaschine zitterte und dampfte. Ein Pfiff eilte durch ihren Flötenmund, die Fabriksirene meldete den Schichtbeginn. Frost-Forestier ließ den Kaffee in die Tasse rinnen. Die Tasse war aus altem preußischen Porzellan, eine Ziertasse für freundliche Sammler. Keetenheuve kannte die Tasse, ihr Henkel war abgebrochen. Frost-Forestier verbrannte sich, als er die gefüllte Tasse anfaßte. Auch als Keetenheuve bei ihm war, hatte sich Frost-Forestier an der Tasse verbrannt. Er verbrannte sich jeden Morgen die Finger. Die Tasse zeigte ein buntes Bild Friedrichs des Großen. Der König blickte mit dem Ausdruck eines melancholischen Windhundes von seiner Tasse in das Zimmer. Frost-Forestier nahm ein Papiertaschentuch, legte es um das Porzellan und den König und schlürfte nun endlich sein heißes schwarzes Morgengetränk. Im ganzen war keine Viertelstunde seit dem Läuten des Weckers vergangen. Frost-Forestier öffnete das Kombinationsschloß eines Panzerschrankes. Keetenheuve amüsierte sich über den Schrank. Der Schrank war ein Geschenk an die Neugier. Dokumente,

Akten, Lebensläufe, Briefe, Pläne, Filme und Tonbänder warteten hier *wie lieblich duftete dem Knaben das Eingemachte im Schrank der alten Tante*, und mancher hätte sich gern was 'rausgenommen. Auf dem Tisch aus rohem Holz, einem langen Brett, das auf vier Böcken ruhte, standen Tonaufnahmegeräte. Auch lag eine winzig kleine und eine größere photographische Kamera da. Diebesgerät! Man stahl die Sache nicht mehr, die blieb an ihrem Ort, man stahl ihren Schatten. Auch die Stimme des Menschen konnte man stehlen.
Keetenheuve ließ immer so viel herumliegen. Er war unordentlich. Frost-Forestier, ein Mann in einer politischen Stellung, setzte sich an den Schreibtisch. Er begann zu denken, er begann zu arbeiten. Drei Stunden lagen vor ihm, drei ungestörte Stunden, die wichtigsten des Tages, er konzentrierte sich, er bewältigte viel. Er legte ein Band in das Magnetophon und schaltete auf Wiedergabe. Er hörte seine eigene Stimme und eine andere Stimme aus dem Magnetophon sprechen. Hingegeben, versunken hörte Frost-Forestier den Stimmen zu. Zuweilen regten sie ihn zu einer Notiz an. Frost-Forestier hatte rote, grüne und blaue Schreibhefte. Er schrieb einen Namen auf ein Blatt. War es Keetenheuves Name? Frost-Forestier unterstrich den Namen. Er unterstrich ihn mit dem roten Stift.

Frost-Forestier saß in einer alten Kaserne und herrschte über ein Heer; doch war es ein Heer von Sekretärinnen, das er in Atem hielt. Hier wurde in Stachanowschichten gearbeitet, und Keetenheuve wurde schwindlig, als er sah, wie eine Sekretärin gleich zwei Telephonapparate auf einmal bediente. Welche Scherze für Kinder waren hier möglich, und welche Partner konnte man miteinander verbinden! Wenn die Nation an Keetenheuve schrieb, die Welt telephonierte mit Frost-Forestier. War Paris am Apparat, Rom, Kairo, Washington? Rief man aus Tauroggen schon an? Was wollte der Dunkelmann aus Basel am Draht? Hatte er sich verfangen? Oder sangen Geschäftspartner, die in Bonn im Hotel Stern warteten, ihr Lied aus der Telephon-

muschel in die Ohrmuschel der Damen? Es schepperte, bimmelte, summte in Dur und Moll, ein andauerndes Armsünderläuten, ein fortwährendes Beichtstuhlgeflüster, und immer wieder wisperten die Mädchenstimmen, »nein, Herr Frost-Forestier bedauert, Herr Frost-Forestier kann nicht, ich werde es Herrn Frost-Forestier ausrichten« – Herr Frost-Forestier hatte keinen amtlichen Titel.
Der Vielverlangte ließ den Gast nicht warten. Er kam sofort, begrüßte Daniel in der Löwengrube und lud ihn ins Casino ein. Keetenheuve stöhnte. Der Feind rückte mit schweren Waffen an. Das Casino, ein scheunenartiger Raum, in dem es penetrant nach ranzigem Fett, heiß nach verbranntem Mehl dunstete, war gefürchtet. Es gab Deutsches Beefsteak Esterhazy auf Püree, Fleischbällchen mit Bohnengemüse auf Püree, Schellrippchen mit Sauerkraut auf Püree, und ganz unten auf der Speisekarte stand »Schnullers Feinschmeckersuppen geben jedem Essen eine festliche Note«. Es war Taktik von Frost-Forestier (eine billige Taktik), den Abgeordneten, dessen gourmandise Neigungen bekannt waren, in das Casino zu bitten. Er wollte Keetenheuve an die dürftigen Schüsseln erinnern, zu denen man hinabsinken konnte. Links und rechts saßen an wachstuchüberzogenen Tischen Sekretärinnen und Angestellte und aßen das Deutsche Beefsteak Esterhazy. Was hat Esterhazy den Köchen getan, daß sie alle verbrannten Zwiebelgerichte nach ihm nennen? Keetenheuve wollte sich erkundigen. Frost-Forestier gab zwei Blechmarken für ihr Essen ab. Sie bestellten Matjesfilet mit grünen Bohnen, Specktunke und Kartoffeln. Der Matjes war ein alter Salztonnenbewohner. Die Specktunke war schwarz und hatte schleimige Mehlbatzen. Auch die Kartoffeln waren schwarz. Frost-Forestier speiste mit Appetit. Er aß den Hering auf, quetschte die schwarzen Kartoffeln in die schwarze Sauce und ließ auch von den strohfädigen Bohnen nichts auf dem Teller. Keetenheuve staunte. Vielleicht täuschte ihn alles, und Frost-Forestier aß nicht mit Appetit und war kein Mensch; vielleicht war er eine Hochleistungsmaschine, ein raffiniert konstruierter Allesschluckmotor,

der sich zu bestimmter Zeit mit Brennstoff füllen mußte und in der Notwendigkeit kein Vergnügen sah. Während er sich vollstopfte, erzählte er Geschichten vom Klassenkampf und von der Hierarchie in den Ämtern und deutete unbefangen auf die Beispiele, die herumsaßen. Der Sachbearbeiter für Stahl sprach außer Dienst nicht mit dem Referenten für Gußeisen, und das Fräulein, das englisch stenographierte, aß die Schellrippchen auf Sauerkraut und Püree nicht am Tisch des armen Wesens, das nur die deutsche Kurzschrift gelernt hatte. Schönheit war aber selbst hier begehrt und bevorzugt, und Frost-Forestier berichtete von trojanischen Kriegen, die zwischen den Büros entbrannten, wenn der Personalchef ein hübsches Mädchen anzubieten hatte, und Helena durfte, beneidet, befeindet, mit dem Berichterstatter für Flurschäden Fleischbällchen auf Püree verzehren. *Auch ein Hermaphrodit ein lieblicher war da zu sehen.* Was war? Er fühlte sich an einen Sänger erinnert, an einen Flüsterer. *Ein Hermaphrodit ein lieblicher. Wo war das? Am Meer, am Strand? Vergessen. Sagesse, ein Gedicht von Verlaine. Weisheit, schön und melancholisch. Ich küsse Ihre Hand, Madame. Ein Sänger. Weibisch. Strandgut. Ich küsse Ihre Hand. Flüsterer. Wie hieß er? Paul. Küsse Ihre Hand, Herr Paul. Monsieur Frost. Frost-Forestier, der Matjesmotor, die Specktunkenhochleistungsmaschine. Das Denkelektron. Zweitonbändermann. Stahlgymnast. Männlich. Ruhiges Membrum. Was will er? Der Hering wird abserviert. Armer Fisch. Witwer. In Salz gelegt. Frost-Forestier Junggeselle. Leidenschaftslos. Unbestechlich. Frost-Forestier der Unbestechliche. Robespierre. Keine große Revolution. Weit und breit nicht. Spürt's im Urin. Was? Einen Kitzel? Gefährlich leben. Latriniert mit Landsern. Latrinenparolen. Informiert Dunkelmänner. Kohlenklau Feind hört mit. Dunkler Ätherdschungel. Latrinen. Pißt Wellen in den Äther. Latrinen. Hakenkreuz an der Wand. Die Interessenvertreter. Kennen ihren Referenten. Bockbier. Pisse.* Er sagte: »Gibt es hier was zu trinken?« *Nein. Es gab nicht. Nicht für ihn. Kaffee und Limonade. Kaffee beschleunigte den Herzschlag. Ging nicht. Schlug schon beschleunigt. Schlug schon im Hals. Die blasse Limonade der Evolution aufbrausend und aufstoßend.*

Was also? Frost-Forestier bestellte einen Kaffee. *Was also?* Was wollte er?
Frost-Forestier fragte ihn was. Er sah ihn an. »Kennen Sie Mittelamerika?« fragte er. Er fügte hinzu: »Ein interessantes Land.« *Nein meine Schlange nicht aus dem Pfeffergebüsch, wüßtest es doch, wenn ich dort gewesen wäre, hättest es bei den Akten. Hilft dir nichts. Ich helfe dir nicht. Jetzt hilft wieder nur der britische Major. Sir Felix Keetenheuve, Commander, Member of Parliament, Royal Officers Club, warf Bomben auf Berlin.*
»Nein. Ich war nicht in Mittelamerika. Ich hatte einmal einen honduranischen Paß, wenn Sie darauf anspielen. Den habe ich gekauft. Man konnte das. Ich durfte mich mit dem Paß überall sehen lassen, nur nicht in Honduras.« *Warum verrat' ich's ihm? Butter auf sein Brot. Gleichgültig. Keetenheuve Paßfälscher. Ich ließ mich in Scheveningen sehen. Weißt du, das Meer, der Strand, die Sonnenuntergänge? Ich saß vor dem Café Sport, und der Sänger setzte sich zu mir. Er setzte sich zu mir, weil er allein war, und ich ließ ihn bei mir sitzen, weil ich allein war. Die jungen Mädchen gingen vorüber, Prousts »jeunes filles en fleurs« vom Strand von Balbeck. Albertine, Albert. Die jungen Männer gingen vorüber. Mädchen und Jünglinge promenierten über den Seeboulevard, sie schwammen durch das Abendlicht, ihre Körper glühten, der versinkende Sonnenball funkelte durch ihre dünnen Kleider. Die Mädchen hoben die Brüste. Wer waren sie? Verkäuferinnen, Handelsschülerinnen, Modistinnen. Der Friseurlehrling von der Haager Plein. Sie war nur eine Verkäuferin in einem Schuhgeschäft – auch das hatte der Sänger in seiner guten Zeit auf Schallplatten geflüstert, sanft und tantig. Er wurde umgebracht. Wir blickten den Mädchen und den Burschen nach, und der Sänger sagte: Sie sind geil wie Affenscheiße.* Was war? Er mußte sich zusammenreißen, er hatte nicht zugehört. Frost-Forestier sprach nicht mehr von Mittelamerika, er redete von Keetenheuves Partei, die bisher zu kurz gekommen sei bei der Verteilung der diplomatischen Posten, nun, auch die Regierung denke verständlicherweise zuerst an ihre Freunde, freilich sei so zu verfahren nicht immer gerecht, andererseits fehle es Keetenheuves Gruppe an geeig-

neten Leuten, und wenn sich einer fände, nun, kurz und gut, Frost-Forestier fühlte vor, er zeigte, was er gesponnen hatte, noch war alles inoffiziell natürlich, der Kanzler wußte nichts, aber sicher, er würde zustimmen – Frost-Forestier bot Keetenheuve die Gesandtschaft in Guatemala an. »Ein interessantes Land«, wiederholte er. »Etwas für Sie! Interessante Menschen. Eine linke Regierung. Aber keine kommunistische Diktatur. Eine Republik der Menschenrechte. Ein Experiment. Sie wären der Mann, die Entwicklung für uns zu beobachten und die Beziehungen zu pflegen.«

Keetenheuve Gesandter Keetenheuve Exzellenz. Er war verblüfft. Aber die Ferne lockte ihn, und vielleicht war es die Lösung aller Probleme. All seiner Probleme! Es war Flucht. Es war wieder Flucht. Es war die letzte Flucht. Sie waren nicht dumm. Aber vielleicht war es auch die Freiheit; und er wußte, daß es die Pensionierung war. *Keetenheuve Staatspensionist.* Er sah sich in Guatemala-City von der säulengeschmückten Veranda eines spanischen Hauses die unter der Sonne glühende staubige Straße, die staubbedeckten Palmen, die staubschweren verdorrten Kakteen beobachten. Wo die Straße sich zum Platz weitete, dämpfte der Staub in der Anlage die obszönen Farben der Kaffeeblüten, und das Denkmal des großen Guatemalteken schien in der Hitze zu schmelzen. Üppige lautlose Automobile, ratternde feuerrote Motorräder sprangen aus dem Sonnendunst, fuhren vorüber und lösten sich wie Visionen im Glast wieder auf. Es stank nach Benzin und nach Verwesung, und hin und wieder peitschte ein Schuß. Vielleicht war es die Rettung, vielleicht war es die Chance, alt zu werden. Er würde Jahre auf dieser säulengeschmückten Terrasse verweilen und Jahre die heiße staubige Straße beobachten. Er würde in Abständen einen Bericht nach Hause senden, den niemand lesen würde. Er würde unendlich viel bitteres gasiges Sodawasser trinken, und am Abend würde er den fauligen Geschmack des Wassers mit Rum vermischen. Er würde die Übersetzung des »Beau navire« vollenden, er würde in Gewitternächten zu Elke sprechen, vielleicht auch die Briefe an den Abgeordneten beantworten, was keinem mehr nützte, und eines Tages würde er sterben – auf dem Regierungsgebäude von Guatemala und vor den spanischen Veranden der anderen diplomatischen Vertretungen wird man halbstock flaggen. *Exzellenz Keetenheuve der Deutsche Gesandte sanft entschlafen*

Frost-Forestier drängte. Seine Sekretärinnen riefen ihn, seine Telephonapparate, seine Magnetophone. Keetenheuve schwieg. War der Speck nicht fett genug? Scheute die Maus noch die Falle? Frost-Forestier erwähnte, daß Keetenheuve als Gesandter in den diplomatischen Dienst übernommen war. Was für Aussichten! Wenn Keetenheuves Partei bei den Wahlen siegte, war Keetenheuve Außenminister. »Und wenn die Regierung wieder wechselt, werden Sie unser Botschafter in Moskau!« Frost-Forestier glaubte nicht an den Wahlsieg der Opposition.

Keetenheuve sagte: »Ich wäre Persona ingrata.«

Frost-Forestier lächelte schmalmündig: »Vielleicht arbeitet die Zeit für Sie.« Spürte er's wieder im Urin? Kamen sie noch zusammen?

Gerda folgte Lena und Keetenheuve in dieses Gemäuer, das der Mond erhellte, und aus den Höhlen ringsum, aus den verschütteten Kellern, aus den Verstecken der Not und der Verkommenheit wisperte es und kroch hervor und robbte heran wie zu einem Schauspiel. Gerda stützte die Gitarre auf einen Stein, und das Instrument antwortete mit einem vollen Akkord. »Spiel doch!« rief Keetenheuve. Er packte Lena, das Mädchen aus Thüringen, er beugte sich über ihr neugieriges erwartungsvolles Gesicht, er suchte ihre etwas zu geschwungenen, ihre weichen, mitteldeutsch sprechenden Lippen, trank süßen Speichel, kraftvollen Atem und heißes Leben aus ihrem jungen Mund, er streifte Lenas, des Mechanikerlehrlings, dürftiges Kleid beiseite, er berührte sie, und Gerda, noch bleicher im bleichen Mondlicht, nahm ihre Gitarre auf, schlug die Akkorde und sang mit heller Stimme das Lied vom himmlischen Bräutigam. Und aus den Erdlöchern taumelten die Erschlagenen, aus den Trichtern robbten die Verschütteten, aus dem Mörtelgrab krochen die Erstickten, aus ihren Kellern wankten die Unbehausten, und aus den Schuttbetten kam die Liebe, die sich verkauft, und Musäus kam aufgeschreckt aus seinem Palais und sah Elend, und die Abgeordneten versammelten sich zu außerordentlicher nächtlicher Sitzung in ihnen angemessener Weise auf dem Gräberfeld aus nationalsozialistischer Zeit. Der große Staatsmann kam angefahren, und er durfte in die Werkstatt der Zukunft blicken. Er sah Teufel und Gewürm, und er sah, wie sie einen Homunkulus schufen. Ein Zug von Piefkes bestieg den Obersalzberg und traf sich mit der Omnibusreisegesellschaft der Rheintöchter, und die Piefkes zeugten mit den Wagalaweiamädchen den Überpiefke. Der Überpiefke schwamm die hundert Meter im Schmetterlingsstil in weniger als einer Minute. Er gewann mit einem deutschen Wagen das Tausend-Meilen-Rennen in Atlanta. Er erfand die Mondrakete und rüstete, da er sich bedroht fühlte, gegen die Planeten auf. Schlote erhoben sich wie pralle erigierte Glieder, ein ekler Rauch legte sich um die Erde, und im schwefligen Dunst gründete der Überpiefke den Superweltstaat und führte die lebenslängliche Wehrpflicht ein. Der große Staatsmann warf eine Rose in den Rauch der Zukunft, und wo die Rose hinfiel, entstand ein Quell, und aus dem Quell floß schwarzes Blut. Keetenheuve lag im ewigen Blutfluß, er lag mit dem Thüringer Mädchen, mit dem Thüringer Mechanikerlehrling im Kreis der Volksvertreter, im Kreis der Staatsmänner, er lag im Blutbett, umgeben von Taggesindel und Nachtgelichter, und Käuzchen kreischten in der Luft, und die Kraniche des Ibykus schrien, und die Geier wetzten am erschütterten Gemäuer ihre Schnäbel. Eine Richtstätte wurde errichtet, und der Prophet Jona kam auf Jonas dem toten und gutmütigen Walfisch geritten und beaufsichtigte mit Strenge die Aufstellung der Galgen. Der Abgeordnete Korodin schleppte ein großes goldenes Kreuz herbei, unter dessen Last er gebückt ging. Er richtete mit großer Mühe das Kreuz neben dem Galgen auf, und er fürchtete sich sehr. Er brach Gold aus dem Kreuz und warf die Goldstücke in den Kreis der Staatsmänner und der Volksvertreter, in die Runde des Nachtgelichters und des Taggesindels. Die Staatsmänner verbuchten das Gold auf ihrem Konto. Der Abgeordnete Dörflich versteckte das Gold in einer Milchkanne. Der Abgeordnete Sedesaum ging mit dem Gold zu Bett und rief den Herrn an. Das Nachtgelichter und das Taggesindel beschimpfte Korodin mit gemeinen Worten. Überall auf den Mauerstümpfen, in hohlen Fenstern, auf der geborstenen Säule aus des Sängers Fluch saßen die gefräßigen heraldischen Tiere, hockten dumme aufgeplusterte mordgierige Wappenadler mit geröteten Schnäbeln, fette selbstzufriedene Schildlöwen mit blutverschmiertem Maul, züngelnde Greife mit dunkelfeuchten Klauen, ein Bär brummte drohend, Mecklenburgs Ochse sagte Muh, und SA marschierte, Totenkopfverbände paradierten, Femeordbataillone rückten mit klingendem Spiel an, Hakenkreuzbanner entfalteten sich aus moorverschmierten Hüllen, und Frost-Forestier, einen durchschossenen Stahlhelm auf dem Haupt, rief: »Die Toten an die Front!« Eine große Heerschau ereignete sich. Die Jugend zweier Weltkriege marschierte an Musäus vorbei, und Musäus nahm bleich die Parade ab. Die Mütter zweier Weltkriege zogen stumm an Musäus vorüber, und Musäus grüßte bleich ihren schwarzumflorten Zug. Die Staatsmänner zweier Weltkriege schritten mit Orden bedeckt zu Musäus hin, und Musäus unterschrieb bleich die Verträge, die sie ihm vorlegten. Die Generale zweier Weltkriege kamen mit Orden übersät im Stechschritt herbei; sie stellten sich vor Musäus auf, zogen ihre Säbel, salutierten und forderten Pensionen. Musäus gewährte bleich die Pensionen, und die Generale packten ihn, führten ihn auf den Schindanger und überlieferten ihn dem Henker. Dann kamen die Marxisten mit roten Fahnen gezogen. Sie schleppten schwer an einem Gipsbild des großen Hegel, und Hegel reckte sich und rief: »Die großen Individuen in ihren partikularen Zwecken sind die Verwirklichung des Substantiellen, welches der Wille des Weltgeistes ist.« Der ausgemergelte Dauerklavierspieler aus dem Nachtlokal spielte dazu die Internationale. Die dürftigen Schönheiten des anderen Nachtlokals tanzten die Carmagnole. Der Polizeiminister kam in einem Wasserwerfer gefahren und lud zu einer Treibjagd ein. Er hetzte dressierte Hunde über das Feld und feuerte sie mit Rufen an: Hetzt ihn, faßt ihn, jagt ihn! Der Minister suchte mit seinen Hunden Keetenheuve den Hundefreund zu fangen. Aber Frost-Forestier breitete schützend eine Weltkarte vor Keetenheuve aus, deutete auf den Rhein und sagte: »Dort liegt Guatemala!« Die Gitarre schlug; ihre Saiten wimmerten. Der Gesang des Heilsarmeemädchens hallte weit über die Trümmer, erhob sich über die Schutthalde voll Elend und Angst. Keetenheuve fühlte Lenas Hingabe, und er empfand alle Hingabe der Jahre seiner Rückkehr, all die verzweifelte Bemühung, sich in den Brei zu mischen, die unfruchtbar geblieben war und nicht erlöste. Es war ein Akt vollkommener Beziehungslosigkeit, den er vollzog, und er starrte fremd in ein fremdes, den Täuschungen der Lust überantwortetes Gesicht. Nur Trauer blieb. Hier war keine Erhebung, hier war Schuld, hier war keine Liebe, hier gähnte ein Grab. Es war das Grab in ihm. Er ließ von dem Mädchen und richtete sich auf. Vor sich sah er den Luftschutzrichtungsweiser *Rhein*. Der Luftschutzpfeil stand unübersehbar im hellen Mondlicht und wies gebieterisch auf den Fluß. Keetenheuve brach aus dem Kreis des Gelichters, das sich hier wirklich versammelt hatte, von dem traurigen Gesang, von dem schönen Gitarrenklang des Heilsarmeemädchens angelockt. Keetenheuve rannte zum Ufer des Rheins. Schimpfworte, Gelächter eilten ihm nach. Ein Stein wurde geworfen. Keetenheuve lief zur Brücke. Aus den erleuchteten Vitrinen des Kaufhauses am Brückeneck winkten die Schaufensterpuppen. Sie streckten verlangend die Arme nach dem Abgeordneten aus, der ihrem Zauber für immer entfloh. Vorbei. *Es war vorbei. Die Ewigkeit hatte schon begonnen.*

Keetenheuve erreichte die Brücke. Die Brücke bebte unter der Fahrt der unwirklich aussehenden Straßenbahnen, und es war Keetenheuve, als bebe der freischwebende Bogen der Brücke unter der Last seines Körpers, unter dem Aufsetzen seiner eilenden Schritte. Die Glocken der gespenstischen Bahnen schellten; es war wie ein boshaftes Kichern. In Beuel am jenseitigen Ufer strahlte aus einem Gewinde von Glühbirnen das Wort *Rheinlust*. Aus dem ländlichen Garten stieg eine Rakete auf, zerplatzte, fiel, ein sterbender Stern. Keetenheuve faßte das Brückengeländer, und wieder fühlte er das Beben des Steges. Es war ein Zittern im Stahl, es war, als ob der Stahl lebe und Keetenheuve ein Geheimnis verraten wolle, die Lehre des Prometheus, das Rätsel der Mechanik, die Weisheit der Schmiede – aber die Botschaft kam zu spät. Der Abgeordnete war gänzlich unnütz, er war sich selbst eine Last, und ein Sprung von dieser Brücke machte ihn frei.

Der Tod in Rom

Ich saß an einem Aluminiumtisch, auf einem Aluminiumstuhl, leicht, als solle mich der Wind forttragen, ich war glücklich, ich redete mir es ein, ich war ja in Rom, in Rom, in Rom, ich saß in Rom draußen vor der Espressobar an der Ecke der Piazza della Rotonda und trank einen Schnaps. Auch der Schnaps war flüchtig, leicht, leichtmetallen, wie aus Aluminium gebraut, ein Grappa, und ich trank ihn, weil ich bei Hemingway gelesen hatte, man trinke ihn in Italien. Ich wollte lustig sein, aber ich war nicht lustig. Mich grämte etwas. Vielleicht grämte mich die elende Katzenschar. Niemand sieht Armut gern, und hier konnte man sich nicht mit Pfennigen loskaufen. Ich weiß dann nie, was ich tun soll. Ich gucke weg. Das machen viele, aber mich quält es. Hemingway scheint nichts von Schnäpsen zu verstehen. Der Grappa schmeckte synthetisch und faulig. Er schmeckte wie ein deutscher Schwarzmarktschnaps aus der Reichsmarkzeit. Ich hatte einmal zehn Flaschen eines ähnlichen Schnapses gegen einen Lenbach getauscht. Der Lenbach war eine Bismarckstudie; ein falscher Kubaner in amerikanischer Uniform erwarb ihn. Der Schnaps war aus dem

Antriebssprit von V-2-Raketen destilliert, die London vernichten sollten; man sauste, wenn man ihn trank, in die Luft, aber keine Angst, auch der Lenbach war falsch. Jetzt hatten wir in Deutschland das Wirtschaftswunder und gute Schnäpse. Auch die Italiener hatten gute Schnäpse, aber sie hatten wohl kein Wirtschaftswunder. Ich beobachtete den Platz. Da wurde der Staat betrogen. Ein junges Weib handelte aus schmutziger Schürze mit amerikanischen Zigaretten. Wieder kamen mir die Katzen in den Sinn. Das Weib war die menschliche Schwester der armen Kreatur, zerlumpt, zerzaust, voll offener Schwären. Sie war elend und verkommen; auch ihre Art hatte sich zu stark vermehrt, und Geilheit und Hunger hatten sie verkommen lassen. Jetzt hoffte das Weib, auf Schleichwegen reich zu werden. Sie war bereit, das Goldene Kalb anzubeten; aber ich weiß nicht, ob das Goldene Kalb sie erhören wird. Mir fiel ein, das Weib könnte ermordet werden. Ich stellte sie mir stranguliert vor; während sie sich schon als feine Geschäftsfrau, eine echte Signora, in einem respektablen Kiosk thronen sah. Auf der Piazza ließ sich das Goldene Kalb herbei, das Weib ein wenig zu lecken. Sie schien hier wohlbekannt zu sein. Wie eine Boje stand sie im Strom des dichten Verkehrs, und kleine flinke Fiats steuerten sie geschickt und verwegen an. Wie hier die Bremsen kreischten! Die Fahrer, schöne Männer, mit gelockten, mit ondulierten, mit gesalbten Haaren, gecremten, polierten, parfümierten Glatzen, manikürten Fingernägeln, reichten Geld aus dem Fenster des Wagens, empfingen ihre Päckchen, und schon jagte der kleine Fiat anderen Geschäften nach und munter anderen Weisen, den Staat um das Seine zu bringen. Eine Jungkommunistin kam gegangen. Ich erkannte sie an dem grellroten Halstuch über ihrer blauen Windjacke. Ein stolzes Gesicht! Ich dachte: Warum bist du so hochmütig, du verleugnest alles, du verleugnest die alte Frau, die den Katzen Futter bringt, und überhaupt verleugnest du das Mitleid. In einem Torweg lauerte ein Bursche, schmierig, wie durch Öl gezogen. Er war der Freund der Zigarettenverkäuferin, ihr Schützling oder ihr Beschützer; vielleicht war er auch ihr Chef, ein ernster Geschäftsmann mit Absatzsorgen, und jedenfalls meine ich, er war der Teufel, den das Schicksal dieser Frau mit auf den Weg gegeben hatte. In Abständen traf sich das Paar wie zufällig auf der Piazza. Sie reichte ihm die eingenommenen schmutzigen Lirescheine, und er steckte ihr neue, sauber in Cellophan gehüllte Päckchen zu. Ein Carabiniere stand in seiner eleganten Uniform wie sein eigenes Denkmal da und blickte verächtlich und gelangweilt zum Pantheon hinüber. Ich dachte: Du und die kleine Kommunistin, ihr werdet ein prächtiges Paar geben, die Katzen werden Staatskatzen heißen, die mitleidige alte Frau wird in einem Staatsheim sterben, die Fischköpfe werden volkseigen und alles schrecklich geordnet sein. Noch aber gab es Unordnung und Sensationen. Händler riefen mit lüsterner, heiserer Stimme die Abendblätter aus. Ich bewundere sie immer. Sie sind die Rhapsoden und Panegyriker der Verbrechen, der Unglücksfälle, der Skandale und der nationalen Erregungen. Die weiße Festung im indochinesischen Dschungel stand vor dem Fall. Es ging in diesen Tagen um Krieg und Frieden, aber wir wußten es nicht. Wir erfuhren die Vernichtung, die uns gedroht hatte, erst viel später und aus Zeitungen, die jetzt noch nicht gedruckt waren. Wer konnte, aß gut. Wir tranken unseren Kaffee, unseren Schnaps; wir arbeiteten, um Geld ausgeben zu können, und wenn es sich ergab, schliefen wir miteinander. Rom ist eine wunderbare Stadt für Männer. Ich interessierte mich für Musik, und es sah so aus, als ob sich auch noch andere in Rom für neue Musik interessierten. Aus vielen Ländern waren sie zum Kongreß in die alte Hauptstadt gekommen. Asien? Asien war fern. Zehn Flugstunden war Asien fern und unheimlich und groß wie die Woge des Hokusai. Diese Woge kam heran. Sie bespülte den Strand von Ostia, wo man die Leiche eines jungen Mädchens gefunden hatte. Die arme Tote ging wie ein Gespenst durch Rom, und Minister erschraken vor ihrem bleichen Spiegelbild; doch konnten sie alles noch einmal zu ihrem Besten richten. Die Woge näherte sich dem Felsen von Antibes. *»Bon soir, Monsieur Aga Khan!«* Wage ich zu sagen, daß es mich nichts angehe?

Ich besitze kein Bankkonto, kein Gold und keine Edelsteine, mit nichts werde ich aufgewogen; ich bin frei, ich habe keine Rennpferde und keine Filmmädchen zu verteidigen. Ich heiße Siegfried Pfaffrath. Ich weiß, es ist ein lächerlicher Name. Aber der Name ist auch wieder nicht lächerlicher als viele andere. Warum mißachte ich ihn so sehr? Ich habe ihn mir nicht ausgesucht. Ich rede gern schamlos drein, aber ich schäme mich, ich gebe mich respektlos und sehne mich danach, achten zu können. Ich bin Tonsetzer. Das ist, schreibt man nicht für das Große Wunschkonzert, ein Beruf, so lächerlich wie mein Name. Siegfried Pfaffrath erscheint nun in Konzertprogrammen. Warum wähle ich kein Pseudonym? Ich weiß es nicht. Hänge ich gar an diesem gehaßten Namen, bleibe ich an ihm hängen? Läßt mich die Sippe nicht los? Und ich glaube doch, daß alles, was geschieht, gedacht, geträumt, verdorben wird, alles im All, selbst das Unsichtbare und das Unfaßliche, mich angeht und mich ruft.

Ein großes Automobil, lackglänzend, schwarz, geräuschlosen Getriebes, ein funkelnder dunkler Sarg, spiegelblank und undurchsichtig die Fenster, war vor dem Pantheon vorgefahren. Der Wagen sah wie ein Gesandtschaftsauto aus, der Botschafter Plutos, der Minister der Hölle oder des Mars mochte drinnen auf schwellenden Polstern sitzen, und Siegfried, der auf der Piazza seinen Schnaps trank und träumte, las hinüberblickend und ein Geschehen betrachtend, das er wohl wahrnahm, doch nicht bemerkenswert fand, die Schrift auf dem Nummernschild für arabische Zeichen. War es ein Prinz aus den Märchen der Tausendundeinen Nacht, der da ankam, ein vertriebener König? Der braungesichtige Chauffeur in militärähnlicher Livree sprang vom Steuersitz, riß die Tür des Coupés auf und hielt sich dicht, dienstbereit, adjutantisch beflissen hinter einem Mann, der in einen bequemen grauen Anzug gehüllt war. Der Anzug war aus englischem Flanell und wohl von einem guten Schneider gearbeitet, aber auf dem gedrungenen Körper des Mannes – wuchtig der Nacken, breit die

Schultern, gehoben der Brustkorb, gerundet und elastisch wie ein praller Boxball der Bauch und stämmig die Schenkel – erinnerte der Anzug an eine gebirglerisch bäurische Lodentracht. Der Mann hatte borstiges, kurzgeschorenes ergrautes Haar und trug eine große dunkle Sonnenbrille, die ihm ein allerdings gar nicht bäurisches, viel eher ein geheimnisvolles, listiges, weithergereistes, corpsdiplomatisches oder verwegen steckbrieflich gesuchtes Aussehen verlieh. War er Odysseus, der die Götter besuchen wollte? Er war nicht Odysseus, der verschlagene König Ithakas; dieser Mann war ein Henker. Er kam aus dem Totenreich, Aasgeruch umwehte ihn, er selber war ein Tod, ein brutaler, ein gemeiner, ein plumper und einfallsloser Tod. Siegfried hatte seinen Onkel Judejahn, vor dem er sich als Kind gefürchtet hatte, seit dreizehn Jahren nicht getroffen. Oft hatte man Siegfried gestraft, weil er sich vor Judejahn versteckte, und der Junge hatte schließlich in Onkel Gottlieb die Verkörperung alles zu Fürchtenden und zu Hassenden gesehen, das Symbol des Zwanges, der Aufmärsche, des Krieges, und noch glaubte er manchmal die polternde, immer schimpfende Stimme des stiernackigen Mannes zu hören, doch erinnerte er sich nur noch undeutlich an des im Lande gefürchteten mächtigen Tribunen zahllose Abbilder aus Zeitungen, von Litfaßsäulen, als Wandschmuck in Schulsälen, als lähmender Schatten auf Kinoleinwänden, die den Gewaltigen böse vorgebeugten Hauptes in aufdringlich schmuckloser Parteiuniform und in stumpfen Marschstiefeln zeigten. So erkannte Siegfried, inzwischen in die Freiheit entkommen, nach Hemingway Grappa trinkend, über den römischen Platz und seine Musik meditierend, die sein einsames Abenteuer war, Gottlieb Judejahn nicht, und er ahnte nicht einmal, daß dies Ungeheur in Rom erschienen und im Begriff war, von den Toten aufzuerstehen. Siegfried bemerkte nur beiläufig und mit unwillkürlichem Schauder einen korpulenten, vermutlich wohlhabenden, in der Welt etwas vorstellenden und unsympathischen Fremden, der den Kater Benito an sich lockte, ihn am Genick packte und das Tier unter dem Gekreisch der Kinder in sein nobles Auto trug. Der Chauffeur erstarrte eine Sekunde zinnsoldatenstramm und schloß achtungsvoll hinter Judejahn und Benito den Wagenschlag. Lautlos glitt das große schwarze Automobil vom Platz, und Siegfried sah flüchtig in der Sonne des Nachmittags die arabische Schrift auf seinem Nummernschild funkeln, bis sie plötzlich, eine Wolke trat vor die Sonne, in Staub und Dunst sich auflöste und verschwand.

Es entsetzte Siegfried nicht, aber es beirrte ihn doch, das breite ungemachte Bett zu sehen, es zog seinen Blick an, den er nicht hinzuwenden sich vergebens bemühte, das breite Bett, das Ehebett stand großmächtig im geräumigen Zimmer, es war sachlich und schamlos, es war ganz unsinnlich und schamlos, es war aufgedeckt, kaltes und reines Linnen, und sprach kalt und rein von Gebrauch, den niemand verbergen wollte, von Umarmungen, deren niemand sich schämte, von tiefem gesundem Schlaf
und auf einmal begriff ich, daß Kürenbergs mir voraus waren, sie waren der Mensch, der ich sein möchte, sie waren sündelos, sie waren der alte und der neue Mensch, sie waren antik und Avantgarde, sie waren vorchristlich und nachchristlich, griechisch-römische Bürger und Flugreisende über den Ozean, sie waren in Körper gesperrt, aber in saubere gekannte und klug unterhaltene Leiber; sie waren Exkursanten, die sich's in einer vielleicht unwirtlichen Welt wirtlich gemacht hatten und sich des Erdballs freuten.
Kürenberg hatte sich auf Nomadie eingestellt. Er wirtschaftete im Hemd und in weißen Leinenhosen, über die eine Gummischürze gehalftert war, an zwei Extratischen, die das Hotel ihm in sein Zimmer gestellt hatte, und überhaupt fragte ich mich, wie er es sich mit der Direktion arrangierte, denn man mußte ihm Sondersicherungen gebaut haben, in die Stromdosen hatte er Drei- und Vierfachstecker gepreßt, und Leitungsschnüre liefen wie ineinander verschlungene Schlangen zu blinkenden elektrischen Geräten, Grillrosten, Backhauben, Infrarotstrahlern, Dampftöpfen, Schnellkochern, es war die vollkommenste transportable

Küche, an der er seine Freude hatte und die mit ihm reiste, und hier bereitete er das Mahl, zu dem er mich geladen, er rührte, schmeckte, klopfte, würzte und hatte ein festes ernstes Männergesicht, das in seiner gesammelten Ruhe anzusehen mir guttat, während Frau Kürenberg, nachdem sie mir freundlich zur Begrüßung die Hand gereicht und ein paar Worte mit mir gesprochen hatte »wie gefällt Ihnen Rom? Sie sind zum erstenmal hier?«, zwitschernde Schwalben einer kleinen Konversation, erdnahe Flüge, den Tisch deckte, beim Decken hin und her lief, ins Badezimmer ging, die Tür stets offenließ, dort Gläser spülte, Blumen in eine Vase tat und den Wein in das laufende Wasser des Brunnens stellte.
Ich wollte nicht müßig stehen. Ich fragte Kürenberg, ob ich helfen könne, und er drückte mir eine Schüssel, eine Reibe und ein Stück Parmesan in die Hände und forderte mich auf, den Käse zu reiben. Erst bröckelte der Käse vom steinharten Klumpen in die Schüssel, und Kürenberg zeigte mir, wie es zu machen sei, und dann fragte er mich, ob ich nie meiner Mutter in der Küche geholfen habe. Ich sagte: »Nein.« Und ich erinnerte mich an die große kalte Küche unseres Hauses, deren Fliesenboden immer von frischem Aufwisch feucht war, und die Stiefel der uniformierten Amtsboten und Dienerschaftsfreunde zeichneten immer wieder neuen Schmutz in den feuchten spiegelnden Fliesengrund zum Ärger des bei uns stets unwirschen, hektisch lauten und hektisch fahrigen Personals. »Wo stammen Sie her?« fragte Kürenberg. Ich nannte ihm den Ort, und ich wollte noch erklären, daß nichts mich an ihn binde, nichts als der Zufall der Geburt, als ich merkte, daß Kürenberg mich überrascht ansah, und dann rief er: »Ilse kommt aus derselben Stadt«, und sie, die Glas trocknete, richtete nun auch den Blick auf mich, aber einen Blick, der durch mich durchsah, und ich dachte, sie sieht die Allee, die alte Allee mit den Cafés und den Bäumen, die jetzt verbrannt sind, aber die Cafés hat man wohl wieder aufgebaut, und Leute sitzen draußen in der Sonne, unter Schirmen vielleicht, weil die Bäume verbrannt sind, oder man hat neue Bäume ge-

pflanzt, schnellwachsende Pappeln, sie sieht das wohl, genau wie ich es sehe, sachlich und doch ein wenig gerührt; weiß sie überhaupt, daß die Bäume verbrannt sind? Ich wollte sie fragen, aber sie ging hinaus, ging wieder beschäftigt ins Bad, und Kürenberg schlug eine Sauce mit dem Schneebesen, ich merkte aber, daß er abgelenkt blieb, gestört war, und dann sagte er, nachdem er zum Badezimmer geblickt hatte, als wolle er sich vergewissern, daß sie nicht in der Nähe sei: »Ich war bei Ihnen am Theater. Sie hatten ein gutes Orchester, gute Stimmen, ein schönes Haus.« »Es ist zerstört«, sagte ich, »man spielt in der Redoute.« Er nickte. Die Sauce war fertig. Er sagte: »Es gab da einen Regierungspräsidenten, er hieß Pfaffrath wie Sie, waren Sie verwandt?« Ich sagte: »Er ist mein Vater; aber jetzt ist er Bürgermeister.« Er beugte sich über einen dampfenden Topf und rief dann: »Ilse, schnell, das große Sieb.« Und sie brachte das Sieb aus dem Badezimmer, ein straffes Geflecht, straff wie sie, und er schüttete den Reis in das Sieb, sprang mit dem Gefäß voll dampfenden Korns zur Wanne, ließ kaltes Wasser darüberschießen, tropfte durch Schütteln das Wasser ab, hängte den Reis in dem Sieb zur Nachquellung und Wiedererwärmung in den Topf über den Wasserdampf und sagte zu mir: »Ein Rezept aus Batavia, der Reis wird gar und bleibt körnig.« Sie waren viel herumgekommen, er hatte überall dirigiert, und sie hatten sich ganz in dieses Leben gefügt, sie hatten kein Haus, keine feste Wohnung, sie besaßen Koffer, große schöne Koffer und ein Hotelzimmer hier oder dort und immer dem ähnlich, in dem ich stand. Und da wußte ich, daß ich Kürenberg länger gekannt habe, als ich gedacht hatte, ich erinnerte mich, natürlich war es mir damals nicht bewußt, ich war ein Kind, ich hatte keinen Einblick in die Vorgänge, aber jetzt sah ich's wieder, als sei es heute, ich sah meinen Vater Kürenberg hinausbegleiten, ich spielte in der Diele, und als mein Vater hinter Kürenberg die Tür geschlossen hatte, sah ich an seinem geröteten Gesicht, daß er verärgert war, und er schalt mich, weil ich in der Diele spielte, und ging zu meiner Mutter hinein, und ich folgte ihm, weil ich nicht wußte, wohin ich gehen sollte in dem großen Haus, und ich folgte ihm auch aus Neugierde, obwohl ich wußte, daß er schlechter Laune war, wie meistens wenn man ihn um Hilfe gebeten hatte, und die Leute schienen ihn schlecht zu kennen in unserer Stadt, denn sie baten ihn damals oft um Hilfe, doch er dachte gar nicht daran, sich für Verlorene einzusetzen, nicht weil er sie haßte, das nicht, er war nicht verrückt, er mochte sie nicht, so war es wohl aber er fürchtete sie nun, da man sie für aussätzig erklärt hatte, als Aussätzige, und vor allem fürchtete er damals schon Onkel Judejahn, und ich hörte ihn jetzt, wie er damals zu meiner Mutter sagte: »Unser Generalmusikdirektor« – er drückte sich immer geschwollen aus, und Titel imponierten ihm – »war bei mir und wünschte seinen Schwiegervater, den alten Aufhäuser, freizubekommen. Ich habe ihm geraten, an seine Laufbahn zu denken und sich scheiden zu lassen –« Und dann sah mein Vater mich und schickte mich wütend hinaus, und ich weiß heute, daß der alte Aufhäuser damals zum erstenmal verhaftet war, es war beim ersten kleinen Judenboykottag, doch erst am großen Judentag zündete man Aufhäusers Kaufhaus an, ich hatte Ferien von der Junkerschule und sah das Haus brennen, das erste, das ich lichterloh brennen sah, und Aufhäuser war wieder in Schutzhaft, und mein Vater teilte zu Hause am Familientisch die Suppe aus, zuweilen gab er sich patriarchalisch, und aus dem Lautsprecher geiferten Göring und Goebbels, und meine Mutter sagte »es kann einem leid tun, um all die schönen Sachen, die verbrannt sind«, und der alte Aufhäuser saß wieder in Schutzhaft, und später beschäftigte ich mich mit seiner Bibliothek, sie lag in ungeordneten Haufen auf dem Dachboden des Hitlerjugendheims, irgend jemand mußte sie dort hingeschleppt und dann vergessen haben, Aufhäuser war ein Bibliophile, und ich fand Erstausgaben der Klassiker und der Romantiker, seltene deutsche und lateinische Drucke der Alten, Erstausgaben des Naturalismus, Erstausgaben der Brüder Mann, die Werke von Hofmannsthal, Rilke, George, Zeitschriften wie die *Blätter für die Kunst* und die *Neue Rundschau* in Sammelbänden, die Literatur des Ersten Weltkrieges, die Expressionisten bis zu Kafka, ich stahl mir was und trug es fort, und später verbrannte, was dort blieb, wurde mit dem Hitlerjugendheim von Bomben zerrissen, und Aufhäuser der Schutzhäftling wurde erschlagen – und sie war nun die Tochter. Konnte ich sie ansehen? Wohin fliehen die Gedanken? Die Gedanken wehrten sich. Sie sagten mir: Sie hat sich gut gehalten, sie muß über vierzig sein, dabei kaum eine Falte. Und der Gedanke wehrte sich weiter: Die Aufhäusers waren reich, ob man sie entschädigt hat? Und dann: Er heiratete nicht ihren Reichtum, die Zeit war schon zu vorgeschritten, er stellte sich gegen das Böse. Und dann: Sie lieben sich, sie haben zueinandergehalten, sie lieben sich noch immer. Und wir gingen zu Tisch, wir setzten uns, Kürenberg tat die Speisen auf, sie schenkte den Wein ein, und sicher war es ein köstliches Mahl, ich hatte den Koch zu loben, aber ich konnte nicht, ich schmeckte nichts, oder doch – Asche schmeckte ich, lebenlose zum Verwehen bereite Asche, und ich dachte: Sie hat ihres Vaters Haus nicht brennen sehen. Und ich dachte: Sie hat auch unsere Häuser nicht brennen sehen. Und ich dachte: Das ist geschehen geschehen geschehen das ist nicht zu ändern nicht zu ändern das ist verdammt verdammt verdammt verdammt. Ganzblätterigen Spinat gab es, in feinstem Öl gesotten, und darüber streuten wir den Käse, den ich gerieben hatte, und die Steaks waren zwei Finger dick, wie in Butter schnitt das Messer, und rot lief das Blut aus dem Mittelstück, und der Wein war kalt und herb wie eine frische Quelle, das spürte ich noch in all der trockenen filzigen Asche auf meiner Zunge, es wurde nicht gesprochen beim Mahl, Kürenbergs beugten sich über ihre Teller und nährten sich ernst, und ich sagte einmal »herrlich«, vielleicht zu zag, niemand antwortete, und dann gab es einen flambierten Auflauf von Himbeeren, tropisch fast und dennoch von deutschem Waldaroma, und Kürenberg sagte: »Den Kaffee soll der Kellner bringen; keine Zubereitung übertrifft das Konzentrat der Espressomaschinen.« Ilse Kürenberg bestellte über das Haustelephon den Kaffee; Kognak kam auf den Tisch, und dann sprachen wir von Rom.

Sie hatte noch gedacht, ob er die blaue Brille im Bett abnehmen würde, und nun hatte er sie abgenommen, es hatte sie amüsiert, aber dann erschrak sie vor seinen Augen, sie waren blutunterlaufen, und sie bebte zurück vor seinem tükkisch gierigen Blick, vor der gesenkten Stierstirn, die auf sie zukam, und er fragte »hast du Angst?«, und sie verstand ihn nicht und lächelte, aber es war kein volles Lächeln mehr, und er warf sie auf das Bett. Sie hatte ihm diese Leidenschaft nicht zugetraut, die Männer, mit denen sie für Geschenke schlief, die ein Mädchen so dringend braucht, waren sonst nicht so erregt, es waren ruhige Sachen, die sich im Bett abspielten, aber dieser warf sich wie eine Bestie über sie, er spreizte ihre Glieder, zerrte an ihrer Haut, und dann nahm er sie roh, ging roh mit ihr um, wo sie doch schmal und zart war, er war schwer, er lag schwer auf ihrem Leib, der so leicht und so gut zu umfassen war, und sie dachte an die Schwulen, dachte an die Schwulen in der Bar, an ihre weichen Bewegungen, an ihre duftenden Locken, an ihre bunten Hemden und ihre klirrenden Armbänder, und sie dachte, vielleicht ist es gut, schwul zu sein, vielleicht sollte auch ich schwul sein, dies ist widerlich, er stinkt nach Schweiß, und er stinkt wie ein Bock, wie ein dreckiger gemeiner Ziegenbock im Stall stinkt er, sie war als Kind einmal auf dem Land gewesen, sie war in Kalabrien auf dem Land gewesen, sie hatte sich gefürchtet und hatte sich nach Rom gesehnt, nach ihrer herrlichen Stadt, und das Haus in Kalabrien hatte gestunken, und sie hatte zusehen müssen, wie die Ziegen zum Bock geführt wurden, und auf der Holzstiege hatte sich ein Junge vor ihr entblößt, und sie hatte den Jungen anfassen müssen, sie haßte das Land, und manchmal träumte sie von dem Bock, und dann wollte sie den Jungen anfassen, aber der Junge hatte Hörner und stieß sie, und die Hörner brachen ab, im Traum brachen die Hörner ab wie faule Zähne, da rief sie »du tust mir weh«, aber Judejahn verstand sie nicht, da sie auf italienisch rief, und es war auch gleichgültig, ob er sie verstand, denn es tat weh, aber es tat schön weh, ja, sie wollte jetzt diese Hingabe, der Alte befriedigte sie, der verheißungsvolle Fremde offen-

barte sich in ungeahnter Weise, sie drängte sich nun an ihn, steigerte seine Erregung, Bäche von Schweiß rannen von ihm dem Bock über ihren Leib, flossen über ihre Brust, sammelten sich in der kleinen Mulde ihres Bauches, brannten ein wenig, aber brannten nicht schlimm, und der Mann war böse, er flüsterte »du bist eine Jüdin, du bist eine Jüdin«, und sie verstand ihn nicht, aber ihr Unterbewußtsein verstand ihn, als die deutschen Soldaten in Rom waren, hatte das Wort eine Bedeutung gehabt, und sie fragte *»ebreo?«*, und er flüsterte »Hebräer«, und legte die Hände um ihren Hals, und sie rief *»no e poi no, cattólico«*, und das Wort *cattólico* schien ihn auch zu entflammen in Wut und Begierde, und am Ende war es gleich, Wut oder Begierde, sie schwamm hinweg, und er erschöpfte sich, röchelte und warf sich ermattet, erschlagen, wie tot zur Seite. Sie dachte: Es ist seine Schuld, warum gab er so an, die Alten geben sonst nicht so an? Aber sie lächelte schon wieder, und sie streichelte das verschwitzte Haar seiner Brust, weil er sich so angestrengt hatte; sie war ihm dankbar, weil er sich so angestrengt hatte; sie war ihm dankbar, weil er sie befriedigt und ihr Lust geschenkt hatte. Sie streichelte ihn noch eine Weile. Sie fühlte sein Herz schlagen; es war ein tapferes Herz, weil es sich für ihre Mädchenlust so ausgegeben hatte. Sie stand auf und ging zum Waschtisch, um sich zu waschen. Judejahn hörte das Wasser plätschern und richtete sich auf. Wieder war der rote Nebel um ihn. Er sah Laura nackt im roten Nebel stehen, und das schwarze Becken des Waschtisches war der schwarze Erdgraben, in den die Erschossenen fielen. Man mußte die Jüdin liquidieren. Man hatte den Führer verraten. Man hatte nicht genug liquidiert. Er taumelte in seine Kleider. Sie fragte: »Willst du dich nicht waschen?« Aber er hörte sie nicht. Er hätte sie auch nicht verstanden. In seiner Hosentasche lag Austerlitz' schallgedämpfte Pistole.
Gleich würde die Pistole alles entscheiden. Gleich würde gesäubert werden. Die Pistole würde wieder Ordnung schaffen. Er brauchte nur noch ein wenig Luft, er keuchte und zitterte zu sehr. Er schwankte zum Fenster, riß es auf

und beugte sich in die tiefe Straße, die voll von dichtem roten Nebel war. Die Straße war eng, und auf ihrem Grund fuhren die Automobile, kreischten, ratterten, machten einen Höllenlärm und sahen wie kriechende Ungeheuer unter dem roten Nebel aus. Aber eine Lichtung bot sich nun in den Schwaden, gerade vor seinem Blick, eine Furt im Nebel, und da stand am bis zum Boden reichenden geöffneten französischen Fenster des gegenüberliegenden großen Hotels Ilse Kürenberg, das Aufhäusermädchen, die Judentochter, die Entkommene, die Frau aus der Loge, das Weib, das er nackt in der Nacht über Rom in den Wolken gesehen hatte, Ilse Kürenberg stand da in einem weißen Frisiermantel, ein wenig vom Fenster entfernt, aber er sah sie nackend, nackend wie in der Nacht, nackend wie die Frauen vor dem Leichengraben, und Judejahn schoß das Magazin von Austerlitz' Pistole leer, er schoß die Grabensalve, diesmal schoß er eigenhändig, diesmal befahl er nicht nur, Befehle galten nicht mehr, man mußte selber schießen, und erst beim letzten Schuß fiel Ilse Kürenberg um, und des Führers Befehl war vollstreckt. Laura schrie, aber sie schrie nur einmal auf, und dann kam ein Schwall italienischer Wörter aus ihrem Mund, verplätscherte mit dem Waschwasser im roten Nebel.

Wer bereitet den Raben die Speise

»Wer bereitet den Raben die Speise, wenn seine Jungen zu Gott rufen und fliegen irre, wenn sie nicht zu essen haben?«

Das Buch Hiob, 39, 41.

Im Mittelmeer eine Insel, die Sardinien genannt wird.

Ich glaube es und zweifle. Es ist meine Stärke, die mich schwächt. Ich bin nicht in die Gegend gekommen, ich habe Sardinien nicht gesehen. Ein Zufall. Ein Versäumnis.

Ein ordentlicher Professor für Alte Geschichte, der Sardinien bis in die Mythen erforscht, hat mir aus Hannover, seinem Lehrstuhl, eine Ansichtspostkarte mit einem blassen, grünlichen, welligen Abbild der Insel geschickt. Es ist deutlich die weite See zu erblicken, la Méditerranée, die mich Odysseus sein läßt, und hinten die Berge. Der Professor hat in Sardinien meiner mit einer Postkarte aus Hannover gedacht. Er ist gebildet, was mich beschämt. Ich nehme die Erzeugnisse seines Kopfes an, ohne sie zu überprüfen. Es gibt Sardinien, und irgendwo habe ich mal gelesen, daß man sich vor Räubern hüten soll.

Mich belasten diese Fragen, seit ein Sarde mit mir in einer Wohnung lebt. Der Sarde ist schwarz. Höllisch schwarz. So hätte das Volk ihn genannt, als das Volk noch ehrfürchtig war. Reißt mein Sarde den Rachen auf und zeigt die Zähne, ähnelt er den Teufelsköpfen als Wasserspeier in Chartres. Ich stand unten bei den Türmen, draußen vor der berühmten Tür. Das war alles. Der Sarde ist sehr schön. Er bewegt sich anmutig; über ihm liegt ein Glanz; er hat sanfte, braune Augen. Sein liebes Gesicht rührt mich tief. Diese Vorzüge haben ihn in frühester Kindheit heimatlos gemacht. Doch ist er anschmiegsam geblieben, und zärtlich seine Zunge. Liebt er mich, oder hängt er mir nur an? Es ist gleichgültig; an meiner Liebe zu ihm zweifle ich nicht.
Nach München war es ein langer Weg, verliert man sich nicht im Relativen. Bin ich angekommen, oder fürchte ich es nur? Für den Sarden war es zu weit, zu schwimmen und zu laufen. Auch mußten die Alpen überwunden werden und vorher der Apennin. Dieser besonders zaubert seit altersher eine romantische Natur, scheut man nicht die Gewalt, eine trutzige Kulisse, fühlt man sich zu Tragödien berufen. Hannibal, Luther, Kaiser Heinrich und andere irrende Schritte. Ich folge der Strecke im Atlas, der mir von der höheren Schule geblieben ist. Mein Sarde reiste in einem Sack. Woran erinnert er sich wohl? Cagliari, ich lese es im Lexikon, ist die Hauptstadt Sardiniens. Ein Hafen. Und sicher gibt es Straßen, Plätze, ein Municipio, eine Questura

mit dem Gefängnis, das Denkmal Garibaldis, einige Palmen, Automobile, Verkehr und Öde. Hinter der Polis die Berge und Schluchten.

In gezähmter Wildnis, in einer Hütte lebt Mona Lisa. Sie schielt. Und ist mit einem Künstler liiert. Das ist ihr Pech. Sie schrumpfte auf ihr Schielen. Mein Sarde und ich könnten Mona Lisa im dürren Gehölz besuchen. Eine Versteppung in der unerbittlichen Sonne. Flimmerndes Licht, wo geschlagene Stämme noch den Raum zusammenhalten. Harzduft. Unsichtbar zirpende Grillen. Als Adler und Schwan kam der Gott. Elemente der Sage. Der Sarde und ich erwägen die Reise an faulen Abenden. Der Fluß im Gesträuch unter unsern Fenstern. Hilferufe der Vögel aus ihren Angstträumen. Schon leiden wir an der Zeit. Wir sollten aufbrechen, bevor Mona Lisa oder gar wir in die Jahre kommen. Vergänglichkeit drängt sich auf, lähmt die Entschlüsse. Werden Mutter und Sohn einander erkennen? Was würde es ihnen bringen? Und wie stände ich zwischen ihnen? Auch könnte Mona Lisa jung gestorben sein, elend oder sanft, verscharrt an ihrem Ort, von ihrem Künstler vergessen. Am Strand eine Wirtschaft und der Wein des Landes. Künstler trösten sich leicht, nehmen Lehm in die Hand, kneten Unsterblichkeit. Ich denke Tag für Tag an den Tod. Im Bett liege ich schon im Sarg. Die Tour nach Sardinien wird ein zu oft verschobener Plan. Wie durfte ich den Sarden zu mir nehmen? Eine verschleppte Person! Die falschen Hoffnungen, die ich weckte.
Der Anfang in meiner Stadt ist dunkel. Ich hörte was. Meine Stadt klatscht. Das rinnt mit der Isar vorbei. Ich halte mich raus. Mikado erschreckte den grade angekommenen Gast, irgendwo, ich weiß nicht wo, ich kenne den Mikado nicht, in Nymphenburg, beim Schloß der Könige, sprang zu ihm vom Schrank auf das Bett, wo er lag, lang hingestreckt, erschöpft von den Strapazen der Reise, unruhig atmend. Schwer schlug sein tapferes Herz. Der Charakter ist friedlich, gutwillig, freundlich. Das könnte ihn vernichten. Doch schützt ihn, was Christen, sprechen sie von sich, den

Engel nennen. Er schien zu schlafen. Er stellte sich so. Das verblüffte Mikado als Verstoß gegen die Spielregeln des strengen Charles Darwin.

Tyrannen wollen Gleichgesinnte. Der junge Sarde kam in die Zeitung: kleiner, schwarzer Wachhund aus Sardinien zu verschenken. Nein, ich lese diese Anzeigen nicht. Ich suchte keinen. Doch bin ich nicht selbstzufrieden. Ich wandere nachts. Eine Versuchung für jeden. Bei Mikado meldete sich ein Mann. Der fürchtete seine Frau. Ein Wachhund, dachte er, könne ihn bewachen. Ein Gebiß die Bissige in Schranken halten. Klytämnestra war ihm unbekannt, aber ein Beil war im Haus. Er band den Sarden an einen Strick, schleifte ihn hinter sich her. Wie leicht gerät man in fremdes Unglück. Der Mann stand auf dem Marienplatz, aus der Wohnung gejagt, obdachlos, betrunken. Klytämnestra hatte gesiegt. Kein Glockenspiel. Die Schäffler tanzten nicht. Ich guck sowieso nicht hin. Der Mann schob einen Kinderwagen, ein altes Stück. Im Gerümpel ruhte der Sarde, lag zwischen geleerten und noch vollen Bierflaschen. Wieder tat er, als schlafe er. Der Mann stand schwankend auf seinen Beinen, mit seinem Weib gestraft.

Der Sarde kam zu mir. Darf ich sagen, es schlug die Mitternacht? Das Licht alter Geschichten. Er kam in meinen Arm, fast ein Geschenk. Ich bürgerte ihn ein mit Impfpaß und Steuermarke. Ich kaufte ihm eine lange Leine, Symbol der Gefangenschaft, ein Brustgeschirr, wie es die Hunde der Polarforscher getragen haben, bevor sie alle erfroren, und ich knüpfte ihm meinen Namen um, meine Adresse und Telefonnummer, meine gesamte Existenz und die Hoffnung, erreicht zu werden in der Gefahr. Die Wollust aus der Kälte.

Er lief nicht fort, er war ja weggetragen worden; doch bleibt er ein Fremdling. Es ist sein Fell, das ihn verrät. Oder eine Witterung. Oder mein Geruch, der sich auf ihn übertragen hat. Sie mögen schwarze Hunde an der Isar nicht. Wie sieht er nur aus, rufen sie. So schwarz! Wo kommt er bloß her? Ein Neger? Und es offenbarte sich mir, daß es eine sehr vornehme Hundegesellschaft war, in der ich zu unbekümmert Quartier genommen hatte und plötzlich mitspielen wollte. Meine Nächsten waren Herren und Damen mit pompösen, hocharistokratischen Namen, Edler von den Nibelungen, Diana von der Blutenburg, sie hatten Stammbaum und Ahnenpaß und eine Erlaubnis, sich zu paaren, die wir nie erlangen werden, manche trugen ein Halsband mit Edelsteinen, ich lernte sie alle kennen, sie beschnupperten nicht nur den Sarden, auch mich, rümpften die hochgezüchteten Nasen, und ihre eingebildeten Besitzer zwangen mich in die Knie mit der maliziösen Frage nach unserer Rasse. So schwarz? Ein Labrador? Aber keine Schwimmhäute zwischen den Zehen. Welch scharfer Blick, gnädige Frau. Ein Dobermann aus deutschem Zwinger? Zu freundlich, lieber Herr, wir schnappen zu. Sardinien? Die smaragdene Küste, nackt unter uns an abgesperrten Stränden. In welcher Branche arbeitet Odysseus? Kein Schwarzer im Club. Und wieder muß ich zweifeln: gibt es Sardinien?

Ich kontrolliere mein Gesicht in einem vergrößernden Spiegel, der am Fensterkreuz an einem Nagel hängt. Ich sehe Gräben in meiner Haut und unter mir, immer wieder, den Fluß, die Isar. Welche Stempel wären auf meiner Stirn zu entziffern? Das Visum könnte abgelaufen, die Aufenthaltserlaubnis entzogen sein. Im Isartal reger Verkehr. Die alten Reisen über Land und Meer. Möwen, Wildenten, Graugänse, im Wasser die Arten, deren Namen ich vergessen habe. Kaum eines allein. Wer schreibt das social register? Eine Weltgeschichte aus der Vogelschau. Sie fliegen in Formationen, Schutzgemeinschaften und Kampfstaffeln. Sturzflüge, Erinnerungen, die ich nicht pflege.
Viermal am Tag gehen wir aus. Wir suchen einsame Wege. Wandern in die Wildnis. Zum Flußmeisterhaus. Es ist verlassen. Niemand mißt mehr den Pegel. Ohne den Sarden

kam ich nie her. Kannte keinen am Wasser. Der Sarde ist nicht zu erschöpfen, holt, was so treibt, aus dem Strom, bringt es mir, mach' was draus, während ich mich unfähig fühle, das Glück zu packen. Der Wind weht dem Winter zu.

Freunde. Wir haben Freunde. Sie warten auf uns in den kahlen Ästen. Im laublosen Gesträuch. Auf gefrorenem Boden. Eis splittert unter unserm Tritt. Sie kommen uns entgegen. Raben. Vorher nicht gesehen. Schwarz war mein Sarde. Sie fassen Zutrauen. Umfliegen uns mit schweren Flügelschlägen. Es ist nicht die Stelle, wo Möwen und Enten gefüttert werden. Die Raben hungern. Die Menschen mögen die Raben nicht. Der Sarde schaut sie ruhig an. Ich schaue sie an. Die Raben rücken näher.

Ich bringe ihnen Speise. Ich röste Brot, zerschneide Fett, erkundige mich bei der Vogelwarte in Garmisch, die unwillig Auskunft gibt, was Raben mögen.

Alles in große Tüten getan. Supermarkttaschen, Speisekammern der Hausfrauen. Bei der Brücke schimpfen die Möwen. Hinter der Brücke der Nebelstau des Morgens. Bleiche Schwaden. Stand dies bei Dante? Schwarz die Raben, die uns erwarten. Schwarz der Sarde. Ich hatte mich unversehens geistlich angezogen: schwarz der Mantel, der Sweater, die Mütze. Es ist kalt, und wir bewegen uns steif in der Suppe. Ich säe aus. Ein schwarzes, flatterndes Feld. In Sekunden ist alles vertilgt. Gekrächz aus unsichtbarem Himmel.
Anderes Volk. Auf einer verlassenen Bank des Sommers ein alter Stadtstreicher. Eine Decke, wie sie Möbeltransporteure zur Schonung der Politur unserer Barockkommoden haben. Zerknitterte Zeitungen. Schlief er hier? Ich sah mich liegen auf dem Gitter eines Metroschachts. In Paris. Im Traum. Die Zeichen wiederholen sich. Ich ging in das feine Delikatessengeschäft am anderen Ufer, kaufte Burgunderwein, sah nicht nach dem Preis, Burgunderwein aus

dem Hospice de Beaune, einige Leckereien, hing es in einem Beutel über die Bank des Armen. In der Nacht fror ich in meinem Bett. Der Sarde versuchte mich zu wärmen. Am Morgen war nichts auf der Bank. Kein alter Mann, kein Beutel, kein Wein.
Dann war das Mädchen da. Sie trug die junge Weltweitkleidung, die mich nicht blendet. Sie starrte in den Fluß, beachtete uns nicht, bis der Sarde sie begrüßte, zärtlich um ihre Knie. Sie sah nach Konfetti aus. Ich weiß nicht, ob es die Zeit für Konfetti war. Irgendwelche Sterne an ihrem Hals. Das Gesicht übernächtigt, zerschossene Scheinwerfer eines Festes. Für heute fertig mit der Welt. Sie forderte, hast du eine Zigarette? Ich fühlte Glück, weil sie du sagte. Das war mir lange nicht geschehen. Ich deutete aber eigensinnig auf die Einkaufbeutel und meinte, ich müsse die Raben speisen. Dann würde ich eilen und Zigaretten holen. Ich mag den Rauch nicht. Nicht dieses gemeine Laster. Ich enttäuschte sie. Wieder nur der Fluß vor ihrem Blick.
Ich fand sie nicht mehr, der ich den Raben gleich tun wollte, als ich wiederkam, die Schachtel mit den Zigaretten in der verwundeten, im Frost erstarrten Hand. Ich hatte dem Automaten nicht zu befehlen vermocht, seine Sprache nicht gesprochen, wütend gegen das scharfkantige Blech geschlagen. Es war mein verdammter Hochmut, nicht zu rauchen. Ich sah nun allein das Wasser, lößfarben, gletscherkalt rann es von den Bergen, störrisch aus lieblichem Voralpenland. Ich dachte an Georg von der Vring. Gebrochen ging er in die Bayerische Akademie der Schönen Künste, die Hand am schwerhörigen Ohr. Ein Satz von Carl J. Burckhardt, eben gelesen: Lebensenden sind schwer. Burckhardt war ein Begünstigter, sah über den Genfer See, vom eigenen Weingut aus. Georg von der Vring tauchte arm in den Fluß, das Wasser über die müden Sinne. Ich begegnete Louis Clappier, dem Gefangenen der Festung Königsberg, der, befreit, deutsche Literatur nach Frankreich brachte und sich in die Seine. Ihrem Geheimnis vermählte sich Paul Celan. Sein Traum unter den Brücken. Ich sah Virginia Woolf, nicht Ophelia, belle comme la neige, eine Lady,

treibend, nein, versinkend in der Themse, die schöne Sprache erstickt. Eine dunkle Nacht. Die Isar, wußte ich, fließt mit der Donau ins Schwarze Meer, den Pontus Euxinus. Am Strand von Warna Büroangestellte aus den blanken Kanzleien in meiner Straße. Das Gesicht ganz und gar dieser feindlichen Sonne zugewandt. Bei Konstanza vergiftet Schwefelwasserstoff den Pool.

Im Verdämmern des Tags. Ich suchte am Fluß, suchte im Wasser. Der Sarde brachte Stecken und Schlingen die Böschung hoch. Da kam der Mann, schwankend, in einem Wetter Bier, vor dem mich ekelt. Ein Funke, vorstechend aus den Fingern. Wieder das billige Laster. Er schob die Glut der Zigarette gegen meinen Mantel, gegen seine ausgefransten Knopflöcher. Er brannte die hervorstehenden Fäden ab. Ein ordentlicher Mensch. Wohl kameradschaftlich. Haben Sie eine Mark für mich? Er stand auf einmal groß und bedrohlich vor mir und vom Wind geschüttelt. Ich sagte, gern. Da entflammte sein Elend. Sie sagen, gern, geben mir gern eine Mark? Dann geben Sie mir doch zwei, drei, mehr, mehr! Und mich bedrängend, seinen schaukelnden Leib gegen meinen pressend, am Mantel zerrend, betäubend traf mich sein Atem, das Bier, die finstere Gärung, rief er: Du hast ja Geld, du hast ja Geld, du hast Geld!

Oben auf der Straße der Reichen und Geschäftigen, dort, wo ich wohne und nicht zuhause bin, der Lautsprecher eines Polizeiwagens: Festzuhalten ist ein alter Schauspieler. Er irrt durch die Isaranlagen.

Der Sarde, schwarz, höllenschwarz, fühlt sich nicht angesprochen.

Nach Rußland und anderswohin

An Ariel und den Tod denken. Warum ich reise

Der Weise versucht, das menschliche Unglück schon allein aus dem Umstand zu erklären, daß man sich nicht entschließen kann, zu Hause zu bleiben.
Kafka spricht von der Ungeduld, die uns aus dem Paradies vertrieben habe und uns hindere, dahin zurückzukehren.
Als Kind wollte ich in meinem Zimmer und immer woanders sein. Obwohl ich in China, auf Samoa, zu den Quellen des Nil, im Wilden Westen Amerikas, auf hoher See in grandiosen Stürmen reiste und Schiffbruch litt, genoß ich Abenteuer, Gefahren und Sindbads Freundschaft im Bett. Ich war mit sieben Jahren zum Leser geworden; Fräulein Solti hatte mir in der ersten Klasse das Alphabet geschenkt und Zeit und Raum erschlossen, weit über die Schule, die Heimat, die Geschichte, das Universum hinaus. Was ich, Bücher verschlingend, empfand, war grenzenlos. Was ich mir, den Atlas studierend, vorstellte, war das Herz der Fremde, die Seele des Windes, der Geist des Meeres und der Leib der Küsten, war die Wahrheit der Länder und Klimate, der weißen, schwarzen, roten und gelben Menschen, japanischer als Japan selbst.
Ich kannte nicht Baudelaire, aber ich ahnte bald, daß man nicht in Indien gewesen sein mußte, um von Indien zu erzählen. Später lernte ich, daß ein Aufenthalt, irgendwo in der Welt, es leichter machte, von sich zu sprechen. Es sind andere Spiegel, vor die man sich stellt.
Nie fühlte ich mich versucht, erobernd und weltverbessernd in gewalttätigen Gruppen zu reisen, mit Gewehren nach Frankreich, in Panzern gen Ostland, mit Neckermann an die Adria, fahnenschwingend zum Länderspiel. Ich habe mich auf der Erde umgesehen, doch nicht gegen die Erkenntnis des Weisen gehandelt. Ich verlasse wohl eine Umwelt, eine ständige Adresse, aber ich entferne mich nicht von mir. Ich reise, ich bringe mich mit, ich bin mit mir beladen oder durch mich frei; ich bin es, der in der Wüste steht, das Meer liegt vor meinen Augen und ist nur durch

meinen Blick. Ich bin überall zu Hause und fremd auch in meiner Straße, auf dem Markt, wo ich mein Brot kaufe.
Was ich auf Reisen suche, ist das Fremdsein ganz und kraß, der Schein der Vertrautheit ist gewichen, die Welt ist neu, sie ist mir nicht Freund und nicht Feind, ich wohne nicht, ich bin nicht eingestuft, man erwartet mich nicht, ich habe keine Geschäfte in der Stadt, ich verstehe nichts, und das bedeutet die Möglichkeit des Begreifens. Ich reise allein und gern in Länder, deren Sprache ich nicht spreche, ich bemühe mich nicht um die fremde Grammatik, jedenfalls nicht vor der Fahrt, manchmal nachher, ich bereite mich nicht vor, ich will neu geboren werden, ich will vom Himmel fallen; gibt es, wo ich lande, Menschen, denen ich empfohlen bin, so meide ich sie.
Ich komme an und lebe mit der Fremde. Ich pirsche durch die Stadt. Ich durchstreife noch ihre entlegensten Reviere. Ich sehe, höre, rieche, schmecke Menschen, Häuser, Plätze, Kirchen, Friedhöfe, Amtsstuben, Gerichtssäle, Kneipen, ihre armen und reichen Küchen. Ich trinke die fremde Luft. Sie berauscht, reizt, ernüchtert, und immer macht sie wach, weckt Erwartung, läßt suchen, setzt auf eine Spur. Ich kann einem Einheimischen nachgehen, ihn einen Tag lang verfolgen, seinen Gang nachahmen, um er zu werden, ich kann essen, was er ißt, sein Getränk trinken, schließlich vor dem Haus, in dem er verschwindet, stehen, mich in sein Bett legen, versuchen, seinen Traum zu träumen, auf die Laute seiner Nacht zu lauschen. Ich bin ein Schauspieler, der seine Rolle lebt, doch nicht seine Identität verliert, der im Spiel die Szene analysiert und kritisch bleibt. Ich erkenne so bald die Furcht einer Stadt oder eines Landes, spüre den Drachen auf, der die Bewohner schreckt und quält. Wenn man begriffen hat, wovor die Menschen sich ängstigen, weiß man, wie sie leben, wie sie lieben, wie sie sterben, wie ihre Richter, ihre Priester sind und ihre Psychiater, wie hart die Gesetze drücken und wie beschränkt die Regierung ist, der sie sich unterwerfen.
Es liegt Freude in den Begegnungen ohne Namen, in dem Anheimgeben an den Zufall, in der Betrachtung der Mit-

tagsstunde der Clerks, einer Straßenecke zur Zeit des Ladenschlusses, des Morgengrauens, wenn sie zur Arbeit gehen, ich erinnere mich an einen Schuttplatz in Harlem, wo junge Neger sich das Gesicht weiß angestrichen hatten und weiße Teufel spielten, an den Golf von La Spezia und das Hotel »Shelley e delle Palme«, wo ich auf der Kaimauer lag mit geschlossenen Augen und an Ariel und den Tod dachte, während Landsleute vorübergingen, auf mich deuteten und höhnisch »diese Italiener« sagten, »den ganzen Tag faulenzen sie in der Sonne«, auch Sehenswürdigkeiten verführen, Vermeers »Ansicht von Delft« in Den Haag, in die man in Delft hineingeht, im Schaufenster eines Cafés vor der Brücke der Gracht sitzt, fremd und zu Hause unter fremden Kindern, von ihrem sicheren Instinkt als fremd erkannt, die dann die Nasen gegen die Fensterscheibe pressen wie an das Glas eines Aquariums.
Ich wünsche mir ein Flugbillet, das mich für immer berechtigt, jederzeit überallhin zu fliegen, von New York nach Moskau, von Rußland nach Dakar, zu einer Karussellfahrt zum Hamburger Dom vor dem Abflug nach Peking, zum Start nach Paris. Eine Lebensart, ideal zum Arbeiten, die mir kein Verleger schaffen kann.
Seit langem möchte ich nach Hammerfest, wie ich in der Schule gelernt habe, der nördlichsten Stadt. Ich denke, daß dort ein Licht auf mich wartet, am Mittag der langen Winternacht, ich stehe auf dem Markt oder am Hafen und betrachte mit den Leuten von Hammerfest den Auf- und Untergang ihrer kargen, wie durch ein Brennglas glühenden Sonne, ich gehe dann nachdenklich in ein festes Haus, das Hotel Nansen, trinke Aquavit, esse eine fischtranreiche Speise, empfinde wohlig die saubere Wärme großer elektrischer Öfen, erhalte vom Probst der Kirche die Photographie eines Mädchens geschenkt, vielleicht seiner Tochter, nackt vor dem Eis der Küste, entschließe mich aber, schon am Nachmittag zu Bett zu gehen, das Fenster der Kälte, dem Schneetreiben und dem Neonschein der Laternen zu öffnen, um Mitternacht mir die andere Sonne vorzustellen, die zur selben Stunde im Juni diese Welt, in der ich mich

ganz zu Hause fühle, stören wird, und ich lese vor dem Schlaf mit Nutzen, wie ich hoffe, Pascal, den Weisen meines Anfangs: »Der Mensch, zu sich zurückgekehrt, bedenke, was er ist im Vergleich mit dem, was sonst noch ist; er betrachte sich wie einen Verirrten in dieser entlegenen Ecke der Natur; und von diesem kleinen Kerker aus, in dem er zu Hause ist – ich meine das Weltall –, lerne er, die Erde, die Reiche, die Städte und sich selbst richtig einzuschätzen.«

Nach der Heimat gefragt …

Ich antworte, ich habe keine Heimat. Manche Leute fragen manchmal danach. Um nicht bloßzustehen, nenne ich Städte. Berlin, Hamburg, Paris, Rom, London, New York, Nischni Nowgorod, Hammerfest, Tokio. Nach Stimmung und im Alter andere. Tokio habe ich leider nicht gesehen. Aber ich denke an meinen Tod in der U-Bahn von Tokio, weil die Bahn überfüllt ist, und während eines Bebens, das häufig kommt. Auch in Hammerfest bin ich nicht gewesen, das mich sehr anzieht, doch in Haukipudas, wo große Wälder sind und nachts die Sonne scheint, wenn gerade Sommer ist.

In Greifswald geboren, als es preußisch war, schwedisch gewesen war, demokratisch werden sollte, war ich nicht viel in Greifswald. Ich glaube, ich wollte schon im Mutterleib nicht in Greifswald sein. Dennoch sind Erinnerungen da, die der Empfindung Heimat nahe kommen. Es ist der alte Friedhof in der Wolgasterstraße. Meine Mutter liegt dort, und ein Schauspieler hielt ihr die Grabrede. Man hat einen schönen Blick auf die Kessel der Gasanstalt, auf Luthers, Gustav Adolfs und des Bürgers feste Kirchenburgen und bei guter Sicht auf ein Schiff auf dem Ryck zum Meer hin. Es entsprach meinem Greifswalder Heimatsinn, der zu Caspar David Friedrich floh, die Klosterruine Eldena, die Männer am Meer, die den Mond betrachten. Zur Schule ging ich in Ortelsburg in Masuren. Ich blickte von den Aufgaben über den Ortelsburger Haussee und wollte in Berlin sein. Berlin waren die Berliner Zeitungen, die mein Onkel las. Heimatgefühle für Ortelsburg und Masuren kamen mir, als ich in Den Haag in Holland den Roman »Die Mauer schwankt« schrieb. Ich ließ unsere alte Waschfrau in das Eis des Haussees einbrechen, wollte aber selber in die Gracht Smidswater gehen, wo ich wohnte und Heimat empfand, weil ich meine Heimat Deutschland damals nicht mochte.

In einem »Atlas«, zusammengetragen von deutschen Autoren und herausgegeben von Klaus Wagenbach, wählte ich als meine Landschaft das Romanische Café in Berlin. Tatsächlich habe ich an diesem unvergleichlichen Ort der Träume viele Stunden verbracht und Tage, an denen ich fehlte, als verloren betrachtet. Meine endlich akzeptierte Heimat war Berlin. Das Café, das Kurfürstendammviertel, die Berliner Verkehrsbetriebe, der Lesesaal der Staatsbibliothek, endlich der Spittelmarkt, die Redaktion, wo ich manchmal auch das Wetter machte, einen Blick zum Himmel wagte und Gewitter kündete, dies alles war eine schöne Heimat, ich liebte sie sehr. 1933 fing Hitler an, Berlin zu zerstören und brauchte dazu zwölf Jahre. Nachher stellten sich die alten Heimatgefühle nicht wieder ein.

So muß ich doch, nach der Heimat gefragt, auf die großen Städte deuten in aller Welt, und der Tod in Tokio, in der überfüllten Untergrund, während des großen Bebens, das Tokio zerbersten wird, ist angenommen.

Moskau

Ich trat in den Morgen hinaus, das Hotel wurde abgespritzt, Sandgebläse und Wasserstrahl, auf schwankenden, an Seilen hängenden Bühnen verrichteten Frauen gefährlich aussehende Arbeit. Aus dem Schacht der Metro fluteten Menschen und andere drängten hinein, Hunderttausende schienen unterwegs zu sein, alle hastenden Ganges, alle, als kämen sie aus einer Fabrik, in der sie arbeiteten oder hergestellt wurden, eine Gleichheit fiel auf, es waren viele gute Gesichter unter ihnen, unverbrauchte Gestalten, aber ihr Ausdruck und ihr Wesen schienen mir von einem höheren Willen geprägt zu sein, vielleicht war es Idealismus oder ein Kantscher Imperativ, nach dem sie leben, sie wirkten gar nicht östlich-mythisch, gar nicht slawisch, es waren weder Russen von Dostojewskij noch von Gogol, kein Oblomov war unter ihnen, sie erschienen mir nüchtern, klar, überaus diszipliniert und allzu vernünftig, sie waren altpreußische Traumgestalten, selbstlose Staatsdiener, Münzen in eines Mächtigen Hand, der Kirgise aus der Steppe und ein blonder Mann aus Leningrad sahen in den Moskauer Straßen einander ähnlich. Entschloß man sich für einen Weg, reihte man sich ein, ging man wie auf einem Fließband. In den breiten Straßen gab es natürlich auch Automobile und Autobusse, aber gemessen an der Menge der Fußgänger waren es verhältnismäßig wenige Wagen, und mein Eindruck war – und es überraschte mich angenehm –, daß selbst Generale zu Fuß gingen. Der Strom trieb mich zum Roten Platz. Die Basilius-Kathedrale mit ihren Kuppeln, ihren Türmen, ihren Türmchen, ihren schiefen Kreuzen, sie steht wie das alte Mütterchen Rußland da, aber niemand beachtete das Mütterchen, niemand ging zu ihm, die rote Kreml-Mauer dagegen, nicht jünger als die Kathedrale, doch kalt und wie das unverhüllte Antlitz der Macht, der das Lenin-Stalin-Museum vorgebaut ist, keine schlechte Architektur, mit seinen roten Quadern paßt es sich der Mauer auf eine zugleich schlichte und eindrucksvolle Weise an, die Kreml-Mauer war das Ziel vieler, sie reihten sich hier auf, reihten sich an, reihten sich ein zu Prozessionen, zu kilometerlangen, geduldigen Schlangen rund um den Kreml und um seinen Park, den einbalsamierten Staatsgründer, den toten Diktator zu sehen. Und jenseits des Platzes vor dem großen weißen Zuckerbäckerpalast aus der letzten Zarenzeit, dem berühmten Warenhaus Gum, dem Paradies der roten Damen, hockten Leute vom Lande, in Filzschuhen und Wattejacken und mit von Wetter und Leben durchfurchten Gesichtern und betrachteten das Mausoleum und die Prozessionen und sahen in das unverhüllte Gesicht der Macht, während hinter ihrem Rücken in einem Schaufenster des Warenhauses überspitze Schuhe modischen, italienischen Stiles eine neue oder eine alte Freiheit verkündeten, von einem überraschenden Wohlwollen oder schon von einer Dekadenz des Kremls zeugten.

Gum ist, man kann es nicht anders sagen, überwältigend. Das Warenhaus hat Gänge, Galerien, Brücken, Verliese, Hallen, kleine Tempel, die es zu einem Beispiel der phantastischen Architektur eines Piranesi machen. Auch hier gibt es Prozessionen, Schlangen ohne Anfang, ohne Ende, schrittweise rücken sie über Flure und Treppen vor, ja, es ist die sozialistische Gesellschaft, der hohe Offizier steht geduldig neben der Arbeiterfrau, die meisten lesen, lesen nun doch Dostojewskij und Gogol, während sie sich stundenlang nach einer Ware anstellen, sie lesen dicke Bücher, Tolstoi, Gorki und manchen ausländischen Schriftsteller, sie haben ernste, aber nicht unglückliche, eher heiter gelassene Gesichter, und warum und wonach sie sich anstellen, habe ich nicht ergründen können. Im Gum gibt es eine Fülle von Waren, vom Fernsehapparat bis zur Stecknadel, aber für die Schlange muß es etwas Besonderes geben, und dieses Besondere scheint oft das Einfachste zu sein, Schuhe einer bestimmten Größe, ein Hemd für Siebenjährige, und die Schlangen sind weniger ein Zeichen des Mangels als die Folge irgendeiner Dummheit in der Verteilung der Waren, eines kleinen Fehlers in der Rechnung der tausend Pläne. Verwirrend sind für den Ausländer die Preise, ich habe den Wert des russischen Geldes nicht ergründen können, manches schien mir billig, anderes teuer zu sein, billig waren Fernseh- und Radioapparate, Musikinstrumente, optische Geräte, und teuer, an diesen Beispielen gewertet, gewisse Textilien, aber auch hier gab es wieder Unterschiede, recht häßliche Wollanzüge kosteten viel, während sehr schöne Sommersachen aus chinesischer Seide beinahe verschenkt wurden. Erstaunen tut die Fülle des Überflüssigen, auf jedem dritten Ladentisch verkauft man Duftwasser und Puder, das Warenhaus, die Stadt riechen nach dem Parfüm »Rotes Moskau«, und in großen Abteilungen werden Nippes angeboten und, dies am erstaunlichsten, auch erworben, greuliche Figuren, Jäger mit Hunden, schlafende riesige Steingutkatzen, Tänzerinnen mit Rosengirlanden und für das Zimmer gedachte Nachbildungen der im Kulturpark aufgestellten Denkmäler. Auf den Märkten von Florenz, Rom, Neapel, Paris staunt man vor der Fülle des Gebotenen und ruft, dies alles ißt der Mensch. In der Lebensmittelabteilung von Gum scheint es, daß der Mensch in Rußland genug zu essen habe, aber die Varietät enttäuscht, wenn man an die Größe des Landes denkt, viel wird nach amerikanischer Weise in Büchsen angeboten, von frischen Fischen gibt es aber nur zwei oder drei Arten, wo man die Ernte vieler Meere erwartet. An Ständen wird Limonade, wird Kwass und wird Champagner ausgeschenkt, Champagner gibt es süß, halbsüß und trocken, der trockene, der Champagnski Sekoje ist sehr zu loben und ebenbürtig den besten französischen Erzeugnissen. Der Schaumwein wird in Viertellitergläsern ausgeschenkt und scheint nicht teuer zu sein; er wird von jedermann getrunken. Ich geriet in dem Irrgarten des Warenhauses zu einer Hintertür und stand plötzlich auf einer Straße der Warenanfuhr und des sauber gestapelten Abfalls. Chauffeure, Lastträger und Lagerarbeiter waren hier beschäftigt oder standen müßig herum. Die Straße erinnerte an die Umgebung der Pariser Hallen. Man hätte hier eine Kneipe finden müssen. Aber es gab keine Kneipe.

Rom

In allen Ecken riecht Rom nach offenbarter oder bezwungener Mordlust, nach tödlicher oder überwundener Angst, nach stetigem Untergang und Auferstehungswunder – der Vogel Phoenix hebt sich andauernd aus seiner Asche. Man errichtet das Haus der Zivilisation und überläßt es den Schafen. Matronen und Dirnen, in manchem Jahrhundert ausschweifend in Tugend und Laszivität, in anderen Tugend und Laszivität gleichermaßen eiskalt vortäuschend, gehören ranggleich zur Kulturgeschichte des Ortes, wie Familienväter und Sippenwächter von der abscheulichen Maßlosigkeit des Virginius, der seine Tochter für nichts und wieder nichts erstach, und des Ehrbarkeitstarrsinns des Vaters Montesi, der nicht gegen die Mörder, sondern für die Erklärung der körperlichen Unberührtheit seines Kindes klagt. Wie überall, so ist auch in Rom der Teufel der Nachbar des Engels und borgt sich zum Ausgang das Flügelkleid. Fromme Hirten der Christenheit, durch Berufung und Machtlust an ihr Amt geschmiedet, wurden zu gemeinsten Handlungen gezwungen oder hingerissen, wie auch zu erhabenen Beispielen der Demut und des Opfers. Der Bettler beschenkt den Reichen am Portal jeder Kirche, denn Christus, der das Wort vom Nadelöhr sprach, ist sein König, der auch in Petrus' Stadt stündlich verraten wird, und der Taschendieb aus Hermes' Geschlecht erweist dir, von fern her gekommenem Barbaren, im überfüllten Omnibus vom Postplatz San Silvestro zu den Schätzen des Vatikans oder zur Flitterpracht der Via Veneto die Ehre, dich zu bestehlen. Was sonst hat dich nach Rom geführt? Rom ist die Poesie des Urbanismus; der blendendste Triumph des Menschen über seine nackte Geburt; es ist die Erzstadt, Stadt von alters her und nichts als Stadt, und die Welt war immer nur die Peripherie dieser Stadt, in Besitz genommen durch das Siegel S. P. Q. R. Senatus Populusque Romanus, heute noch das Wappen Roms und Petschaft seiner Behörden, zu sehen auf allen obrigkeitlichen Verordnungen, Kundmachungen an den Anschlagmauern und Schreiben an den Bürger, geprägt auf die Türen des Capitols, auf die Altertumsfunde, auf alle Kloakendeckel und Pissoirwände.

London

Soho, zwischen Oxford Street, Regent Street, Shaftesbury Avenue und Charing Cross Road, also zwischen Warenhäusern, Geschäften, Kontoren, Massenabfütterungsstätten und den größten Verkehrsströmen gelegen, ist eine Insel der Gemütlichkeit. Man nennt Soho [Soho ist ein Jagdruf, so ho hetzte man in den Waidgründen, die hier einst lagen, die Hunde] ein Ausländerviertel; Ausländer wohnen und ernähren sich hier, aber die Gemütlichkeit ist englisch. Soho Square – das sind alte Bäume und noble schmale Häuser und Kunstschmiedegitter und so stille Fenster, daß man hinter ihnen Thomas Carlyle vermuten möchte, und am Abend, nachdem er über Helden und Revolutionen geschrieben, sieht man ihn mit seiner jungfräulichen Gattin Hand in Hand um das Karree spazieren. Im Schaufenster einer Verlagsbuchhandlung liegen die Memoiren bedeutender, aus der Weltgeschichte emeritierter Persönlichkeiten. Charme und Esprit dieses Platzes vertrugen sich bisher ausgezeichnet mit den Mädchen, die sich in den nahen Gassen anbieten, und ihren zu Messerstechereien neigenden Freunden. Aber nun haben leider Filmkonzerne die Idylle entdeckt. Sie reißen die alten Häuser ein oder stocken sie barbarisch auf, und von den Zementburgen ihrer Verwaltungen, die so entstehen, erdrücken auf riesenhaften, nachts angestrahlten Plakaten die Brüste der Jayne Mansfield die Nobilität des Ortes, den spröden, idealistischen Geist Carlyles und die Erinnerungen und Rechtfertigungen der enttäuschten Staatsmänner. Die Straßen sind am Abend ein bißchen Reeperbahn, aber viel weniger bieder. Hier wohnten einmal französische Emigranten, Refugees des Glaubens und Exilierte der Geburt, und wenn die Gegend heute ein Reich der Kellner, der Nachtbarangestellten und italienischen Händler ist, so hat sie sich doch noch Gewissensfreiheit und feine Sitte bewahrt. Ich sah einen Bettler in Soho, der durch keine andere Geste als seine Würde bat. In Lumpen gekleidet, stand er da, als gehöre ihm zumindest ein Schloß, und drückte man ihm einen Schilling in die

Hand, verneigte er sich mit der übertriebenen Höflichkeit eines sehr großen Herrn, der achtbaren, aber bürgerlichen Freunden begegnete. Man kann die Speisen aller Länder in Soho kosten und wahrscheinlich auch jede Art von Liebe. Die Speisekarte wird gern in fremder Sprache ausgehängt; ein Torero, ein Gondoliere, ein Negerhäuptling, ein Mandarin, ein Inder hoher Kaste, oder sagen wir ihre Kostüme, fungieren vor den Lokalen als die Portiers. Die Mädchen stehen gegen die Häusermauern oder eine Plakatwand gelehnt, oft eine Zigarette im Mund, in recht dekorativer, manchmal arroganter Haltung da. Der Polizist, der Bobby mit dem klassischen Konstablerhelm, wacht wie sein eigenes Monument auf der anderen Seite der Straße und sieht über die Mädchen hinweg. Zuweilen kommt eine Doppelstreife weiblicher Polizei des Weges gegangen und spricht kameradschaftlich mit den Damen. In diesem Viertel kennt jeder jeden; und gegen den Gast, den Kunden, den Geld- und Steuerbringer hält man zusammen. Die Tanzlokale nennen sich Clubs, für ein paar Münzen wird man Mitglied und darf bis zum Morgen bleiben. Immer noch ist man lustig in Soho, der Commis ist es wie der Marquis, und nach Theaterschluß finden sich Gesellschaften in großer Toilette ein; die Besucher der teuren Plätze begegnen hier den Schauspielern, die sie eben bewundert haben. Ein Tanzclub der Halbwüchsigen, diesmal ein echter Club, zu dem Geld keinen Zutritt gewährt, ist im Gemeindehaus einer Kirche, ist dort im Keller untergebracht, und nirgendwo werden die Trommeln so wild geschlagen, kreischen die Saxophone so heiß wie in dieser von Geistlichen gegründeten und beaufsichtigten Unterwelt. Jugend bevölkert auch die vielen neuen Espressostuben, sie sitzt gern eng gedrängt, wippt auf Stahlrohrsesseln und lauscht, bei verdunkeltem Licht magisch, paradiesisch entrückt, der Schallplattenmusik. Und immer wieder hört man den Choral der Heilsarmee. Sie marschiert durch die Straßen wie durch einen Film, ihre Banner wehen, ihre Trompeten schmettern, und mutig schallt der Gesang. Wo und wann die Armee auch auftritt, es ist der Tag vor der Apokalypse. An den Kreuzpunkten hält die Truppe ihre Meetings ab, und Freudenmädchen und Nachtexistenzen nehmen gern eine Strophe Frömmigkeit mit. Überhaupt ist Soho ein beliebter Ort religiöser Diskussionen, oft stellt sich einer zwischen die parkenden Automobile und zeugt mit lauter Stimme für seinen Gott. Oder ich sah einen Neger, der sich ein kleines Predigtpult mitgebracht, es an einer Ecke aufgestellt hatte und nun Gottes Wort verkündete, bald aber mit anderen, sehr intellektuellen, sehr rational gebildeten Negern in heftigen Streit über verzwickte Fragen der Exegese geriet. Wen sonst noch bewegt so der heilige Text? Noch vor dem ersten Weltkrieg waren die Neger Heiden, und dicke Damen und blasse Mädchen strickten für sie wollene Strümpfe; jetzt ist das Apostolat schwarz und London Missionsgebiet. In Soho gibt es, trotz mancher Nachahmung von Paris, keine Existentialisten, weil jeder hier auf das natürlichste existentiell lebt. Wer sich bewußt zur Boheme zählt, wirkt altmodisch. Im schmalen Raum eines Zeitschriften- und Tabakladens mit Kaffeeausschank versammeln sich die grauen Löwenmähnen altgedienter, vom Schicksal und der Weltgeschichte nach London verschlagener Gäste des Romanischen Cafés und des Pariser Dôme. Sie zehren von Erinnerungen, und ein paar junge Leute neben ihnen, die über betont vernachlässigter Kleidung mit Gesicht und Haar die Büsten römischer Cäsaren kopieren, warten anscheinend auf Godot. In anderen Läden dieser Art hängen Modezeitschriften im kleinen Schaufenster und stehen hinter einem Paravent sehr bürgerliche, würdige Herren vor dem Verkaufstisch und betrachten mit ernsten, oft sogar wütenden Gesichtern die Photographien nackter Menschen. Niemals wird zwischen den Kunden dieser Geschäfte ein Wort gewechselt; anscheinend hassen sie einander oder das Laster und die Schwäche, die sie im Nachbarn sehen. Am Rande von Soho liegen Foyles Buchhandlung, das Palace-Theater, ein Markt und schließlich Piccadilly Circus. Foyles rühmt sich, in zwei Häusern und acht Etagen jedes Buch neu oder antiquarisch vorrätig zu haben. Es ist ein Garten Eden für Leser, ein Labyrinth, in dem man den Tag verlieren kann. In den engen

Passagen zwischen den hohen Regalen sieht man Chinesen die Propheten in hebräischer Sprache und orthodoxe Rabbiner chinesische Schriften lesen. Im Palace feiert Sir Laurence Olivier als »Entertainer« von John Osborne Triumphe. Das Theater ist für Monate ausverkauft. Die Gesellschaft besucht gern ein der Gesellschaft anrüchiges Stück, und aus Limousinen strengsten Hofstiles steigen Damen, die wie Herzoginnen auf den Bildern der Society-Illustrierten aussehen, sehr würdig, recht komisch, ein Diadem im Haar und, ich kann mir nicht helfen, darüber einen Hauch von Gin, und wirklich, sie sind es, Herzoginnen, die hier aussteigen und von Neugierigen freundlich bewundert werden. Der Markt von Soho ist nicht so schön wie der auf Roms Campo dei Fiori, aber er bemüht sich doch, bunt und laut und voll Gerüchen zu sein. Für die Chorgirls des Windmühl-Revuehauses in Windmill Street ist dieser Markt Heimat und romantische Kulisse ihrer jungen Blüte. Und dann ist da Piccadilly Circus, Knotenpunkt des Verkehrs und der großen Geschäftsstraßen, in der Nacht wohl Europas reklamebeleuchtetster Ort. Piccadilly Circus gehört nicht zu Soho und ist doch sein hellster Stern, der bis nach Australien, nach Canada und Afrika strahlt wie einst die Lichter der Ecke Unter den Linden-Friedrichstraße in die deutsche Provinz. Hier muß man gewesen sein, Engländer und Foreigner; Winston Churchill, und wer gerade Prince of Wales war, erkletterte in Jugendübermut die Eros-Statue in der Mitte des Platzes, die nicht den Gott der Liebe darstellt, sondern den Engel der christlichen Nächstenliebe und nicht aus Gold, sondern aus Aluminium ist, aber wen stört es, man hält sich an den Gott und glaubt an das Gold. Amerikanische Matrosen saßen auf dem Brunnenrand unter dem geflügelten Wesen, an Mädchen fehlte es nicht, noch an Liebe irdischer und himmlischer Art, und die Guinness-Uhr, die funkelnde Brauerei-Reklame, kündete die Guinness-Time, und Bier und Whisky strömten in hundert Bars und Kneipen aus tausend Hähnen und Flaschen in Millionen durstige Kehlen. Hier und dort führen Stufen von Piccadilly Circus in Kellerlokale hinunter, wo in einem freundlichen Hades

des Porters und des Whiskys, der Männergespräche, der unheimlichen Krebs- und Muscheltiere und weißer, roter und grüner Nelken noch immer Dorian Gray in narzißtischer Versunkenheit sein schönes Gesicht in matter Lache spiegelt.

Paris

Der Boulevard Saint-Michel, die römische, die scholastische, der neuen Lichtspielwelle kinematische Straße, ist für viele Paris, für manchen Frankreich, der freundliche Boulevard Saint-Michel ist Europa, er ist die Antike, das Mittelalter, die Aufklärung und immer die Revolution, er ist der Traum der bücherverschlingenden Schulkinder von Lille, Bordeaux, Lyon, Marseille und des stumpfsinnigsten Provinznestes, er ist Afrika, Asien, die beiden Amerika, er bedeutet noch immer die intellektuelle und politische Zukunft unserer Welt, wenn auch diese nur noch in Konkurrenz mit Moskau und Princeton, er ist herrlich bürgerlich mit seinen vor die Haustüren gestellten Portierstühlen am Abend, gemütlich wie jedermanns kleine Geburtsstadt und ein prächtiger Ballsaal unter gestutzten Baumkronen, ein Spielplatz des Zufalls, eine Promenade der Illusionen, ein Mischkessel der Einfälle, ein Fest des Schauens, der Sinne und der Sprache. Das große Unglück der Menschheit, die verhängnisvolle Verwirrung von Babel könnte auf dem Boulevard Saint-Michel wiedergutgemacht werden, wenn die Völker sich unter französischer Sitte zusammenfänden und an Verstand und Größe gewönnen. Viele Franzosen träumten so; an mindestens ebenso vielen Franzosen scheiterte der Traum. Abgesehen davon, daß Traum und Plan aus ganz anderen Gründen und nach dem Gesetz des Verhängnisses von Anfang an zum Scheitern verurteilt waren; denn das Schicksal will wohl die Verwirrung, die Zerstreuung, die feste Feindschaft der Stämme, Rassen, Hautfarben, Nasenformen, Gewohnheiten, Gebete, und vielleicht fürchten,

wie in der Sage, die wahren, die bösen, die unsichtbaren Götter die friedliche, die starke Gemeinschaft der Erdbewohner.
Skandinavisch und urwäldisch fluten sie über den Weg. Die hohen Schulen von Paris lehren das Wissen, aber Paris lehrt das Glücklichsein. Jedenfalls könnte es diese schönste aller Tugenden lehren, das Bett ist gemacht; doch auch die Schule der Weisheit wird leider von Dummköpfen besucht. Die schwarzen Studenten stehen unter dem Volk, als verkauften sie sich, als hätten sie entdeckt, daß ihre schlankgewachsene Schwärze eine auf dem weißen Markt begehrte Schönheit ist. Welcher Europäer sehnt sich nicht nach einem Wilden? Diese allerdings, mit einem besonderen Talent versehen, den häßlichen nachchristlichen Anzug wie eine Schlangenhaut zu tragen, sind Kandidaten der Medizin, Lizentiaten der Philosophie, Magister der Künste, junge Erforscher der Antimaterie und Bekämpfer der Viren. Paris verwöhnt die wie Glut dahinschreitenden dunklen Kinder. Wir lieben Paris dafür, aber die Stipendien zur Heranbildung einer eingeborenen Führungsschicht für die durch unsere Schuld zurückgebliebenen Länder gehen seltsame Wege. Wer auf dem Boulevard Saint-Michel jagte, Beute fand, die nicht nur aus Paris, auch aus Stockholm, aus Köln, aus Sydney und Denver kam, wer von der milden Sonne im Luxembourg-Garten beschienen wurde, vor dem Café mit Freunden saß und die Freude am platonischen Gespräch empfing, die Lust der freischweifenden, der aus humanen Studien geborenen Phantasie, trägt kein Verlangen, in die schweren heißen Realitäten seiner Heimat zurückzukehren, und mancher, der in der Savanne heilen wollte, wird am Ende Röntgenspezialist in Neuilly-sur-Seine, und wer ein schwarzes Häuptlingsreich demokratisch verwalten sollte, plädiert vor den französischen Assisen. Zurück in den gärenden Dschungel treibt es leider nur die Fanatiker, die Ehrgeizigen, die Ruhmsüchtigen, die selbst auf dem Boulevard Saint-Michel von einem Komplex der Minderwertigkeit Besessenen. Sie begehren, von der Sorbonne, von den Büchern, der Geschichtswissenschaft aufgeklärt,

von den Zeitungen über die gefährliche Weltlage unterrichtet, nicht zu dienen, sie wünschen, ein Häuptling über alle Häuptlinge zu werden, am liebsten gleich ein Dschingis-Khan der Starfighter und Raketen, der Paris, das ihn erzog, die Kultur, die ihn nährte, zerstampfen möchte. Es ist viel Grund zur Rache in der Welt! Die Jugendblüte auf dem Boulevard Saint-Michel wird finstere Himmel sehen. Doch noch, welch schönes Treiben im Strom dieser erwartungsvollen Seelen, und so viel bittere Münder, und so viel übermütiges Lachen! Welch wundersame Pilgerpfade sind all die vielen Buchläden mit ihren Stellagen unter offenem Himmel oder bunten Markisen, ihren verwinkelt vollgepfropften Etagen; man kann tage-, wochenlang auf dem Bücherfeld weiden, von keinem Verkäufer behelligt, nur gelegentlich vom verständnisvollen, vom resignierenden Blick des alten Buchhändlers getroffen, ein besticktes Käppchen auf weißen Locken, der erkennt, daß er bestohlen wird und doch seinen Schatz mehrt, eine eiserne Kiste voll von Goldstücken in einem Versteck seines Kellers tief unter den Schriften der Moralisten.
Nirgendwo scheinen die Croissants so knusprig zu sein wie beim Frühstück auf dem Boulevard Saint-Michel, und ein Paar, das sie im jungen Licht des neuen Tages auf einer Caféterrasse bricht, ist schon von Poesie umwoben. In den Bäumen wohnt ein Wind, der einst in Griechenland aufbrach. Der Jazz aus den amerikanischen Musikschränken ist ein Vehikel des Überschwangs und der überschwenglichen Verzweiflung. Wer sich auf das Staatsexamen vorbereitet, vergißt, daß der Lumpensammler, der, an seinen Clownskarren geklammert, vorüberschwankt, vielleicht die Prüfung mit Auszeichnung bestanden hat. Auf dem intimen, dem der Weisheit geweihten Platz vor der Kirche der Sorbonne, vor dem nachsichtigen Blick von Auguste Comte, dem Apostel einer Religion der Humanität, produzieren sich ein Affe, ein Hund und ein Ziegenbock als gelehrige Schüler, und gleich ist auch die Polizei da und nimmt den nacktarmigen, den obszön tätowierten Professor der Tierdressur und der Massenpsychologie in den vergitterten De-

linquentenwagen, und Affe, Hund und Ziegenbock, noch eine Weile ihrer Kunst frönend, dann in magistrale Obhut genommen, begreifen die positive Soziologie nicht mehr. Wie lebt der Student? Murger und Musset sind tot. Die engen Mansarden der Rue Monsieur-le-Prince sind den Armen zu teuer, dem Sohn aus reichem Haus zu schäbig geworden. Der eine mietet seiner Unabhängigkeit ein Studio, der andere wohnt in den Heimen der Studienhilfe oder in der schönen Cité Universitaire, und wer nur gekommen ist, sich auf dem Boulevard zu amüsieren, was braucht er als das Bett eines Freundes? »Retten wir vor allem unsere Freiheit, genießen wir das Leben unter allen Umständen! Es lebe die Boheme!« Mit diesem Kriegsruf eroberte schon George Sand das Quartier. Der Hof der Sorbonne ist eine kleine Bühne, und sie sitzen auf den Stufen vor dem Grabmal des tüchtigen Richelieu in Blue jeans, in Petticoats, modisch oder verwildert, auch sittsam in indische Tücher, japanische Kimonos gehüllt wie Statisten in der Inszenierung eines Jessner-Schülers, und vom geschmückten Giebel der großen Alma mater blicken die Musen mehr ironisch als pathetisch auf sie hinab. Täuschen wir uns nicht, die meisten der malerisch Lagernden, die ganze Räuberbande, bereiten sich auf Beamtenkarrieren vor. Die Hörsäle, die klassischen Amphitheater sind überfüllt wie überall auf der Welt, und die Professoren, ein wenig hilflos vor diesem Aufstand der Massen, schwingen sich zu schauspielerischer Größe auf, wenn sie hoffen dürfen, im »Figaro« erwähnt zu werden. Doch einige von ihnen sind immer noch Frankreichs verehrungswürdiges Gewissen, und die Humanität wie die Freiheit sind diesen wahren Lehrern kein Lippenbekenntnis.

Viele Professoren und Studenten sind in den Untergrund gestoßen, in das Zwielicht des Patriotismus und des Verrats, in die Rechtlosigkeit des Aufstandes, in den Maquis des nicht nur afrikanischen Bürgerkrieges, sie sind in die Scheinwerferflut der Aufrufe, der Erklärungen, der Proteste, der offenen Briefe, der verhängnisvollen oder notwendigen Entscheidungen geraten, manche in den grausamen

Strahl der Inquisitionslampe der an verachteten Vorbildern geschulten Verhöre, es droht ihnen der Bannfluch der behördlichen und gesellschaftlichen Acht oder die Rechtfertigung vor einer Justiz, die keineswegs blind ist – und das im Mutterland der Freiheit und der Menschenrechte. Es sind tapfere und aufrechte Männer, die sich im Kampf engagiert haben, Ritter oder Don Quichotte des Glaubens und des Willens, daß der Mensch gut sei. Doch welcher Hydra zählebiger Ideen, törichter Einbildungen, falscher Vorstellungen, wie vieler Selbstsucht und Interessenklüngelei, welchem Unverstand ist, selbst noch in Frankreich, zu begegnen, und die lange geheimgehaltene und schließlich doch publik gewordene Folter, die Fälschungen, die Verleumdungen, die Lügen und all die bösen tückischen Schlagworte der kalten oder schon heißen Fronten scheinen zu triumphieren. An jedem ernsten Gespräch nimmt die Verzweiflung teil. Neben dem Denkmal von Diderot, unter dem Standbild des Danton künden an den Zeitungskiosken die Affichen, daß die Wochenblätter »L'Express« und »France Observateure« schon wieder einmal beschlagnahmt sind, daß Filme, die sich den Problemen nicht entziehen, die alle Franzosen bewegen, verboten wurden, und man bangt um ein Frankreich, das man liebt.
Der Boulevard Saint-Michel hat seine Zerstreuungen und seine Düsternis. Er hat auch seine Décadence. Man kann zu Mittag in den Foyers des Studentenwerkes, in akademischen Volksküchen mit Vorspeise, Hauptgang und Nachtisch essen und rings um die Sorbonne chinesisch, malaiisch, indisch, arabisch oder griechisch speisen. Die Welt hat Paris den Tisch gedeckt. Asien lächelt. Griechenland schwenkt die weiße Fahne, Arabien blickt finster drein. Die Kaffeehäuser bieten sogar amerikanische Sandwiches, wabbelige Pappscheiben über welkem Salat und bläulichem Fleisch, die sich auf Theken und Tellern zu bleichen Hungertürmen häufen. Vor dem Feind im eigenen Haus, vor dem Schnellrestaurant des Boulevards stehen sie in langer Schlange an; Entartete, die noch nicht einmal die Armut entschuldigt. Denn noch ist Frankreich nicht verloren!

Schon in der Rue Racine hat sich die Kochkunst zu erträglichen Preisen versteckt. Die Madame auf ihrem Kassenthron begrüßt mich schon beim zweiten Besuch wie einen Freund. Der Patron schwebt wie der olympische Zeus in den Wolken der kleinen Küche. Ich klettere die labyrinthischen Windungen der engen Wendeltreppe zum ersten Stock empor, und dort finde ich in einem kleinen rechteckigen Saal mit halbblinden Spiegelwänden und roten rissigen Polsterbänken und in der wohlbedachten alten Ordnung des Vis-á-vis einen Hauch vom Geist des Brillat-Savarin. Es gibt im Ofen in irdener Schüssel gebackene Pasteten, großmütterliche Ragouts, ländliche Pots-au-feu und lecker in kleinen Töpfen Geschmortes. Jedermann stippt mit dem weißen Brot die schwerelose Soße auf, der Salat schmeckt kernig nach jungen Nüssen, und die Birnentorte, eine Spezialität des Patrons, ist wie ein Streicheln. Man ißt nicht schnell, man speist mit Bedacht, und die alten Serviererinnen schreiten wie Sendboten nicht der verlorenen, sondern der erfüllten Zeit. Ich bin im kleinen Himmel der nicht mit Geld gesegneten Feinschmecker. Die geschulten Zungen, die jungen Adepten, die Frauen und die Mädchen, die hierherfinden, kommen aus den verschiedensten Metiers, aus Büros, Läden, Studierzimmern, Kanzleien, Ordinationsräumen und Handwerksstuben; doch sitzen sie in dieser Spiegelmesse wie zu einem strengen Orden vereint und schweigen. Man unterhält sich nicht, wenn man von einem Meisterwerk ergriffen ist. Aber wir blicken einander doch wohlgefällig mit einem kleinen Komplizenlächeln an, das sogar den modernen, den unglückseligen Pferch der Generationen überwindet und von einem sehr alten zu einem noch jungen Gesicht gleitet und erwidert wird.
Gegen Abend widerfährt dem Himmel über dem Boulevard Saint-Michel eine nur dort zu beobachtende Erleuchtung, die Wolken werden nach ihrer Schwere und Höhe rosenblättrig, asphodelosweiß, pflaumenhäutig, der letzte Sonnenschein des schwindenden Tages gleicht dann bald einem lichterloh brennenden Schiff, das aber, da es sich entfernt, mehr begeisternd als beunruhigend wirkt, es verbrei-

tet einen hellenistischen Glanz, von müder Schönheit und skeptischen Gedanken mild, ein Ende, ein Genießen noch, und doch wie jedes Ende schon wieder ein Anfang, eine neue Zeit. Jedes Café, jede von Jugend bevölkerte Terrasse am Platz Saint-Michel, an der Wegkreuzung Cluny, am zum Luxembourg-Garten sich öffnenden Platz Edmond Rostand und angesichts der hampelnden Meister des irdischen Chaos, der allseitig bedrängten Verkehrsschutzleute, ist ein fliegender Teppich des Weltmärchens, von dem Atem der Genien noch getragen und doch schon zu Stürmen treibend, zu den furchtbaren Orkanen, zu den das Universum umwühlenden Turbulenzen der Geisterwelt.

Athen

Wo man auch in Athen steht, geht oder wohnt, die Akropolis ist nah. Immer gelingt es, einen Blick auf sie zu werfen, auf die Hochstadt, die Götterstadt, die über der gewöhnlichen Menschenstadt zu schweben scheint, im Morgenlicht, im Mittagsglast, in der Abendröte, mondscheinumhüllt, elektrisch angestrahlt. Die Akropolis ist der Pilger Ziel. Es kommen die Scharen, die überall gewesen sein müssen, aber es kommen auch die anderen, die ein ganzes Leben lang nur von diesem Felsen geträumt haben. Im allgemeinen fährt man mit den Fremdenverkehrsbussen hinauf. Das Unternehmen heißt »Hermes in Griechenland«, Führungen in allen Weltsprachen. Wer aber zu Fuß geht, wird belohnt. Er kommt erschöpft zum Tor, seine Füße spürten den Sand, die Steine, den Fels, er roch den Saft des harzschwitzenden dürren Gestrüpps, er fühlt sich von Helios geschlagen, gezeichnet, ausgezeichnet, und dann spürt er auf der Höhe plötzlich die frischen Winde. Das ist Hellas! Der hohe, der blaue, der wolkenlose Himmel, ein nie vorhergesehenes, ein wahrhaft beglückendes Licht, in einen weiten Horizont leuchtend, föhnig, aber nicht weich, nicht erschöpfend, eher herb und dazu der erregende, der unruhig machende Wind. Dieser Felsen erklärt alles; er offenbart die Größe Griechenlands, aber er zeigt auch den Ursprung der Tragödie. Laßt sie wimmeln, laßt sie in Gruppen stehen und dem Fremdenführer lauschen, der sein Tonband mit dem Munde spricht, laßt sie auf die gestürzten Säulen klettern und einander photographieren, sie sind wie ein Insektenflug, die Koren, die steinernen Mädchen des Erechtheion blicken aus toten Augen durch sie hindurch. Der Athener schuf sich selbst. Er schuf sich aus dieser Erde. Er wurde Schlangenkopf und Schlange, und Erechtheus, ein erdgeborenes Schlangengeschöpf, machte sich zum König, und die Götter boten ihm ein Geschenk, Poseidon das Pferd, Athena den Ölbaum. Erechtheus wählte den Ölbaum und stellte sich unter den Schutz der Zeustochter, der ratgebenden, der einfallsreichen, der strahlenden, der finsteren. Das geschah vor gut viertausend Jahren, und so lange war der Ort der Geschichte ausgesetzt, die ihn formte, quälte, peitschte, beglückte und zuweilen vergaß. Was wir auf der Akropolis sehen, ist die Sage von der Sage. Es ist des Perikles Welt, es sind fünfzig, es sind allenfalls hundert Jahre Gnade und Glück und Genie. Es ist die Zeit nach dem Sieg von Salamis. Dieser Sieg war ein Wunder. Er gebar das heute so viel zitierte Abendland, das es ohne Salamis als Begriff gar nicht gegeben hätte, denn alles war schon verloren, Athen und die Akropolis, als die Athener die Perser in der Bucht von Salamis ertränkten und sich vom Orient und für einen weltentscheidenden Augenblick von der Tyrannis distanzierten. Ich sah Salamis, die Insel, von der Höhe der Akropolis, ein grauer Schatten, verwischt in einem anderen Grau, der das Meer war. Der Marmor, das Fundament, die Säulen, die Halle, das Haus des Parthenon. Erdbebenrisse, Sonnenrisse, Blitzrunen, Windschläge, Brandmale. Allerlei Leute klettern drin herum. Der Wind greift nach Röcken, Soutanen, Jacken, Hüten, treibt Entblößungen, Verhöhnungen, Steinmetzen schlagen die Quader wie seit zwei Jahrtausenden, fast mit demselben Werkzeug. Ein Hauch von Ewigkeit und um so klarer das Bewußtsein der Vergänglichkeit. Freude und

Trauer. Ein gestrandetes Schiff, aber ein Schiff des Zeus. Diese Ruinen sind gänzlich unromantisch. Sie sind tragisch. All unsere Klassiker haben die Antike nur in ihrer italienischen Verwandlung gekannt. Goethe ist nicht in Griechenland gewesen, Winckelmann wurde in Triest ermordet. Vielleicht erkannte Winckelmann in seiner Todesstunde das tragische Gesicht der Schönheit. Goethe rettete um der Harmonie willen seine Iphigenie. Die griechische Iphigenie ließ sich schlachten, obwohl sie und ihr Schlächter genau wußten, daß das Opfer vergeblich war. Euripides wollte die Menschen, die schon nicht mehr an die Götter glaubten, mit den Göttern versöhnen. Die Hirschkuh war eine Verfremdung des Opfers. Man zog von der Akropolis mit Fackeln die heilige Straße nach Eleusis, die unterirdischen Geister zu beschwören. Man feierte die Mysterien und glaubte nicht an sie. Man erbaute nach Salamis Mauern, die die Akropolis mit dem Piräus, dem Hafen, dem Meer, der Weltherrschaft verbanden. Man glaubte nicht an den Schutz der Steine und nicht an die Dauer der Macht. Was blieb, war der Abglanz eines sehr klaren, eines kühlen und sehr skeptischen Traumes. Man könnte ihn Freiheit nennen. Athen liegt dem Fels zu Füßen in weißer Hitze, ausgedehnt und ein Bild der Anpassung. Es war eine Hirtenstadt, es war eine Türkenstadt, es ist jetzt eine europäische Hauptstadt. Es glänzen speckig, glatt, abgewetzt die wohlerhaltenen Marmorbänke des Theaters des Dionysos, der Uraufführungsbühne des Aischylos, Sophokles, Euripides und Aristophanes. Geschichtsschwer, mythenschwer, obwohl in der Sonne, finster, liegt der Felsen des Areopag. Er war der unheimliche heilige Bezirk der Eumeniden, Ödipus soll dort begraben, Orestes gerichtet worden sein. Von dieser Höhe hat der Apostel Paulus zu den Athenern gesprochen: »Ihr Männer von Athen, ich sehe euch, daß ihr in allen Stücken allzu abergläubisch seid.« Paulus glaubte an den Glauben. Eine Epoche endete. Paulus wandte sich zur Agora, dem Markt, zum Volk. Dies war das alte Revier des Sokrates. Aber Sokrates war hingerichtet.

Ein Wiedersehen mit New York

Als ich vor dreißig Jahren zum ersten Mal nach Amerika reisen konnte, in die Vereinigten Staaten, sagte ich mir »endlich«, und meine Erwartung war riesig. Nach dieser Amerikafahrt habe ich mich die ganze Zeit nach New York gesehnt. Ich liebe New York. Das sagen viele. Ich wollte dort leben, arbeiten, Bücher schreiben. Das hat sich nicht ergeben. 16jährig wäre es mir beinahe geschehen. Ein Onkel wollte mich als Lehrling zur Standard Oil bringen. Ich kannte aber Amerika nur aus amerikanischen Filmen und weigerte mich. Später im Battery-Park, den Atlantik hinter mir, Rockefellers Paläste vor mir, malte ich mir aus, wie ich als Ölmanager an jenem schwarzen Freitag des Zusammenbruchs der Wall Street aus einem hohen Fenster gesprungen wäre. Jetzt, gestern, heute kam es zu einem kurzen Wiedersehen mit Manhattan. So besuchte ich einen Traum und mußte erkennen, daß es den Ort gibt, der sein Leben lebt. Ich stand wunschlos und grundlos in den Straßen, was aber nicht wahr war.

Am schönsten ist es, mit dem Schiff zu reisen. Das war damals und das erste Mal. Der Ozean trägt die Erwartung und steigert sie fünf Tage lang. Man ist der letzte Auswanderer im Zug der Auswanderung von drei Jahrhunderten, die das Glück, das zu Hause nicht kommen wollte, in der Neuen Welt, den Erfolg im Reich der unbegrenzten Möglichkeiten suchte. Ich vergaß, daß ich ein Tourist war; ich spielte ein Spiel.

Die Passagiere des Schiffes erheben sich in der Morgendämmerung. Jeder will die berühmte Skyline sehen, zutreibend auf den Wolkenkratzer New York, das große Panorama. Eine kalte Sonne über dem Promenadendeck, der fremde Wind, das erreichte Ziel, Hoffnung und Angst lassen frösteln vor dem kühnen, nie wieder gutzumachenden Sprung in die eigene Zeit. (...)

Wir waren angekommen, aber nicht gelandet. Wir hingen in der Luft. Wir schienen stillzustehen. Es war ein Kunststück gegen die Schwerkraft über dem vierzigsten Breiten-

grad der Landkarte. Wir waren keine Artisten. Die Düsen atmeten leise. Zwei plötzlich tote Flügel trugen die Last. Unten der Fall, der Abgrund, das war nicht New York, schon gar nicht Manhattan, die angestrebte Stadt. Wir schwebten über lang hingezogene Strände, das Meer, das ich von Mittag bis Mittag, das Wunder meines Fluges kaum glaubend, betrachtet hatte, konnte ich von meinem Kabinensessel aus nicht mehr sehen, einsam die zerrissene Küste, schüttere Salzzungen und von der Flut zurückgelassene Tümpel, das wüste Land, keine grünen Weiden, keine gepflügten Furchen, die Rothäute waren tot, verstreut der Auswurf der Zivilisation. Warholbüchsen, ich stellte mir vor, wie die ersten Landnehmer angetrieben waren, vor noch gar nicht so langer Zeit, gemessen an den Jahrtausenden, den unbekannten Stürmen ausgesetzt, dem Schiffbruch nahe, von Hunger und Durst gequält im Pferch des Zwischendecks. Stiefkinder Europas, manchmal ein Abenteurer, vor sich den unerschlossenen Kontinent, vielleicht eine Karriere, daß alle staunen mußten im alten badischen Dorf, das Glück, der fremde Tod.
Der Flugreisende fällt nicht aus der Flugmaschine auf den Landeplatz, er spürt keinen festen Boden unter seinen leichten Schuhen. Rolltreppen übernehmen ihn, schleppen ihn an Weisungen, Schrift und Pfeilen vorbei durch die Anlage eines Irrgartens, erst dem phantastischen Gefängnis des alten Piranesi gleichend, dann den Etagen eines florierenden Warenhauses. Der Reisende ist aus der Obhut seiner Fluglinie entlassen. Er kann nicht zurück. Neonlichthimmel über Menschenscharen in der unendlich weiten Halle. Die Schöpfung ist eine Konstruktion. Der Tag grüßt durch Milchglasscheiben in eisernen Gerüsten. Auf meiner Uhr ist es in München Abend; hier wohl Nachmittag. Bin ich ein Schatten aus der Zeit geworfen? Noch zehn Stunden bis zum Bett. Ich bin müde. Böse Gerüchte sagten mir Schlimmes voraus; doch die Halle, bestückt mit den langen, weißen Tischen der Einwanderungsbehörde, ist kein Alptraum. Ich muß mich in keine Schlange einreihen, ein höflicher Officer reicht mir einen Fragebogen. Ich versi-

chere unleserlich, ein ordentlicher Mensch zu sein. Dem Officer genügt es. Er drückt seine Stempel in meinen Paß. Ich darf mich umsehen. Amerika liegt vor mir. Ein freier Mann in einem freien Land. Ein Slogan aus der Zeitung. Ich denke an Walt Whitman, Dichter in Manhattan. Er glaubte an die Entwicklung der menschlichen Gesellschaft, an ein Dasein, in dem die Liebe zu allen Mitmenschen und die Lebensmacht des Sexus eine neue Vitalität schafft.

Von oben, und von unten blickt man ja immer hinauf und wird schwindlig, der Plattfisch auf dem Meeresgrund, Etagen auf Etagen, am Abend Lichterreihen, eine Himmelsleiter, doch wenn man vom Penthouse hinuntersieht, dann ist dies Manhattan, die Insel, mit ihrem Beton- und Stahlgebirge, den Lebenszeichen in den Schluchten, eine Spielzeugschachtelstadt, ein Kind denkt an Weihnachten, und wirklich, der Bürgermeister setzt brennende Tannenbäume auf seine höchsten Gipfel. Manhattan, in der Spielzeugschachtel und an Christus glaubend, wird hoffentlich nie ein Sandkasten militärischer Überlegung werden. Es fallen auf hellgelbe bewegliche Ziele. Ein Insektenheer hat den Felsen erobert. Und wenn man denkt, es sind so viele, dann bleiben es doch zuwenig. Es sind die gelben Taxis der Metropole, die in den verstopften Straßen sich ihre Bresche schlagen. Die Taxidriver sind ausgesprochene Individualisten, oft der Freund, der Cicerone, der strenge Lehrer, selten der Feind des Fremden, der überreizte, der enttäuschende Weltstadtgenosse. Es sind viele Juden unter den Fahrern, ein Beweis, wie Juden in der Welt herumgetrieben werden. Der Ahasver, mein erster New Yorker Taxifahrer, der mich von der Zollhalle am Hafen in das Stadtzentrum fahren sollte, war ein alter Mann aus Lodz, er sprach deutsch, erzählte mir die Schrecken von Lodz, genannt Litzmannstadt, und transportierte mich auf weitem Umweg zu meiner Adresse. Jetzt vor dem Flughafen glaubte ich eine lange Reihe von gelben Wagen gesehen zu haben, doch als ich hinkam, war keiner da. Das Taxi in New York ist wie ein Lotterielos. Man kann es, wenn es vorüberfährt, erwischen und gewinnen. Der Fahrer war ein junger Amerikaner, militärisch beschnitten.

Er schwieg. Er fuhr. Starker Verkehr auf Landstraßen wie Brücken im Nichts. Landschaft einer Peripherie, die schon eine Vorstadt, ein Teil des großen Apfels New York ist, eine von vielen Inseln, ich glaube, es war Queens, eine lange Mauer deckte Friedhöfe zu, dort kommen die Toten von Manhattan hin, durch einen Tunnel unter dem East River, wahrscheinlich starren sie um Mitternacht traurig-sehnsüchtig hinüber auf die Lichter des Lebens ihrer Stadt New York. Schon greift mich die Skyline, die Festung der hohen Häuser. Das Taxi fährt noch über eine der Brücken, die Wunder aus Stahl und berauschende Schönheiten sind, und schon war ich zwischen den Wolkenkratzern, sie sind, nach fünfundzwanzig Jahren, noch himmelstürmender geworden, die Straßen wirken enger, schächtiger, der Verkehr stockt erregt, vor meinem Hotel in der 44. Straße steht ein Türhüter in einer Tracht aus dem alten London.
Das Hotel hat vielleicht keine englische, aber ein Jahrhundert amerikanisch-literarischer Tradition. So sieht es aus, altmodische, gemütliche Räume in Dämmerung gehalten, von der man nicht weiß, ob es Morgen oder Abend ist, Sessel für Pfeifenraucher und Zeitungsleser. Die Bar ist berühmt für ihre trockenen Martini. Alle haben sie den trokkenen Martini hier getrunken, von Poe bis Hemingway. Dieses Haus lieben junge Mädchen: es ist ein Glück. Der einzige Fahrstuhl trägt gelassen sein Alter. Mein Zimmer war klein, es hatte kein Fenster, war Sonne oder Regen, im Bad wohnte ein schwarzes Tier, doch das Bett war ungewöhnlich breit, weich zum Versinken und auf der Decke lag der »New Yorker«, der Witz New Yorks, von der Redaktion vis-à-vis dem Hotel herübergeschickt. Zum Frühstück kamen auszubildende wohlfrisierte Anwältinnen, kommentierten untereinander die Gesetze und fällten schon den Freispruch für den Mörder des Tages. Ein Hamburger Verleger lächelte. Er hatte eine Autorin entdeckt, einen neuen Stern dieser Stadt: die Buchhändler kannten ihn noch nicht.
Doch dies war der Abend, die Nacht des Ankömmlings, ich ging ein paar Schritte, klopfenden Blutes, zum Times

Square, dem alten Herzen der Stadt, wie sie sagen, ach, all die Siegesparaden und über ihnen die laufende Leuchtschrift der Zeitung, die Taten der Menschen, seine Erfindungen, seine Verbrechen, sein Unglück. Neu! Neu! Heute! Jetzt! Verdammt noch mal, ich war nicht begeistert. Ich stand in einem Kessel, in dem es brodelte, in vielen Idiomen, laut, sehr laut, aber nicht fröhlich. Es waren Leute wie auf der Reeperbahn in Hamburg an einem Sommerabend. Ich glaube, es waren arme Leute. Sie hetzten die Runde und wollten einander betrügen. Sie hatten alle was anzubieten, sie wollten alle etwas haben. Ein sehr kleines Chinesenmädchen stand, immer wieder angestoßen von den Selbstsüchtigen, am Straßenrand und hielt drei Wachsblumen in der mageren Hand, das war ihr Angebot. Bald wird sie selbst es sein. Ein großer weißer Mann kam mit einem Klapptisch und schubste das Kind weg. Auf dem Klapptisch legte er Messer zum Verkauf. Eine Zeitung berichtete, daß Zuhälter ein Schulmädchen, das nicht genug anschaffte, vom Dach geworfen hatten. Die berühmten Leuchtreklamen blickten wie von alters her auf uns herab. Ich fand, sie lockten nicht, sie warben nicht, sie verführten nicht, sie waren nicht heiter; wenn sie Gesichter zeigten, waren die vorwurfsvoll, griesgrämig, starr. Die Weltmarken, vielleicht Coca Cola, wurden zu Ladenhütern. Und im Theaterbezirk, wo lange Menschenschlangen nach verbilligten Karten anstanden, lächelten von den Hausfronten in groben Farben die Träume der Leute vom Lande, die Schminkmasken der uralten Revuen des Broadways, schon vom Film im letzten Dorfkino vermarktet. Wo blieben Hamlet, der König Lear, der arme Othello, der Kaufmann von Venedig? Die hatten doch auch mal hier gewirkt, große Schauspieler, Menschendarsteller, überholt von Menschenschicksalen auf diesem Platz, in diesen Straßen.

Am Tag kann man nur von Abriß sprechen. Hohe Baukräne arbeiten gegen ihren Namen und schlagen alte Prachtbauten ein. Unten in Schutt und Staub ärmliche, schmutzige Pornoläden, Sexkinos von morgens bis Mitternacht, Ausverkäufe von Foto- und Elektroartikeln, Anzüge des feinen Mannes, die er nicht mehr trägt, doch Mädchenchic von angenehmer Sachlichkeit. Sie stehen herum, die Zuhälter schwarz und weiß, ihre Pferdchen jung und alt, die Gelegenheitsräuber und die kleinen Dealer mit dem Tod des synthetischen Kokains, die männliche und weibliche Anschaffungsprostitution und einfach Leute, die nicht wissen, was ihnen der Tag bringen wird. Mich nahm ein Bauernfänger an, er ließ mich an Kafka denken und war nicht von Kafka, er begrüßte mich, vor Freude berstend, als einen alten, lange nicht gesehenen Freund, und seine Diebeshand griff flink unter meinen Pullover. Ich stieß ihn zurück: ein New Yorker Freund sagte später, er hätte dir das Messer an die Kehle setzen können. Es ging ein einsamer Polizist vorüber, er sah nichts, hörte nichts, sprach nichts. Ich dankte Gott. Die Gegend ist amerikanisch mutig, widerstandsfähig, optimistisch. Im großen Zentralbahnhof gibt es eine Austernbar und viele Theken mit trockenem Martini. Die Züge kommen und gehen unterirdisch. Ein neues Hotel, das von außen einem Luftschutzbunker aus dem letzten Kriege gleicht, hat eintausendneunhundert Betten und bietet Luxus, Zuflucht, Kultur. Die Spekulation blüht, in den Zeitungen werden neue Wolkenkratzerprojekte vorgestellt.

Die 47. Straße, nicht weit vom Times Square, ist der Handelsplatz der frommen Juweliere. Es sind gesetzestreue Israeliten in schwarzer Kleidung, erzväterbärtig unter schwarzem Hut. Sie laufen mit schnellen, trippelnden, geschäftigen Schritten von Schaufenster zu Schaufenster, links und rechts, in denen, wie aus Säcken geschüttet, kleine Diamanten liegen, eigentlich glanzlos, der Laie möchte gar denken, wertlos, doch das stimmt natürlich nicht. Hin und wieder ein schöner Farbstein in einem alten Schmuck. Erbstücke, aus Feuer und Mord gerettet, vergraben, über Grenzen geschmuggelt, im gelobten Land verkauft für eine neue Existenz. Glaubensgenossen in anderer Gegend, in Süd-Manhattan unter armen Völkern, in der

Orchard Street ein Getto, eine Sehenswürdigkeit am Sonntag, Althändler, Kellerhändler, was der Mensch getragen hat, ein Zentrum des Lebenskampfes, Juden, Verkäufer, Käufer. Glücklichere kamen nach Brooklyn. Henry Miller schrieb, auch Brooklyn kann Heimat sein. Das deutete auf das Elend seiner Jugend. Brooklyn überraschte mich, eine schöne, helle Stadt, Straßen mit Bäumen, teure Wohnungen in nicht zu hohen neuen Häusern am East River. Die Juden bauten hier Schulen, Hochschulen, Synagogen, deuteten wieder die Schrift, legten einen Friedhof an. Sie gehen über die Brooklynbrücke nach Manhattan mit schnellen, trippelnden Schritten, und unter der großen herrlichen alten Brücke, einem verlassenen Platz für Gangsterfilme, glaubt man das Herz New Yorks schlagen zu hören. Aus einem Fenster einer der schönen neuen Wohnungen am Ufer des River sah ich eines der mächtigen New Yorker Gewitter. Die schwarzen Wolken drückten auf die Festung Manhattan. Die Wolkenkratzer duckten sich unter den Blitzen wie im Feuer eines Krieges. Ich gab dem Taxifahrer die Adresse, aber der alte Mann verstand mich nicht. Er fragte: Jewish Museum? Er fragte weiter, welche Sprache sprechen Sie, Jiddisch? Ich sagte: German. Dann schwieg er und fuhr mich hin.

Das Jüdische Museum ist ein Honoratiorenhaus der Fifth Avenue im Museumsviertel mit Blick auf den Central Park. In der Halle saßen alte Frauen, gepflegt und arm, wie man sie oft bei freiem Eintritt auf kulturellen und anderen Veranstaltungen in New York trifft. Hier waren sie Deutsche, Emigranten aus schrecklicher Zeit. Ich war angemeldet, eine junge Frau führte mich und sprach deutsch wie in München. Schätze aus alter jüdischer Kultur, sakrale Geräte, die Sabbatfeier, Bilder aus dem Testament und von jüdischem Leben in vielen Ländern und Alpträume, die keine Träume waren, große Ölgemälde in kranken Farben, Auschwitz, Treblinka. Die junge Frau reichte mir das Gästebuch. Ich schrieb mich hinein.

Ach, wieviel Lebensfreude, welche Lebenslust, erfüllte Träume des Wohllebens und des Gebildeten schenkt New

York, der Mensch lebt im Mittelpunkt der Welt, aller Kultur, die sich hier gesammelt und durch Reichtum bewahrt hat. Vorauszusetzen ist leider, daß man sich um den Dollar bemüht, noch besser ihn geerbt hat, Bibliotheken bieten sich an, die das Alphabet zurück bis zu seinen Ursprüngen gespeichert haben. Die Einrichtung ist nicht einmal elitär, sie ist volksfreundlich. Die Public Library in der Fifth Avenue hinter griechischen Säulen verschafft dem Suchenden jeden Text, nach dem ihn verlangt. Die Bibliothek verkehrt mit den Kindern und klärt sie auf über die Welt, in der sie leben. Hinter der Public Library ist ein kleiner Park, eine Anlage mit ein paar Bäumen, wie es viele in New York gibt, sehr liebenswert, zwischen Häusern und Verkehr.

Da sitzen um die Mittagszeit, liegen auf dem spärlichen Rasen Studenten und Studentinnen in der Sonne, Jünglinge und alte Männer, Penner, Weiße und andere in allen Schattierungen, junge Mädchen und enttäuschte Frauen, Büroangestellte in ihrer Pause, und alle lesen Bücher, die sie sich aus dieser Bibliothek geliehen haben. Es wird aus Papiertüten der Lunch genommen, aus Büchsen und Flaschen der Lebensmut getrunken. Die New Yorker sind nicht hochmütig, es gibt eine Lebensgemeinschaft, jedenfalls in den unteren Rängen. Jeder spricht mit jedem. Auf fielen mir die stolzen Mädchen. Weiß oder schwarz, ihr schneller aufrechter Gang, in New York City gepflegt, modisch sexy angezogen, von einer Rassendiskriminierung keine Spur. Ich gebe zu, ich könnte mich täuschen. In den Betrieben mag es anders sein. Doch Negerinnen, meine Schwestern, sprachen mit mir wie Vorgesetzte im preußischen Heer.

Abendessen in der *Tavern on the Green* am Rande des Central Park, bürgerliches Restaurant wie einst im Tiergarten in Berlin oder in Münchens Englischem Garten. Unter Bäumen, vielleicht scheint der Mond. Und ringsherum der Dschungel, vor dem man zur Nacht gewarnt wird, das aufregende grüne Rechteck Manhattans mit Spiel und Spaß, dem Wiesenbett der Massen um ein Konzert der Philhar-

moniker, dem Märchenbrunnen der Kinder, Ponyreiten und Bootsfahrten der Liebenden und Lustmorden im Gebüsch und Unlustvergewaltigungen auf den Hügeln.
Am Central Park South steht das *Plaza Hotel*, in dem die Welt übernachtet und am Sonntag Einheimische mit Kindern ihren Brunch nehmen. Das Haus ist groß, in der Bar ist es stiller, Geschäftsmänner und Diplomaten blicken aus ihren Zimmern auf den Park. Zwischen Hotel und Park wandern die Callgirls. Sehr hübsch, sehr teuer. Die Droschkenpferde warten vor den Droschken und sind müde. Der Trump Tower an der Ecke der Fifth Avenue, der neue Wolkenkratzer eines Baulöwen namens Trump, ist ein vergoldeter Turm, gefüllt mit Flair und Eleganz. Tausend Geschäfte, jedes frei im Raum, wandlos, ein Tisch, zwei Schränke, bieten Glanz, Qualität der Avantgarde von Paris, Rom und London, die Treppen sind Wege durch einen Tropenwald, es blüht und duftet, echte Bäume, paradiesisch, und die Schlange war nicht zu sehen. Ich liebe mehr das Rockefeller Center mit seinen gegen den Himmel strebenden Büros, die Tag und Nacht für uns das Beste wollen, und im unbedeckten Hof die Eislauffläche mit den exhibitionistischen jungen fröhlichen Sportmenschen, die einander in die Arme stürzen und sich küssen, beobachtet von mir, den alten beschäftigungslosen Damen und einem goldenen Prometheus, der hier das Feuer bringt, was aber nicht nötig wäre. Das Eis soll nicht schmelzen, und der Läufer ist erhitzt. Der Schirmherr der Rockefeller ist aber der Atlas. Er steht in der Fifth Avenue vor einer Tür und trägt ein sehr zerbrechliches, leicht geflochtenes Weltgebäude.

Ich nahm Abschied, wo man alles sehen konnte, ging zu den Dioskuren des World Trade Center, machte eine Reise zum 107. Stock, ging in die Bar, die *Windows on the World* heißt, bestellte den letzten trockenen Martini, blickte zum Meer, zum Battery Park, zum Washington Square, der so menschlich ist, wo ich wohnen möchte, wenn ich in New York wohnen dürfte. Höher sitzend als auf dem Turm zu

Babel, war über mir ein unbeschreiblich schöner Sonnenuntergang, ein milder Abendhimmel. Licht der Neuen Welt. Ich weiß nicht, was da los war.

Rhode Island Transfer

für Alfred Andersch

geretttet
doch war er nicht schiffbrüchig
der an den strand des alten vanderbilt
geworfen wurde
narragansett bay
ein capitol in sicht
und das verspricht
einige menschenrechte
providence rhode island
hundertfünfundsiebzig meilen
von new york
tausend und keine meile
von der wolfsschlucht entfernt
in die das scheusal noch nicht geworfen war
im romantischen deutschen wald
providence terra incognita
vielleicht im wörterbuch gelesen
providence vorsehung schutzengel
coup de la providence fügung gottes
aber englisch vorsicht und sparsamkeit
und providential etwas das günstig ist
durch die vorsehung bewirkt
vanderbilts erben unter dem schirm der wallstreet
doch er im halbschatten
noch gefesselt an die brüder der gleichen kappen
ein denkender sklave
der die galeere steuerte
nach eigenem kurs
ein mutiger navigator
aus dem zentrum des hurrikans

in die windstille der quarantäne
zu den libraries eines john carter brown
campus des lagers
campus einer universität
vergleichsweise offen
kein kreuz vor dem kopf
in italien schon
befreit von beil und rute
das uralte gespräch
die nie zu mordende stimme
der humanisten
primavera
neubeginn
cesare pavese
elio vittorini

Die Vollendung eines Schicksals

Der Preis bedeutet mir mehr als andere Auszeichnungen. Er gibt mir Heimat im Ort des Wohnens. Zwar hause ich gern in Hotelzimmern, irgendwo in der Welt, aber es ist gut, an einem bestimmten Punkt eine Schublade vor dem Grab zu haben. Ihr Preis ist die mich überraschende Vollendung eines Schicksals. Der törichte Krieg der Mörder brachte mich nach München, dessen Ruf als Kunststadt, Kaffeehaus einer arbeitenden Boheme und Atelier der Avantgarde, Stätte der Kammerspiele des Otto Falkenberg, Sitz des Kurt Wolff Verlags – mit den schwarzen Heften einer stürmischen, ins Verderben stürzenden Jugend »Der jüngste Tag« – mich schon an der Ostsee und in den Masurischen Wäldern angezogen hatte. Nun stand ich hier, arm, mittellos, unbehaust, fern jeder Existenz, und die ich suchen wollte, waren verschwunden. Ich lese gern die modrigen Bücher der Geschichte und halte Klio, die aufgeputzte Göttin der Geschichte, für eine alte, verwirrte, zänkische Frau. Doch versteht man Klio als Autorin der Geschichte, ist sie unschlagbar. Welch wunderbare, welch makabere Phantasie! Der Staat Preußen, aus dem ich kam und dessen Schlachtenruhm das Schulkind gequält hatte mit Daten des Sieges und des Todes, war an einer ihm von einem österreichischen Schlawiner aufgezwungenen, doch Preußen nicht seelenfremden Hybris erstickt und zerlegt worden, Bayern, ein in Jahrhunderten gepflegtes, wie es sich sah, Gott gefälliges Reich im wesentlichen erhalten, standhaft davongekommen, wie wir alle, die wir im Sommer 1945 lebten. Ich blieb in München.

Der Sommer war schön. Er war prächtig. Wochenlang strahlende Sonne. Kein Regen. Wir fühlten uns befreit und verdrängten mit schlechtem Gewissen das Gedächtnis an die Toten, an die wir uns später wieder erinnern sollten. Die Kriegsgeneration der Davongekommenen erholte sich hinter den niedergerissenen Zäunen der städtischen Bäder. Ein Wirt in der Ungererstraße kochte aus Brennessel und Gras einen Spinat, der verschlungen wurde. Offiziere der Endsieggläubigkeit bettelten Mädchen, die sie aus Tradition verachten mußten, um die amerikanischen Zigaretten ihrer Boys an. Die Wunden der einstigen Hauptstadt der Bewegung lagen offen. Im Abend- oder Morgenlicht waren die Ruinen schön. Wir lebten in einer Stadt in Schutt, die zu stark war, um unterzugehen. Wir träumten von Straßen und Plätzen aus der Asche. Wir wollten wie der Vogel Phönix sein. Wir bauten uns eine Zukunft ohne Befehl, ohne Mord und Totschlag, ohne Lager, Gefängnisse, Schafott, ohne Zwänge gegen uns selbst, wir holten unsere vergewaltigte Seele wieder ans Licht, wir sprachen voll entfesselter Kunst, von der Freiheit des Worts, wir planten ein großes Theater der Erörterung unserer vergangenen wie zukünftigen Ängste und Darstellung unseres Mutes. Erst mit dem Winter kam der große Hunger, es gab weder Gras noch Brennessel, unsere Luftschlösser aus den städtischen Bädern erstarrten wie das Badewasser in den vereisten Bekken. Wir sind davongekommen, wer glaubt es noch? Der Bürger ist davongekommen, der alte Homo faber. Er wurde tätig. Er sammelte das Holz. Er heizte das kalte Zimmer. Er flickte das Haus. Er baute ein neues. Er führte das Geschäft fort oder gründete eines. Er zog seine Kinder auf, das Geschäft zu übernehmen. Er glaubte, als sein Fleiß belohnt wurde, an einen Bestand. Er ist bereit, das Erreichte mit dem Opfer seiner Söhne zu verteidigen. Lassen Sie mich von den Friedhöfen unserer Stadt sprechen. Ich besuche unsere Toten gern. Sie sind die wahren Zeugen der Geschichte. Sie widerlegen den Plan, den jedermann macht. Ihre Grabsprüche sind die Anthologie der letzten Illusion.

Berühmte Namen, vergessen. Wenn ihnen ein Denkmal gesetzt wurde, gleichen ihre Gesichter dem Lehm. Vogeldreck verklebt ihre Augen. Grüngrauer Gespensterblick. Die Werke der Zelebritäten ruhen unverlangt hinter den vergilbten Katalogen der Bibliotheken. Ihre Wissenschaft ist widerlegt ihre Philosophie verdrängt. Es war immer ein Außenseiter, der den gordischen Knoten zerschlug, das Ei des Kolumbus aufstellte, Witz bewies und nichts. Die für die Menschheit, für ihren Glauben, ihr Vaterland, eine Weltanschauung, eine Idee, für die Freiheit oder für die Unfreiheit Gefallenen, Ermordeten, Gefolterten, in Kerkern Umgebrachten – wie traurig ist dieser endzeitliche Triumph von Freiheit, Gleichheit, Brüderlichkeit. In bayerischen Dörfern rings um München, im Angesicht der Alpen, vor dem ewigen Schnee finden sich Gräber der Gefallenen des Freicorps Oberland. Das Land eroberte die Hauptstadt, die nach dem Revolutionslied in eine neue Zeit drängte. Das Corps erschlug Eisner, der die neue glückliche Zeit verkündete, und viele Arbeiter, die der Verkündigung glaubten. Die Gräber der Soldaten auf den stillen Dorffriedhöfen sind mit Blumen geschmückt.

Das Land liebt seine Toten. Lange in einer Stadt, ist man als Bürger mitgegangen den letzten Gang. Das endgültige »zu Staub«, wenn im Krematorium der Vorhang vor dem Sarg fällt. Grablegung eines Dichters. Er schrieb einen Totentanz. Er rief: »Es ist ein Unglück in der Stadt.« Als die Erde auf seinen Sarg fiel, wußte man, daß er unter einem falschen Namen gelebt, sich eine phantastische Identität erdichtet hatte. Es wurde wieder ein Marquis von Keith beerdigt. Zu loben die Stadt, die solche Menschen duldet und nährt. Auf dem Weg von diesem frischen Grab im Waldfriedhof sah ich die Ruhestätten der Geistlichen. Ein seltsames überirdisches Licht lag über den Kreuzen. Ich weiß nicht, wie sie das zaubern. Aber es blendet die Augen.

Ich bin in München geblieben. Eine Münchnerin aus Schwabing, aus Schwabinger Tradition der Neugier und des Nonkonformismus, wurde meine Gefährtin. Ich habe meine Bücher nach dem Krieg in München geschrieben. Vielleicht war es der Föhn, der mich antrieb, der vielbesungene bayerische Himmel, in dessen Licht ich durch das Siegestor ging, vielleicht der Schnee, durch den ich Albertus Magnus barfuß wandern sah, der selbst als Bischof von Regensburg mehr den Vaganten, den Chaoten von einst, zugeneigt war als der satten Selbstzufriedenheit in den Mauern. Ich spüre die in München immer mögliche Berührung des Irdischen mit dem Überirdischen im Sinne des Novalis, diese kühne und gefährliche Vermählung von Materie und Geist, Unruhe und auch die Künste schaffend, die von der Unruhe leben.

Napoleon hat den Markusplatz in Venedig den schönsten Ballsaal Europas genannt. Ich möchte den Marienplatz in München ein anheimelndes Wohnzimmer heißen, die geräumige Diele eines stattlichen, einst großbürgerlichen, auf Ansehen und überkommene Sitte bedachten, jetzt freundlicheren unbedrückten Hauses, offen für jedermann, auch für den Fremden, den Armen; den Wanderern, dem Unbehausten ein Ruheplatz. Leider oft den Seßhaften und Handeltreibenden ein Ärgernis.

Seit die Fußgängerzone geschaffen wurde, ein eigentlich unglaubliches Wort, das den Fußgänger in ein Getto schickt, von der Stadt eingerichtet gegen Ende des 20. Jahrhunderts, um den Menschen das Menschenrecht am Gebrauch ihrer Füße wiederzugeben, seit weiße Stühle, Symbole der Reinheit oder des Luxus auf den Marienplatz gestellt wurden, unnötig, überflüssig, wie sich später zeigte, denn unter den Gästen bildeten sich bald Gruppen,

Sympathiegemeinschaften, die sich gleich und keiner Konvention unterworfen auf das Pflaster setzten, in der Runde musizierten, sich unterhielten, miteinander spielten, selbst rangen oder sich einfach lang hinstreckten, auf einem Wandersack zu schlafen, zu träumen, der Liebe nah, seitdem sitze ich da an stillen Abenden, allein, ein Angesprochener, ein Beobachter, emigriert von den Verzückungen und Geschäften der Leopoldstraße, nicht länger verführbar von dem bunten Tausch, der Vermischung von Leben und Film.

Marienplatz, Hauptplatz des alten München, ein Topf voll Geschichte, ein Bewußtsein des Unaufhörlichen. Ich war, ich bin, ich werde sein. Türme blicken auf den Platz herab. Wenn alle ihre Glocken schlagen, baut noch einmal, vielleicht zum letztenmal der mächtige Klang der Stadt die schöne christliche Vorstellung von der Einheit der Welt. Vor der Mariensäule beten die Gläubigen. Diese sind nicht auf Weltgewinn aus. Sie flehen um eine warme Stube, den Erhalt der Rente, ein menschliches Altersheim zu kleinen Preisen. Die Frommen sollten der beherrschende Mittelpunkt sein, sind aber leider nur eine graue Zelle. Sie rücken eng zusammen und verschließen sich beharrlich der neuen Lust des Ortes. Fast alle alte Frauen, gebeugt von einem schweren Leben und in Furcht und Zittern vor dem nahen Ende. Der Priester, der unter ihnen vor einem Lautsprechergerät steht, das er wie jeder Werbemann benutzt, vermag sie nicht zu trösten. Er weiß es. Ich hoffe, er leidet. Sein Gesicht ist noch unglücklicher als das seiner Schar. Ja, es stimmt traurig. Was ist hier geschehen? Wer, wenn nicht der Christ, sollte fröhlich sein? Wem ist mehr versprochen worden über den Tod hinaus?

Um die Mariensäule, um ihren Mythos, um die Gemeinde herum, lagert die Internationale der Jugend. Sie glaubt nichts, es sei denn an das Leben. Sie ist fröhlich. Sie hat kein Ziel, doch eine Gegenwart, die sie genießt.

Die Mariensäule, die Stadt, das Land, der Erdkreis wird beschützt von vier Engeln, vergnügten jungen Mädchen, in Erz gegossen, mit lieblichen bayerischen Kindergesichtern.

Sie tragen aber jede einen Helm und schwingen Schwerter, lustig, spielerisch, was der Sache den Ernst nimmt und Hoffnung gibt. Nur der Glaube macht es leicht. So kämpfen die süßen Engel gegen die Dämonen der Pest, Hungersnot, Krieg und Ketzerei, die dargestellt sind als Viper, Baselisk, Löwe und Drache. Das kann man wohl nur kindlich tun. Vor Pest, Hungersnot und Krieg haben die kleinen Engel uns nicht bewahrt. Die Pest sprach vom Balkon des Rathauses, die Hungersnot war dick, der Krieg verloren und ein Heer tot. Allein gegen die Ketzerei in jeder, schon lange nicht mehr nur religiösen Gestalt fechten die hübschen Mädchen, die es nicht nötig hätten, noch immer Schildbürgersiege der Beschränkten. Die armen alten Frauen der Entbehrung sind ihre Fans. Warum?
Paris hat seine Clochards von alters her als eine urchristliche Sehenswürdigkeit der Stadt betrachtet. Eine Gabe Gottes, sich mildtätig zu zeigen. So haben Bettler und Trinker den geldbringenden Fremdenverkehr unterstützt. Vielleicht war Paris auch betroffen vom Wort Anatole Frances und schämte sich, daß das Gesetz in seiner Erhabenheit Reichen wie Armen gleichermaßen verbietet, unter Brücken zu schlafen und Brot zu stehlen. Die Trinker, die Obdachlosen, neben mir, neben uns in Münchens guter Stube, sind sie nicht unsere Brüder, die im Wettlauf um das Goldene Kalb versagt haben, oder zu stolz waren zu laufen?
Ich sah eine junge Frau, sie trank noch aus einer viel zu großen Flasche, die sie gegen den Himmel reckte, dann sank sie um und wurde von ihren Freunden auf zwei der weißen Stühle gebettet und mit einer grünen Zeltplane zugedeckt. In dieser Handlung war eine wunderbare Zärtlichkeit. Das Gesicht der Ohnmächtigen erinnerte mich an das Antlitz des toten Kindes in der Wiege, ein Gemälde im Mauritshuis in Den Haag. Es ging beide Male um die menschliche Tragödie, den Ausdruck von Unschuld und Verwerfung.
Wem muß ich dankbar sein, dem Herz aus Stein, der Erfahrung der Weltbitternis, meinem Verleger, meinen Lesern, daß ich hinuntersteigen darf, wenn es dunkel wird hinter

den Türmen, zur Nacht in den Ratskeller, der gute Bocksbeutel hat?
Ich beneide die Jugend. Meine war anders. Lagert und liebt euch auf den schönen Plätzen unserer alten Städte im Schatten ihrer ständig betrübten Geschichte. Laßt euch nicht verführen. Nutzt die Stunde, die euch gegeben ist, auf eure Art. Genießt euch, eure Schönheit, euer Verlangen. Hütet euch vor dem Retter. Die Retter sind grausame Fänger. Eine Stadt, ein Land, eine Generation, eine ganze Menschheit, die gerettet werden soll, verliert die Menschenrechte und mit dem Wörterbuch des Unmenschen die Menschlichkeit, dazu die Anmut, den Tanz, die Liebe, die Freude, Jugend, Lebensmut und schließlich Gott, wenn es ihn geben sollte.

München oder Die bürgerlichen Saturnalien

»Mit dem Sonnenuntergang des zweiten Tages erreichte ich das Ziel meiner Reise, die große Hauptstadt, welche mit ihren Steinmassen und großen Baumgruppen auf einer weiten Ebene sich dehnte. Meinen verhüllten Totenkopf in der Hand, suchte ich bald das notierte Wirtshaus und durchwanderte so einen guten Teil der Stadt. Da glühten im letzten Abendschein griechische Giebelfelder und gotische Türme; Säulenreihen tauchten ihre geschmückten Häupter noch in den Rosenglanz, helle gegossene Erzbilder, funkelneu, schimmerten aus dem Helldunkel der Dämmerung, wie wenn sie noch das warme Tageslicht von sich gäben, indessen bemalte offene Hallen schon durch Laternenlicht erleuchtet waren und von geputzten Leuten begangen wurden. Steinbilder ragten in langen Reihen von hohen Zinnen in die dunkelblaue Luft, Paläste, Theater, Kirchen bildeten große Gesamtbilder in allen möglichen Bauarten, neu und glänzend, und wechselten mit dunklen Massen geschwärzter Kuppeln und Dächer der Rats- und Bürgerhäuser. Aus Kirchen und mächtigen Schenkhäusern erscholl Musik, Geläute, Orgel- und Harfenspiel; aus mystisch-verzierten Kapellentüren drangen Weihrauchwolken auf die Gasse; schöne

und fratzenhafte Künstlergestalten gingen scharweise vorüber, Studenten in verschnürten Röcken und silbergestickten Mützen kamen daher, gepanzerte Reiter mit glänzenden Stahlhelmen ritten gemächlich und stolz auf ihre Nachtwache, während Kurtisanen mit blanken Schultern nach erhellten Tanzsälen zogen, von denen Pauken und Trompeten herabtönten. Alte dicke Weiber verbeugten sich vor dünnen schwarzen Priestern, die zahlreich umhergingen; in offenen Hausfluren dagegen saßen wohlgenährte Bürger hinter gebratenen jungen Gänsen und mächtigen Krügen; Wagen mit Mohren und Jägern fuhren vorbei, kurz, ich hatte genug zu sehen, wohin ich kam, und wurde darüber so müde, daß ich froh war, als ich endlich in dem mir angewiesenen Zimmer des Gasthofs Mantel und Totenkopf ablegen konnte.«

So schildert Gottfried Keller in seinem »Grünen Heinrich« die Stadt München von 1840. Was müßte man heute aus seinem freundlichen Gemälde streichen? Die verschnürten Röcke der Studenten, die gepanzerten Reiter, die blanken Schultern der Kurtisanen, die Wagen mit den Mohren und den Jägern und natürlich ihn, Gottfried Keller, den Reisenden mit dem Totenkopf. Aber verwandelt gibt es auch noch die von der Zeit verworfenen Gestalten, nur scheinen sie uns nicht länger malerische Charaktere zu sein, die Studenten kleiden sich existenziell, auf das bloße Sein bezogen, und allein die hinter Chronos' Schritten Zurückgebliebenen tragen noch schüchtern die silbergestickte Mütze, der Stahlhelm drückt amerikanische Kreuzfahrer, die Kurtisanen wandeln bürgerlich, die Jäger lächerlich, und der Mohr fährt nicht mehr als Diener, sondern als Herr mit hundert stählernen Pferden.

München liegt auf einer Hochebene, die eine Eislandschaft war und ein Kampffeld der Winde geblieben ist. Das Gebirge wuchert in Gletschern. Die Moränen bauten die Landschaft, warfen Steine umher, stauten Seen oder ließen das Eis in Sümpfen versickern. Fünf Gewitterstraßen treffen sich über dem Alpenvorland, Südluft und Nordhauch steigen von den Höhen herab, zu den Felsen hinauf und ringen miteinander. Wolken türmen sich zuhauf, brechen auf und lassen Deutschlands blauesten Himmel sehen. Der

Föhn bringt die Berge in die Stadt, von den Kirchtürmen sieht man sie nah als Verlockung und Nachtmahr, ein schneegekühltes Welschland, ein mediterran erwärmter Norden zaubert ein reizvolles, ein dekadentes, ein manchmal unerträgliches Licht. Die Isar kommt als Bergkind, als Wildwasser und hat sich München nicht vermählt. Sie fließt als Oberländerin widerwillig unter den Brücken durch, reibt sich an den Wehren, zankt mit den ihre Wut eindämmenden Ummauerungen, sucht den Schutz von Auen und zu ihrem Spiegel sich neigenden Bäumen, die Isar gibt sich niemals urban mit städtischen Uferpromenaden, mit belebten Kais, mit Bücherständen, zivilisatorischen Abenteuern wie in Paris, mit Caféhäusern, Freiluftrestaurants, mit Ruderbooten und Lustdampfern; nur Holzfällerflöße, gebirglich, urständisch, duldet der Fluß, und allein in einigen Nebenarmen, den Mühlbächen, Wäscherwassern nähert er sich intimer den Häusern, unterfließt sie unterirdisch, deutlich unterweltlich, greift in plötzlichen unheimlichen Aufbrüchen wie aus Hinterhalten tückisch nach Kindern und Betrunkenen, lockt Selbstmörder an und junge Burschen, die ihr Mädchen ins abgründige, ins dunkeltreibende Wasser stoßen wollen nach dem kurzen Außersichsein einer Umarmung und vor dem Heimweh ins biergeschwängerte, nestwarme Elternhaus.
München riecht nach Bier. Die weltberühmten Brauereien atmen. Der Dampf der Maische brodelt Tag und Nacht aus den Gärhäusern, steigt in die Luft, senkt sich schwer in die Straßen. Es ist ein kerniger, ein nahrhafter Geruch, im allgemeinen die Aura eines hausväterlichen, im besonderen eines dumpf raufhändlerischen Rausches, und erst wenn der Gärgeist sich in Föhnluft klärt, wenn er mit den Glokken aller Kirchen in einen hohen Himmel schwingt, wird er Rom-süchtig oder Rom-hörig, sucht er die christliche Ewigkeit oder den heidnischen Augenblick in einer frommen Verkleidung. Der Geruch läßt an die prallen Bäuche, die wohlbestellten geschmückten Pferde der Bräuwagen denken, an die Münchner Gemütlichkeit und Derbheit, an die Stadtwälder der Biergärten und die zeltgleichen, Ge-

meinschaft und Heerlager bildenden Bierkeller, an die Feiern und Opfer des Gambrinus.
Wer mit der Eisenbahn ankommt, läßt sich am besten gleich in eine der großen Bierhallen ziehen. Ein Bett aus Wärme und Lärm und preiswerter Glückseligkeit nimmt ihn auf, die Luft eines bescheidenen, eines rührenden sozialen Ausgleichs, ja gelegentlicher Aufstände mit unvorhergesehenen Folgen wie Königsvertreibungen und Narrenerhebungen, die Gemeinschaft des Maßkruges. Die Gespräche sind nachbarlich raunzig, die Phantasien unverbindlich. Man stimme in eine Kritik gegen Gott und die Welt ein, die Gott und die Welt erhalten läßt, man widerspreche nicht dem Widerspruch um des Widerspruchs willen, man füge sich der Beharrlichkeit im Unsinnigen, und man wird willkommen sein. Man nährt sich gut, ein breiter schwerer Leib macht den gestandenen Mann.
Wer mit dem Automobil zureist, den wird die Stadt dörflich empfangen. Noch in der Peripherie finden sich Wirtshäuser so stämmig und breit, als hätten sie Lawinen zu trotzen, man meint, den Wirt wie aus dem Bilderbuch, den Lederschurz vor dem Bauch, die Zipfelmütze auf dem Kopf, herbeikommen zu sehen, und der Maibaum ist hoch vor die Tür gesetzt als Herausforderung der rauflustigen Jungmannschaft eines Kirchensprengels gegen den Erdkreis. Hinter dem Englischen Garten, einer königlich mäzenatischen Bukole, erheben sich Türme gotisch und romanisch, ragen Kuppeln barock und klassizistisch, und immer strebt der Mensch skurril zum Überirdischen. Fährt man durch das Siegestor ein, von dem niemand weiß, wen es triumphieren ließ, hat man mit der Ludwigstraße einen in der Kulisse italienischen, aber gänzlich des Volkes entbehrenden, amtsstubennüchternen Festsaal erreicht, der nur einmal im Jahr, zur Fronleichnamprozession, dem Himmel einen Ball gibt und sonst in der Feldherrnhalle, einer Nachbildung der Loggia dei Lanzi, ein eigentlich griesgrämiges Ende findet. Die Feldherren können, wenn man es recht bedenkt, nur verlorene Schlachten beweinen.
Aus der Luft gesehen, bietet sich alles rotdachig, winkelzü-

gig, altfränkisch. Nie scheinen Bomben die Stadt zerstört, nie ein Architekt einen Plan entworfen zu haben, alles ist beim alten geblieben. Der Rathausturm der nachgemachten Gotik stolzer Gründerjahre steht neben dem wuchtigen Schiff der Frauenkirche wie ein fürwitziges, seiner selbst nicht sicheres Zeichen von Bürgersinn und Aufklärung. Der Alte Peter erzählt von Weihnachtskuchen, Kirchweihgänsen und Neujahrstrompeten. Ein paar Hochhäuser verweilen schüchtern am Stadtrand. Die Isar bietet sich dem Höhenblick als Ausläufer der Bergwälder. Die großen Hotels buhlen um die Gunst der reichgebliebenen Aristokratie und der internationalen Filmgesellschaft; die Stadt leiht willig eine beliebte Dekoration für die Geschichten der Klatschspalten.

Ich las den »Grünen Heinrich«, ich sah München wie ein Spitzwegbild, winkelig-anheimelnd, idyllisch-kleinbürgerlich, die Mauern rosenbewachsen, ich war der arme Poet in der Dachkammer, es roch nach Lebkuchen und Kerzen, nach Gänsen und Weihrauch zur Weihnachtszeit, der König fuhr, von Hirschen gezogen, in einem goldenen Schlitten durch den Schnee, ich half Max und Moritz den Steg über den Stadtbach zersägen, ich studierte den Simplicissimus und die Jugend, und München war Sommerfrischenland und zugleich doch Aufbegehren gegen die preußische Strenge, gegen den Oberlehrer, gegen den Leutnant und gegen Seine Majestät, die Stadt beflügelte die Phantasie, ich feierte mit Stefan George den Kult des schönen Maximim, ich saß mit Ibsen im Café, wanderte mit der Franziska Reventlow durch ihr Wahnmoching, die Elf Scharfrichter richteten auch meine Feinde, Wedekind predigte des Frühlings Erwachen, der Marquis von Keith prellte die alte Gesellschaft, der Blaue Reiter triumphierte in vorher nie gesehenen Farben über Krieg und Tod, Thomas Mann ließ München leuchten, Heinrich Mann wollte die Republik erhellen, Kurt Wolff schickte die schwarzen Hefte des Jüngsten Tags in die Lande, der Mensch war gut, Ernst Toller verteidigte die Wandlung und sprach im Zuchthaus mit den Schwalben, die Kammerspiele führten die ersten

Versuche von Bert Brecht auf, dunkle anrührende Titel, Trommeln in der Nacht, die Legende vom großen Baal. Das war das München meiner noch kindlichen Vorstellungen. Die Entscheidungen ereigneten sich damals schon in Berlin.

Als ich als junger Mensch nach München kam, paradierten Gespenster. Gespenster der Vergangenheit und Gespenster der Zukunft. Ich brauchte den Totenkopf nicht mitzubringen; die Totenköpfe gingen um. Ich sah vor den Fassaden der Biergemütlichkeit und der italienischen Sehnsucht Generale in königlich bayerischer und kaiserlich deutscher Uniform, den Spitzhelm oder den Tschako oder gar den die Schwingen breitenden Adler der Leibkürassiere auf dem ergrauten, dem kahlen, dem enttäuschten Haupt, den Bauch der Ruhestellung in vergilbte Silberschärpen gepreßt. Die Herren sahen nicht forsch, wie sie meinten, sie sahen geschlagen aus, sie hatten den Krieg ihres Lebens verloren, und sie rührten mich, wie alle Verlierer. Aber neben diesen Erstarrten schritten andere, jüngere Gestalten, verbissenen, einsichtslosen Gesichtes. In einer Tracht provozierend betonter Häßlichkeit aus grünen Wickelgamaschen, grauen Windjacken und rauhhaarigen Filzhüten, die an Bergtouren, doch hier nur an Verstiegenheiten denken ließen, ein Edelweiß aus Blei, ein Hakenkreuz aus Blech angesteckt, und in einem Stadtviertel, das die verklärte, die von Professoren gedeutete Antike noch rührend liebte, sich der Ideen der Weisheit, der Freiheit, der Menschlichkeit noch bewußt war und mit Glypthothek und Propyläen und dorischen Säulen ein bayerisch-griechisches Königtum ehrte, war schon das Braune Haus erworben und befestigt, und die neue Fahne der Marschierer wehte keck oder wehte drohend auf Halbmast gesetzt für die Opfer der herbeigeführten Straßenschlägereien, und im Teeraum der gehobenen Prostitution und im italienischen Restaurant der über die Alpen gewehten Giovinezza-Klänge sah ich schon das bekannte und noch nicht ernst genommene Plakatgesicht mit dem jüdischen Chaplinbärtchen, den irren Augen, der Gestik des Hypochonders und dem Maul des Stammtischphraseurs sitzen, von den ältesten und angesehensten Familien der Stadt umschmeichelt und finanziert und vom Volk zur Bierkellergaudi und zu den Schlawinern gezählt. Es brannte aber zu dieser Zeit der Glaspalast, seit 1889 das Heim der Münchner Kunstausstellung, und mit ihm verbrannten die schönsten Bilder der deutschen Romantik, verbrannte für lange Zeit die deutsche Kunst und hob sich aus der Asche das deutsche Schwärmen, das deutsche Gemüt, die deutsche Weltverklärung in ein Ungeheuer verwandelt. München wurde die Hauptstadt der Bewegung, und das politisch träge, das national raunzende Bürgertum ernannte Bayern zur Ordnungszelle der Weimarer Republik.

Im Januar 1933 mahlte Erika Manns Pfeffermühle in der Bonbonnière am gemütlichen Brunnenplatz neben dem Hofbräuhaus im Herzen der Altstadt das letzte Korn der Liberalität. Die vornehmen, die alteingesessenen, die reichen Familien, die ihn gehätschelt und finanziert hatten, entsetzten sich, daß aus ihrem Bierkeller der Führer und Kanzler erschienen war, und die Ordnungszelle Bayern wehrte sich als einziges deutsches Land eine Weile noch tapfer gegen die triumphierende Bewegung, die dann mit Fahnen und Aufmärschen, mit Schrecken und Zittern, mit Festen, Morden, Spielen und Räuschen die Stadt eroberte, ihr das Haus der Kunst schenkte mit der Engstirnigkeit der Kleinmeister, dem Naturalismus der Entblößung und der Pompösität der Geschmacklosigkeit. Wer nicht emigriert, wer nicht eingesperrt war, suchte Anschluß an den Klüngel der Nutznießer einer falschen, einer finsteren Renaissance, der junge Dichter Johann Gottlieb Winkler erschoß sich, das Volk saß noch beim Bier, saß in den Weinstuben, trank in den Stehausschänken, die Arbeitslosigkeit war um einen noch nicht zu erkennenden Preis behoben, man illuminierte die Fenster zu festlichen Umzügen, man raunte sich Witze zu, schielte mißtrauisch zum Nachbarn, das Oktoberfest besuchte der amerikanische Dichter Thomas Wolfe, er bekam einen Steinkrug auf den Kopf gehauen und fand es großartig, Chamberlain, Daladier, Mussolini und Hitler retteten den Frieden, bald brannte die Stadt, im Krieg der menschlichste Ort in Großdeutschland, bald brannte das Braune Haus, das Volk sah es für ein Omen, die Weiße Rose blühte, starb mutig unter dem Beil und blieb ohne Folge, im letzten Moment schritt man zur Fasanenjagd und richtete sich mit dem Amerikaner ein. Der Hunger war nicht ganz so schlimm wie anderswo. Man war mit dem Land verschwägert. Die Almen reichten bis zu den Trümmern. Die Virginia-Zigaretten, für Liebe, Dienste und Altertümer erworben, erreichten die Täler und Höhen und wurden mit Schmalz aufgewogen.

Die Stadt hatte gelitten, aber bald zeigte sie sich blind für die Möglichkeit der Erneuerung, die in der Zerstörung verborgen lag. Die Menschen waren durch ein Fegefeuer gegangen, doch man wußte nicht, ob sie geläutert und gerettet waren. Sie richteten sich ein. Auch die Kirche war verfolgt worden; sie sprach ihre Märtyrer selig, und die nicht Gemarterten nahmen die Zügel der Führung straff in die erfahrene Hand.

Man besann sich auf die Feste, die Kirche auf die im ehrwürdigen Kalender festgelegten religiösen, das Bürgertum auf die bierstädtisch deftigen, die überlebenden Schwabinger auf die Legende von der Kunststadt, den Budenzauber der Ateliers, und alle förderten den Umsatz der Brauereien. Irgend jemand mußte die Zeche bezahlen. Die Kirche hielt sich an den Staat, die Bürger profitierten von der Konjunktur, einer glücklichen Rechnung mit einer schwarzen Unbekannten, die Schwabinger verkauften ihren Nonkonformismus weit unter Wert an die konformistischen Geschäftsleute, und alle, ob sie nun säten oder ernteten, ernährte Gott der Herr. So blühte neues Leben aus den Ruinen! Die Schaufensterauslagen, die runden Wangen, die Wiederherstellung des schon verloren Geglaubten, die allzu vielen Automobile. Der Bau neuer Straßen, die Errichtung neuer Plätze scheiterte am heftig vorgetragenen und allen heiligen Wunsch, die alten zu erhalten. Jedes moderne Haus steht am Ende von den Zuständigkeitsinstanzen um Stockwerke geköpft da. Die Theater spielen für Abonnenten, die

teils der Bildungspflicht und dem Gesellschaftsanspruch neuabendländisch verklärt genügen, teils unterhalten, aber niemals beunruhigt werden wollen. Brecht ist noch immer ein unheimlicher Revolutionär, und der neue Dichter ist nicht erschienen. Das sogenannte Experiment findet im Werkraumtheater der Kammerspiele nicht vor der Jugend und nicht vor dem Werkvolk statt, das sich mit dem Hausbackenen einer ihre Aufgabe verkennenden Volksbühne begnügt, sondern vor den um des Berufs oder um des Dabeigewesenseins wegen mitredenden Premierengängern, die die Köpfe schütteln, aber gar nicht daran denken, dem Autor den Gefallen eines Theaterskandals zu bereiten. Berlin schlug vielleicht endgültig der Krieg. Viele, die Berlin belebten, kamen nach München. Aber was tun sie in München? Sie sprechen enthusiastisch unverbindlich vom Isar-Athen, jammern über föhnbedingten Kopfschmerz, Herzflattern und Kniezittern und passen sich den Gegebenheiten an, dem Bier, den Festen, den familiären Maskeraden, den bürgerlichen Saturnalien.
Der Bahnhof ist ein Triptychon, der Mitteltrakt ist dem weltläufigen, die beiden Seitenflügel, Starnberger und Holzkirchner Bahnhof, sind den bayerischen Interessen geweiht. Der Ort ist ein Umschlagplatz zwischen Stadt und Land, er war für die Eisenbahnreisenden der Paß nach dem Süden, das Sprungbrett nach Italien, er war für die Berliner, für die Rheinländer, selbst für die Hamburger der Beginn der großen Ferien. Hier grünte schon die Alm, blaute der Gebirgssee, frostete der Gletscher und hob sich unter dem Himmel des Föhns das Lebensgefühl auf Gipfel. Noch immer sind es die Reisegesellschaften, die von diesem Bahnhof nach Berchtesgaden oder zur Adria aufbrechen. Sie treffen sich im Warteraum an den reservierten, fähnchengeschmückten Tischen des findigen Unternehmens, werden in die Obhut der gelangweilten Reiseinspektoren genommen und kauen ihre erste Vertragsmahlzeit, die die kommenden Enttäuschungen ahnen läßt. Zur Zeit des Oktoberfestes ist der Bahnhof eine bayerische Kirmes, die Bierleichen liegen in der Halle, das Lebkuchenherz starr auf

der Brust, und warten auf ihren Abtransport zu den heimatlichen, zu den gesegneten Höfen.
Der Karlsplatz, nach einer alten, wahrscheinlich von Bäumen freundlich umrandeten Bierwirtschaft auch Stachus genannt, bietet das Automobilchaos der Metropole, hat aber dennoch und trotz einigen hohen Gebäuden auch heute noch dörflichen Charakter. Die an die Stelle einer Sehenswürdigkeit mitten im Stadtzentrum gesetzte Bedürfnisanstalt ist ein schönes Denkmal bayerischen Schildbürgertums, und der hektische, dem Zeitsinn entsprechende, die Sekunde erjagen wollende Verkehr fließt durch ein enges altes Tor wie durch ein Mausloch in die Kaufingerstraße, in der selbst die erleuchtetsten und renoviertesten Geschäfte provinziell bleiben und sich allein die Michaeliskirche, eine Jesuitenschöpfung deutscher Renaissance mit kühner, kühler, geistvoll überlegener Fassade, weltmännisch gibt. Ignatius von Loyola blickt gespaltenen Gefühls auf die gegenüberliegenden Bierhallen: der Don Juan scheint sich zu mokieren, während der Heilige versteht und verzeiht. Am Marienplatz stauen sich zur Mittagszeit die Fremden und starren zum Rathaus empor, zu einer ihnen wohlgefälligen, nur noch dekorativen und gar nicht mehr herausfordernden Gotik von 1870, zum Festtanz der Schäffler, einem Glokkenspiel, einem Marionettenreigen, der amüsiert und den Tod aus der Welt hinauskomplimentiert.
Der Viktualienmarkt ist wohl der schönste, der anheimelndste und auch der erhebendste Platz in München. Wenn der Himmel blau ist, offenbart der Markt mit den feinen strebenden Konturen seiner Kirchen ringsum und der frühen Mietskaserne des 19. Jahrhunderts über den bunten Marktständen, den Handelsschirmen, den Fleischhallen im Gemäuer von St. Peter das Bayerisch-Römische, die den Bauch nicht vergessende Frömmigkeit, und wenn ein Papst gestorben ist oder ein neuer gewählt wurde und die Glokken aus allen Himmelsrichtungen über Obst, Gemüse und Blumen, Südfrüchten, Geflügel, Wild, entfellten Lämmern, gespaltenen Schweinen, Eiern, Käseleibern, Gewürzen und Kräutern läuten, ist der Viktualienmarkt ein Dom

voll berauschender Katholizität. Und die dicken, derbbunten Marktfrauen sind auch die wahren Königinnen des Faschings, wenn sie sich zur Fastnacht in heidnisch-christlicher Weise transvestitisch verkleiden.
Über dem Odeonsplatz reitet König Ludwig I., hier ganz ein Märchenkönig, der für das sonntägliche Huhn im Topf sorgt, und zwei Pagen tragen ihm seinen Wahlspruch voran: Gerecht und Beharrlich. Unter seines stolzen Pferdes Hufen wandeln die Religion, die Poesie, die Kunst, die Industrie in der Weise der Allegorien der ersten Weltausstellung. Die Industrie gibt sich noch bescheiden; inzwischen erblühte ihr Reich, und ihre armen Schwestern gerieten in Abhängigkeit. Die edle Fassade, die spätbarocken Schnörkeltürme, die schöne Kuppel der Theatinerkirche wachsen freudig und fromm aus der Nachbarschaft von Automobilausstellungen, Luftfahrtbüros, den Winden nach Tokio und nach Brasilien und den einheimischen Nachahmungen der Wiener und Pariser Mode.
Die Residenz zeigt, neu errichtet, frisch gestrichen, noch heute die natürliche Vornehmheit eines Landkönigtums. Hinter der Wohlproportioniertheit, hinter den geraden Fenstern scheinen sich weniger Festsäle als königliche Rechnungskammern befunden zu haben, die auch den Herrscher kontrollierten. Die Höfe sind weiß und kühl, sie sind bayerisch mit ihren Voralpenkirchtürmen, italienisch mit ihren Brunnen und Grotten, und im liebevoll restaurierten Cuvilliés-Theater vereinen sich das Welsche, das Süddeutsche, das Bergländische zum schönsten Farben- und Muschelspiel, zu Frivolität und Spiritualität des Rokoko.
Zum Hofgarten stellt sich mit breiter Front und großer Auffahrt der Herkulessaal. Er wird benützt, so weit die Gesellschaft die geistige Verbrämung liebt. José Ortega y Gasset predigte hier kurz vor seinem Tode tauben Ohren und beifälligen Händen. Die großen Orchesterkonzerte stützen den Glauben an eine erhaltene und fortwirkende Tradition. Die Abende der Musica Viva rütteln manchmal mit Schönberg, Strawinsky, Alban Berg, Krenek und Henze an die-

sem schönen Glauben; doch nicht allzu sehr. Der international elegante, der snobistische, der aristokratische Teil der Wohlhabenheit unterstützt die neuen Töne, indem er sich, ihnen lauschend, zeigt. Was geht ins Ohr hinein, was geht hinaus? Eine Boheme tritt kaum in Erscheinung, kein Olymp trägt zu den Entscheidungen bei. Eine kleinbürgerliche Freiheit ergeht sich an Sommerabenden im Garten, während die großbürgerlichen Automobile zu den mondänen Bergplätzen brausen. An den Wegen der Gartenarchitektur sitzen Paare, wie in den Entwurf eingeplant. Der Pavillon der Mitte schützte die Militärkapellen vor Regenfällen und wird es wieder tun. Der Mond hängt über dem zerstörten Armeemuseum, wohl romantisch, doch mehr noch unheimlich, was aber niemand zu empfinden scheint. Amateurphotographen betrachten die von Scheinwerferlichtern aus der Nacht gehobenen Türme der Theatinerkirche entzückt auf der kleinen Mattscheibe ihrer Apparate.

Im Englischen Garten begegnen sich Puccini und Lord Byron, die chinesische Pagode einer Gaststätte und die zehn ionischen Säulen des Monopteros. Von seinem Hügel aus betrachtet, sieht München immer noch wie eine Kunststadt aus. Man meint, den Schauspieler Possart vor den Dächern, Türmen und Kuppeln wandeln zu sehen. Man hört ihn deklamieren. Sein Pathos rauscht mit dem Wind in den Bäumen. Der Schauspieler Kortner fährt in einer Pferdedroschke durch den Garten. Niemand spannt ihm den Gaul aus, zieht seinen Wagen. Kortner denkt an Karl Moor und möchte in die böhmischen Wälder fliehen.

Die Schwabinger Kirche des Heiligen Sylvester ist noch immer ein Dorfmittelpunkt. In der Wirtschaft zur Seerose trifft sich, was vom alten Wahnmoching übriggeblieben ist. Mit dem Bier spült man Verbitterung, Demütigung, ach so viel Anpassung hinunter, und schlecht gemimt ist der Stolz, der Blick des freischaffenden Mannes unter der alten Baskenmütze. Man erinnert sich und blickt in das Grab. Die Groschenwirte haben ihre Lokale an fixe Herren verpachtet, die am Abend die Kulisse von Montmartre für

Mark und Dollar verkaufen. Man drängt sich in künstlich geschaffener Dunkelheit. Man drängt sich aneinander. Man drängt sich wozu? Junge und alte Bürger kommen in ihren Automobilen gefahren und suchen die Unbürgerlichkeit auf die allerbürgerlichste Weise.
Man trifft keine Dichter in den Schwabinger Nachtlokalen. Am ehesten trifft man sie noch auf dem Schwabinger Boulevard, auf der einst pappelbewachsenen Leopoldstraße. Bele-Bachem-Stühle in den Sonnenaugenblicken vor den italienischen Cafés. Man genießt die Einsamkeit in der Menge. Hausfrauen und Schulmädchen. Bärtige Maler, die Pinsel und Farbe hassen. Eisessende Jünglinge mit hohlen Lockenköpfen. Die kleinen und großen und immer grellen Automobile einer bundesdeutschen Jeunesse dorée, die in München studiert, die alten Fremdenpensionen bereichert und mit hohem Wechsel die Jahre ihrer Liederlichkeit verbringt, bevor sie sich den Geschäften und den Familieninteressen zuwendet.
Die andern Studenten sitzen am Brunnen vor der Universität, dessen Wasser noch in einer Schönheit von Schale zu Schale fließt, wie von Conrad Ferdinand Meyer. Der Hintergrund mit den Rundbögen des alten Universitätsgebäudes wirkt klösterlich. Der Schein trügt nicht. Sutanen kommen und gehen und tragen die gelehrtesten Gesichter. Mit Gleichmut begegnen sie mancher hosenprallen Maskulinität, den weltbegehrenden geschminkten Lippen vieler Kommilitoninnen. Einst verkündigte Wölfflin in diesem Hause unter einem Atelierdach, dessen Glas im Sommer wie ein Brennspiegel wirkte, die Schönheit. Heute wird, wie allerwärts, in kühlen überfüllten Hörsälen die Nützlichkeit beigebracht. In den schicksalvollen Jahren der irre gegangenen deutschen Erhebung war auch die hohe Schule von München eine Brutstätte des bornierten Nationalismus, gemeinen Antisemitismus und des Hakenkreuzwahns; sie reinigte sich durch den Opfergang der Geschwister Scholl und ihrer Freunde und ist heute von toleranter Gesinnung, wenn man die Abstinenz von der Politik so nennen will. Von der Freitreppe der Kunstakademie, in deren

leeren Hallen keine Lehre wohnt, reiten Castor und Pollux auf die nahrhaften Weiden des Kunstgewerbes und der Gebrauchsgraphik.

Der Fasching ist der eine Höhepunkt des Münchner Jahres. In den Bierkellern erfüllt er unterdrückte Wünsche. Man ist ein Ritter, ein Seeräuber, ein Cowboy, ein freier Wilder, man schwebt als Seiltänzer über der Realität des zu füllenden Kochtopfs. In den Festsälen der feinen Leute stärkt man die Kassen der Veranstalter, man versucht gar nicht erst ein anderer zu sein, der geliebten eigenen Würde zu entfliehen, die Mädchen und die Frauen zeigen sich als Eva berechnend und hoffnungsvoll, und die Nacktheit und alle mögliche Erfüllung unterdrücken am Ende jeden Wunsch. Man fragt sich betrübt, ob es noch die Ausschweifung gibt. Die Fastenprediger malen sie an die Kirchenwand, aber sie ist gestorben. Der Faschings-Dienstag bringt das Maskenfest der Straßen und die Ausschreitung. Sie dokumentiert sich in umgestürzten Autos, Knallfröschen, zerrissenen Kleidern, Schädelbrüchen und Alkoholvergiftungen. Ehrsame Familien prügeln sich und werfen ihre Möbel zum Fenster hinaus. Glücklicherweise findet niemand etwas dabei und wird nichts nachgetragen.

Der zweite Höhepunkt ist das Oktoberfest. Die Bavaria steht auf der Theresienhöhe stolz vor einer leeren Ruhmeshalle. Mit dem Lorbeerkranz in der Linken ist sie seit Jahren bereit, irgend jemand zu krönen. Den bayerischen Löwen hält sie mühsam am Halfter fest, als wolle sie ihn hindern, sich in dem Trubel des Festes zu ihren Füßen zu verlaufen. In den riesigen, von einer bald undurchsichtigen Luft erfüllten Bierzelten sitzt ganz Bayern und alle Ernte des Jahres. Die Ämter, die Kontore geben ihren Angestellten freie Tage. In den Luftschaukeln, auf den schwankenden Böden der Karussells amüsiert sich Europa und Amerika. Die Hotelbetten haben schwere Tage. Wer zählt die Autobusse, die hier zusammentrafen, die Flugzeuge, die angeflogen kamen? Hühner und Fische und Puter und Ochsen ließen ihr Leben, braten am Spieß, Hörner und Pauken schmettern, die geschmückten Bräupferde zeigen sich ländlich könig-

lich, und im Sanitätszelt liegen die Opfer des Festtrankes und des zur Waffe gewordenen Maßkruges.
Im Hofbräuhaus feiert man das Oktoberfest in Permanenz. Menschen und Luft sind wie ein Teig. Die Verbrüderung steigt auf die Tische. Der Rausch ist schwer, er trägt des Daseins Not und läßt dem Morgen keine Erinnerung.
Der Arbeiter hat oft noch das Gesicht des Bergbauern. Das Brot schneidet er bedächtig mit dem Messer. Seine Frau stellt sich vor der Freibank nach Fleisch an und am Samstag nachmittag vor dem Beichtstuhl. Die Kinder nennen die Mutter in der Todesanzeige streng hierarchisch des Hilfsstraßenbahnschienenreinigers Witwe.
Der Föhn wehte den Himmel blau. Die Kastanien blühen. Die Tauben schwirren zur Nacht zu den Gesimsen auf. Die Glocken der Kirchen läuten zur Mai-Andacht. Die Ladenmädchen gehen über den Stachus, geschmückt, gelockt wie barocke Putten.
Die Priester zeigen sich weniger dünn als bei Gottfried Keller. Die Biergärten sind voll Familiensinn. Muß man München nicht lieben?

Das klassische Italien

Frau Professor wurde nur noch von ihrer Putzfrau Frau Professor genannt; diese fühlte sich unterbezahlt, kam seit dreißig Jahren einmal wöchentlich in die Altbauwohnung mit zu hohen Wänden, mit Fenstern, die zur Reinigung gedacht waren für eine Minna, die es nicht mehr gab von sechs Uhr früh bis zehn Uhr abends, und ach, wie viele verwinkelte, behütete Alkoven voller Lebensmüll. Frau Professor hatte sich immer nach dem Süden gesehnt. Als Studentin wollte sie mit einer Freundin nach Florenz fahren. Es kam eine Wirtschaftskrise. Verehrte Banken brachen zusammen, stellten die Zahlungen ein, Direktoren verabschiedeten sich mit einem Sprung aus dem höchsten Fenster. Später träumte Frau Professor von einer Hochzeitsreise nach

Capri. Aber wieder hatte sich das Leben oder der Tod zwischen sie und Italien gestellt. Aus guter Familie, drei Tage in Kriegstrauung mit einem Professor der Wetterkunde verheiratet, der in ein Flugzeug gesetzt und abgeschossen wurde, war sie Witwe geworden, Kriegerwitwe, Frau Professor, wie anfangs noch alle sie nannten. Ihr Besitz war die Wohnung, die alte, von ihren Eltern ererbte. Falsch erzogen, war ihr nicht bewußt, daß das soziale Netz der Allgemeinheit sie erhielt. Sie lebte allein und still. Allmählich verblaßte in ihr selbst das Bild des Gatten, des Helden, des unglücklichen, vom Krieg mißbrauchten Professors der Meteorologie. Und als ihr in vorgeschrittenen Jahren ein kleiner unerhoffter Erbfall aus entfernter Verwandtschaft die Reise nach dem Süden ermöglichte, fehlten ihr Freundin und Hochzeiter. So suchte sie, der Welt mißtrauend, die Menschen fürchtend, im Anzeigenteil einer Frauenzeitschrift einen Partner oder eine Partnerin für eine Reise an die Riviera.

Auf die Anzeige ging nur ein Brief ein. Ein sehr junges Mädchen bot sich als Begleiterin an; aber es war so gar nicht die Gefährtin, die sich die Frau Professor gewünscht hatte.

»Es ist schön, daß Sie mit mir an die Riviera reisen wollen«, schrieb eine gewisse Katja. »Ich würde zwar lieber nach Afrika fahren, den dunklen Kongo hinauf, aber da ich im Augenblick nichts besseres vorhabe, wird es mich auf jeden Fall freuen, Sie nach Italien zu begleiten.«

Frau Professor verwirrte der Brief. Sie fand ihn dunkel, gefahrenvoll, suggestiv. Was suchte diese Katja in Afrika, am dunklen Kongo, wie sie sich ausdrückte? Auch schien die junge Briefschreiberin selbstbewußt und selbstverständlich vorauszusetzen, daß die Frau Professor die Reisekosten für beide tragen würde. Die Frau Professor hatte an einen Partner in geordneten Verhältnissen gedacht, an einen Menschen wie sie, der Anschluß suchte und vor der Fremde sich in zivilisierten Grenzen fürchtete. Aber die vereinsamte Frau Professor war durch den Brief der jungen Katja auch gerührt. Sie sah sich selbst, wie sie als Studentin in den Ferien hatte nach Florenz reisen wollen und dann das Fahrgeld durch für sie undurchschaubare Verhältnisse des Wirtschaftslebens nicht bekommen hatte. Sie ahnte es bitter, es wäre eine andere Reise geworden, wenn sie damals gefahren wäre. Die Erinnerung an sich selbst, als Bildnis ihrer Jugend bewegte die Frau Professor, und sie entschloß sich, die kleine Katja mit in den erträumten Süden zu nehmen.

Frau Professor stand schüchtern in der Halle des Grenzbahnhofes und blickte kurzsichtig in den Verkehr, bis ein befremdend gekleidetes Wesen auf sie zutrat und »Ich bin Katja« sagte. Mühsam suchte die Frau Professor ihr Entsetzen zu verbergen. Vor ihr stand nicht das erwartete junge Mädchen, das erhoffte Ebenbild der eigenen, sittsam sehnsüchtigen Jugend, sondern ein offenbar verwahrlostes Kind, deutlich unerzogen und glaubhaft fantastisch, beunruhigend, doch keine Reisebegleiterin. Katja trug einen bubenhaften Anzug aus halblangen tütenblauen zerdrückten Hosen unter einem knallroten Hemd, ungesäumt, zerfranst. Als Gepäck hatte sie sich einen fadenscheinigen Wäschesack an einem Strick über die Schulter geschwungen. Sie verneigte sich übertrieben tief in der Art eines Jungen, der frühreif, boshaft ironisch den vollendeten Kavalier spielt. Er küßte der Frau Professor die Hand, bevor sie sie erschrocken zurückziehen konnte.

Frau Professor fühlte sich geniert, von allen beobachtet und war hilflos bestrebt, die ihr peinliche Szene möglichst schnell zu beenden. Sie klammerte sich an die alten Wünsche; es war ja der Beginn einer Reise in die Fremde, einer Fahrt in den sonnigen Süden. Vielleicht gehörte der junge, dazu noch weibliche Strolch, anders mochte sie ihn nicht nennen, in das aufwühlende Geschehen, daß sie nun endlich wirklich nach Italien reiste.

Im Zug rauchte Katja viele Zigaretten und blickte die Frau Professor kühl aus jungen grauen Augen an. Frau Professor sah sich gezwungen, den eignen, kurzsichtigen Blick niederzuschlagen. Sie bebte in nie gekannter Weise. Sie sah sich auf einmal in einer ihr fremden, allenfalls aus Zeitungsnachrichten unwirklich bekannten Welt. Sie ging selten ins Kino, aber es war ihr, als ob sie in einem Film in der Rolle des Opfers mit einem jungen Mann verreise, der sich als Heiratsschwindler entpuppen würde. Sie riß sich zusammen und rügte ihren absurden Gedanken. Sie versuchte, den jungen grauen Augen standzubieten. Sie blickte auf eine klare, gänzlich faltenlose, vielleicht gedankenlose, sicher eigensinnige Stirn. Unter der Stirn war Katjas Gesicht, wie es der Frau Professor vorkam, ungewaschen. Um die Augen blaue oder schwarze, sogar seltsam grünliche Schatten. Katjas Mund war für den konservativen Geschmack der Frau Professor unfein geschminkt, grellrot wie eine offene Wunde in der blassen Haut. Ich hätte mich nach ihr erkundigen sollen, dachte die Frau Professor. Vielleicht ist das Mädchen aus der Fürsorgeerziehung entlaufen. Aber nun im fahrenden Zug, auf der erträumten Reise in den Süden war es für alle Erkundigungen zu spät. Die Räder rollten, das Schicksal lief. Wo hatte sie diese Gedanken her? Aus irgendeinem Bildungsgut, einer verschütteten Schullektüre? Das Abenteuer schläferte die Frau Professor ein. Sie lehnte sich in den Sessel zurück. Wollüstige Gefühle waren ihr fremd.

Die Reisenden kamen gegen Abend in Rapallo an. Frau Professor hatte nach dem Reisehandbuch des gefallenen Meteorologen einen festen Plan ausgearbeitet. Sie wollte in der Pension Helvetia wohnen. Die Pension Helvetia war nicht teuer, und das veraltete Reisehandbuch hatte sie sehr gelobt. Vor allem hatte der beliebte Führer berichtet, daß man in der Pension Helvetia Deutsch spreche und Deutsch koche. Frau Professor lebte anspruchslos, aber sie hielt sich an ein altes Sprichwort, daß der Bauer nicht esse, was er nicht kenne.

Sie fuhren unter dem Verdeck einer Pferdedroschke durch Rapallo. Das magere Pferd zottelte so vor sich hin. Es war ein Angebot an die Touristen. Es regnete leise, und es war warm. Die alte Stadt lag wie in einem lauen Bad. Das ist nun der Süden, dachte die Frau Professor. Sie war etwas enttäuscht. Doch war es auch wieder sehr schön, unter dem milden Regen durch einen fremden Ort zu fahren, der einen so schönen Namen hatte. Alles war wie verschleiert. Eine Gruppe junger Männer mit langen lockigen Haaren und in bunten bis zum Bauch geöffneten Hemden wartete entschlußlos vor einem Café. »Riechst du es«, fragte Katja, »toll, was?« Katja duzte jetzt die Frau Professor. Sie ließ es geschehen. Vielleicht war es eine italienische Sitte, vielleicht war es die Zeit. Aber was sollte sie riechen? »Na, die Papagalli«, sagte Katja. »Die Kerle.« Die Frau Professor verstand nicht, was gemeint war. Tatsächlich roch es aus den regenfeuchten Gärten, die von der Straße auf Hügel anstiegen, nach Moder und Blüten. »So duftet es bei uns im Sommer auf dem Friedhof«, sagte Frau Professor. Es war ihr nicht deutlich, warum sie es erwähnte. Sie ging zuhause oft auf den Friedhof und suchte ein Grab, das im Ozean lag. »Intensiv«, sagte Katja und nickte ernst.

Die Pension Helvetia war ein Mißgriff. Der Frau Professor gefiel zwar das reinliche Fremdenheim mit deutschen Gästen, deutschem Essen und deutscher Konversation, doch Katja wollte nicht eine einzige Nacht in diesem Mief verfaulen, wie sie sich ausdrückte. Sie rief der Pensionsinhaberin böse Wortbrocken deutsch, englisch, italienisch zu und zerrte ihre Chefin, wenn man so wollte, die Frau Professor, zurück auf die Straße, auf den kleinen Platz vor der Pension Helvetia, stellte sie unter einen Baum, in den milden Regen, in das schräge Licht einer Ampel, ließ sie warten und ging, »etwas mit Pfiff zu organisieren«, wie sie sagte.

Die Frau Professor stand mit ihren zwei ordentlichen Koffern und Katjas Umhängesack nirgendwo in der Welt. Das war nicht ein Platz in Rapallo, einem bekannten Kurort.

Vielleicht war sie im Fegefeuer, besser gefiel ihr das Wort »Purgatorium«; auf der Reise plötzlich verstorben. Leute, die an ihr vorbeigingen, waren Schatten, beziehungslose Wesen, die keine Notiz von ihr nahmen.

Dann saßen sie und Katja mit ihrem Gepäck in einem kleinen roten Auto, das wie ein Auto von der Feuerwehr aussah, von einer Spielzeugfeuerwehr, und von einem dieser jungen Männer mit dem gelockten Haarwulst und den bis zur Unanständigkeit geöffneten Hemden gelenkt wurde.

Die Frau Professor hatte die Vorstellung, daß sie einer Brandkatastrophe entgegenrasten. Sie hörte auf dem Dach des kleinen Autos und ringsum in Stadt und Natur das schrille Läuten nicht vorhandener Feuerglocken. Der junge Autofahrer verachtete den Tod. Er raste halsbrecherisch an Abgründen entlang. Links fiel die Straße ins Meer. Tief unten rauschte eine Brandung. Es war wohl die Antike, das Mittelmeer, das gegen den Fels wogte, die Ligurische See, das Wasser des Odysseus. Und rechts standen die Häuser der Götter, des neuen Olymp, erleuchtet, die Villen der Millionäre, die sich hier angesiedelt hatten, ihre Hotelpaläste, ihre Spielsäle, ihre Behausungen, die Gesellschaft, die große Welt, die Prominenz, was immer das sein mochte, lichterglänzend, doch nicht warm und nicht einladend, eher kalt, in stummer, in abweisender und zugleich zurückweichender Parade an den Berghängen der Oliven- und Zypressenwälder. Eine Entführung, dachte die Frau Professor und sann, warum, warum trifft es mich? »Wohin bringen Sie mich?« »Nach Portofino«, antwortete Katja. »Das heißt feiner Hafen«, fügte sie hinzu. »Du wirst staunen.« Das beruhigte die Frau Professor etwas. Sie kannte den italienischen Namen aus dem Reisehandbuch. Auch hatte sie vor Jahren in einer illustrierten Zeitung gelesen, daß Gerhard Hauptmann sich gerne in Portofino aufgehalten hatte. Sie erinnerte sich an eine Fotografie des Dichters, wie er mit langen, ehrfurchtgebietenden weißen Haaren, eine erhabene Gestalt, ein Seher, ein Prophet, vor Portofino auf der

Steilküste stand. Er hatte in Portofino seine »Iphigenie in Aulis« geschrieben. Die Frau Professor hatte die Aufführung im Stadttheater besucht. Die Abonnenten waren ein gebildetes Publikum. Dieses Portofino wird eine Künstlerkolonie sein, sagte sie sich. Katja will deshalb dahin. Sie verstand das und billigte es sogar. Sie fragte, während die Lichter von Santa Margharita hinter ihrer Fahrt verschwanden, »malst du, Katja, oder dichtest du vielleicht gar?« »Dichten ist Quatsch, das Leben ist schlimm genug«, antwortete Katja rätselvoll. »Ich denke mir Kriminalromane mit wirklichen Menschen aus.« Katjas junges Gesicht alterte rapide und bekam die tiefen Falten der Patricia Highsmith. Sie lachte böse wie ein Unhold und krallte sich fest in den Arm der Frau Professor.

Das Auto hielt mit einem Ruck am Hafen von Portofino. Im Becken schaukelten in zarter Brise die Luxusjachten der Reichen. Ein halber Mond am verhangenen Himmel gab ihnen die teure Romantik. Die Reichen ließen sich ihre Romantik etwas kosten. Der Ort selbst sah im Schummer weniger Laternen wie ein Seeräubernest aus, eine Illusion vor den Kassen der Bars und Hotels. Das Neonlicht der Leuchtreklamen kündete die harte Geschäftssprache der Mafia. Katja führte die Frau Professor aber zu einem Haus, das abseits der internationalen Wege des Geldes lag. Es war hoch, schmal, schäbig und düster. Sie stiegen eine enge, steile Treppe hinauf, im Licht irgendeiner Funzel. Es roch nach Bier, Knoblauch und Exkrementen von Tieren oder Menschen. Sie traten durch eine knarrende Tür in ein gangartiges, ungewöhnlich langes Zimmer. An den Wänden standen Betten; der Weg zwischen ihnen führte auf ein Fenster zu, hinter dem die Nacht gewaltig war. Alles konnte Einbildung sein. Der Himmel ein Zelt, Schutz oder Gefängnis. »Hier ist es schön«, sagte Katja, »gefällt es dir auch?« Die Stimme der Frau Professor war kraftlos, kaum noch zu hören. Sie zitterte. »Ich weiß nicht, es ist unheimlich.« »Wieso unheimlich«, empörte sich Katja. »Komm, wir öffnen das Fenster.« Sie beugten sich über ein kleines

Gitter ins Freie. Es war Musik zu hören, Klänge, die heftig gegeneinander kämpften. »Das ist doch nicht unheimlich«, wiederholte Katja. »Siehst du, wie die Boys auf die Mädchen warten? Hier ist ein Puff!« Die Frau Professor sah nichts. Sie fühlte nur die schwarze und warme Nacht, eine zu schwere Gewalt. Sie glitt in Katjas Umarmung, wurde zu einem der Betten geleitet, in ein feuchtes Laken gehüllt, das nach dem Mittelmeer dort draußen roch, sie sah vergehend die jungen grauen Augen des bubenhaften Mädchens auf sich ruhen, es war ein ernster, ein fordernder, ein sie bis ins Herz durchdringender Blick, der sie schmerzte und beglückte, es ist Liebe, dachte sie verwirrt, und es war nun angenehm, so müde zu sein.

Das Zimmer war erfüllt von einem grellen, blendenden Licht. So waren Hundstage! Die Sonne brach direkt in die schmale Kammer, in die enge Brust und zerplatzte auf dem Bett aus grün angelaufenem Messing, in dem die Frau Professor neben der nackten Katja aus Betäubung und Traum erwachte. Katja war wie aus der alten Welt angespült, wie aus der Brandung, die man hörte, wie aus dem Sagenreich der Gymnasiasten und der verspotteten Lehrer, ein Phantasiewerk, ein Mythos, ein Leib aus Marmor, unzerstörbar im begehrenden, beschützenden Atem der Götter. Der Käfig des Raumes malte aus Rissen und Schimmel großflächige Gesichter, die Augen wie unergründliche Gewässer. Die Tapete hing in Fetzen von der Wand, erschreckte als Verfall, beruhigte aber zugleich mit dem pompejanischen Rot des Sinnlichen in Ruinen. Vielleicht waren Erdbeben geschehen. Frau Professor war an diesem Morgen bereit, das Zelt, das sie umstrickte, wunderbar zu finden, Glanz und Elend, Größe und Untergang in weltgeschichtlicher Betrachtung. Natürlich hatte sie die »Italienische Reise« gelesen. Hatte der Süden nicht Goethe verjüngt? Die Frau Professor konnte sich nicht mit diesem vergleichen. Doch hatte nicht auch sie ein Anrecht auf Freude, auf all dies, das man das Leben nannte? Im Blick zurück erkannte sie sich selbst als den Schatten eines Menschen. Witwe eines Mannes aus einer Dreitageehe, in der keiner gewagt hatte, die Kleider abzulegen. Von ihm, von diesem Phantom, das von der Kriegsfurie gepackt ins Meer gestürzt war, hatte sie den Spiegelbildtitel, der ihr nicht mehr gegönnt wurde von Frauen, die Professor aus eigener Leistung waren, eingebildet auf Lehrstühlen und Autorenruhm saßen. Katja räkelte sich in Umarmung und schmatzendem Kuß, lief zum Fenster des grellen Lichts; ihre Nacktheit brannte.

Schnell angezogen. Abgesäbelte, zerrissene, geflickte Kurzhosen, die nichts bedeckten, Hintern und Scham herausstellten. »So kannst du nicht rumlaufen.« Katja musterte entsetzt das Blumenkleid der Frau Professor, gebreitet über die Lehne des einzigen Stuhls. »Gib Geld!« Katja wartete auf keine Gewährung; sie nahm sich Geldscheine aus der fremden Reisetasche. »Ich hole dir was Anständiges.« War weg. Die Frau Professor wusch sich unter einem Kaltwasserhahn über einem verrosteten Ausguß. Würde das seltsame Mädchen wiederkommen? Anerzogenes, eingefleischtes Mißtrauen, alte Menschenfurcht pumpte wieder ins Hirn. Doch Katja kam zurück. Sie warf was Streifiges auf den Boden. Trat mit den Füßen das Gewand. »Damit es nicht so neu aussieht.« Dazu zwei Flaschen, das Coca-Cola der Fernsehreklame, weißes Brot, eine fette Wurst, die betäubend nach Knoblauch stank. »Zieh's an!« befahl das Mädchen. »Ich kann doch nicht ....« »Du kannst!« Jetzt war es die Frau Professor, die nackt im antiken blendenden Licht stand. Ein zierlicher, ein beinahe kindlicher Körper. Unverbraucht, dachte Katja. Die Brüste der Frau Professor waren klein und hingen nicht. »Toll«, urteilte Katja. Sie dachte, die hat mit keinem geschlafen. Sie half der Frau in das Gestreifte. Das war eine Art Matrosentracht, rotweiß, in der man sich zuhause höchstens zum Fasching wagte.

Katja frühstückte stehend. Biß wie ein ausgehungerter Wolf in die Knoblauchwurst, spuckte die Pelle aus, goß das Cola aus der Flasche in sich hinein. Die Frau Professor, ein

Matrose, der sich erniedrigt fühlte, ein Karnevalsgast, der fror oder dem zu heiß war, äußerte zaghaft den Wunsch nach Tee. »Tee ist schrecklich ungesund«, schnaubte Katja, »was du brauchst, ist ein reinigender Grappa. Berühmt durch Hemingway. Kennst du Hemingway? Spitze! Wir gehen in die Bar nebenan; ich habe die Szene schon erkundet.«

Die kleine Bar lag hinter einem Glasperlenspiel, nicht von Hermann Hesse, im Schatten, dampfte aber mit ihrer Espressomaschine wie der explosionsnahe Kesselraum eines ehrwürdigen Dampfers. Es roch nach Kaffeeröstung, süßem, klebrigem Schnaps und rauhem Zigarettenrauch. Der Grappa aber war bitter. Die Frau nippte an dem ihr gereichten Glas und war bestürzt. Das schmeckte wie Erbrochenes. »Kipp runter!« Sie gehorchte und verschluckte sich. Sie sah sich als kleines Mädchen in einem Ballon. Man hatte damals gedacht, Ballonfahrten seien gut gegen den Keuchhusten. Die Frau Professor fürchtete, ausgelacht zu werden. In der Bar standen dichtgedrängt die jungen Männer mit dem offenen Hemd, der nackten Brust. Einige posierten wie Katja in gestutzten Jeans. Behaarte Beine. Sie bedrängten sie. »Kastrationskomplex«, meinte Katja. »Das Pissoir stinkt.« Mannsgeruch, Bockdunst. Der Gott war als Stier gekommen. Als Adler. Als Schwan. Keine Erinnerung. Die Frau Professor hielt stand als rot-weiß gestreifter Matrose, als Clown bürgerlicher Saturnalien. Die Frauen wurden aber überhaupt nicht beachtet. Die jungen Kerle schwätzten laut gegeneinander über Frauen. Für die Frau Professor hörte das sich an wie das Bellen von Hunden. Bello ein Familienhund, domestizierter Jagdhund. Katja rief: »Gehen wir!«

Sie beschlossen, auf die Berge hinaufzugehen, die den Ort ummauerten. Die Öffnung war nur das Meer. Alle die Jünglinge aus der kleinen Bar folgten nun den Mädchen mit viel Gelächter, Geschwätz, Rufen und Pfiffen, obwohl sie in dem Lokal so getan hatten, als hätten sie sie nicht gesehen. Frau Professor hatte die Schattenvorstellung einer Fuchsjagd. Immer wieder hörte sie »bello, bello«, die Meute der Hunde. War sie der Fuchs?

Auf dem Weg zur Höhe kam die Gesellschaft wieder an einer Schweizer Pension vorbei, so nannten sich die soliden Beherbergungen für gebildete Familien mit beschränkten Mitteln. In einem gepflegten Garten saßen ordentliche Leute an einem ordentlichen Frühstückstisch. So war ich noch gestern, dachte die Frau Professor, ordentlich! Es schmerzte sie aber nicht, unordentlich geworden zu sein. Ja, sie, die in einer Matrosenkostümierung einen Trupp hergelaufener Burschen anführte, verachtete auf einmal die ordentlichen Leute, die dort frühstückten. Es gab kein Zurück. Sie stieg buntgestreift mit diesen bunten, jungen, halbnackten Geschöpfen im bunten Süden ihrer Sehnsucht den Olymp empor. Oder war es nur der Parnaß? Als sie höher kamen, verließen sie den gerodeten Pfad und stampften durch einen Dschungel aus gelben Blüten. Es war Wolfsmilch. Frau Professor, eine fleißige Schülerin, erinnerte sich der Botanikstunde: Euphorbia Cyparissias oder vielleicht war es hier schon die Euphorbia Resinifera, die Wolfsmilch des marokkanischen Atlasgebirges, die das Euphorbium liefert, ein sicheres Gift.

Sie hatten den Gipfel erreicht. Der Weg führte nicht weiter. Vor ihnen lag unten das Meer im Sonnenglanz, vor den Füßen der Abgrund. Sie standen auf einem Vorsprung des Felsens, der steil über dem Wasser hing. Die Frau Professor schwankte vor der Tiefe, doch hier mochte auch Gerhard Hauptmann ergriffen geweilt haben, wie auf dem Bild in der illustrierten Zeitung, und dieser Gedanke hielt die Frau Professor aufrecht. Von fernen Hügeln winkten lauter Iphigenien, Rechtfertigungen des Frauendaseins ganz allgemein. Die jungen Männer hatten einen Kreis um die Frau Professor gebildet. Etwas von ihr entfernt. Katja war in diesen Kreis aufgenommen und kleiner geworden. Die Jugend bildete einen Ring wie um eine Zirkusmanege. Sie waren ein Publikum, das ein gefährliches Kunststück erwartet und hofft, daß der Artist sich den Hals brechen wird.

Die kleine Katja wurde ungeduldig. Es widerstrebte ihr, sich einzufügen, gleich unter Gleichen zu sein. Sie war Anarchistin auch unter den Genossen. Sie schritt zur Frau Professor an den Rand des Abgrunds. Sie zischte aus grellrotem Mund wie eine giftige Natter: »Diese Männer sind Mörder. Dies ist eine Falle. Ich habe ihnen erzählt, du seist reich. Immens reich. Du trägst viel Geld bei dir und Schmuck, kostbare Erbstücke. Ist das vielleicht ein guter Kriminalroman?«

Katja lachte und lief zurück in das Glied der schauenden Jünglinge. Die Frau Professor blieb allein auf dem steil abfallenden Vorsprung des Felsens. Eine Weile stand sie wie erstarrt. Marmorbildnis der jungen Katja am Morgen neben ihr im Bett. Einer der Burschen, einer mit diesen kurzen Hosen und den schwarzen gekräuselten Haaren auf der nackten Brust und den muskulösen Schenkeln ging auf sie zu, packte ihre Hand, zerrte am kleinen goldenen Ring, festgeschmiedet am Finger seit dem Hochzeitstag, als der Krieg begann. Die schwarzen Brusthaare des Räubers bewegten sich, vom Wind gehoben, ausgreifend zu ihr wie die Schlangen des Laokoon. Es sind die Bildungserlebnisse, die bleiben. Die Frau Professor stürzte nicht vom Felsen hinunter. Sie schwebte dem ewigen Meer zu. Sie flog wie Ikarus, der aus Übermut der Sonne zu nahe kam.

Katja reiste nach Neapel, um von dort Afrika zu erreichen, den dunklen Erdteil, den schwarzen Kongo, das ihr gemäße Land. Aber sie trug ein unauslöschliches Bild der fliegenden, glücklichen Frau Professor in ihrem kleinen, ungezogenen Herzen mit sich für all ihre kurze Zeit.

Anarchie

Zu spinnen in Lyon um Seide einzukaufen Seide zu stehlen Seide zu betasten sich in Seide zu hüllen Träume von Seide zu träumen zarte leichte Seidengewebe zu entwerfen schwere Seide für kugelsichere Westen in Blut zu färben Seide mit Maos Sprüchen zu bemalen Seide mit dem weltweiten Nieder Nieder und dem großen Pfui und Pfui zu imprägnieren Seidenplagiate zu begehen die Seidenpatente zu rauben die Seidenspionage zu treiben in Seide auf den Strich zu gehen für Seide mich hinzugeben die seidenen Gebrauchsmuster zu kopieren

Seide den Mädchen auf das Fleisch zu legen auf das warme Fleisch auf das zarte Fleisch auf das junge Fleisch auf das Fleisch für Menschenfresser auf den schlagenden Puls auf den atmenden Bauch auf das strömende Blut auf die kühle Haut die brennende Seide auf die Leichschau die seidene Fahne der Pompe funèbre entrissen und angezündet die zündelnde Seide über die Toten gelegt über das getönte Haar über das angstnasse Haar über die leere Stirn die gespaltene Stirn über die getuschten Augen die zerschlagenen Augen über den geschminkten plappernden Mund den zerrissenen blutenden schweigenden Mund über das entwendete Herz

endlich ins Geschäft zu kommen endlich einzusteigen endlich groß drin zu sein endlich vom Profit zu profitieren endlich den Mehrwert einzustecken endlich Marx zu lesen endlich Gewinne zu verbuchen endlich Bilanzen zu fälschen endlich auszubeuten endlich Vermögen zu deklarieren endlich Steuern zu hinterziehen endlich auf der Seite der Aufgeblasenen endlich ein Bruder der Haute Couture endlich in den gut unterrichteten Kreisen endlich wohlgelitten vom Türhüter nicht abgewiesen am Tisch des Kredites empfangen catch-as-catch-can die Damenwelt die Halbwelt die Unterwelt die Zwischenwelt die Garnichtwelt die hohe und höchste Welt die geistige Welt die geistlichen Herren die verehrten Künstler die sehr verehrten Golden Seventeens der aufgeklärte Kindergarten urbi et orbi die Rolltreppe hinaufgejagt die Rolltreppe hinuntergetrieben an Fallschirmseide in den Lichthof gesprungen im Tinnef des Schlußverkaufes gelandet den Dachstuhl in Brand gesetzt die alma mater verlassen

mein Einfall mein Entwurf mein Modell mein Genie mein Muster mein Nesselschnitt meine Blöße meine Entblößung meine entblößte bloße Scham daß ich reich werde und es mir wohlergehe dort wo sie spielen in Spielhöschen nackt in Trappistenkutten am Strand im Schnee im Wasser und unter Wasser zwischen Korallen und zu Gast beim Hai und über Land und Meer natürlich in den Lüften in rasender Fahrt Mann in der Zeit Kopf aus der Zeitung Dressman Klatschmund Superfloh Mondmann und Mondfrau

glatte reine Seidengewebe façonnierte reine Seidengewebe glatte Halbseidenstoffe façonnierte Halbseidenstoffe glatte und façonnierte Chemiestoffe aus Säure und Dreck orientalische Gewebe Krepp Gaze Mousselin Tüll Spitzen Goldfäden Posamenterien das Musée historique des Tissus

glatte blanke Messerschneiden façonnierte blanke Fallbeile glatte und façonnierte Bajonette geknüpfte und geschmalzte Galgenstricke das schöne alte ehrwürdige traditionsbewußte aristokratische bürgerliche proletarische klerikale soldatische polizeiliche juristische mörderische wohlerhaltene gutbewahrte sich verjüngende sich fortentwickelnde sich treubleibende Arsenal der Folter Säbel Latten Spieße blutig rostig Polizeiknüppel zwischen die Beine gehängt in die legislative und exekutive Hand genommen mit dem privilegierten Arm gehoben auf den Kopf der nur ein Kopf ist geschlagen Kanonen vor die man sie fesselte sie zu kartätschen die Kaliber die Schüsse aus allen Rohren die tödlichen

Schüsse die verstümmelnden Schüsse die einschüchternden Schüsse die Friedhofsruhe die Steine der Barrikaden die Nachttöpfe die Pfannen die Schmiedehämmer die Lunte am Pulverfaß die Gehenkten die Geköpften die Gepfählten die Aufgespießten die Gevierteilten die Ertränkten die Rebellen das Musée de la Marionette

Lugudunum Rabenhügel im lugdunensischen Gallien Copia Claudia Augusta stolze reiche mächtige kaiserliche Kolonie Stadt mit großer Zukunft Mittelpunkt eines Straßennetzes einzige Münzstätte des Westens der Crédit Lyonnais ist gegründet der Crédit Lyonnais steht fest er überdauert die Zeit er überlebt die Glaubenskämpfe die Königskämpfe die Aufstände die Revolutionen die Unterdrückung die Diktatur die großen Kriege die großen Siege die großen Niederlagen der Crédit Lyonnais stirbt nicht er löst meine ungedeckten Schecks nicht ein er weist meine gefälschten Wechsel zurück er prüft meine Unterschrift und legt sie zu den Falsifikaten er honoriert nicht die Tapferkeit seiner Feinde nicht den Heldenmut des einsamen Verlorenen der mit der Kinderpistole in der zögernd gehobenen Hand an den gesicherten Schalter tritt keine croix de guerre keine croix de la Libération für den Bankräuber der sein Leben gibt und auch die Straße jagt ihn und noch die Ärmsten schreien schlagt tot schlagt tot

schöne Stadt reiche Stadt schöne reiche Stadt der schönen reichen Läden wollüstige Stadt der geilen Schaufenster Stadt vergreister Paläste Stadt ererbter Vermögen Stadt der alten Familien fromme Gemeinde der Banken Blutsbrüderschaft des Gewerbes Lyon deine Küchen deine Fleischtöpfe Ägyptens das Rauchopfer deiner Pfannen am Mittag das Wasser läuft im Mund zusammen im Zentrum des Hungers Stadt der hohen Häuser Stadt der tiefen Schatten Stadt des grellen Lichts Stadt der lebensfrohen Flüsse le Rhône umarmt la Saône zieht sie in sein Bett in seinen Arm hundert Brücken um hinabzuspringen Brücken den Feind und den Freund hinunterzuwerfen Brücken die Noyade zu versuchen le Rhône verschlingt la Saône blutig der Strom blutend die Leiber in die Kloake gerissen der Méditerranée ins Maul getan dem Kompost der Geschichte überlassen Stadt der linden Promenaden am Ufer wenn mild der Abend kommt Erschöpfung kommt vierzehn Stunden zwölf Stunden zehn Stunden acht Stunden zuviel und so wenig gelohnt von Kindesbeinen an Stadt der engen Gassen Stadt der blassen Kinder vor den großen Türen Stadt der Sportplätze Stadt der hierarchischen PCF Stadt der Arbeiter

majestätische republikanische gaullistische Place Bellecour im Scheitelpunkt der Sonne im Spiegelpunkt der königlichen staatlichen Sonne die nicht untergeht Mädchen vom hohen Mittag Mädchen vom Hochzeitstag Mädchen angetraut den klappernden oder lautlosen Maschinen die in Windeseile rechnen schreiben buchen ordnen fernmelden Bräute von den goldenen Telephonen Isoldes Lied von Kontor zu Kontor und zu den Kursen der Börse Seide Halbseide Chemieseide kurz knapp und blumenbunt das Kleid schenkelbloß die Arme nackt den Hals ungeknickt eine Göttin aus dem Volk ein Salatblatt in den Mund geschoben ein Milchschluck ein Beat eine Naive eine Tüchtige kein Mädchen von den Webstühlen eine Renegatin vom Chef bezwungen vom Chef verzaubert der Chef zur Börse der Chef zum Börsenfrühstück der Chef zur guten geizigen Mère Guy der Chef zur guten geldgierigen Mère Brazier der Chef in den guten Muttermund Gratin de Queues d'écrevisses eine leichte Blutung kein Krebs Bécasse Lucullus die Schnepfe in den falschen Hals bekommen die dumme Gans rausgeschmissen der Clerk speist Saucisson chaud lyonnais Studenten vor dem Café an der Ecke der Rue Chambonnet die alte Universität die freie Republik die Hohe Schule die Scholaren die Vaganten die Carmina burana die Carmagnole der Verzicht auf die bürgerliche Wohlanständigkeit die Freiheit von der Ladenkasse das geflickte Mäntelchen die verblichenen Jeans die ausgelatschten Tennisschuhe die langen Haare das ungeschorene Kinn in Paris in Amerika in Berlin in Tokio ein kleiner Polizist schwingt seinen kleinen weißen Stock

die vierfache Aristokratie dieser Stadt der Adel die Priester die reichen Kaufleute die Juristen kurz was man mit der Unverschämtheit des alten Regiments die achtbaren Leute nannte Madame Roland die unter der Guillotine starb

darum ist der Reichtum eine Niederträchtigkeit Saint-Just dessen Kopf fiel

in unserer Gesellschaft darf es weder Arme noch Reiche geben der Gemeinderat am dritten Frimaire des Jahres zwei der lebte nicht lange

der Mensch ist weder für das mechanische Handwerk noch für das Spital noch für das Armenhaus geschaffen all dies ist entsetzlich Europa erfahre daß wir auf dem Boden Frankreichs keinen einzigen Unglücklichen mehr haben wollen das Glück ist eine in Europa neue Idee dieser Saint-Just der seinen Kopf verlor

die Schreckensmänner mit ihren durch Lederriemen zusammengehaltenen Jakobinerjacken Hippolyte Taine der in Ehren begraben wurde

der Tod ein ewiger Schlaf Joseph Fouché roter Kommissar in Lyon des Kaisers und des Königs Polizeiminister Herzog von Otranto

der Herzog von Orléans zieht in die Stadt ein mit zwanzigtausend Mann der Herzog von Orléans herrscht ißt schläft liebt in der Stadt der Herzog von Orléans wird in der Cathédrale St-Jean von Gott empfangen er wird von Gott gesegnet und speist an den reichen Tischen die in Gottes Gnade sind der Marschall Soult kommt in die Stadt der General Magnan kommt in die Stadt sie lieben die Stadt sie schlagen blutig nieder sie machen sich um die Stadt verdient sie weisen zurück sie unterdrücken sie speisen den Hunger mit blauen Bohnen sie bestimmen den Lohn mit dem Schwert sie lassen die Kinder in den Fabriken erziehen die Soldaten schlafen mit den Dirnen sie vermehren die sie prügeln die rote Fahne weht auf dem Stadthaus

schön der Abend erbaulich das Gemälde Abendfrieden an der weißen leeren Wand der Schulsäle neben der schwarzen leeren Tafel und die Erinnerung an das Gemälde Abendfrieden an die weiße leere Wand an die schwarze leere Tafel ja drüben am Hang die Kapelle die Herde legt sich im Bild zur Ruh der gute Hirte wacht und der Löwe schmeichelt dem Lamm mildes Licht der scheidenden Sonne Blendung den Augen Brand in den Fenstern Himmelsgold Engelshaar Seidenzelt Feuer von den Brücken Flammen im Fluß ein Feuerstrom kommt von den Vogesen von den grünen Weiden von den Störchen fließt von der Côte d'Or von den goldenen Hügeln strömt aus den Fässern des Weins der Rote aus Algier wie Vitriol ätzt die Kehle macht die Stimme rauh die armen alten Frauen gehen über den Markt die armen alten schwarzgekleideten Frauen bücken sich nach dem was liegenblieb was keiner haben wollte was stinkt und fault die Marktwächter gehen in hohen Gummistiefeln über den Markt sie tragen schwere Wasserschläuche vor sich her wie Männer die löschen wollen sie schließen den Markt sie spritzen den Unrat sie treiben die alten Frauen in die Saône

rue Mercière hinter dem Fluß steile Schlucht in Nachtschatten schon zu hoch das Firmament die Bar zum Neger und er ist Neger und ist aus dem Kongo und ist Franzose und Lumumba ist erschlagen und war ein Patriot und der Neger ist ein Patriot ein Patriot für den Kongo und ein Patriot für Frankreich ein Patriot in seiner Bar zum Neger ein Kneipwirt für seine Kunden ein schwarzes Lächeln für seine Kunden eine schwarze Zuflucht für die Dirnen die Dirnentreiber die Dirnenfreier die Dirnenschänder eine dunkle Burg für die kleinen Diebe und die kleinen Hehler und da steht er und man trinkt Vitriol und da steht er und trinkt Vitriol oder trinkt gar nichts ein Italiener ein Gastarbeiter ein Reisender trinkt Vitriol ist einsam spricht nicht hat seine Gedanken trinkt nichts ist abstinent gießt das Glas aus trinkt sich Mut an hat Mut Caserio on lui compterait les côtes

es schien als hätte man aus allen Gossen der Großstädte den schmutzigsten scheußlichsten ekelhaftesten Abschaum herausgefischt häßliche erdfahle oder schwarze oder kupferfarbige Gesichter überragt von dicken Büscheln schmierigen Haares tiefliegende Augen ihre stinkenden Ausatmungen waren von den rohesten Schimpfworten und dem durchdringenden Geschrei blutgieriger Raubtiere begleitet der Abgeordnete Buzot

der Abgeordnete Buzot Marx Taine Lenin Noske stehen im Chor gegen das Lumpenproletariat sie verabscheuen die Anarchie

Caserio geht schwankt zögert ringt nach Atem ist entschlossen geht in den schönen Abend geht am schönen Fluß entlang geht aufrecht über die Place des Jacobins geht zum andern schönen Fluß Rhône atmet Gletscherwind promeniert unter den achtbaren Leuten will sich bekreuzigen vor der Kirche St. Bonaventure errötet darüber hat schwache Lungen

Marie François Sadi Carnot Präsident der Republik wohin ist es mit der Republik gekommen hat die Gewerbeausstellung eröffnet das Band durchschnitten den Saal durchschritten das Spalier gegrüßt die Tribüne bestiegen die wohlvorbereitete die allseits gebilligte Rede gehalten er hat gesehen er hat festgestellt er ist befriedigt es geht voran es geht vorwärts es geht aufwärts das Volksvermögen wächst die Renten steigen er hat gut gespeist in der guten Stadt Lyon er hat mit den achtbaren Leuten zu Tisch gesessen er ist zur Börse gegangen er hat sich überzeugt das Herz der Stadt schlägt er ist kräftig es ist gesund die Seide steht hoch im Kurs der Präsident trägt seinen Frack er trägt seine Schärpe er trägt seinen Ordensstern er schwenkt seinen Zylinderhut er sieht andere Herren im Frack Herren mit Schärpen Herren mit Orden kleinere Präsidenten Herren die Präsident werden wollen sie verneigen sich sie kratzen den Boden der Präsident grüßt der Präsident winkt der Präsident ist huldreich der Präsident geht ins Theater ein paar Schritte in den schönen Abend ein paar Schritte zum Fluß

Caserio ein Geschöpf des Abends springt in den schönen Abend springt aus dem Abend springt aus dieser Welt die er ändern will springt den Präsidenten an setzt den Dolch über die Schärpe setzt den Dolch neben den Ordensstern

die Studenten haben die Place Bellecour besetzt sie haben mitten in der festen Stadt Lyon eine Festung gebaut die Polizei belagert die Festung die Polizei umkreist die schöne Place Bellecour die Polizei hat sich die Helme cocteauscher Todesboten aufgestülpt die zu Orpheus kommen sie erheben ihre weißen Stöcke sie haben die Wasserwerfer aufgefahren die Polizisten sind jung sie werden die Studenten in den Fluß jagen sie werden die Studenten in die Verzweiflung treiben sie werden die Studenten zu anständigen Leuten machen

der Präsident Cornot stirbt in der schönen Juninacht in der schönen Stadt Lyon Caserio fällt an einem schönen Morgen im schönen August unter dem Beil in der schönen reichen Stadt Lyon

im Grand Hôtel Paix ein Zimmer ein Balkon der Blick auf den Fluß le Rhône der alte Bräutigam still in der Nacht er weint das Geschäft ist gemacht der Gewinn ist ausgeblieben der Kredit wird nicht gegeben das Gesicht ist verloren être à la côte

Landung in Eden

Und Gott der Herr pflanzte einen Garten in Eden gegen Morgen und setzte den Menschen hinein, den er gemacht hatte.

Keinem hat je die Welt so gehört wie mir. Ich sah die Sonne über Wüsten und Meeren, ich sah sie am Mittag über Urwäldern und weiten Savannen, am Abend sah ich sie im Polareis versinken und im Dunstschleier der Tropen untergehen. Ich sah dies alles oft in wenigen Stunden und zusammengedrängt wie in den Bildern eines Films; manchmal flog ich mit der Morgenröte, und ihr rosiger Schein schien mich herrlich zu tragen. Kein Gott hat es vor mir vermocht. In Minuten überbrücke ich Ozeane. Der Elbrus, der Gaurisankar, der Fudschijama, der Pik von Orizaba, die Sierra Nevada, der Ätna, der Berg Sinai und der Olymp, sie waren nicht einmal mehr Wegmarken für meinen Flug. In dreißigtausend Meter Höhe schwebe ich über dem Land des Feindes. Ich sehe aus meinem Himmel seine Städte nicht. Ich will sie nicht sehen. Ich will nicht wissen, ob es Menschen sind, die in ihnen wohnen. Mein Vater sagt, wenn wir sie doch vernichten könnten, wenn wir sie doch mit einem einzigen Schlag endlich vernichten könnten. Mein Vater ist stolz auf mich. Er hat mir die beste Rüstung der Welt gegeben. Sie nennen mich sein Schwert.

Ich diene und reise in einer engen Kammer. Ich sitze angeschnallt auf einem Stuhl, der mir kaum erlaubt, mich zu rühren. Gewaltige Flammenstöße reißen mich rasender als der Schall durch den Raum. Mein Anzug und mein Helm bewahren mein Leben. Ich atme in einem von Wissenschaftlern erfundenen Klima. Keiner war schneller als ich. Niemand erreichte so viele Ziele.

Mein Mund ist stumm. Ich habe nichts zu erzählen. Mein Auge hat die Erde nicht gesehen, die ich vielfach umkreiste. Ich fliege blind. Den Kurs flüstert man mir ins Ohr. Blind folge ich den Weisungen der fernen Stimme. Ich schalte. Ich drücke Knöpfe. Ich halte stumme Zwiesprache mit den Leuchtzeichen der Instrumententafel vor meinen Knien.

Ich bin Wächter; aber noch ist Frieden. Erst wenn der Kommandant meines Horstes das Wort Zebaoth in mein Ohr spricht, wird Krieg sein. Zebaoth, ein geheimnisvolles Wort, eine Erinnerung an Kindestage und schon vergessen, was kümmert es mich, so seltsam und so fremd? Mir genügt es, daß Zebaoth das Zeichen ist. Meine Hände werden dann tun, was sie in der Instruktionsstunde geübt haben. Unter dem Gehäuse, das mich jagend trägt, hängt ein blankes Projektil. Wenn das Wort Zebaoth in meinen Ohren erklungen ist, werden meine Hände das Projektil von meinem Gehäuse lösen, wie ein Muttertier sein Junges ausstößt, und es wird Krieg sein. Ich fliege heute meine hundertste Patrouille. Der Dienstplan nennt es einen Routineflug. Zum hundertstenmal bin ich abgesprungen von meiner Herkunft; ein Sack künstlicher Luft verbindet mich mit dem Leben und das Warten auf das Wort Zebaoth mit meinem Land. Mein Kommandant spricht das Wort wieder nicht. Mein Vater würde das Wort schreien.
Meine Hände haben es getan. Sie haben das Projektil scharf gemacht, sie haben es vom Mutterleib gelöst und auf eigene Bahn gesetzt. In Sekunden wird es sein: eine verwandelte Welt, unter mir ein Erdball künstlicher Sonnen. Ich bin ihr Schöpfer. Ich habe das Wort Zebaoth gesprochen. Ich habe das Wort Zebaoth allein für mich gesprochen. Der Feind wird mir mit seinem Wort Zebaoth antworten, und mein Kommandant wird Zebaoth Zebaoth über Kontinente, Meere und Wolken in mein Ohr brüllen. Wo ich nun lande, ist Eden. Niemand spricht mehr von Zebaoth. Im Paradies wohnen keine Menschen.

Ich kam nie nach Petra

Es schmolz Singapur wie Butter im Horizont. Das mächtige Schiff schlich aus dem Hafen. Man hatte mich um die Stadt betrogen, meine Koffer am Flugplatz in einen Omnibus geworfen, mich hinterher. So hätte man einen Blinden betreut. Ein Mädchen in Uniform belehrte uns, daß mit fünfzig Dollar bestraft würde, wer die Straße verunreinigt; dann wies sie nicht ohne Stolz auf die Geschäfte und wiederholte, das ist die eine Bank und dies die andere. In meiner Vorstellung war Singapur anders, eine Metropole der Kolonialzeit, ein Völkerhaufen Asiens, Asyl und Hölle der Armen, doch ein Jahrmarkt der Lüste. Aber Singapur versteckte ängstlich sein altes Gesicht im neuen Image von Ordnung und Sauberkeit, zeigte am Ozean ein kleines New York klimatisierter Wolkenkratzer am Rande des Äquators, nur Rudyard Kipling wahrte noch ein Andenken beim Whisky in Raffles Hotel. Es tauchten auf und verschwanden Joseph Conrads Schicksalsinsel, Scherenschnitte unter Licht und Gewittern, die indischen Tempel voll Liebe und Furcht, der traurige, durch den Fahrplan erzwungene Abschied von Bombay, wir gingen westwärts, kreuzten das Arabische Meer und warteten auf Sindbad den Seefahrer. Im flimmernden Dunst der Hitze über den trägen Wellen glaubte ich, wie durch ein umgekehrtes Fernrohr, sein kleines Boot zu sehen, die Segel von Abenteuern aufgeblasen oder schlapp, es war eben nicht zu erkennen. Auf dem Sportdeck rangelten sich die am Abend in den Bars tanzten um den Tennistisch. Alle schwitzten. Die Plastikbälle schlugen wie harte Kugeln auf. Alte Menschen, Professoren deutscher Universitäten und ihre Gattinnen ruhten oder schliefen in den Liegestühlen und bräunten wie Steaks auf dem Grill. Ein Steward servierte Getränke. Eis klirrte im Glas. Jean Paul, der nie über das Meer gereist, pflegte abends, nach dem Abendessen, um den Südpol zu rudern: Als ein stilles, weites Land der Seele stand das leere Meer unter dem leeren Himmel. In der Nacht blieb ich allein. Träumte auf dem obersten Deck. Die Sterne waren fremd. Doch kannte ich den Himmel meiner Geburt? Die Lichter glänzten in überdeutlichen Bildern. Schön und abweisend. Die Propheten, die toten Magier haben die Sterne mit anderen Augen gesehen. Glück und Unheil und irgendwo war ein Gott. Unter mir in den Etagen des Hochhauses Schiff schliefen wohl hundert, vielleicht zweihundert, dreihundert, gar vierhundert Menschen, Transportierte einer Kreuzfahrt, wie ich, hingestreckt in einem schwimmenden Kasten. Immerzu konnte er plötzlich versinken, ohne jede Warnung lautlos untergehen, ein schwerer Stein in das tiefe Wasser geworfen.

In der Morgensonne lag das Schiff am langen Kai von Akaba. Frühaufsteher reckten die Hälse. Sindbad war nicht an Bord gekommen. Die Märchen von Tausendundeiner Nacht gaben sich nicht preis. Akaba am Golf von Akaba ist ein Umschlagplatz von Gütern im modernen Staat des kleinen Königs von Jordanien. Im Anzug aus London, in der Haltung der Zöglinge der britischen Militärakademie lenkt der Enkel stolzer Beduinen das Soll und Haben des Handels und der Politik, Speicher, Kühlhallen, Kräne, überall elektrische Kraft. Im Schatten der Technik ein paar Soldaten im Schutz vor der alten Sonne, heiß, gleichmütig und eigentlich friedlich. Das Wasser gehört zum Roten Meer. Rote Felsen, rote Korallen, rote Quallen. Am nahen jenseitigen Ufer, selbst am Tag von Bogenlampen bestrahlt, die saubere Promenade eines Kur- und Heilbades, Elat, Israel. Nicht gesehen im Vorbeigleiten des Schiffes Medina und Mekka und all die heiligen Stätten zerstrittener Religionen, nah selbst das große Jerusalem, vor dem Blick Wüste, Sand, Steine, spärliche Wälder verdursteter Palmen und der Abfallhaufen der Geschichte, verweht die Trümmer alter und neuer Kriege, Geschütze und Panzerwagen vom Rost zerfressen, allen Göttern der Gegend sei Dank! Es rührt sich nichts im Hafen von Akaba. Er ist offen und still. Die Sonne brennt.

Ich stand vor dem Ziel meiner ziellosen Reise. Ich konnte die Sehnsucht greifen über ein paar Kilometer. Ich hätte es eine Fata Morgana nennen sollen. Es war eine Einbildung, eine Flucht, ein Trost. Ich wollte erobern, was schon viele erobert hatten. Diesen Verlierern schloß ich mich an. Ich hatte den Kreuzpfarrer auf dem Deck kennengelernt. Das Schiff schaukelte. Das Meer war erregt. Der Pfarrer sprach mich an. Am Sonntag besuchte ich seinen Gottesdienst im Vorführraum alter Filme. Er war ein gebildeter Mann, der zu einer kleinen Gemeinde sprach. Er hatte sich gut vorbereitet, paßte sich an als Wanderprediger auf See, kannte sich aus in den Glaubensbekenntnissen des Orients, kein Apostel, schätzte die Ordnungen des Islams, wußte von Herrschaften, Schlachten, Wundern, Ruinen zu berichten und erwähnte Petra, das wir sehen würden, an einem Tag in Akaba von Bord entlassen.

Ich kannte Petra und auch nicht. Ich habe eine Vorliebe für Totenstädte, wie sie im Umkreis des Mittelmeeres zu finden sind. Ich besuche sie gern und finde in der Zerstörung die Ewigkeit. Zuhause waren Bücher über Petra unter meinen Büchern. Petra ein alter Name. Petrus ein Jünger des Herrn. Pietro ein Knabe am Tiber. Petra eine Studentin, die ich liebe. Das alte Labyrinth. Da Petra, das Mädchen aus den Hörsälen der schönen Literatur, auch mich liebt, verbal, ohne im Bett zu bleiben, bin ich nach altem Rat auf die Reise gegangen. Doch auf dem Schiff, kaum lag das mir gestohlene Singapur hinter mir, am ersten Tag auf See, stieg aus dem Wasser einer größeren Suppenterrine, unter der stechenden Sonne Indiens, eine Petra.
Ich erschrak und glaubte an Verfolgungswahn. Sie trug einen herrlich entblößenden Badeschurz, das gechlorte Wasser perlte aus ihrem kurzgeschnittenen Haar über ihr Gesicht. Dies erinnerte mich nun an die Fotografie, die ich von Petra gemacht hatte in der Frühlingssonne auf dem kleinen Balkon einer Mietskaserne, mitten in der Stadt, sitzend vor einem runden, grünen Tisch, da sie auf mich, den Fotografen, blickte, ihren Liebhaber, der es nicht sein sollte. Mich traf der Blitz der Erkenntnis aus ihren Augen, sie war böse. So wurde Petra, die gar nicht Petra hieß, nur plötzlich aus dem kleinen Pool stieg, für mich zum Objekt eines mich selbst verblüffenden Hasses. Sie bedrängte und amüsierte mich. Ich wußte, du bist böse, doch ist es eine Krankheit, gegen die ich geimpft bin. Sie ging, wie sich bei den vielen unvermeidlichen Begegnungen der Passagiere des Schiffes zeigte, von den Ohren bis zu den Zehen mit Schmuck bestückt. Schade, ihr Leib war kindlich wie der unge-

schmückte der Literaturbeflissenen aus dem Hörsaal, doch allabendlich in der Bar übergossen von einem schrillen, altklugen Lachen, mit dem sie sich der Gesellschaft reicher Ehefrauen in blöden Abendkleidern anpaßte. Sie war die Freundin eines schweigsamen, dicken, im Schwimmbekken selbst Kapital zeigenden Unternehmers aus einem Industriegebiet in Westdeutschland.
Wir hatten einen freien Tag. Es sollte mein Tag werden. Schon am Abend würde das Schiff weiterfahren, die Marine den Abschiedsmarsch spielen, nach Suez. Die Reederei bot einen Ausflug nach Petra an, der Totenstadt, von der der Pfarrer gesprochen hatte. Es kamen zwei verbeulte Autobusse, die Ausflügler zu holen. Jeder Platz wurde besetzt und zu viele hineingedrängt. Der Bordpfarrer reiste als Führer mit. Ich beobachtete dies über die Reling. Ich mochte diese arrangierten Fahrten nicht. Ich nahm nicht teil. Petra war mein Geheimnis. Ich erwartete ein Ballett der Verwandlungen zwischen den Gräbern. Ich wollte in Petra allein sein.

Am Hafen ein Taxi. Wir fuhren nach Akaba, der Stadt. Die Straße kam mir öde vor. Hübsche Familienhäuser änderten das Bild der Langeweile nicht. Dahinter der Fels, Öltransporte, tonnenschwere Tankwagen. Der Taxifahrer verstand mich nicht. Erst auf dem Hauptplatz von Akaba begriff er, daß ich nach Petra wollte. Ich war in einer Stadt des Königs von Jordanien. In den Schaufenstern kleiner Läden hing das Bild des Königs. Der Ort war sauber und still, eine friedliche, geordnete Stadt. Es kam ein Mann, der Englisch sprach. Er war freundlich und hilfsbereit. Alle Leute in Akaba waren liebenswürdig und ohne Fremdenhaß. Sie sagten, für die Fahrt nach Petra brauche man eine Erlaubnis des Gouverneurs. Sie zu besorgen, könnte Stunden dauern. Es war Mittag. Am Abend würde mein Schiff Akaba, den Hafen, verlassen. Ich blieb in Akaba. Ich wollte nach Petra. Es wurde ein schöner Tag in Akaba. Ich saß auf einer Bank im Stadtpark unter Palmen, die aus Kübeln wuchsen. Da war es wie in einem Wintergarten wohlhabender Bürger

meiner Jugend. Es war warm, doch nicht unter Glas. Eigentlich fühlte ich mich wohl und hatte doch traurig zu sein.
Sicher ergab ich mich. Keine Existenz in Akaba, das sich so freundlich gab. Kein kleiner Laden mit dem Bild des Königs würde mir gehören. Schlafend mich findend in kommender Nacht auf der Bank im Kübelpalmenpark würden Polizisten und Bürger unfreundlich werden. Ich kam zurück an Bord wie ein Strafgefangener von seinem Freigang.

Ich hatte den Tag nicht genutzt. Ich war nicht bis Petra gekommen. Die Autobusse brachten sie zurück, die in Petra gewesen waren. Sie sahen überanstrengt aus. Das Essen, die Sitzung wieder in Reih und Glied. Sie sprachen von Petra, und ich verstand sie nicht. Irgendwie brachte ich das mit dem Mädchen Petra zusammen. Wir sprechen verschiedene Sprachen. Einer beglückwünschte mich, daß ich in Akaba geblieben sei. Die falsche Petra auf dem Schiff klirrte mit ihren Armringen und verspielte den Ausflug nach Petra in einem schrillen Lachen. Die Dämmerung kommt hier schnell. Vom Hafenland der monotone arabische Gesang. Das grelle Licht aus Elat. Die Schiffskapelle spielte auf dem Kapitänsdeck den Abschiedsmarsch. Lauter Bläser. Doch Petra gab es.
In der Nacht, allein in meiner Kabine, erreichte ich Petra.
Ich schritt, ich lief, ich kletterte, denn es war bergig, um Petra herum. Ja, da war der Fels, Petra, auch Sela, die Felsenstadt, die Fliehburg, unerreichbar, sicher, das Schatzhaus, ringsum die Wüste, zu spüren vielleicht im Wind der Jordan, der Lebensstrom, der Glaubensfluß, das grüne Tal, zu ruhen und zu zelten, vor dem Überfall, der Schlacht, dem Grab oder dem Exil in Sodom am Toten Meer. Die Nacht war dunkel, doch ein rosa Licht. Ich suchte das Gebirge Abarim, den Berg Horeb, auch Sinai genannt, alles verworren, vieldeutig, sagenunklar, Gottes Land und Haderland von je her und bis heute, Mose stand auf dem Gipfel Nebo des Gebirges Pisga, überschaute Kanaan, starb und

erreichte es nicht. Sein Grab unter anderen Gräbern im Fels. Hinter dem sichtbaren Himmel die Nacht, sanft schwarz, sanft rosa, die Farben der ach so bescheidenen unerfüllten Verheißungen, das verbotene Paradies.
Ich fiel aber vor das Schlangenmonument einer Nekropole, die ganz und gar dem Erdboden gleich geworden ist. Doch erhalten blieb durch die Jahrtausende ein quadratisches Mauerwerk auf dem Schutthügel. Es ruht dort eine dreifach gekrümmte Schlange, abstoßend fett, verwundet und geschunden, doch ein Symbol des Bösen, obwohl sie auf die Erde gekommen war, zu schützen und zu heilen. Ihr Kopf ist in ihre Masse versteckt, und man kann sie tückisch oder müde nennen. Mose hatte auf Gottes Rat eine eherne Schlange geschaffen, die das Volk Israel vor den tödlichen Bissen feuriger Schlangen schützen sollte, die derselbe, so leicht erzürnte Gott unter die Auswanderer und Flüchtlinge aus Ägypten geschickt hatte. Man durfte dem späten Mitleid in die Augen blicken. Ich fühlte mich nicht gefeit.

Mut, Neugier, Verzweiflung, Störungen, die in die Unterwelt treiben. Nur durch diesen Engpaß ist Petra zu gewinnen. Ein gekrümmter schmaler Weg, aus dem rötlichen Fels des Landes gehauen, aus Gottes Zorn oder des Herrn Fürsorge geschaffen, führte mich über Stein und Brocken zur Festung Petra, die eine feste Burg war gegen alles in der Welt. Unerforschte Grabbilder schmücken die Wände und drohen dem Irrenden. Es ist eine Prüfung für Freund und Feind. Ich dachte an Bileam, der auf schwerer Strecke seine Eselin schlug, die nicht weitergehen wollte und zu Bileam sprach, ein Engel hindert mich. Doch Bileam erkannte den Engel nicht und quälte weiter seine weise Eselin. So erzürnte Bileam Gott, der nun ihn strafte.
Noch sprudelt lustig durch Leitungen das Wasser, das Mose aus dem Fels holte. Es rettete Völker vorm Verdursten, aber sonst rettete es sie nicht. Schon leuchtete mir am Ende der Schlucht das Schatzhaus des Pharao. Eine imponierende Fassade, kein Pharao, kein Schatz. Die Tochter eines Königs in einem Stehgrab unter der Bühne des großen

Theaters von Petra. Sie wartet auf ihren Auftritt. Vielleicht liegt sie auch in einem Triklinium beim Wein. Ich hatte Lust, ihr zu begegnen. Ich hätte über den weiten Platz gehen müssen, der alles in Petra umschließt, Luxus und Opferstätten. Ich habe mich mit Petra für Suez verabredet, nachts, wenn wir dort ankommen, in einer engen dunklen Gasse.

Sodom

In Elat, dem israelischen, luxuriösen Badeort am Roten Meer, dem fabelreichen, rötlich schimmernden Meerbusen von Akaba, gegenüber der jordanischen Hafenstadt Akaba, still und freundlich, in Elat, zur Nacht sonnenhell bestrahlt von Lust- und Wachlampen, war ich bereit, nach Sodom zu reisen.

Ich hatte viel über Sodom gelesen, als Kind in der Bibel die schönen schrecklichen Geschichten, später auch Sachbücher, alles blieb unklar, es zog mich an.

Ich wollte nach Sodom wandern, wie der Engel, der warnte, ich sah das Unsinnige ein und fragte im Hotel in Elat nach einem Esel, der mich in das verurteilte Land gutmütig tragen könnte. Das Office fühlte sich nicht zuständig. Ich mietete das kleinste und billigste Auto der Agentur. – Am Abend war Spiel und Tanz in Elat. Frohsinn in der Stadt und Sterne über dem Roten Meer. Am Morgen stand mein Wagen vor der Herberge, ein gutmütiger Esel auf vier Rädern.

Der Weg nach Sodom war eine Autostraße wie viele, für die Wirtschaft gebaut. Lastwagen überholten mich oder begegneten mir. Mein Esel von Ford oder von Fiat war mutig zwischen den Großen. Ringsum das biblische Land, das gelobte Land, das umkämpfte Land, das Land ohne Milch und Honig. Die Berge Predigtstühle für Gott. Er hatte sich oft offenbart und Engel ins Tal geschickt, vom auserwählten Volk zu strafen, wer seinen Geboten nicht folgte.

Ich lenkte den Wagen durch das Tal der Depression, geographisch die große Senke zum Toten Meer, bis 400 Meter tief. Ich war nicht deprimiert, der Tag war heiter, der Wind trocken. Ich war auf rechtem Pfad. Schilder nach Sodom oder nach Sedom. Doch Sodom gibt es nicht.
Industriebauten, flache Werkswohnungen links am Berg. Der Ort roch nach Schwefel wie die Rheumabäder in Baden bei Wien. Ich fragte den Pförtner: Bin ich in Sodom? Er sagte: Sie sind im Dead Sea Works. Er deutete auf eine Tafel: der tiefste Punkt der Erde. Ein gewinnbringendes Unternehmen. Der Boden war verkrustet, schorfig. Der Pförtner war von ihm geprägt.
Bald sah ich den See. Das Ufer war dicht besiedelt. Einzelne Häuser, manche Hütten, in die Berge hochgesetzt, an Felsenhänge geklammert, spärlicher Gartenwuchs, unter dem Dunst von Industrie und Urzeit. Sodom? Der Engel des Herrn würde an eine Tür klopfen: Zieh weg! Ich fühlte mich matt. Was wollte ich hier? Vor einem Chemiewerk und ohne Bett?
Ich rollte weiter, nun im Stau mit Kranken und Touristen, nach Hamme Zohar, einem Thermalkurort, den Todbedrohten empfohlen. Ich fand ein Zimmer im Hotel »Moriah Dead Sea«, eingerichtet für Boten des Herrn. Im milden Licht des Sonnenuntergangs, Versöhnungsschein wie über Schlachtfeldern, lagen Patienten in ihren Strandstühlen. Andere standen unter den Brausen und spülten sich das ätzende Salz vom sündigen Leib. Brennend, heilend? Ich konnte ins Wasser springen und würde nicht untergehen.
Ich mußte wieder nach Sodom: ich hatte es mir zur Pflicht gemacht. Durch die Nacht und am Meer entlang, diesem Taufbecken einer Religion.
Noch hatte nichts meine Reise gerechtfertigt.
Sodom, der umstrittene, vom erzürnten Gott überfallene Ort. Asche einer Stadt. Ihr Bild im verfluchten See. Verrufene Gassen der neuen Zeit. Suchte ich sie? Was hatte denn Gott so erregt? Moses verrät es nicht. Nach Marcel Proust waren es die Jungens in Sodom und die Mädchen in Gomorrha, der Bruderstadt. Kein Mensch in meiner

Nähe. Ausgestorbene Straßen, noch immer. Lichtlose Fenster.
Ein roter Schimmer, und fällt der Hohn aus allen Sprachen über eine American Bar zu Lots Töchtern.
Dies war wie ein Manhattan für arme Leute. An sauber gewaschenen Tischen saßen Arbeiter, Angestellte, Handlungsreisende, studierte Leute. Die Luft war stickig, und es surrte ein Ventilator über ihren Köpfen. Sie schienen von des Tages Last erschöpft zu sein. Keine Musik, Gott sei Dank, kaum Gespräche. Sie tranken den ätzenden Wein des Landes, vielleicht gepanscht mit dem Wasser des Toten Meeres. Hinter einem schwarzen Tisch mit entkorkten Flaschen die Töchter Lots, Miriam und Jael, kurzgeschnittene Haare, schlank und rank, Jüdinnen, Studentinnen, Sportlerinnen, ach ja, Nachfolgerinnen der ältesten Huren der Welt, verachtet von Generationen, mannlos und mannstoll, unbefriedigte, geile Onanistinnen, Samenräuber am Vater, Verleumdungen, Jael und Miriam brauchten es mir nicht zu sagen zum israelischen Rum, Lots Töchter waren entschiedene Patriotinnen, streng erzogen, hörig dem Rabbinat, sie wollten dem Vater Lot die versagten Söhne schenken, Israel, das heilige Land nach Gottes Gebot zu verteidigen gegen all seine Feinde ringsum. Ich bin Soldatin, sagte Miriam stolz, und ich, der ich keine Uniform mag, stellte sie mir vor im anmachenden Kleid der Armee.
Ein Covergirl und eine Enkelin Abrahams?
Die Bar leerte sich. Auch die Mädchen tranken den israelischen Rum, schön emanzipiert. Ich dachte an den strengen Abraham und an die Lustgräber, die Moses erwähnt hat, das ungezogene Volk wurde von Gott hineingestoßen. Die Mädchen lachten und kannten sich aus: Alle haben sich nach Lust gesehnt, und als der Untergang über sie kam, hat es alle geschmerzt, daß ihr Leben lustlos verlaufen war.
Es wurde früher Morgen. Schwalben schwärmten über dem See. Die Soldatinnen hatten einen eigenen Wagen und lotsten mich zu Lots Höhle. Der Eintritt war verboten, doch Miriam und Jael wußten Rat, und bald stand ich in dem riesigen Felsenraum vor Lots Frau. Ihre Salzsäule,

überlebensgroß, durchsichtig, reckte sich zu einem offenen Kamin hinauf. Die Säule ließ nicht an Tod, eher an Leben denken. Warum hatte die Frau auf der Flucht sich umgedreht? Ich meine, daß Heimatgefühle sie drängten und sie das untergehende Sodom sah als Stätte des Wohlseins, und ihr Gott enttäuschte sie.
Das kleine Auto trug mich nach Lod, wo die Flugzeuge warten. Ich war müde und wachte in München auf.

Nachwort

Umwege zum Ziel.
Eine autobiographische Skizze

Als ich zwanzig Jahre alt war, schrieb ich die »Memoiren eines Neunzigjährigen«. Das Manuskript verbrannte mit der deutschen Reichshauptstadt. Noch nicht neunzig und nicht mehr zwanzig sehne ich mich weiterhin nach dem Patriarchenalter und sehe mich als Kind.

Ich entstamme einer nach landläufiger Auffassung heruntergekommenen Familie. Zur Zeit meiner Geburt muß sie leider den tiefsten Stand ihres Ansehens erreicht haben. Meine Mutter liebte und haßte den Ort. In seiner Umgebung zeigte sie mir später und mit verhärmtem Stolz Rittergüter, die uns schon lange nicht mehr gehörten.

Ich wuchs im Hause eines Mathematikers auf. Er wollte mich für die Magie der Zahlen begeistern. Wenn er den Weihnachtsbaum schmückte, berechnete er vorher die Kurve der Erdumdrehung. Über jedem Tun wurde es Nacht, und meine Tante weinte. Ich fürchtete die Vernunft und mißtraute den Gleichungen. Erst nach seinem Tode wußte ich, daß mein Onkel einsam gewesen war, und als ich de Broglie, Jeans, Rutherford, Einstein, Planck zu begreifen versuchte, bereute ich, die Gabe des strengen Mathematikers verschmäht zu haben.

Ich schwänzte die Schule. Ich versteckte mich hinter den Zäunen. Ich umarmte die Erde und empfand sie als einen Ball, der mich in rasender Fahrt durch ein unheimliches Universum trug. Ich wollte mit dem Zirkus fliehen. Ich bewunderte die anmutige Amazone, ich liebte ihr gehorsames Pferd; doch die bunte Nymphe enttäuschte mich, als ich ihr mein Leben anbot. Ich erkannte mit Pascal die Dummheit, aus dem Hause zu gehen. Ich blieb im Bett liegen, las Reclams Universal-Bibliothek, entdeckte den Geist, die Geschichte, die beschriebene Erde, die Realität von Kunst und Phantasie und höhnte den Pauker. Zu Kaisers Geburtstag sagte ich in der Aula das patriotische Gedicht auf. Das sicherte mir die Versetzung bei sonstiger Abwesenheit. Im Weltkrieg, den man nun den ersten nennt

und damit den Schrecken permanent macht, sammelte ich Gold und Lumpen für den Sieg. Ich bekam ein Dankschreiben der Kronprinzessin und glitschiges Brot auf den Weg. Die Revolution spaltete uns in Rote und Deutschnationale. Da es auf dem Gymnasium zum guten Ton gehörte, Monarchist zu bleiben, vertrat ich die Ansichten der Republik. Mein Gesangbuch waren die schwarzen Hefte der expressionistischen Dichter im »Jüngsten Tag«. Die Familien lasen das schwarz-weiß-rote Provinzblatt oder den »Lokalanzeiger«. Ich kaufte am Bahnhof die »Weltbühne«, das »Berliner Tageblatt«, den »Vorwärts«, die »Rote Fahne«. Die Mitschüler marschierten im Ludendorff-Bund. Ich marschierte nicht. Ich jagte allein.
Ich lebte in einer Kleinstadt und verwünschte sie. Nach Berlin, von dem ich träumte, reiste ich über das Meer. Ich fuhr zur See und suchte Utopia. Die Matrosen blickten nach kleinbürgerlichen Küsten aus. Ich studierte und war sehr arm. Ich lebte von nichts und entwickelte mich zu einem Gespenst zwischen Charlottenburg und dem Bülow-Platz.
Ich liebte Berlin, ich liebte seine Wärme und seine Kälte, ich liebte die Schönheit seiner häßlichen preußischen Straßen, ich liebte die Menschen, das Kraftfeld der großen Stadt, ich liebte den Morgen und den Abend, die Tage und die Nächte, ich war heimisch in den Bibliotheken, den Theatern, den Redaktionen, den Ateliers, den politischen Phantasien, den philosophischen Konventen, den dialektischen Debatten, ich verkehrte mit den Ärmsten und den Reichsten, ich begehrte die Mädchen der Rummelplätze und des Kurfürstendamms, ich saß im Romanischen Café unter den Gescheiten, die dann der Teufel holte.
Ich war Dramaturg und wollte zu Brecht und Piscator. Ich wurde Feuilleton-Redakteur am »Berliner Börsen-Courier«. Als die Nationalsozialisten an die Macht kamen, war ich zu unbekannt, um verfolgt, doch bekannt genug, um versucht zu werden. Ich schlug das Angebot einer bedeutenden Pressestellung aus und schrieb, von Max Tau beflügelt, für Bruno Cassirer meinen ersten Roman, der einen

damals braunen, heute christlichen Kritiker nach dem Arbeitslager rufen ließ.
Als man die Juden zu verfolgen begann, entdeckte ich, daß ich jüdische Freunde hatte. Da sie weggehen mußten, ging ich auch. Ich versuchte, im Ausland zu leben. Es gefiel mir in Holland, aber ich erkannte, daß man als deutscher Schriftsteller sich nicht aus dem Land der deutschen Sprache entfernen durfte. Ich war sehr unglücklich.
Das Grauen kam über die Welt. Ich stellte mich unter, ich machte mich klein, ich ging Eulenspiegels Wege, ich erlebte Grotesken und Verhängnisse, Freundschaft und Verrat, ich war ein Schaf unter Wölfen und ein Wolf unter Schafen, ich wollte das Ende der Tragödie sehen, und als der Vorhang fiel, war ich erschöpft. Ich wunderte mich über die vielen Unschuldigen, die auf einmal auftauchten und zur Krippe gingen, über die alten Schuldigen, die ihre Stellungen hielten oder verbesserten, über jeden, der nichts gesehen, nichts gehört, nichts gewußt und nicht gelernt hatte. Ich lebte. Es ging mir schlecht. Ich hatte die Freiheit und die Freiheit zu verhungern. Das ist sehr viel wert!
Eines Tages kam Henry Goverts, der Verleger, zu mir. Er fragte mich: Warum schreiben Sie nichts mehr? Da fragte auch ich mich, worauf ich all die Jahre gewartet hatte und warum ich Zeuge gewesen und am Leben geblieben war.

Zeittafel zu Leben und Werk

1906	Am 23. Juni wird Wolfgang Arthur Reinhold Koeppen als Sohn Marie Köppens in Greifswald geboren.
1908-1919	Aufenthalt im Hause seines Onkels, dem Baumeister Theodor Wille, erst in Thorn, später in Ortelsburg/Ostpreußen. Besuch des Realgymnasiums.
1919	Vorzeitige Entlassung aus der Schule auf eigenen Wunsch. Arbeitet bei einem Buchhändler, Volontär am Stadttheater, ist Gasthörer germanistischer, philosophischer und kunsthistorischer Vorlesungen an der Universität Greifswald.
1921	Er fährt als Hilfskoch zur See. Danach nimmt er in Hamburg verschiedene Gelegenheitsarbeiten an.
1926-1927	Engagement am Würzburger Stadttheater als Dramaturg und Hilfsregisseur mit Spielverpflichtung. Es entstehen die ersten Schriftstellerporträts.
1927-1934	Koeppen lebt in Berlin, hat Verbindung zum »Dramaturgischen Kollektiv« von Erwin Piscator. Lernt Ernst Toller, Egon Erwin Kisch, Walter Mehring, auch Max Tau und Bruno Cassirer kennen. Schreibt für mehrere Boulevardzeitungen Artikel bis er festes Redaktionsmitglied bei Herbert Ihering im »Berliner Börsen-Courier« wird. Er publiziert zunehmend auch literarische Artikel.
1934	Koeppens erster Roman »Eine unglückliche Liebe« erscheint bei Cassirer.
1935	Der Roman »Die Mauer schwankt« erscheint auch bei Cassirer, wiederaufgelegt 1939 unter dem irreführenden Titel »Die Pflicht«.
1938	Schreibt nicht realisierbare Drehbücher für die UFA und Bavaria-Film-Kunst.

1943 Koeppens Berliner Wohnung wird bei einem Bombenangriff zerstört, bei dem die meisten Einwohner des Hauses umkommen. Daraufhin taucht Koeppen bis zum Kriegsende in München und Feldafing am Starnberger See unter.

1951-1954 In rascher Folge erscheinen die Romane »Tauben im Gras« (1951), »Das Treibhaus« (1953) und »Der Tod in Rom« (1954) bei Goverts.

1955-1961 Zahlreiche Auslandsreisen nach Spanien, Rom, Sowjetunion, Holland, London, USA, Frankreich und Griechenland im Auftrag des Südfunks. Leiter der Abteilung »Radio-Essay« ist Alfred Andersch. Es entstehen Reiseberichte für den Hörfunk, die unter den Titeln »Nach Rußland und anderswohin« (1958), »Amerikafahrt« (1959) und »Reisen nach Frankreich« (1961), alle bei Goverts, erscheinen.

1962 Koeppen erhält den Georg-Büchner-Preis der Darmstädter Akademie der Schönen Künste. Es folgen u.a. der Literaturpreis der Bayerischen Akademie der Schönen Künste (1965), der Andreas-Gryphius-Preis der Künstlergilde (1971), das Stipendium des Europa-Forums für Literatur der Deutschen Schiller-Stiftung (1977), der Kulturelle Ehrenpreis der Landeshauptstadt München (1982), der Arno-Schmidt-Preis (1983).

1972 »Romanisches Café«, ein Band mit Erzählungen, erscheint bei Suhrkamp.

1974 Koeppen wird erster Stadtschreiber von Bergen-Enkheim.

1976 »Jugend« erscheint in der Bibliothek Suhrkamp.

1981 Marcel Reich-Ranicki gibt »Die elenden Skribenten«, eine Sammlung von Essays und Porträts, heraus.

1986 Eine sechsbändige Ausgabe der Gesammelten Werke erscheint zum 80. Geburtstag Koeppens bei Suhrkamp, in der Prosastücke, Essays, Rezensionen, Berichte und Skizzen versammelt werden, die bisher nur vereinzelt veröffentlicht waren.

1987 Peter Goedel verfilmt den Roman »Das Treibhaus«.

1990 Ehrendoktor der Ernst-Moritz-Arndt-Universität in Greifswald.

1991 Es erscheint »Es war einmal in Masuren«.

1992 »Jakob Littners Aufzeichnungen aus einem Erdloch« erscheinen im Jüdischen Verlag im Suhrkamp Verlag. Der Roman war 1948 bei Kluger mit dem Titel »Aufzeichnungen aus einem Erdloch« unter der Autorschaft von Jakob Littner erschienen.

1993 Es erscheint »Ich bin gern in Venedig warum«.

Koeppen erhält das Bundesverdienstkreuz Erster Klasse.

1994 Ehrenbürger der Stadt Greifswald.

1995 Hans-Ulrich Treichel gibt Gespräche und Interviews mit Wolfgang Koeppen heraus: »Einer der schreibt«.

Editorische Notiz

Dieses Lesebuch will dazu verführen, sich auf einen Schriftsteller einzulassen, dessen Werk als schwer zugänglich gilt. Dabei gehört es zu dem Besten, was unsere Zeit hervorgebracht hat. Von der ersten Seite an gerät der Leser in den Sog der Sprache Koeppens. Lesbarkeit und Vitalität sind für die Auswahl der hier versammelten Texte ausschlaggebend gewesen. Die Anordnung ergibt sich aus dem Spannungsbogen von Leben und Werk. Er beginnt mit autobiographischen und fiktiven Skizzen aus der Jugend des Autors, folgt den ersten Anfängen des jungen Journalisten in Berlin, seinem Debüt als Schriftsteller während der Zeit des Nationalsozialismus und erreicht über Koeppens hellsichtige, verzweifelt kritische Bestandsaufnahmen der Nachkriegszeit, die Reiseessays – Meisterwerke ihres Genres. Wolfgang Koeppens Grundthema, die immer wieder erfolglose Suche nach seinem eigenen Standort als moderner Erzähler, spiegelt sich in der zentralen Stellung, die das Kapitel »Die Geschichte gehört mir« im vorliegenden Buch einnimmt. Ziel des Lesebuchs ist die Begegnung mit einem Koeppen von innen.
Mit Ausnahme einzelner Stadtimpressionen, die unter den entsprechenden Ortsnamen erscheinen, werden die Titel der Texte aus den 1986 herausgegebenen »Gesammelten Werken« übernommen.
Die fiktive Schilderung der Reiseerlebnisse in Petra und Sodom, sowie »Ein Wiedersehen mit New York« sind bisher nur in Zeitschriften veröffentlicht und werden hier erstmals einem größeren Leserkreis zugänglich gemacht.

Quellenverzeichnis

Die römischen Ziffern bezeichnen die Bandnummer der »Gesammelten Werke« (Suhrkamp 1986), die arabischen Ziffern die Seitenangaben in diesen Bänden.

Jugend

Jugend III 7-10, 13-14, 21-24, 45-47, 75-79, 80-82, 87-90, 98-100; *Vom Tisch I* V 289-290, 290-291, 294; *Neuenkirchen* V 96-97; *Als ich in Würzburg am Theater war* V 332-338; *Ein Anfang ein Ende* III 277-295.

Eine schöne Zeit der Not

Eine schöne Zeit der Not V 310-321; *Frühstück am Lehniner Platz* V 102-104; *Faradayweg, Nr. 4. Villa, Fabrik oder Kloster* V 41-45; *Ein Kaffeehaus* III 165-168; *Joans tausend Gesichter* III 105-109; *Eine unglückliche Liebe* I 28-29, 13-14, 65-66, 134-136, 152-154, 156-158; *Vorspruch* 1983 I 161-166; *Die Mauer schwankt* I 230-233, 299-301, 346-347, 390, 414-416, 417-419.

Die Geschichte gehört mir

Der geborene Leser, für den ich mich halte ... V 322-329; *Märchendank* V 344-348; *Eines Buchhändlers Kunde* V 160-163; *Grimmelshausen oder Gemein mit jedermanns Angst* VI 63-70; *Marcel Proust und die Summe der Sensibilität* VI 175-180; *Die Augen hinter der Lupe. Gisèle Freund und James Joyce* VI 509-510; *Robert Walser. Ein Poetenleben* VI 222-229; *Alfred Döblin oder Die lange Flucht* VI 231-239; *Mein Freund August Scholtis:* Nachwort zu *Jas der Flieger* von August Scholtis, Suhrkamp 1987 (BS 961), 197-202; *Gedanken und Gedenken. Über*

Arno Schmidt VI 418-425; *Hermann Kesten, der Freund* VI 404-409; *Die elenden Skribenten* V 231-235; *Rede zur Verleihung des Georg-Büchner-Preises* 1962 V 253-261; *Er schreibt über mich, also bin ich* V 349-351; *J. Pierpont Morgan, mein Name und die kleinen Mädchen* III 311-315; *Vom Tisch II* V 285-286, 288-289, 294-295, 297-299; *Morgenrot* III 261-262.

Auf der Suche nach dem verlorenen Roman

Jakob Littners Aufzeichnungen aus einem Erdloch, Jüdischer Verlag 1992, 144-150; *Fische, die nach Luft schnappen* III 139-144; *Wahn* V 244-248; *Tauben im Gras* II 11, 33-36, 56-58, 108-109, 184-212, 195-196, 219; *Das Treibhaus* II 223-224, 241-244, 294-299, 386-390; *Der Tod in Rom* II 398-403, 431-435, 573-576; *Wer bereitet den Raben die Speise* III 269-276.

Nach Rußland und anderswohin

An Ariel und den Tod denken. Warum ich reise V 279-282; *Nach der Heimat gefragt . . .* V 302-303; *Moskau* IV 124-127; *Rom* IV 235-236; *London* IV 219-223; *Paris* IV 613-620; *Athen* V 138-141; *Ein Wiedersehen mit New York:* Merian *New York*, Heft 11 (1987), 8; *Rhode Island Transfer:* Text und Kritik »Alfred Andersch«, Heft 61/62 (1979), 1-2; *Die Vollendung eines Schicksals* V 357-362; *München oder Die bürgerlichen Saturnalien* V 117-131; *Das klassische Italien* III 145-156; *Anarchie* III 209-216; *Landung in Eden* IV 274-275; *Ich kam nie nach Petra:* Saison, Heft 3 (1989), 42-45; *Sodom:* Saison, Heft 3 (1990), 139.

Nachwort

Umwege zum Ziel. Eine autobiographische Skizze V 250-252.